（典藏版）

百部国学传世经典

中华国学经典盛宴／获取先贤核心智慧

春秋左传

【春秋】左丘明／著

史靖妍／主编

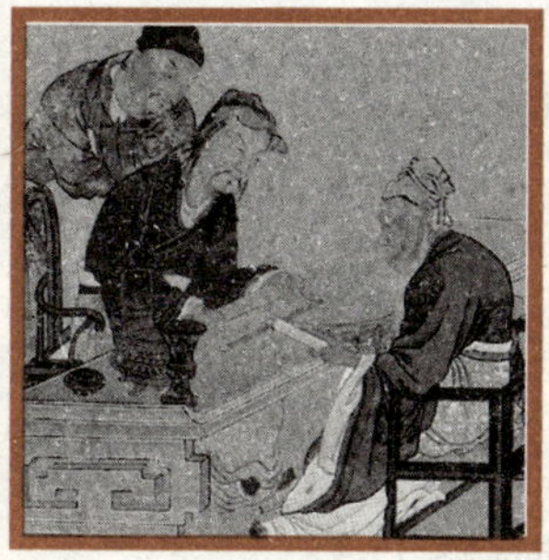

漓江出版社

图书在版编目（CIP）数据

春秋左传/（春秋）左丘明著；史靖妍主编. -- 桂林：漓江出版社，2017.9（2025.5重印）
（百部国学传世经典）
ISBN 978-7-5407-8248-1
Ⅰ. ①春… Ⅱ. ①左… ②史… Ⅲ. ①中国历史-春秋时代-编年体 Ⅳ. ①K225.04
中国版本图书馆 CIP 数据核字（2017）第 222596 号

春秋左传

作　　者　【春秋】左丘明　著
主　　编　史靖妍

策划统筹　陈植武　林晓鸿
责任编辑　魏志明
助理编辑　甘智洪

出 版 人　刘迪才
出版发行　漓江出版社
社　　址　广西桂林市南环路 22 号
邮　　编　541002
网　　址　www.lijiangbooks.com
印　　制　北京飞达印刷有限责任公司
开　　本　710 mm×1000 mm　1/16
印　　张　30
字　　数　522 千字
版　　次　2017 年 9 月第 1 版
印　　次　2025 年 5 月第 4 次印刷
书　　号　ISBN 978-7-5407-8248-1
定　　价　45.00 元

前言

中华民族有着数千年的文明历史，创造了光辉灿烂的古代文化，其中中国传统国学是我国辉煌灿烂的文化典籍的核心部分，它博大精深、源远流长，显示出中华文化的深厚根基，给人类留下了丰富的精神财富。它是我们炎黄子孙的文化精髓，它塑造了我们中华民族的民族精神，是培育民族精神的重要资源。它开启心智，滋润生命，陶冶人格，塑造灵魂。

开卷有益，忙碌的人们闲暇之时，应该用传统国学来陶冶自己的情操，开阔自己的心胸，提高自己的人文修养，用先人的哲思来涤荡自己忙碌的心灵。我们应该坚持阅读的爱好，在潮流文化的强大攻势下，让传统文化永驻我们的心田。“复兴国学，从根本上讲，是复兴中华民族的自尊心、自信心。”我们要甄选传世经典著作中最经典的部分来读，要以开放的胸襟和燃烧的激情去承接古人的经典大论与哲思华章，以自豪而不狂妄、执着而不僵化的精神风貌来直面当今社会的竞争与挑战。

为了弘扬中国传统文化，帮助读者深刻了解我们的历史与文化，用经典历史文学知识陶冶情操、提高文化修养，同时使国学得到承传，得以弘扬光大，我们精心编排了本书。为了便于读者理解和领会古代先贤的思想与精神，我们在文章中选取了与正文相契合的插画，将插画与正文有机地结合在一起，可大大增加读者的阅读趣味。

本书选取了国学经典著作中很多优秀的作品及资料，博采各类经典作品的长处，并有所创新，以使得本书风格迥异、卓然超群，相信会给读者带来全新感受。

由于时间仓促，书中难免有不尽之处，恳请读者朋友们提出宝贵意见，在此深表谢意。

目录

隐公（元年~十一年）

桓公（元年~十八年）

庄公（元年~三十二年）

闵公（元年~二年）

僖公（元年~三十三年）

文公（元年~十八年）

宣公（元年~十八年）

成公（元年~十八年）

襄公（元年~三十一年）

昭公（元年~三十二年）

定公（元年~十五年）

哀公（元年~二十七年）

隐公（元年～十一年）

元年经

春，王正月。

三月，公及邾仪父盟于蔑。

夏，五月，郑伯克段于鄢。

秋，七月，天王使宰咺来归惠公、仲子之赗。

九月，及宋人盟于宿。

冬，十有二月，祭伯来。

公子益师卒。

元年传

原文

惠公元妃[①]孟子。孟子卒，继室[②]以声子，生隐公[③]。宋[④]武公生仲子，仲子生而有文在其手，曰为鲁夫人，故仲子归于我[⑤]。

生桓公而惠公薨[6]，是以隐公立而奉[7]之。

注释

①惠公：鲁惠公，春秋鲁国国君，名弗皇，在位四十六年。鲁：周国名，姬姓，侯爵，文王第四子周公旦所封，今自山东滋阳东南，及江苏沛县、安徽泗州等皆其地。元妃：诸侯第一次所娶的正室夫人。

②继室：续娶。

③隐公：鲁惠公之子，鲁桓公之兄。

④宋：周国名，子姓，公爵，出自商王帝乙长庶子启，今河南商丘以东、江苏铜山以西皆其地。

⑤归于：嫁给。我：这里指鲁国。

⑥薨：诸侯死称为“薨”。

⑦奉：辅佐。

译文

鲁惠公的原配夫人叫孟子。孟子死后，续娶了声子，生下隐公。宋武公生有仲子，仲子一生下来就有文字在她手上，说“当鲁国夫人”，所以仲子也嫁给我们鲁君做正室，生下桓公，鲁惠公就去世了，所以隐公立桓公为太子而自己辅佐朝政。

原文

元年，春，王周正月。不书即位，摄[1]也。三月，公及邾仪父盟于蔑[2]，邾子克也。未王命，故不书爵。曰“仪父”，贵[3]之也。公摄位而欲求好于邾，故为蔑之盟。夏，四月，费伯帅师城郎[4]。不书[5]，非公命也。

注释

①摄：代理，这里指代理国政。

②邾：周国名，曹姓，子爵，颛顼之后，武王时始受封，初本附庸，春秋时进爵为子，亦称邾娄，后又改曰邹，灭于楚，今山东邹县东南二十六里有邾城。邾仪父：邾子克，邾国国君。盟：会盟。蔑：姑蔑，春秋鲁地，在今山东泗水县东。

③贵：尊重，重视。

④城：用作动词，意为筑城，修筑城墙。郎：春秋鲁邑，古名郁郎亭，今曰郁郎村，在今山东鱼台县东北八十里，接滕州界，在滕州西。

⑤书：记载，记录。

译文

元年春，周历正月，《春秋》没有记载隐公即位，这是因为他只是代理国政。三月，隐公和邾仪父在蔑会见，邾仪父就是邾子克。由于邾仪父还没有受周朝正式册封，所以《春秋》没有记载他的爵位。称他为"仪父"，是因为尊重他。隐公摄政而想要和邾国友好，所以在蔑地举行了会盟。夏四月，费伯率领军队在郎地筑城。《春秋》没有记载，因为不是奉隐公的命令。

原文

初[①]，郑武公娶于申[②]，曰武姜[③]，生庄公及共叔段[④]。庄公寤生[⑤]，惊姜氏，故名曰"寤生"，遂恶[⑥]之。爱共叔段，欲立之。亟[⑦]请于武公，公弗许。及庄公即位，为之请制[⑧]。公曰："制，岩邑[⑨]也，虢叔[⑩]死焉，佗邑唯命[⑪]。"请京[⑫]，使居之，谓之京城大叔。祭仲曰："都城过百雉[⑬]，国之害也。先王之制，大都不过参国[⑭]之一，中五之一，小九之一。今京不度，非制也。君将不堪[⑮]。"公曰："姜氏欲之，焉辟[⑯]害？"对曰："姜氏何厌[⑰]之有？不如早为之所[⑱]，无使滋蔓！蔓难图[⑲]也。蔓草犹不可除，况君之宠弟乎？"公

曰："多行不义，必自毙[20]，子姑待之。"

注释

①初：当初，起初。用于故事开头。

②郑武公：春秋时郑国国君，姬姓，名掘突。郑：周代诸侯国名，姬姓，伯爵，周厉王少子友之后，封地在今河南中部。申：诸侯国名，在今河南南阳。

③武姜：郑武公谥号为武，申国为姜姓，因此郑武公夫人称为武姜。

④庄公：郑庄公。共叔段：郑庄公之弟，共为其封邑，叔为兄弟排行，段为其名。

⑤寤生：逆生，倒着出生，也可作难产解释。

⑥恶：讨厌，不喜欢。

⑦亟：多次，屡次。

⑧制：地名，在今河南荥阳虎牢关。

⑨岩邑：地势险要的边城。

⑩虢叔：东虢国的国君。

⑪佗：同"他"，其他。唯命：唯命是从。

⑫京：地名，在今河南荥阳市东南。

⑬雉：古时建筑的计量单位，一雉为三丈长一丈高。

⑭参：同"三"。国：国都。

⑮堪：经受得住。

⑯焉：怎么，哪里。辟：同"避"，逃避。

⑰厌：满足。

⑱所：安排，处理。

⑲图：克制，对付。

⑳毙：仆倒，灭亡。

译文

起初，郑武公在申国娶妻，名叫武姜，生了庄公和共叔段。庄公是脚先头后出生的，这是难产，使姜氏受了惊吓，因此给他取名叫"寤生"，并且很讨厌他。

姜氏很喜爱共叔段,想立他为太子,屡次向武公请求,武公不答应。等到庄公继位为郑国国君,姜氏请求将制地作为共叔段的封邑。庄公说:“制地形势险峻,虢叔曾经死在那里。其他地方都可以听您的命令。”姜氏又改请求封京城,让共叔段住在那里,称为京城大叔。祭仲说:“凡属国都,城墙周围的长度超过三百丈,就给国家带来祸害。先王制定的制度,大的地方的城墙,不超过国都的三分之一;中等的,不超过五分之一;小的,不超过九分之一。现在京城的城墙不合先前制度,这不是该有的,您会忍受不了。”庄公说:“姜氏要这样,哪里能避免祸害呢?”祭仲回答说:“姜氏怎会得到满足?不如早作打算,不要让她滋生事端,一旦蔓延就难得对付了。蔓延的野草尚且不能铲除掉,何况是您宠爱的弟弟呢?”庄公说:“多行不义,必然会自取灭亡。您就等着吧。”

原文

既而大叔命西鄙、北鄙贰于己①。公子吕②曰:“国不堪贰,君将若之何③?欲与大叔,臣请事之;若弗与,则请除之。无生民心。”公曰:“无庸④,将自及。”大叔又收贰以为己邑,至于廪延⑤。子封曰:“可矣,厚将得众。”公曰:“不义不暱⑥,厚将崩。”

大叔完聚⑦,缮⑧甲兵,具卒乘⑨,将袭郑。夫人将启之⑩。公闻其期,曰:“可矣!”命子封帅车二百乘⑪以伐京。京叛大叔段,段入于鄢⑫,公伐诸鄢。五月,辛丑⑬,大叔出奔共。

注释

①鄙:边境上的城邑。贰于己:同属于庄公和自己。

②公子吕:郑国大夫,字子封。

③若之何:如何对待他。

④庸:用。

⑤廪延:地名,在今河南延津北。

⑥暱:亲近。

⑦完:完善。聚:积聚。

⑧缮：修缮，修整。

⑨具：完备。卒：步兵，士兵。乘：兵车。

⑩夫人：指武姜。启之：开启城门，指做内应。

⑪帅：率领。乘：一车四马为一乘。每乘配甲士三人，步兵七十二人。

⑫鄢：地名，在今河南鄢陵境内。

⑬辛丑：古人以天干地支计时，这年五月辛丑为五月二十三日。

译文

不久，大叔命令西部和北部边境既听庄公的命令，又听自己的命令。公子吕说："国家不能忍受这种两面听命的情况，您打算怎么办？您要把君位让给大叔，下臣就去侍奉他；如果不给，那就请除掉他，不要让老百姓产生其他想法。"庄公说："用不着，他会自取其祸。"大叔又收取原来两属的地方作为自己的封邑，并扩大到廪延地方。子封说："可以动手了。他势力一大，将会争得民心。"庄公说："没有正义就不能号召人，势力虽大，却会崩溃。"

大叔整治城郭，储备粮草，补充武器装备，充实步兵车兵，准备袭击郑国都城。姜氏则打算作为内应打开城门。庄公听说大叔起兵的日期，说："可以了。"就命令子封率领二百辆战车进攻京城。京城的人反叛大叔，大叔逃到鄢地。庄公又赶到鄢地进攻他。五月二十三日大叔又逃到共地。

原文

书曰："郑伯克段于鄢。"段不弟，故不言弟；如二君，故曰"克"；称"郑伯"，讥失教也；谓之郑志，不言出奔，难之也。

遂置姜氏于城颍①，而誓之曰："不及黄泉②，无相见也！"既而悔之。

颍考叔为颍谷封人③，闻之，有献于公。公赐之食。食舍肉④。公问之，对曰："小人有母，皆尝小人之食矣，未尝君之羹⑤，请以遗⑥之。"公曰："尔有母遗，繄⑦我独无！"颍考叔曰："敢问何谓也？"公语之故，且告之悔。对曰："君何患焉？若阙⑧地及泉，隧⑨而相见，其谁曰不然？"公从之。公入而赋⑩："大隧之中，其

乐也融融[11]!”姜出而赋:“大隧之外,其乐也泄泄[12]!”遂为母子如初。

注释

①城颍:就是颍城。

②黄泉:地下的泉水,这里指坟墓。

③颍考叔:郑国大夫。颍谷:地名,在今河南登封西南。封人:管理地方的官员。

④舍肉:把肉放在一边不吃。

⑤羹:带汁的肉羹。

⑥遗:送。

⑦繄:语气助词,无实义。

⑧阙:同“掘”,挖掘。

⑨隧:用作动词,挖隧道。

⑩赋:指作诗。

⑪融融:快乐高兴的样子。

⑫泄泄:快乐欢畅的样子。

译文

《春秋》说:“郑伯克段于鄢。”大叔所作所为不像兄弟,所以不说“弟”字;兄弟相争,好像两个国君打仗一样,所以用“克”字;把庄公称为“郑伯”是讥刺他没有尽教诲之责;《春秋》这样记载就表明了庄公的本意。不说出奔,是因为史官下笔有困难。

于是庄公就把姜氏安置在颍城,发誓说:“不到黄泉不再相见!”不久以后又后悔起来。

颍考叔当时在颍谷做边疆护卫长官,听到这件事,就献给庄公一些东西。庄公赏赐给他食物。在吃的时候,他把肉留下不吃。庄公问他原因,他说:“我有母亲,我孝敬她的食物她都已尝过了,就是没有尝过您的肉汤,请求让我带给她吃。”庄公说:“你有母亲可送,咳!我却没有!”颍考叔说:“请问这是什么意思?”庄公就对他说明了原因,并且告诉他自己很后悔。颍考叔回答说:“您有什么可忧虑的呢?如果挖地见到泉水,在隧道里面相见,那还有谁说不对?”庄公听从了颍考叔的意见。庄公进了隧道,赋诗说:“在隧道中相见,多么快乐啊!”姜氏走出隧道,也赋诗说:“走出隧道外,多么舒畅啊!”于是母子和好如初。

原文

君子曰:“颍考叔,纯孝也。爱其母,施①及庄公。《诗》曰:‘孝子不匮,永锡尔类。’②其是之谓乎!”

秋,七月,天王使宰咺来归惠公、仲子之赗③。缓,且子氏未薨,故名。天子七月而葬,同轨④毕至;诸侯五月,同盟⑤至;大夫三月,同位⑥至;士逾月,外姻⑦至。赠死不及尸⑧,吊生不及哀⑨。豫凶事⑩,非礼也。

注释

①施:延及,推及。

②这两句诗出自《诗·大雅·既醉》。匮:匮乏,穷尽。锡:同“赐”,给予。

③天王:周天子,此处指周平王。宰咺:宰为官名,咺为人名。赗:吊丧所用的礼品。

④同轨:指诸侯。

⑤同盟:同盟国的诸侯。

⑥同位:官位相等的同僚。

⑦外姻:外戚姻亲,泛指亲戚。

⑧尸:这里指下葬。

⑨哀:举哀,哭丧。

⑩豫:提前,预先。凶事:丧事。

译文

君子说："颍考叔，可算是真正的孝子。爱他的母亲，扩大并且影响到庄公。《诗》说：'孝子的孝心没有穷尽，永远可以影响他的同类。'说的就是这样的事情吧！"

秋季，七月，周平王派遣宰咺来赠送鲁惠公、仲子的吊丧礼品。惠公已经下葬，这是晚了，而仲子还没有死，所以《春秋》直书宰咺的名字。天子死了七个月后才安葬，诸侯都来参加葬礼；诸侯五个月后下葬，同盟的诸侯参加葬礼；大夫三个月后下葬，官位相同的来参加葬礼；士一个月以后下葬，亲戚前来参加葬礼。向死者赠送东西没有赶上下葬，向生者吊丧没有赶上举哀的时间，预先赠送有关丧事的东西，这都不合于礼。

原文

八月，纪人伐夷①。夷不告，故不书。有蜚②，不为灾，亦不书。惠公之季年③，败宋师于黄④。公立⑤，而求成⑥焉。九月，及宋人盟于宿⑦，始通⑧也。

注释

①纪人：纪国人。夷：夷国。纪国和夷国都为诸侯小国。

②蜚：蜚盘虫，指虫害。

③季年：晚年，末年。

④宋师：宋国军队。黄：春秋宋邑，在河南杞县北。

⑤立：即位。

⑥求成：讲和。

⑦宿：古国名，风姓，太皞之后，男爵，在今山东东平东二十里。

⑧通：互通，通好。

译文

八月，纪国人讨伐夷国。夷国没有前来报告，所以《春秋》不记载。发现蜚盘虫，没有造成灾害，《春秋》也不加记载。惠公的晚年，在黄地打败了宋国。隐公即位，要求和宋人讲和。九月，和宋人在宿国结盟，两国开始通好。

原文

冬，十月，庚申，改葬惠公。公弗临①，故不书。惠公之薨也，有宋师，太子少，葬故有阙②，是以改葬。卫侯来会葬，不见公，亦不书。郑共叔之乱，公孙滑出奔卫③。卫人为之伐郑，取廪延。郑人以王师、虢师伐卫南鄙。请师于邾，邾子使私于公子豫。豫请往，公弗许，遂行。及邾人、郑人盟于翼④。不书，非公命也。新作南门。不书，亦非公命也。

十二月，祭伯来，非王命也。众父卒，公不与小敛⑤，故不书日。

注释

①弗临：没有到场。
②阙：缺失，不完备。
③公孙滑：共叔段之子。卫：卫国。
④翼：邾国之地，在今山东费县西南。
⑤小敛：将衣衾加于死者身上。

译文

冬，十月十四日，改葬惠公。隐公不敢以丧主的身份到场哭泣，所以《春秋》

不记载。惠公死的时候,正好遇上和宋国打仗,太子又年幼,葬礼不完备,所以改葬。卫桓公来鲁国参加葬礼,没有见到隐公,《春秋》也不加记载。郑国共叔段叛乱,公孙滑逃到卫国。卫国人替他攻打郑国,占取廪延。郑国人率领周天子的军队、虢国的军队进攻卫国南部边境,同时又请求邾国出兵帮助。邾子派人暗地里和公子豫商量,公子豫请求出兵援救,隐公不肯,公子豫就自己走了,和邾国、郑国在翼地会盟。《春秋》不记载,因为不是出于隐公的命令。新建南门,《春秋》不记载,也由于不是出于隐公的命令。

十二月,祭伯来,并不是奉了周王的命令。众父去世,隐公没有参加以衣衾加于死者之身的小敛,所以《春秋》不记载死亡的日子。

评析

鲁隐公元年(公元前722年)是《春秋》和《春秋左传》起始年份,这一年,发生了郑伯克段于鄢这件大事。《左传》通过记述春秋初期这次郑庄公与其母亲以及胞弟的政治斗争,表现了郑国统治阶级内部的互相倾轧。文中刻画了郑庄公的善于权谋、其母姜氏的狠毒和其弟共叔段的贪婪愚蠢。最后庄公与母亲在颍考叔的帮助下重归于好,反映了古人对孝道的重视。隐公元年史事的核心是君位的争夺,统治阶级内部是没有平民百姓所谓的亲情的,为权力而父子兄弟反目的事情多不胜数。郑庄公与共叔段兄弟争位的事情即其一例。郑庄公在《左传》中是个浓墨重彩的人物,此人长于征战和外交,有谋略,敢于挑战周天子的权威,高士奇《左传记事本末·郑庄强国》称之为"春秋诸侯中枭雄之姿也",赵青黎《读左管窥》斥之为"奸人之雄"。通过《左传》的叙事,把庄公的伪善、共叔段的愚妄、母亲武姜的偏私刻画得栩栩如生。而与庄公兄弟形成对比的是鲁隐公兄弟,隐公是惠公的庶子,由于太子即后来的桓公年幼,他作为兄长摄政,但遵守嫡庶之分,始终准备归政给弟弟,最终惹来了杀身之祸。不知道是因为鲁国在诸侯国中一向以守礼比较严格著称,抑或是隐公其人比较仁弱?

三年经

三年：春王二月，己巳（初一），日有食之。
三月庚戌（十二日），天王（周平王）崩。
夏四月辛卯（二十四日），君氏卒。
秋，武氏子来求赙。

三年传

原文

卫庄公娶于齐东宫得臣之妹[①]，曰庄姜[②]，美而无子，卫人所为赋《硕人》[③]也。又娶于陈[④]，曰厉妫[⑤]。生孝伯，早死。其娣戴妫，生桓公，庄姜以为己子。公子州吁，嬖人[⑥]之子也，有宠而好兵，公弗禁。庄姜恶之。石碏谏曰[⑦]："臣闻爱子，教之以义方，弗纳于邪[⑧]。骄、奢、淫、泆，所自邪也。四者之来，宠禄过也。将立州吁，乃定之矣；若犹未也，阶之为祸。夫宠而不骄，骄而能降[⑨]，降而不憾，憾而能昣者[⑩]，鲜矣。且夫贱妨贵，少陵长，远间亲，新间旧，小加大，淫破义，所谓六逆也。君义，臣行，父慈，子孝，兄爱，弟敬，所谓六顺也。去顺效逆，所以速祸也。君人者，将祸是务去，而速之，无乃不可乎？"弗听。其子厚与州吁游，禁之，不

可。桓公立，乃老。（以上隐公三年）

注释

①卫：诸侯国名，姬姓，在今河南淇县、滑县一带。齐：诸侯国名，姜姓，在今山东临淄一带。东宫：指太子。得臣：齐庄公的太子。

②庄姜：卫庄公的妻子。庄是丈夫谥号，姜是娘家的姓。

③《硕人》：《诗·卫风》中赞美庄妻的诗。

④陈：诸侯国名，妫姓，在今河南开封以东、安徽亳州以北。

⑤厉妫（guī）：卫庄公夫人。

⑥嬖（bì）人：低贱而受宠的人。这里指宠妾。

⑦石碏（què）：卫国大夫。

⑧纳：人。邪：邪道。

⑨降：指地位下降。

⑩眕（zhěn）：克制。

译文

卫庄公娶了齐国太子得臣的妹妹为妻，名叫庄姜。庄姜长得很美，但没有生孩子，卫国人给她作了一首诗叫《硕人》。后来卫庄公又娶了一个陈国女子，名叫厉妫。厉妫生下孝伯，孝伯早死。厉妫随嫁的妹妹戴妫生了卫桓公。庄姜把桓公当作自己的儿子对待。

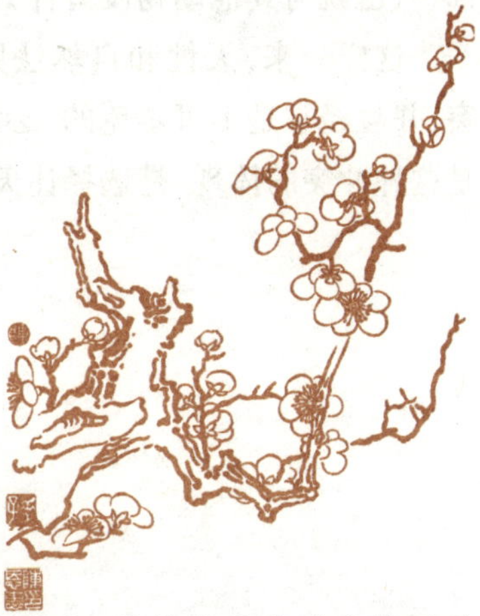

公子州吁是庄公宠妾的儿子，受到庄公宠爱，喜好武事，庄公不加禁止。庄姜则讨厌州吁。大夫石碏劝庄公说："我听说疼爱孩子应当用正道去教导他，不能使他走上邪路。骄横、奢侈、淫乱、放纵是导致邪恶的原因。这四种恶习的产生，是给他的宠爱和俸禄过了头。如果想立州吁为太子，就确定下来；如果定不下来，就会酿成祸乱。受宠而不骄横，骄横而能安于下位，地位在下而不怨恨，怨恨而能克制的人，是很少的。况且低贱妨害高贵，年轻欺凌年长，疏远离间亲近，新人离间旧人，弱小压迫强大，淫乱破坏道义，这是六件背离道理的事。国君仁义，臣下恭行，为父慈爱，为子孝顺，为兄爱护，为弟恭敬，这是六件顺理的事。背离顺理的事而效法违理的事，这就是很快会招致祸害的原因。作为统治民众的君主，应当尽力除掉祸害，而现在却加速祸害的到来，这大概是不行的吧？”卫庄公不听劝告。石碏的儿子石厚与州吁交往，石碏禁止，但禁止不住。到卫桓公当国君时，石碏就告老退休了。

评析

有句俗话说：“虎毒不食子。”这意思是说，猛虎性情虽然凶残，但依然要恪守亲情的界限：凶残是对外，而对自己的亲生骨肉，却以慈爱之心相待，绝不可将其化为腹中餐。老虎这样做，是动物的天性，没什么可说的。对人而言，人做事也要按天性，亲情是人之天性所不能免的，父母儿女之间的亲情，是自然的法则。世上哪有不疼爱自己亲生骨肉的父母呢？

在另一方面，人作为超越了动物本能的有思想、有理性的存在，又不能完全凭本性、天性、本能行事；还得要服从社会的法则、道德伦理的法则、理性的法则。自然的法则还得要服从社会的、道德的、理性的法则。如果没有这一个方面，人也就与其他动物没有什么区别了。

这样一来，天性和自然法则往往要同社会的、道德的、理性的法则发生冲突，并且经常是不可避免的、必须面对的，必须做出选择。所谓“大义灭亲”，正是这种冲突的体现，是选择让天性服从社会、道德、理性法则的结果。

四年经

四年：春，王二月，莒人伐杞，取牟娄。

戊申，卫州吁弑其君完。

夏，公及宋公遇于清。

宋公、陈侯、蔡人、卫人伐郑。

秋，翚帅师会宋公、陈侯、蔡人、卫人伐郑。

九月，卫人杀州吁于濮。

冬，十有二月，卫人立晋。

四年传

原文

州吁未能和其民[①]，厚问定君于石子[②]。石子曰："王觐为可[③]。"曰："何以得觐？"曰："陈桓公方有宠于王。陈、卫方睦，若朝陈使请[④]，必可得也。"厚从州吁如陈。石碏使告于陈曰："卫国褊小[⑤]，老夫耄矣[⑥]，无能为也。此二人者，实弑寡君，敢即图之。"陈人执之，而请莅于卫[⑦]。九月，卫人使右宰丑莅杀州吁于濮，石碏使其宰獳羊肩莅杀石厚于陈[⑧]。

君子曰:"石碏,纯臣也。恶州吁而厚与焉[9]。'大义灭亲',其是之谓乎!"

注释

①和其民:使其民众安定和睦。

②定君:安定君位。石子:指石碏。

③觐:诸侯朝见天子。

④朝陈:朝见陈桓公。使请:求陈桓公向周王请求。

⑤褊(biǎn)小:狭小。

⑥耄(mào):年老。八九十岁叫耄。

⑦莅(lì):前来。

⑧宰:家臣。獳(nòu)羊肩:人名。

⑨与:参与,一起。

译文

州吁无法安定卫国的民心,于是石厚便向石碏请教安定君位的方法。石碏说:"能朝见周天子,君位就能安定了。"石厚问:"怎么才能朝见周天子呢?"石碏答道:"陈桓公现在正受周天子宠信,陈国和卫国的关系又和睦,如果去朝见陈桓公,求他向周天子请命,就一定能办到。"石厚跟随州吁去到陈国。石碏派人告诉陈国说:"卫国地方狭小,我年纪老迈,没有什么作为了。来的那两个人正是杀害我们国君的凶手,敢请趁机设法处置他们。"陈国人将州吁和石厚抓住,并到卫国请人来处置。这年九月,卫国派遣右宰丑前去,在濮地杀了州吁。石碏又派自己的家臣獳羊肩前去,在陈国杀了石厚。

君子说:"石碏真是一位纯粹正直的臣子。他痛恨州吁,把石厚也一起杀了。'大义灭亲',大概就是说的这种事情吧!"

评析

"义"本身的内容是随着时代、观念的变化而不断变化的。过去的为合乎

"义"的东西,今天未必合乎"义"。我们总是站在今天的立场上来决定对"义"的取舍,从而在行动上做出选择。能够大义灭亲是一回事,固然可敬,而对那个"义"还得讲究。就是说,"义"所代表的东西,要值得人们为之付出灭亲的代价。在古时,臣弑君、子杀父、妻害夫,都是大逆不道的"大不义"。国君是上天之子,体现了上天和神明的意志,是小民百姓最初的父母,怎么可以随随便便冒犯甚至杀害呢?这罪过比杀害自己的亲生父母还要大,真称得上是"弥天大罪"。在这种情况下的灭亲是理所当然的正义之举,可歌可颂。

十一年经

十有一年:春,滕侯、薛侯来朝。

夏,公会郑伯于时来。

秋,七月壬午,公及齐侯、郑伯入许。

冬,十有一月壬辰,公薨。

十一年传

原文

十一年,春,滕侯、薛侯来朝,争长。薛侯曰:"我先封[①]。"滕侯曰:"我,周之卜正也[②]。薛,庶姓[③]也。我不可以后之。"

公使羽父请于薛侯曰:"君与滕君,辱在寡人。周谚有之曰:'山有木,工则度之;宾有礼,主则择之。'周之宗盟,异姓为后。

寡人若朝于薛，不敢与诸任齿[4]。君若辱贶[5]寡人，则愿以滕君为请。"薛侯许之，乃长滕侯。

注释

①先封：先受封。薛国是老的诸侯国，在夏朝时便已经被封为诸侯。

②周：指周朝。卜正：官名，为卜官之长。

③庶姓：外姓，非周朝同姓。

④诸任：任姓诸侯。齿：列，并列。

⑤贶：加惠。

译文

十一年春季，滕侯、薛侯前来朝见，争执行礼的先后。薛侯说："我先受封。"滕侯说："我，周朝的卜正官，薛国是外姓，我不能落后于它。"

鲁隐公派羽父向薛侯商量说："承君王和滕侯，问候寡君，周朝的俗话说：'山上有树木，工匠就加以测量；宾客有礼貌，主人就加以选择。'周朝的会盟，异姓在后面。寡人若到薛国朝见，就不敢和任姓诸国并列。如果承君王加惠于我，那就希望君王同意滕侯的请求。"薛侯同意，就让滕侯先行朝礼。

原文

夏，公会郑伯于郲，谋伐许[1]也。

郑伯将伐许，五月，甲辰，授兵于大宫[2]。公孙阏与颍考叔争车，颍考叔挟辀[3]以走，子都拔棘[4]以逐之。及大逵[5]，弗及，子都怒。

注释

①许：周国名，姜姓，男爵，与齐同祖，武王封四岳之苗裔文叔于许，在今河南许昌。春秋时国小而近郑，为郑所逼。

②兵：兵器，武器。大宫：大同“太”，大宫为郑国祖庙。

③辀：车辕。

④棘：戟，戟为戈与矛两种兵器结合而成。

⑤逵：路，古代能并列通过九辆车马的路称为逵。

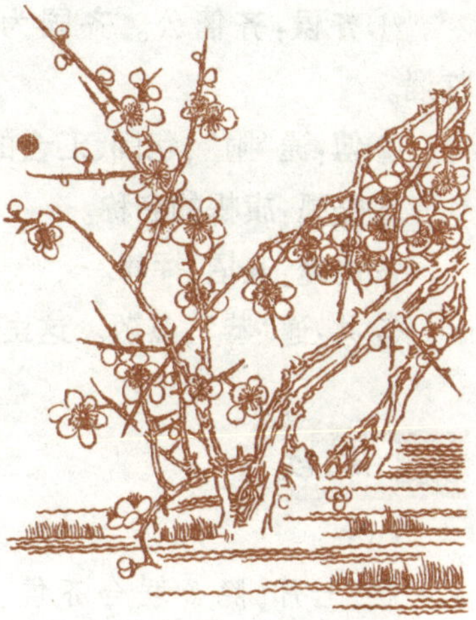

译文

夏季，隐公和郑庄公在郲地会见，策划进攻许国。

郑庄公准备进攻许国时，五月十四日，在太祖庙内发放武器。公孙阏（子都）和颍叔争夺兵车，颍考叔挟起车辕奔跑，子都拔出戟追上去。追到大路上，没有追上，子都很愤怒。

原文

秋七月，公会齐侯①、郑伯伐许。庚辰，傅②于许。颍考叔取郑伯之旗蝥弧③以先登，子都自下射之，颠。瑕叔盈又以蝥弧登，周麾④而呼曰：“君登矣！”郑师毕登。壬午，遂入许。许庄公奔卫。

齐侯以许让公。公曰：“君谓许不共⑤，故从君讨之。许既伏其罪矣，虽君有命，寡人弗敢与闻。”乃与郑人。

注释

①齐侯：齐僖公。齐国为姜姓，在今山东临淄。

②傅：通"附"，包围、汇合的意思。

③蝥弧：旗帜的名称。

④周麾：遍招，挥舞。

⑤共：通"恭"，恭敬。这里指交纳贡品。

译文

秋，七月，隐公联合齐侯、郑伯进攻许国。初一日，军队汇合攻打许城。颖考叔拿着郑庄公的旗帜"蝥弧"争先登上城墙，子都从下面用箭射他，颖考叔摔下来死了。瑕叔盈又举着"蝥弧"冲上城，挥动旗帜大喊："国君登城了！"于是郑国的军队全部登上了城墙。初三日，便占领了许国。许庄公逃亡到卫国。

齐侯把许国让给隐公。隐公说："君王说许国不交纳贡品，所以寡人才跟随君王讨伐它。许国既然已经认罪了，（我已经完成了使命。）即便君王想把它赠送出去，我也不敢参与这件事。"于是齐侯就把许国土地送给了郑庄公。

原文

郑伯使许大夫百里奉许叔以居许东偏①，曰："天祸许国，鬼神实不逞②于许君，而假手于我寡人。寡人唯是一二父兄，不能共亿③，其敢以许自为功乎？寡人有弟，不能和协，而使糊其口④于四方，其况能久有许乎？吾子其奉许叔以抚柔此民也，吾将使获也佐吾子。若寡人得没于地，天其以礼悔祸于许，无宁兹许公复奉其社稷⑤。唯我郑国之有请谒⑥焉，如旧昏媾⑦，其能降以相从也。无滋他族，实逼处此，以与我郑国争此土也。吾子孙覆亡之不暇，而况能禋祀许乎？寡人之使吾子处此，不唯许国之为，

亦聊以固吾圉[8]也。"乃使公孙获处许西偏，曰："凡而器用财贿[9]，无置于许。我死，乃亟去之！吾先君新邑于此，王室而既卑矣，周之子孙日失其序[10]。夫许，大岳之胤[11]也，天而既厌周德矣，吾其能与许争乎？"

注释

①许叔：许君之弟。东偏：东部边境小邑。

②逞：快。不逞：不快，不满意。

③亿：安。共亿：相安。

④糊其口：寄食，乞食。

⑤社稷：土谷之神，代称国家。

⑥谒：告。

⑦昏媾：昏，同"婚"。昏媾是有婚姻关系亲属的统称。

⑧圉：边境。

⑨而：通"尔"，你的意思。贿：货，物品。

⑩序：通"绪"，事业的意思。

⑪大岳之胤：四岳的后代。胤：子孙，后裔，子嗣，后嗣。

译文

郑庄公让许国大夫百里侍奉许叔住在许都的东部边邑，说："上天降祸于许国，鬼神确实对许君不满意，而借我的手惩罚他。我这儿连一两个父老兄弟都不能相安，难道敢把讨伐许国作为自己的功劳？我有个兄弟，不能和睦相处，而使他四处乞食，我难道还能长久占据许国？您应当侍奉许叔来安抚这里的百姓，我准备让公孙获也来帮助您。假如我得以善终，上天可能又依礼而撤回加给许国的祸害，让许公再来治理他的国家。那时候只要我郑国对许国有所请求，可能还会像对待老亲戚一样，降格而同意的。不要让其他国逼近我们的处所，来同我郑国争夺这块土地。我的子孙挽救危亡还来不及，难道还能替许国敬祭祖先吗？我让您留在这里，不仅为了许国，也是姑且巩固我的边疆。"于是就让公孙获住在许城的西部边境，对他说："凡是你的器用财物，不要放在许国。

我死后就赶紧离开这里。我祖先在这里新建城邑，眼看周王室已经逐渐衰微，我们这些周朝的子孙一天天丢掉自己的事业。而许国，是四岳的后代，上天既然已经厌弃了成周，我哪里还能和许国争夺呢？”

原文

君子谓郑庄公于是乎有礼。礼，经国家，定社稷，序民人，利后嗣者也。许无刑①而伐之，服而舍之，度②德而处之，量力而行之，相时而动，无累后人，可谓知礼矣。

郑伯使卒出豭③，行出犬鸡④，以诅射颍考叔者⑤。君子谓郑庄公失政刑⑥矣。政以治民，刑以正邪。既无德政⑦，又无威刑⑧，是以及邪。邪而诅之，将何益矣！

注释

①刑：法，法度。

②度：考虑。

③卒：一百人为一卒。豭：公猪。

④行：军队编制，二十五人为一行。犬鸡：狗和鸡，这里指一条狗和一只鸡。

⑤诅：诅咒。射颍考叔者：射死颍考叔的凶手。

⑥政刑：政令和刑罚。

⑦德政：旧指有仁德的政治措施或政绩。

⑧威刑：严厉的刑法。

译文

君子认为郑庄公在这件事情处理上合乎礼。礼是治理国家、安定社稷、使百姓有序、使后代有利的工具。许国违背法度而庄公讨伐他们，服罪了就宽恕他们，揣度德行而处事，衡量力量而做事，看准了时机而行动，不要让忧虑连累后人,可以说是懂得礼了。

郑庄公让一百名士兵拿出一头公猪,二十五人拿出一条狗和一只鸡,来诅咒射死颍考叔的凶手。君子认为郑庄公失掉了政和刑。政用来治理百姓,刑用来纠正邪恶。既缺乏清明的政治,又没有威严的刑法,所以才发生邪恶。已经发生邪恶而加以诅咒,有什么好处!

原文

王取邬、刘、蒍、邘之田于郑,而与郑人苏忿生之田:温、原、絺、樊、隰郕、欑茅、向、盟、州、陉、隤、怀。君子是以①知桓王之失郑也。恕而行之,德之则②也,礼之经③也。己弗④能有,而以与人,人之不至,不亦宜乎!

郑、息有违言⑤,息侯伐郑。郑伯与战于竟⑥,息师大败而还。君子是以知息之将亡也。不度⑦德,不量力,不亲亲,不征辞,不察⑧有罪。犯五不韪⑨,而以伐人,其丧师也,不亦宜乎!

注释

①是以:因此。

②德:道德。则:准则。

③经:常规。

④弗:不。

⑤违言:不满的、伤和气的话。

⑥竟:通“境”,国境。

⑦度:揣度。

⑧察:审查。

⑨不韪:不是,过错。

译文

周天子在郑国取得邬、刘、蒍、邗的田地，却给了郑国人原来属于苏忿生的田地：温、原、绨、樊、隰郕、欑茅、向、盟、州、陉、隤、怀。君子因此而知道桓王会失去郑国了。按照恕道办事，是德的准则，礼的常规。自己不能拥有，就拿来送给别人，其他人不再来朝见，不也应该吗！

郑国、息国之间有了口舌，息侯就进攻郑国。郑庄公和息侯在国境内作战，息国的军队大败而回。君子因此而知道息国将要灭亡了。不揣度德行，不考虑力量，不亲近亲邻，不分辨是非，不审查有罪，犯了这五条过错，而还去讨伐别人，他丧失军队，不也是活该吗！

原文

冬十月，郑伯以虢师伐宋。壬戌，大败宋师，以报其入[①]郑也。宋不告[②]命，故不书。凡诸侯有命，告则书，不然则否。师出臧否[③]，亦如之。虽及灭国，灭不告败，胜不告克，不书于策。羽父请杀桓公，将以求大宰[④]。公曰："为其少故也，吾将授之矣。使营[⑤]菟裘，吾将老焉。"羽父惧，反谮[⑥]公于桓公，而请弑[⑦]之。

注释

①入：进攻，攻入。

②告：报告。

③臧否：善恶，指好与不好。

④大宰：大同"太"，大宰即太宰，官职名，执掌政事。

⑤营：营建，建造。

⑥谮：诬陷。

⑦弑：古代指臣杀君、子杀父母。

译文

冬十月,郑伯带着虢国的军队攻打宋国。十四日,把宋国的军队打得大败,来报复宋国攻入郑国的那次战役。宋国没有来报告这件事,所以《春秋》未加记载。凡是诸侯发生大事,前来报告就记载,不然就不记载。出兵顺利或者不顺利,也是一样。即使国家被灭亡,被灭的不报告战败,夺取胜利的不报告战胜,也不记载在简册上。鲁国大夫羽父请求杀掉桓公,想借此求得宰相的官职。隐公说:"从前由于他年轻的原因,所以我代为摄政,现在我打算把国君的位子交还给他。已经派人在菟裘建筑房屋,我已经打算养老了。"羽父害怕,倒过来在桓公那里诬陷隐公,而请求桓公杀掉隐公。

原文

公之为公子也,与郑人战于狐壤,止①焉。郑人囚诸尹氏,赂尹氏,而祷于其主钟巫,遂与尹氏归,而立其主。十一月,公祭钟巫,齐于社圃,馆于芀氏。壬辰,羽父使贼弑公于芀氏,立桓公,而讨②芀氏,有死者。不书葬,不成丧③也。

注释

①止:阻止,指被俘获。
②讨:征伐,发动攻击。
③成丧:齐备居丧之礼,指举行丧礼。

译文

隐公还是公子的时候,曾率兵同郑国人在狐壤交战,被俘获。郑国人把他囚禁在尹氏那里,隐公贿赂尹氏,并在尹氏所祭神主钟巫之前祷告,于是就和尹氏一同回国而在鲁国立了钟巫的神主。十一月,隐公将要祭祀钟巫,在社圃斋戒,住在芀氏那里。十五日,羽父让坏人在芀家刺杀隐公,立桓公为国君,并且讨伐蒍氏，蒍氏有人被枉杀。《春秋》没有记载安葬隐公，是因为没有按国君的规格为隐公举行丧礼。

评析

鲁隐公十一年（公元前712年），鲁、齐、郑联合攻打许国，这反映了春秋时期诸侯国之间常互相攻打、以强凌弱的现象。但在攻下许国后，郑庄公能够正确估计形势，按照本国的长远利益处理这件事，不绝许祀，获得了“知礼”的评价。十一年发生的重要战事是郑庄公伐许。郑庄公早想吞并许国，此举既申讨了许国的不合法度，道义上得到支持，而又清楚认识到自己的实力尚不足灭许，所以只派人防守，还立了个傀儡君主收买民心，庄公做到了有理、有利、有节，不愧是位有政治谋略的君主。

桓公(元年～十八年)

五年经

五年:春,正月甲戌、己丑,陈侯鲍卒。
夏,齐侯、郑伯如纪。
天王使仍叔之子来聘。
葬陈桓公。
城祝丘。
秋,蔡人、卫人、陈人从王伐郑。
大雩。
螽。
冬,州公如曹。

五年传

原文

五年,春,正月,甲戌、己丑,陈侯鲍卒。再赴[①]也。于是陈[②]乱,文公子佗杀太子免而代之。公疾病而乱作[③],国人分散,故

再赴。

夏，齐侯、郑伯朝于纪④，欲以袭⑤之，纪人知之。

注释

①赴：讣告。

②陈：周代诸侯国名，妫姓，舜后，侯爵，周武王时始受封，地域在今河南开封以东、安徽亳县以北。

③作：起，兴起。

④纪：周代诸侯国名，姜姓，侯爵，春秋时灭于齐，在今山东寿光南。

⑤袭：趁敌人不备时攻击。

译文

五年，春天，正月甲戌日、己丑日，陈侯鲍死了。《春秋》之所以记载两个日子，是由于陈国两次讣告日期不同。当时陈国发生内乱，文公的儿子佗杀死太子免而取代他做了国君。正值陈侯重病而发生了动乱，国都城中之人分散，所以再发了一次讣告。

夏天，齐侯、郑伯到纪国朝见，想趁机袭击纪国，被纪国人发觉了。

原文

王①夺郑伯政，郑伯不朝。

秋，王以诸侯伐郑，郑伯御之。

王为中军；虢公林父将右军，蔡②人、卫人属焉；周公黑肩将左军，陈人属焉。

郑子元请为左拒③，以当蔡人、卫人；为右拒，以当陈人，曰：“陈乱，民莫有斗心。若先犯之，必奔。王卒顾之，必乱。蔡、卫

不枝[④],固将先奔。既而萃[⑤]于王卒,可以集事[⑥]。"从之。曼伯为右拒,祭仲足为左拒,原繁、高渠弥以中军奉公,为鱼丽之陈[⑦]。先偏后伍[⑧],伍承弥缝[⑨]。

注释

①王:周桓王。

②蔡:蔡国,姬姓,在今河南汝南上蔡、新蔡等地。

③拒:方阵。左拒:在左方作战的方阵。

④枝:同"支",支持。

⑤萃:聚,聚集。

⑥集事:成事。

⑦鱼丽:阵名。陈:通"阵"。

⑧偏:车战以二十五乘为偏。伍:五人为一伍,车在前,伍居后。

⑨弥缝:弥补,添补。

译文

周天子夺去郑庄公参与王政的权力,郑伯从此不再朝觐。

秋季,周王率领诸侯讨伐郑国,郑伯出兵抵抗。

周桓王亲自统率中军;虢公林父率领右军,蔡军、卫军从属于右军;周公黑肩率领左军,陈军从属于左军。

郑国的子元请求组成左方阵来抵抗蔡军和卫军;组成右方阵来抵御陈军,他说:"陈国刚发生动乱,因而百姓都缺乏斗志。若先攻打他们,他们一定奔逃。周王的中军去照应他们,阵容必然发生混乱。蔡、卫两国军队不能互相支援,也一定纷纷争先奔逃。这时我们便集中兵力攻

打中军,就可以获得成功。”郑伯同意了。曼伯做右方阵的主将,祭仲足做左方阵的主将,原繁、高渠弥率领中军护卫郑庄公,摆成一个鱼丽阵势。先排列二十五辆战车做前锋,又用一百二十五名士兵紧随其后,用以添补列阵间的空隙。

原文

战于繻葛①。命二拒曰:“旝②动而鼓!”蔡、卫、陈皆奔,王卒乱,郑师合以攻之,王卒大败。祝聃射王中肩,王亦能军③。祝聃请从④之。公曰:“君子不欲多上人,况敢陵⑤天子乎?苟自救也,社稷无陨,多矣。”夜,郑伯使祭足劳⑥王,且问⑦左右。

注释

①繻葛:郑国地名,在今河南长葛北。
②旝:红色的旗帜。
③能军:能够整饬军队。
④从:追,追赶,追击。
⑤陵:欺凌,凌辱。
⑥劳:慰劳。
⑦问:慰问。

译文

在繻葛展开战斗。郑庄公命令左右方阵的军队说:“令旗一动,就击鼓进军!”结果蔡、卫、陈三国军队溃散奔逃,周王的中军也顿时大乱,郑军从左右两边合力夹击,周军终于大败。祝聃一箭射中周桓王的肩膀,但周桓王仍能指挥军队。祝聃请求郑伯下令追击,郑庄公说:“君子不希望欺人太甚,又怎敢欺凌天子呢?若能够自救,社稷不致倾覆,这就足够了。”夜间,郑庄公派祭仲足慰劳周天子,同时问候周王的左右随从。

原文

仍叔之子来聘,弱[①]也。

秋,大雩[②]。书,不时[③]也。凡祀,启蛰[④]而郊[⑤],龙见[⑥]而雩,始杀[⑦]而尝[⑧],闭蛰[⑨]而烝[⑩]。过[⑪]则书。

冬,淳于公如曹。度其国危,遂不复。

注释

①弱:年纪轻。

②雩:古代为求雨而举行的一种祭祀。

③不时:不符合惯例。

④启蛰:节气名。动物经冬日蛰伏,至春又复出活动,故称"启蛰",今称"惊蛰",指初春时节。

⑤郊:郊祭,古代帝王在郊外祭祀天地。

⑥龙:星宿名,指东方苍龙七宿(角、亢、氐、房、心、尾、箕)。龙见:指东方苍龙七宿出现在天空,此时正是孟夏时节。

⑦杀:草木枯死。始杀:草木开始枯死,此时是孟秋时节。

⑧尝:秋天的祭祀。

⑨闭蛰:动物蛰伏,此时是孟冬时节。

⑩烝:火气上行。这里指古代冬天的祭祀。

⑪过:超过,过时。

译文

仍叔的儿子前来聘问。《春秋》不记载他的名字,是因为他年轻。

秋季,举行雩祭求雨。《春秋》记载这件事,是由于不合惯例。凡是祭祀,初春举行郊祭,孟夏举行雩祭,孟秋举行尝祭,孟冬举行烝祭。如果过了规定的时间举行的祭祀,就加以记载,表示不是通常之祭。

冬天,州国的淳于公去到曹国。他观察出自己的国家将发生危难,便没有回国。

评析

周桓王十三年(公元前707年)爆发的𦈡葛之战,在春秋史上很重要,它是长期以来周、郑矛盾的激化,可以看作桓王为维护和恢复王权而进行的最后一搏,也是郑庄公对外扩张的一次有力反击。桓王自即位以来,就在王朝内外进行了一系列准备,如重用周公黑肩,依靠虢国,拉拢曲沃,扶植翼侯,逐步削夺了郑庄公王朝卿士的权力,团结了陈、蔡、卫等一批小国,对桀骜不驯的郑国发动了𦈡葛之战。但不幸的是他遇到了一位强大的对手。郑庄公自继位之后,对内平叛,对外用兵,拉拢大国,凭借着国力的强盛,又有身为周室权臣的有利条件,不断扩充领地,增强实力,成为春秋初期的“小伯”。𦈡葛之战在政治和军事两方面都产生了重大的影响。政治上使得王室声威扫地,“礼乐征伐自天子出”的传统从此消亡,周王室从此沦落成为一般诸侯;军事上,郑军所采用的“鱼丽之阵”使中国古代车阵法更趋严密。

十六年经

十有六年:春,正月,公会宋公、蔡侯、卫侯于曹。

夏,四月,公会宋公、卫侯、陈侯、蔡侯伐郑。

秋,七月,公至自伐郑。

冬,城向。

十有一月,卫侯朔出奔齐。

十六年传

原文

十六年,春,正月,会于曹,谋伐郑也。

夏,伐郑。

秋,七月,公至自伐郑,以饮至①之礼也。

冬,城②向,书,时也。

注释

①饮至:上古诸侯朝会盟伐完毕,祭告宗庙并饮酒庆祝的典礼。后代指出征奏凯,至宗庙祭祀宴饮庆功之礼。

②城:修筑城墙。

译文

十六年春天,正月,鲁桓公和宋庄公、蔡桓侯、卫惠公在曹国会见,又谋划攻打郑国的事。

夏天,攻打郑国。

秋季七月,桓公进攻郑国以后回到国内,举行了祭告宗庙、大宴臣下的"饮至"礼仪。

冬天,在向地筑城。《春秋》记载这件事,是因为工程不阻碍农时。

原文

初，卫宣公烝于夷姜，生急子，属诸右公子。为之娶于齐，而美，公取之。生寿及朔，属寿于左公子。夷姜缢[①]。宣姜与公子朔构[②]急子。公使诸齐，使盗待诸莘，将杀之。寿子告之，使行。不可，曰："弃父之命，恶用子矣！有无父之国则可也。"及[③]行，饮以酒。寿子载其旌以先[④]，盗杀之。急子至，曰："我之求也，此何罪？请杀我乎！"又杀之。二公子故怨[⑤]惠公。

十一月，左公子泄、右公子职立公子黔牟。惠公奔齐。

注释

①缢：引绳缢颈而自尽。

②构：诬陷，陷害。

③及：到了。

④旌：旗帜。先：先行，走在前面。

⑤怨：怨恨。

译文

起初，卫宣公跟庶母夷姜私通，生下急子，把他托付给右公子。后来卫宣公给急子在齐国娶妻，齐女很漂亮，卫宣公就自己娶了她。生下寿和朔，把寿托付给左公子抚养。夷姜因失宠悬梁自尽。宣姜和公子朔诬陷急子。宣公让急子出使齐国，同时派坏人在莘地等候着，准备杀害他。寿子把这件事暗地里告诉了急子，让他逃离卫国。急子不同意，他说："违背父亲的命令，这算是什么儿子！如果世界上有无父的国家,我就可以遵照你的意见去做。”等到急子动身去齐国前,寿子用酒把急子灌醉,寿子在车上插着急子的旗帜走在前面,坏人就杀了寿子。急子赶到,说:“要杀的是我,他有什么罪?请杀我吧!”坏人又杀掉急子。左右二公子因此都怨恨卫惠公。

十一月,左公子泄、右公子职共立公子黔牟为国君。卫惠公就逃到齐国。

评析

桓公十六年(公元前696年),卫惠公朔出奔,虽然这是他陷害急子,咎由自取的结果,但也从中可见当时各诸侯国内部权力斗争之激烈。童书业《春秋左传研究》认为,春秋时期贵族家庭仍保持有较浓重的家长制色彩,所以男女关系比较通融,平辈间、上下辈间都可以发生婚姻关系,最突出的是儿子继承生母以外之诸母与弟弟继承嫂子,这都是家长制大家庭的特色。又“侄娣从嫁”及“媵”之制度说明家长制家庭中保存多婚及群婚之婚姻状态。从《诗经》中郑、卫等风也可知当时男女较易结合,也易分散。但在春秋时期家庭制度及婚姻制度已渐改变,可能向个体家庭过渡,此类事特别是尊者下淫已有非礼之嫌,所以对卫宣公通儿媳、杀二子的丑事,民间不乏讥评。《诗经》中有多篇论及其人其事,如《卫风·新台》《卫风·二子乘舟》等。

十八年经

十有八年:春,王正月,公会齐侯于泺。公与夫人姜氏遂如齐。

夏,四月丙子,公薨于齐。

丁酉,公之丧至自齐。

秋,七月。

冬,十有二月己丑,葬我君桓公。

十八年传

原文

十八年春，公将有行①，遂与姜氏如齐。申繻曰："女有家②，男有室③，无相渎④也，谓之有礼。易此必败。"

公会齐侯于泺⑤，遂及文姜如齐。齐侯通⑥焉。公谪⑦之，以告。

夏，四月，丙子，享公。使公子彭生乘公，公薨于车。

注释

①行：外出，出行。
②家：这里指丈夫。
③室：这里指妻室。
④渎：亵渎。
⑤泺：泺水，在今山东省。
⑥通：男女不正当的性行为，通奸。
⑦谪：谴责，责备。

译文

十八年春季，鲁桓公准备外出，同姜氏一起前往齐国。申繻劝谏说："女人有丈夫，男人有妻子，不互相轻慢亵渎，这叫做有礼。改变了这种情况，必然坏事。"

桓公和齐襄公在泺地会见，然后就同文姜到了齐国。齐襄公和文姜通奸，桓公责备文姜。文姜将此事告诉了齐侯。

夏季，四月丙子日，齐侯设宴招待桓公。宴后派公子彭生帮助桓公登车，桓公死在车上。

原文

鲁人告于齐曰："寡君畏君之威①，不敢宁居②，来修旧好③。礼成而不反，无所归咎④，恶于诸侯。请以彭生除之。"齐人杀彭生。

秋，齐侯师于首止⑤。子亹会之，高渠弥相。七月戊戌，齐人杀子亹而轘⑥高渠弥，祭仲逆郑子于陈而立之。是行也，祭仲知之，故称疾不往。人曰："祭仲以知免。"仲曰："信也。"

周公欲弑庄王而立王子克。辛伯告王，遂与王杀周公黑肩。王子克奔燕⑦。

初，子仪有宠于桓王，桓王属诸周公。辛伯谏曰："并后⑧，匹嫡，两政，耦国，乱之本也。"周公弗从，故及。

注释

①威：威严。

②宁居：安居。

③修：修缮。旧好：往日的友好关系。

④归咎：追究责任。

⑤首止：春秋卫地，在今河南睢县东南。

⑥轘：古代用车分裂人体的酷刑。

⑦燕：国名，姞姓，伯爵，黄帝之后，故城在今河南汲县西。

⑧并：等同，并列。后：王后。

译文

鲁国人通知齐国说："寡君害怕君主的威严，不敢安住，前来贵国重修两国往日的友好关系，礼节完成后却没有回国，又无法追究罪责，在诸侯中造成很坏影响，请求用彭生来消除这种影响。"齐人就杀彭生。

秋天，齐侯率领军队驻扎在卫地首止。郑国公子子亹前往会见，高渠弥作为助手参加了会议。七月戊戌日，齐人杀掉子亹，车裂高渠弥，祭仲到陈国接回郑公子子仪，立为国君。这次会见，祭仲事先预料到齐侯的目的，所以借有病而没有同去。有人说："祭仲有预见而逃过一场杀身之祸。"祭仲说："的确是那样的。"

周公黑肩企图杀掉周庄王另立王子克。辛伯把这个密谋报告给庄王，并帮助庄王杀掉周公黑肩。王子克逃亡到燕国。

当初，子仪受到桓王的宠信，桓王把他托付给周公黑肩。辛伯曾劝谏周公说："凡是妾与王后并同，庶子和嫡子相等，权臣和卿士权力等同，地方大城和国都一样大，这些都是导致国家祸乱的原因。"周公不听从辛伯的意见，结果招致杀身之祸。

评析

平王、桓王之后，周王室围绕夺嫡争位而发生的祸乱绵延不绝。从王子克之乱、王子颓之乱、王子带之乱到王子朝之乱等，前后达二百余年，周王室彻底衰落。

春秋时期贵族内部淫乱之事层出不穷，其中齐襄公和文姜兄妹是臭名昭著的两位。两人的不伦之情，殃及无辜，鲁桓公因此送命，而受命的公子彭生也成了替罪羊。由于齐国势力强盛，鲁国众臣对此无可奈何。自己多行不义的齐襄公却使用武力处死弑君作乱的郑国大臣，也可称得上"只许州官放火，不许百姓点灯"了。不过《左传》中认为为人君者的德行与其个人前途和国家命运紧密相关，齐襄公后来横死引起齐国内乱正是他当年多行不义的后果。

庄公（元年～三十二年）

八年经

八年：春，王正月，师次于郎，以俟陈人、蔡人。

甲午，治兵。

夏，师及齐师围郕。郕降于齐师。

秋，师还。

冬，十有一月癸未，齐无知弑其君诸儿。

八年传

原文

八年，春，治兵于庙，礼也。

夏，师及齐师围郕[①]。郕降于齐师。仲庆父请伐齐师。公曰："不可！我实不德，齐师何罪？罪我之由[②]。《夏书》曰：'皋陶迈种[③]德，德，乃降。'姑务修[④]德以待时乎。"

秋，师还。君子是以善⑤鲁庄公。

注释

①郕：周国名，姬姓，伯爵，武王封北叔武于此，在今山东宁阳县北。
②由：引起。
③迈：通“劢”，勤勉，努力。种：树立。
④姑：姑且。修：培养，修养。
⑤善：赞美。

译文

八年春季，庄公在太庙前操练士兵，这是合乎礼制的。

夏季，鲁、齐两国军队围攻郕国，郕国战败向齐军投降。鲁国的仲庆父建议攻打齐军，鲁庄公说：“不能这样！我实在没有德行，齐军有何罪？罪是由我引起的。《夏书》说：‘皋陶努力树立德行，具备了德行，别人自然降服。’我们还是姑且培养德行，等待别人降服的时机吧。”

秋天，鲁军回国。君子由此而赞美鲁庄公。

原文

齐侯使连称、管至父戍葵丘①。瓜时②而往，曰：“及瓜而代③。”期戍，公问④不至。请代，弗许。故谋作乱。

僖公之母弟曰夷仲年，生公孙无知，有宠于僖公，衣服礼秩如適⑤，襄公绌⑥之。二人因之以作乱。连称有从妹⑦在公宫，无宠。使间公，曰：“捷⑧，吾以汝为夫人⑨。”

注释

①葵丘：春秋齐地，在今山东临淄西。

②瓜时：瓜熟的时节。

③代：代替，替换。

④问：询问，这里指命令。

⑤適：通“嫡”，正妻所生的孩子。

⑥绌：降低，减免。

⑦从妹：堂妹。

⑧捷：胜利，成功。

⑨夫人：君夫人，诸侯之妻。

译文

齐襄公派连称、管至父驻守葵丘，他们是瓜熟时节去的。齐襄公当时说：“到明年瓜熟的时候派人去替换你们。”防守了一年，齐襄公的命令还不见传来，他们请求派人来代替，也未获得批准。所以连称、管至父两人就策划叛乱。

齐僖公的同母兄弟叫夷仲年，生下公孙无知，很得僖公的宠爱，衣服礼仪的待遇等级都如同嫡子一样。齐襄公即位后降低了公孙无知的待遇，于是连称、管至父二人便利用公孙无知的不满，依靠着他发动叛乱。连称有个堂妹，在齐襄公的后宫，没有得到宠幸，就让她去监视襄公的情况。公孙无知告诉她说：“事情成功，我就立你为君夫人。”

原文

冬，十二月，齐侯游[1]于姑棼，遂田于贝丘[2]。见大豕[3]，从者曰：“公子彭生也。”公怒，曰：“彭生敢见！”射之，豕人立而啼[4]。

公惧,队[5]于车,伤足丧屦。反,诛[6]屦于徒人费,弗得,鞭之,见血。走出,遇贼于门,劫而束之。费曰:"我奚御[7]哉!"袒而示之背,信之。费请先入,伏公而出,斗死于门中。石之纷如死于阶下。遂入,杀孟阳于床。曰:"非君也,不类[8]。"见公之足于户下,遂弑之。而立无知。

初,襄公立,无常[9]。鲍叔牙曰:"君使民慢,乱将作矣!"奉公子小白出奔莒。乱作,管夷吾、召忽奉公子纠来奔。

初,公孙无知虐[10]于雍廪。

注释

①游:巡游,巡视。

②田:田猎,打猎。贝丘:在山东博兴县南。

③豕:指野猪。

④人立:像人一样站立。啼:号叫,啼叫。

⑤队:通"坠",摔下,掉下。

⑥诛:责求,索取。

⑦奚:怎样,如何。御:抵御,抵抗。

⑧类:像,类似。

⑨无常:没有常态,指行动没有准则。

⑩虐:暴虐,此处用作动词,指对人暴虐。

译文

冬季,十二月,齐襄公在姑棼巡视,并顺便在贝丘打猎。看见一头大野猪,侍从说:"这是公子彭生。"襄公很生气说:"彭生岂敢来见我!"便用箭射它。野猪竟像人一样地站起来号叫。齐襄公感到害怕,从车上摔了下来,伤了脚,丢了鞋。回去以后,向徒人费要鞋。费找不到鞋子,齐侯就鞭打他,打得流血。费从宫中出来,在宫门口遇上叛贼。叛贼把他劫持并捆了起来。费说:"我刚才被鞭打,我怎么会抵抗你们?"解开衣服,让他们看背伤,叛贼相信了他的话。费请求先进宫去,进宫后把齐侯隐藏了起来,接着便出宫和叛贼搏斗,战死在宫门里。

石之纷如死在台阶下。叛贼冲进宫中，在床上杀了襄公的替身孟阳，说："不是国君，相貌不像。"他们发现齐侯的脚露在门下面，就把他杀了，拥立公孙无知为国君。

起初，齐襄公当国君之后，行动没有准则。鲍叔牙说："国君的行动如不合常理，百姓自然轻慢放纵，祸乱必将发生！"便护卫公子小白逃到莒国。不久祸乱发生，管夷吾、召忽二人便护卫公子纠逃避到鲁国。

起初，公孙无知对待大夫雍廪十分暴虐。

评析

鲁庄公八年（公元前686年），齐襄公由于失信于臣下而被弑，齐国内乱。公子小白，即后来的齐桓公出逃至鲁国。齐襄公在鲁桓公十八年指使公子彭生杀鲁桓公，后来又将公子彭生作为替罪羊杀掉。东汉王充《论衡·按书篇》："（左氏）言多怪，颇与孔子不语怪力，相违反也。"晋范宁《春秋谷梁传集解·序》："左氏艳而富，其失也巫。"《左传》叙事，除了写人事以外，还好说神怪之事，谈因果报应，谈卜筮灵验等，借助写鬼怪来写人情。《左传》在记述襄公被杀时，描写公子彭生变成野猪索命，有迷信色彩。此类描写颇具怪诞神异色彩，开后世志怪小说先河。

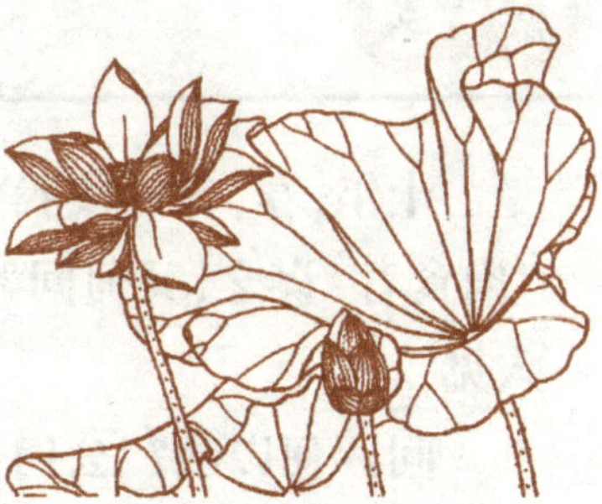

十年经

十年：春，王正月，公败齐师于长勺。

二月，公侵宋。

三月，宋人迁宿。

夏，六月，齐师、宋师次于郎。公败宋师于乘丘。

秋，九月，荆败蔡师于莘，以蔡侯献舞归。

冬，十月，齐师灭谭，谭子奔莒。

十年传

原文

十年，春，齐师伐我①。公②将战，曹刿③请见。其乡④人曰："肉食者⑤谋之，又何间⑥焉？"刿曰："肉食者鄙⑦，未能远谋。"乃入见。

问："何以战？"公曰："衣食所安，弗敢专⑧也，必以分人。"对曰："小惠未遍，民弗从也。"公曰："牺牲⑨玉帛，弗敢加⑩也，必以信⑪。"对曰："小信未孚⑫，神弗福也。"公曰："小大之狱⑬，虽不能察，必以情⑭。"对曰："忠之属也，可以一战。战则请从。"

公与之乘⑮，战于长勺⑯。公将鼓⑰之，刿曰："未可。"齐人三鼓。刿曰："可矣。"齐师败绩⑱。公将驰之。刿曰："未可。"下视其辙⑲，登轼⑳而望之，曰："可矣。"遂逐齐师。

既克，公问其故。对曰："夫战，勇气也。一鼓作气㉑，再㉒而衰，三而竭。彼竭我盈，故克之。夫大国，难测也，惧有伏焉。吾视其辙乱，望其旗靡㉓，故逐之。"

注释

①我：指鲁国。作者站在鲁国立场记事，所以书中"我"即指鲁国。

②公：指鲁庄公。

③曹刿(guì):鲁国大夫。
④乡:春秋时一万二千五百户为一乡。
⑤肉食者:指做大官的人。当时大夫以上的官每天可以吃肉。
⑥间(jiān):参与。
⑦鄙:鄙陋,指见识短浅。
⑧专:专有,独占。
⑨牺牲:祭礼时用的牲畜,如牛、羊、猪。
⑩加:夸大。
⑪信:真实,诚实。
⑫孚:信任。
⑬狱:诉讼案件。
⑭情:情理。
⑮乘:乘战车。
⑯长勺:地名,今山东莱芜东北。
⑰鼓:击鼓,指进军。
⑱败绩:大败。
⑲辙:车轮经过留下的印迹。
⑳轼:车前供乘者扶手的横木。
㉑作气:鼓足士气。
㉒再:第二次。
㉓靡:倒下。

译文

鲁庄公十年的春天,齐国军队攻打鲁国。鲁庄公将要出兵应战,曹刿请求见庄公。他的乡里人说:"做大官的人会谋划这件事,你又何必参与呢?"曹刿说:"做大官的人见识短浅,不能深谋远虑。"于是他入朝拜见庄公。

曹刿问庄公:"您凭借什么去同齐国作战?"庄公答道:"衣食一类用来安身的物品,我不敢独自享用,必定要分一些给别人。"曹刿说:"这种小恩小惠没有遍及每个民众,他们不会跟从您去作战的。"庄公说:"祭祀用的牲畜、宝玉和丝绸,我不敢夸大,一定要忠实诚信。"曹刿答道:"这种小信不足以使鬼神信任,鬼神是不会赐福的。"庄公说:"大大小小的官司案件,虽然不能一一明察,也一定要处理得合乎情理。"曹刿说："这是尽心尽力为民办事的表现，可以凭这个同齐国打仗。打仗的时候，请让我跟您一同去。"

庄公和曹刿同乘一辆战车，在长勺同齐军交战。庄公正想击鼓进兵，曹刿说："还不行。"齐军已经击了三通鼓。曹刿说："可以了。"齐军被打得大败，庄公准备驱车追击。曹刿说："还不行。"他下了车，察看齐军车轮的印迹，然后登上车，扶着车轼瞭望齐军，说："可以追击了。"于是开始追击齐军。

鲁军打了胜仗之后，庄公问曹刿取胜的原因。曹刿回答说："打仗凭的全是勇气。第一次击鼓时士兵们鼓足了勇气，第二次击鼓时勇气就衰退了，第三次击鼓时勇气便耗尽了。敌方的勇气耗尽时，我们的勇气正旺盛，所以会取胜。大国用兵作战难以预测，我担心他们设兵埋伏。后来，我看出他们的车轮印很乱，望见他们的旗帜倒下，所以才去追击他们。"

评析

可以把曹刿称为优秀的军事家。他所以取胜的原因，不是靠猛打猛冲，而是靠谋略、智慧，这一点尤其让人称道。

战争当中，一个优秀的谋略家，抵得上成千上万的将士。他虽然没有将士的勇猛，没有将士的膂力，没有在战场上冲锋陷阵，却能凭借智慧，以柔克刚、以弱胜强、以小取大。

智慧如同水，水是无形的，看似柔弱，但是它在无形、柔弱之中积聚了看不见的力量，遇到险阻可以绕道而行，聚积起来的力量达到一定程度，便可以汇成冲决一切障碍的潮流。难怪孔子要说"智者乐水"。他们在外表和特征上十分相似：以无形克服有形，以流转变化回避强敌，以柔弱战胜阳刚。

中国传统中对水的偏爱，铸成了传统智慧在阴、阳的抗衡中注重以柔克刚的阴性特征。这是一个十分有趣的文化现象。传统的智者、谋略家，甚至可能连操刀舞剑的力量都没有，却能运筹帷幄，在几十万大军的交锋之中，扮演着导演的角色，指点沙场，调兵遣将。可以说，一场战争中的灵魂，正是那些文弱雅致的谋略家，是他们彼此间智慧的较量，在决定着战争的胜负。

另一个有趣之处是，传统的军事谋略家不是凭借在战场上出生入死、浴血奋战的经验来指挥作战，而是靠读书识理来完成自己的使命。看上去他们似乎因为没有亲身打过仗而缺乏实战经验，然而他们从读书识理中积累起来的智慧，足以使他们从力量对比、人心向背、心理状态、地理环境、气候条件等天、地、人方面的因素，来把握、预测、决定整个战争的进程。这一点在崇尚实战经验的西方军事家看来，是匪夷所思的，而在我们看来却是十分自然的。

中国历史上的无数次战争都在证明着，成功的战例是文人们智慧的杰作。他们精心导演了一出又一出的戏，然后让担当剧中角色的将士去演出。

二十二年经

二十有二年：春，王正月，肆大眚。癸丑，葬我小君文姜。

陈人杀其公子御寇。

夏，五月。

秋，七月丙申，及齐高傒盟于防。

冬，公如齐纳币。

二十二年传

原文

二十二年，春，陈人杀其大子[①]御寇，陈公子完与颛孙奔齐。颛孙自齐来奔。

齐侯使敬仲为卿[②]，辞曰：“羁旅[③]之臣，幸若获宥[④]，及于宽

政，赦其不闲[⑤]于教训，而免于罪戾[⑥]，弛于负担，君之惠也，所获多矣。敢辱高位，以速官谤[⑦]？请以死告。《诗》云[⑧]：'翘翘车乘，招我以弓，岂不欲往？畏我友朋。'"使为工正[⑨]。

注释

①大子：大同"太"，大子就是太子。

②卿：古时高级长官或爵位的称谓。

③羁旅：寄居异乡。

④宥：宽恕，赦免。

⑤不闲：不娴熟，不精通。

⑥罪戾：罪过，罪愆。

⑦谤：谤议，指责。

⑧以下所引诗句出自《诗》的《逸诗》。

⑨工正：官名，春秋时掌百工之官。

译文

二十二年春，陈国人杀了他们的太子御寇。陈国的敬仲和颛孙逃亡到齐国。颛孙又从齐国逃亡到鲁国。

齐桓公想让敬仲做卿，他辞谢说："寄居在外的小臣，如果有幸获得宽恕，能在宽厚的政治之下，赦免我的没有教养，而得以免除罪过，放下负担，这是君王的恩惠，我所得的已经很多了。哪里敢接受这样的高位，而很快地招来官员们的指责？谨冒死上告。《诗》说：'高高的车子，招呼我用的是弓，难道我不想前去？怕的是我的朋友。'"因而齐桓公让他担任工正。

原文

饮桓公酒，乐[1]。公曰："以火继[2]之。"辞曰："臣卜其昼[3]，未卜其夜，不敢！"君子曰："酒以成礼，不继以淫，义也；以君成礼，弗纳于淫，仁也。"

初，懿氏卜妻敬仲。其妻占之，曰："吉！是谓'凤皇于飞，和鸣锵锵[4]。有妫之后，将育于姜。五世其昌[5]，并于正卿。八世之后，莫之与京'。"

注释

①乐：高兴。

②继：继续。

③卜：占卜吉凶。昼：白天。

④锵锵：鸟虫鸣声。

⑤昌：兴旺，昌盛。

译文

敬仲招待齐桓公饮酒，桓公很高兴。天晚了，桓公说："点上烛继续喝。"敬仲辞谢说："臣只知道白天招待君主，不知道晚上陪饮。不敢遵命！"君子说："酒用来完成礼仪，不能饮用无度，这是义；由于和国君饮酒完成了礼仪，不使他过度，这是仁。"

当初，懿氏要把女儿嫁给敬仲而占卜吉凶。他的妻子占卜，说："吉利！这叫做'凤凰将飞翔，鸣叫声响亮。妫氏的后代，养育于齐姜。第五代就要昌盛，官位和正卿同行。第八代以后无人可以和他争强'。"

原文

陈厉公，蔡出也，故蔡人杀五父而立之。生敬仲。其少也，周史有以《周易》见陈侯者，陈侯使筮[①]之，遇“观䷓”之“否䷋”。曰：“是谓‘观国之光，利用宾于王’。此其代陈有国乎？不在此，其在异国；非此其身，在其子孙。光远而自他有耀[②]者也。坤，土也。巽，风也。乾，天也。风为天于土上，山也。有山之材而照之以天光[③]，于是乎居土上，故曰：‘观国之光，利用宾于王。’庭[④]实旅百，奉之以玉帛，天地之美具[⑤]焉，故曰：‘利用宾于王。’犹有观[⑥]焉，故曰：‘其在后乎！’风行而著于土，故曰：‘其在异国乎！’若在异国，必姜姓也。姜，大岳之后也。山岳则配天。物莫能两大[⑦]。陈衰，此其昌乎！”

及陈之初亡也，陈桓子始大于齐；其后亡成，成子得政。

注释

①筮：用蓍草占卜。

②耀：闪耀，照耀。

③天光：天空的光芒。

④庭：厅堂。

⑤具：具备。

⑥观：观看。

⑦两大：两者同样大。

译文

陈厉公是蔡女所生，所以蔡人杀了五父而立他，生了敬仲。在敬仲年少的时候，有一个成周的太史用《周易》去见陈厉公，陈厉公让他占筮，占得的观卦䷓变成否卦䷋。周太史说：“这就叫做‘观国之风光，利于做上宾于君王’。这个人恐怕要代替陈而享有国家了吧？但不在这里，而在别国，不在这个人身上，而在他的子孙身上。光是从别的远处照耀而来的。坤是土，巽是风，乾是天。风起于天而行于土上，这就是山。有了山上的物产，又有天光照射，这就是居于土地上，因此说‘观国之风光，利于做上宾于君王’。庭中陈列的礼物上百件，另外进贡束帛玉璧，天上地下美好的东西都具备了，因此说‘利于做上宾于君王’。还有等着观看，所以说‘他的昌盛在于后代吧！’风行走最后落在土地上，所以说‘他的昌盛在别国吧！’若在别国，必定是姜姓之国。姜是大岳的后代。山岳高大足以与天相配。但事物不可能两者一般大，陈国衰亡，这个氏族就要昌盛吧！”

等到陈国第一次灭亡，陈桓子才在齐国有了权势，后来楚国再次灭亡陈国，陈成子拥有了齐国政权。

评析

鲁庄公二十二年（公元前672年），陈公子完逃亡到齐国，其后陈完家族在齐国的势力逐渐壮大，最终夺取了齐国的君位。唐杨世勋《疏》云：“《左传》多叙鬼神之事，预言祸福之期。”《左传》中记叙了不少预言，有的是占卜得来，有的是观星象而知，有的是梦兆，有的是鬼神或先知预言等，许多都应验了。当然后人认为应验了的一般是作者已经知道的事实。《左传》好预言，谈天命，可能与巫史合一的传统有关。我们要从中看到，《左传》虽持天命观，但也有新的进步思想，即天命与人的道德修养是统一的，事物的发生有因有果。君位的得失、人的荣辱都与本人或身边人的日常行事密切相关。如陈大夫通过郑太子忽先同居后告祖的失礼行为，预言他将不能长久享有国家。懿氏的妻子和周太史都对陈公子完（即田完，谥号敬仲）做了很好的预言，周太史关于陈（田）氏后代将代齐为王的预言果然被历史发展所应验。从人事上看，陈完是君子所称赞的“仁义”之人，其后辈诸人不仅政治军事才能卓著，而且在其他贵族横征暴敛的时候积极施惠于民，拥有民心，其代齐不是偶然而是长期努力的结果。

二十八年经

二十有八年：春，王三月甲寅，齐人伐卫。卫人及齐人战，卫人败绩。
夏，四月丁未，邾子琐卒。
秋，荆伐郑。公会齐人、宋人救郑。
冬，筑郿。
大无麦、禾。臧孙辰告籴于齐。

二十八年传

原文

二十八年，春，齐侯伐卫，战[①]，败卫师，数[②]之以王命，取赂[③]而还。

晋献公娶于贾，无子。烝于齐姜，生秦穆夫人及太子申生。又娶二女于戎，大戎狐姬生重耳，小戎子生夷吾。晋伐骊戎，骊戎男女以[④]骊姬，归，生奚齐。其娣[⑤]生卓子。骊姬嬖[⑥]，欲立其子，赂外嬖梁五与东关嬖五，使言于公曰："曲沃[⑦]，君之宗[⑧]也。蒲与二屈，君之疆也。不可以无主。宗邑无主，则民不威[⑨]；疆场无主，则启戎心[⑩]。戎之生心，民慢其政，国之患也。若使太子主曲沃，而重耳、夷吾主蒲与屈，则可以威民而惧戎，且旌君伐。"使

俱曰:"狄之广莫,于晋为都。晋之启土,不亦宜⑪乎?"晋侯说之。夏,使大子居曲沃,重耳居蒲城⑫,夷吾居屈⑬。群公子皆鄙,唯二姬之子在绛。二五卒与骊姬谮群公子而立奚齐,晋人谓之"二五耦"。

注释

①战:作战。

②数:指责,责备。

③赂:财物。

④男:指骊戎君主。以:献给,献出。女以:把女子献出。

⑤娣:妹妹,这里指陪嫁。

⑥嬖:宠幸,受宠幸。

⑦曲沃:春秋晋地,晋昭侯封其叔父城师于曲沃,即此。其后城师的后代武公夺取了晋国政权,仍为别都,一名下国,亦简称沃。在今山西闻喜东。

⑧宗:宗邑。

⑨威:通"畏",畏惧。

⑩戎心:谓敌国入侵的野心。

⑪宜:合适,适宜。

⑫蒲城:春秋晋邑,在今山西隰县西北。

⑬屈:春秋时晋邑,在今山西吉县东北。

译文

二十八年春,齐桓公讨伐卫国,经过作战,战胜卫军,用周天子的名义责备卫国,取得了财货回国。

晋献公在贾国娶了妻子,没有儿子。他和齐姜通奸,生了秦穆夫人和太子申生。又在戎娶了两个女人,大戎狐姬生了重耳,小戎子生了夷吾。晋国攻打骊戎,骊戎君主把女子骊姬献给晋献公,回国后生了奚齐。她的妹妹生了卓子。骊姬受到宠爱,想立自己的儿子为太子,贿赂男宠梁五和东关嬖五,让他们对晋献公说:"曲沃是君王的宗邑。蒲地和二屈是君王的边疆,不能没有强大的地方官。宗邑缺乏有力的主管，百姓就没有畏惧；边疆没有有力的主管，就会开启戎狄侵犯的念头。戎狄有侵犯的念头，百姓就会不重视政令，这是国家的祸患。如果让太子主管曲沃，又让重耳、夷吾主管蒲地和二屈，就可以使百姓畏惧、戎狄害怕，而且可以表彰君王的功劳。”又让这两个人一起对晋献公说：“狄人广漠的土地，若归属晋国，可以在那里建立城市。晋国开疆辟土，不也是恰当的吗？”晋侯很高兴。夏季，让太子住在曲沃，重耳住在蒲地，夷吾住在屈地。别的公子也都住在边境上，只有骊姬和她妹妹的儿子在绛城。梁五和东关嬖五最终和骊姬诬陷了公子们而立了奚齐为太子。晋国人称他们为“二五耦”，即“两个名叫五的狼狈为奸”。

原文

楚令尹子元欲蛊[①]文夫人，为馆[②]于其宫侧，而振《万》焉。夫人闻之，泣曰：“先君以是舞也，习戎备[③]也。今令尹不寻诸仇雠，而于未亡人[④]之侧，不亦异[⑤]乎！”御人[⑥]以告子元。子元曰：“妇人不忘袭雠，我反忘之！”

秋，子元以车六百乘伐郑，入于桔柣之门。子元、斗御疆、斗梧、耿之不比为旆。斗班、王孙游、王孙喜殿。众车入自纯门，及逵市[⑦]。县门[⑧]不发。楚言而出，子元曰：“郑有人焉。”诸侯救郑，楚师夜遁[⑨]。郑人将奔桐丘[⑩]，谍告曰：“楚幕有乌。”乃止。

注释

①蛊：蛊惑，诱惑。

②为馆：建造房舍。

③戎备：武备，战备。

④未亡人：妇人夫亡后自称，也通指寡妇。

⑤异：惊异。

⑥御人：侍女，侍者。

⑦逵市：古代城郭内大道两旁的集市。

⑧县门：县通“悬”。悬门是古时守城之闸板，安装于内城门，无事则悬起，寇至则下之。

⑨遁：逃跑，逃走。

⑩桐丘：在河南扶沟西二十里，许昌东北。

译文

楚国的令尹子元企图诱惑文王夫人，在她的宫旁造了房舍，在里面边摇铃边跳万舞。夫人听到了，哭着说：“先君让人跳这个舞蹈，是用来演习备战的。现在令尹不用于仇敌而用于未亡人的旁边，不令人感到惊异吗！”侍者告诉了子元。子元说：“女人不忘记袭击仇敌，我反倒忘了。”

秋季，子元带领六百辆战车进攻郑国，进入桔柣之门。子元、斗御疆、斗梧、耿之不比率领前军。斗班、王孙游、王孙喜殿后。车队从纯门进去，到达大路上的市场。内城的闸门没有放下。楚国人用楚国方言说了一阵就退出去了。子元说：“郑国有人才。”诸侯救援郑国，楚军就夜里溜走了。郑国人已准备逃往桐丘，间谍前来报告说：“楚军的帐篷上有乌鸦，说明已无人居住。”于是就停止逃跑。

原文

冬，饥①。臧孙辰告籴②于齐，礼也。

筑郿，非都也。凡邑，有宗庙先君之主曰“都”，无曰“邑”。邑曰“筑”，都曰“城”。

注释

①饥:饥荒。

②告籴:请求买粮。

译文

冬季,发生饥荒。鲁国的大夫臧孙辰向齐国购买粮食,这是合于礼的。

鲁国筑郿城,因为郿城不是都。凡是城邑,有宗庙和先君神主的叫做"都",没有的叫做"邑"。建造邑叫做"筑",建造都叫做"城"。

评析

《左传》在鲁庄公二十八年(公元前666年)记述了晋献公宠爱骊姬,疏远太子申生和公子重耳、夷吾,为其后晋国的内乱埋下了伏笔。晋献公是晋国霸业的开创者,善于权谋,心狠手辣,对内为加强君权而杀死公族诸人,对外积极开疆拓土,设计消灭虢、虞等国,为后来晋文公的称霸奠定了基业。但他好色荒淫,对几个儿子如太子申生、公子重耳、公子夷吾等残忍无情,酿成了他死后晋国多年的内乱。晋献公的爱妾骊姬恃宠而骄,贪婪狠毒,连续设计,最后除掉为人仁厚的太子申生而让自己的儿子继位,直接造成晋国的动乱。表面上这是骊姬一人的罪恶,实际上是晋献公纵容甚至伙同骊姬所为。以往历史为尊者讳,一味责怪"红颜祸水",如妹喜、妲己、褒姒、西施等,成为亡国妖女的典型,其实她们所依赖的国君自身的荒淫无道才是亡国的根源。

三十二年经

三十有二年：春，城小谷。

夏，宋公、齐侯遇于梁丘。

秋，七月癸巳，公子牙卒。

八月癸亥，公薨于路寝。

冬，十月己未，子般卒。

公子庆父如齐。

狄伐邢。

三十二年传

原文

三十二年，春，城小谷，为管仲[1]也。

齐侯为楚伐郑之故，请会于诸侯。宋公请先见于齐侯。夏，遇于梁丘[2]。

注释

①为管仲：为管仲而筑城。

②梁丘：在山东城武东北，与金乡接界处。今城武东北三十里有梁丘山，山南有梁丘城。

译文

三十二年春季，齐国在小谷筑城，这是为管仲而筑的。

齐桓公由于楚国进攻郑国的缘故，请求和诸侯会见。宋桓公请求和齐桓公先行会见。夏季，在梁丘非正式会见。

原文

秋，七月，有神降于莘[①]。

惠王问诸内史[②]过曰："是何故也？"对曰："国之将兴，明神降之，监[③]其德也；将亡，神又降之，观其恶也。故有得神以兴，亦有以亡。虞、夏、商、周皆有之。"王曰："若之何？"对曰："以其物享[④]焉。其至之日，亦其物也。"王从之。内史过往，闻虢请命，反曰："虢必亡矣，虐而听[⑤]于神。"

注释

①降：降临。莘：春秋虢地，今河南陕县硖石镇西十五里有莘原。

②内史：官名。西周始置，协助天子管理爵、禄、废、置等政务。

③监：观察。

④享：用物品进献，供奉鬼神使其享受，即祭祀、上供。

⑤听：听命，服从。

译文

秋季，七月，有神明在莘地降临。

周惠王向内史过询问说："这是什么缘故？"内史过回答说："国家将要兴起，神明降临，观察它的德行；将要灭亡，神明也会降临，观察它的邪恶。所以有的得到神明而兴起，也有的因为得到神明而灭亡。虞、夏、商、周都有过这种情况。"周惠王说："怎么办呢？"内史过回答说："用相应的物品来祭祀。他来到的日子，按规定，这个日子的祭祀该是什么，也就是他的祭品。"周惠王便听从了。内史过前去祭祀。听到虢国请求神明赐予，回来说："虢国必定要灭亡了，暴虐而服从于神明。"

原文

神居莘六月，虢公使祝应、宗区、史嚚享焉。神赐之土田。史嚚曰："虢其亡乎！吾闻之：国将兴，听于民；将亡，听于神。神，聪明正直而壹①者也，依②人而行。虢多凉德③，其何土之能得？"初，公筑台，临党氏，见孟任，从之。闷，而以夫人言许④之，割臂盟⑤公。生子般焉。雩，讲于梁氏，女公子观之。圉人荦自墙外与之戏⑥。子般怒，使鞭之。公曰："不如杀之，是不可鞭。荦有力焉，能投盖于稷门⑦。"

注释

①壹：专一。

②依：根据。

③凉德：薄德，缺少仁义。

④许：许诺，答应。

⑤割臂盟：称男女相爱，私下订立婚约为"割臂盟"。

⑥圉人：《周礼》里官名，掌管养马放牧等事，亦以泛称养马的人。戏：调戏。

⑦稷门：古代齐城门名，在今山东临淄北古齐城西边南首，以在稷山之下得名。

译文

神明在莘地住了六个月。虢公派遣祝应、宗区、史嚚去祭祀。神明答应赐给他疆土田地。史嚚说:“虢国恐怕要灭亡了吧!我听说:国家将要兴起,听百姓的;将要灭亡,听神明的。神明,是聪明正直而无二心的,按照不同的人而办事。虢国多的是缺德事,又有什么土地能够得到?”当初,庄公建造高台,可以看到党家。在台上见到孟任,就跟着她走。孟任闭门拒绝。庄公答应立她为夫人。她答应了,割破手臂和庄公盟誓,后来就生了子般。一次正当雩祭,事先在梁家演习,庄公的女儿观看演习,圉人荦从墙外调戏她。子般发怒,叫人鞭打荦。庄公说:“不如杀掉他,这个人不能鞭打。他很有力气,可以举起稷门的城门扔出去。”

原文

公疾[①],问后[②]于叔牙,对曰:“庆父材。”问于季友,对曰:“臣以死奉[③]般。”公曰:“乡者牙曰‘庆父材’。”成季使以君命命僖叔,待于针巫氏,使针季酖[④]之。曰:“饮此,则有后于鲁国;不然,死且无后。”饮之,归,及逵泉而卒[⑤]。立叔孙氏。

八月,癸亥,公薨于路寝[⑥]。子般即位,次于党氏。冬,十月,己未,共仲使圉人荦贼[⑦]子般于党氏。成季奔陈。立闵公。

注释

①疾:生病。

②后:继承人。

③奉:侍奉。

④酖：毒死。

⑤逵泉：春秋时鲁国泉名，在今山东曲阜东南。卒：死。

⑥路寝：古代天子、诸侯的正厅。

⑦贼：杀害，刺杀。

译文

庄公得病，向叔牙询问继承人，叔牙回答说："庆父有才能。"向季友询问，季友回答说："臣用死来侍奉子般。"庄公说："刚才叔牙说'庆父有才能'。"成季就派人以国君的名义让叔牙等待在针巫家里，让针巫用毒酒毒死叔牙。说："喝了这个，你的后代在鲁国还可以享有禄位；不这样即使你死了，后代也没有禄位。"叔牙喝了毒酒，回去到达逵泉就死去了。鲁国立他的儿子为叔孙氏。

八月初五日，鲁庄公死在正寝里。子般即位，住在党氏家里。冬十月初二，共仲派圉人荦在党家刺死子般。成季逃跑到陈国。立闵公为国君。

评析

鲁庄公三十二年（公元前662年），庄公病重，准备确立继承人，叔牙（庄公弟）主张立庆父（庄公庶兄），庄公不悦，遂毒死叔牙。季友（庄公小弟）坚决主张立子般（庄公子）。庄公卒，子般立。庆父使人杀子般，立庄公庶子启，为闵公。庆父、叔牙、季友就是后来鲁国"三桓"的祖先。虢国的覆灭是个悲剧，却也有其发展的必然。虢的军事实力和发展程度在当时诸侯国中都不弱，但虢公有穷兵黩武之嫌，不恤民力，令百姓不满，又迷信鬼神，不度德量力，好大喜功，终于被晋国用计逐步消灭。周内史过和史嚚对虢公向神祈福所做的评价又一次强调了时人以民为本的进步思想。

闵公（元年～二年）

元年经

元年：春，王正月。
齐人救邢。
夏，六月辛酉，葬我君庄公。
秋，八月，公及齐侯盟于落姑。季子来归。
冬，齐仲孙来。

元年传

原文

元年，春，不书即位，乱故也。

狄人伐邢[1]。管敬仲[2]言于齐侯曰："戎狄豺狼，不可厌也；诸夏[3]亲昵，不可弃也；宴安鸩[4]毒，不可怀也。《诗》云：'岂不怀归，畏此简书。'[5]简书，同恶相恤[6]之谓也。请救邢以从简书[7]。"

齐人救邢。

注释

①邢：邢国，姬姓，侯爵，周公之子所封，春秋时灭于卫。今河北邢台西南襄国故城即其地。

②管敬仲：管仲。

③诸夏：夏族的诸国家，指中原诸国。

④鸩：毒鸟名，用其羽毛沥酒，能使人饮后立死。

⑤出自《诗·小雅·出车》。

⑥同恶相恤：因为有共同的利害关系，应该相互关心。

⑦简书：用于告诫、策命、盟誓、征召等事的文书，亦指一般文牍。

译文

元年春季，《春秋》未记载即位，是由于动乱不能举行即位仪式。

狄人进攻邢国。管仲对齐桓公说："戎狄犹如豺狼，是不能满足的；中原各国互相亲近，是不能抛弃的；安逸等于毒药，是不能怀恋的。《诗》说：'难道不想着回去，怕的是这个竹简上的军令文字。'竹简上的军令文字，就是同仇敌忾、忧患与共的意思，因此请求您听从简书而救邢国。"于是齐国人出兵救援邢国。

原文

夏六月，葬庄公。乱故，是以缓[①]。

秋八月，公及齐侯盟于落姑，请复[②]季友也。齐侯许之，使召[③]诸陈，公次于郎以待之。"季子来归"，嘉[④]之也。

冬，齐仲孙湫来省难[⑤]。书曰"仲孙"，亦嘉之也。

注释

①缓:延缓,推迟。

②复:返回。

③召:召回。

④嘉:嘉奖,赞美。

⑤省难:对祸难表示慰问。

译文

夏六月,安葬庄公。因为发生动乱,所以推迟了。

秋八月,闵公和齐桓公在落姑结盟,请求齐桓公帮助季友回国。齐桓公同意,派人从陈国召回季友,闵公住在郎地等候他。《春秋》记载说"季子来归",这是赞美季友。

冬季,齐国的仲孙湫前来对祸难表示慰问,《春秋》称之为"仲孙",也是赞美他。

原文

仲孙归曰:"不去①庆父,鲁难未已②。"公曰:"若之何而去之?"对曰:"难不已,将自毙③,君其待④之。"公曰:"鲁可取⑤乎?"对曰:"不可。犹秉周礼。周礼,所以本⑥也。臣闻之:'国将亡,本必先颠⑦,而后枝叶从之。'鲁不弃周礼,未可动也。君其务宁鲁难而亲之。亲有礼,因重固⑧,间携贰,覆⑨昏乱。霸王之器⑩也。"

注释

①去：除去，除掉。
②已：停止，尽头。
③自毙：自行扑倒，喻自遭失败或自受其害。
④待：等待，等着。
⑤取：取得。
⑥本：根本。
⑦颠：跌落，颠覆。
⑧重固：稳固。
⑨覆：翻转，倾覆。
⑩器：方法。

译文

仲孙回国说："不除掉庆父，鲁国的祸难还未尽。"齐桓公说："如何才能除掉他？"仲孙回答说："祸难不尽将会自取灭亡，您就等着吧。"齐桓公说："鲁国可以取得吗？"仲孙说："不行。他们还遵行周礼。周礼，是立国的根本。下臣听说：'国家将要灭亡，就像大树，躯干必然先行倒下，然后枝叶随着落下。'鲁国不抛弃周礼，是不能动它的。您应当从事于安定鲁国的祸难并且亲近它。亲近有礼仪的国家，依靠稳定强大的国家，离间内部涣散的国家，灭亡昏暗动乱的国家。这是称霸称王的方法。"

原文

晋侯作①二军。公将②上军，太子申生将下军，赵夙御戎③，毕万为右。以灭耿④，灭霍⑤，灭魏⑥。还，为太子城曲沃，赐赵夙耿，赐毕万魏，以为大夫。

士蒍曰："太子不得立矣。分之都城，而位以卿，先为之极⑦，又焉得立？不如逃之，无使罪至。为吴太伯，不亦可乎？犹有令名⑧，与其及也。且谚曰：'心苟无瑕，何恤⑨乎无家！'天若祚⑩太子，其无晋乎！"

注释

①作：建立。

②将：率领。

③御戎：驾驭军车。

④耿：周国名，姬姓，春秋时灭于晋。故城在今山西河津市东南，一名耿乡城。

⑤霍：霍国，春秋诸侯国之一。

⑥魏：春秋诸侯国名，后灭于晋。春秋晋献公始封毕万于此，为战国时魏国前身，在今河南临漳西南四十里。

⑦极：顶峰，顶点。

⑧令名：美好的声誉。

⑨恤：忧虑，害怕。

⑩祚：赐福，保佑。

译文

晋献公建立两个军。自己率领上军，太子申生率领下军，赵夙为晋献公驾驭战车，毕万作为车右。出兵灭掉耿国、灭掉霍国、灭掉魏国。回国，为太子建筑曲沃城，把耿地赐给赵夙，把魏地赐给毕万，让他们做大夫。

士蒍说："太子不能做继承者了。把都城分给他，又让他做卿，先让他达到顶点，又哪里能够再立为国君？与其得到罪过，不如逃走，不要让罪过到来。做一个吴太伯，不也是可以的吗？这样还可以保有好名声。而且俗话说:‘心里如果没有瑕疵,又何愁没有家?’上天若保佑太子,就不要在晋国了吧!”

原文

卜偃曰:“毕万之后必大。万,盈数[①]也。魏,大名[②]也。以是始赏,天启[③]之矣。天子曰兆民[④],诸侯曰万民。今名之大,以从盈数,其必有众。”

初,毕万筮仕于晋,遇“屯䷂”之“比䷇”。辛廖占之,曰:“吉。屯固比入[⑤],吉孰大焉?其必蕃昌[⑥]。震为土,车从马,足居之,兄长之,母覆之,众归之,六体不易,合而能固,安而能杀,公侯之卦也。公侯之子孙,必复其始。”

注释

①盈:满。盈数:指十、百、万等整数。

②大名:巍峨高大的名称。

③天启:上天的启示。

④兆民:古称天子之民。

⑤固:坚固。入:进入。

⑥蕃昌:繁衍昌盛。

译文

卜偃说:“毕万的后代必定昌盛。万,是满数。魏,是巍峨高大的名称。开始赏赐就这样,上天已经表示预兆了。天子统治兆民,所以称为‘兆民’;诸侯统治万民,所以称为‘万民’。现在一个高大的名称,又加上一个满盈的数字,他就必然会得到大众。”

当初,毕万占卜在晋国做官的吉凶,得到屯卦䷂变成比卦䷇。辛廖预测说:“吉利。屯卦代表坚固,比卦代表进入,还有比这更大的吉利吗?所以他必定繁衍昌盛。震卦变成了土，车跟随着马，两脚踏在这里，哥哥抚育他，母亲保护他，大众归附他，这六条不变，集合而能坚固，安定而能杀戮，这是公侯的卦象。公侯的子孙，肯定能回复到他开始的地位上。”

评析

鲁闵公元年（公元前661年），晋国作二军，迈向强国之列，为其后的争霸中原奠定了军事基础。狄人进攻邢国后，管仲对齐桓公所说关于“戎狄”和“诸夏”的一番言论是史书上第一次出现两大族群对立的观念，显示出齐桓公霸政第二期的行动纲领，即“攘夷”以安定诸夏。在此前后齐国救援诸夏国家、抗击夷狄的一连串行动莫不是围绕这个行动纲领而来。

鲁庄公死后国内发生了政治和社会动乱。庄公的三个弟弟庆父、叔牙、季友在庄公的继承人问题上发生了分歧，季友支持庄公的儿子般即位，叔牙支持同母的哥哥庆父即位。虽然叔牙被季友逼迫自杀，使子般得以即位，但是野心勃勃的庆父串通庄公夫人哀姜接连杀了子般和闵公两个国君，而且为人荒淫无耻，作威作福，横行无忌，给国人带来了灾难。所以齐国的仲孙湫发出“不去庆父，鲁难未已”的慨叹。在季友和国人的声讨下，庆父和哀姜畏罪逃亡，僖公得以回国平定局势。鲁国的这段故事留下了“庆父不死，鲁难未已”的成语，以后常把制造内乱、祸国殃民的人比作庆父。

二年经

二年:春,王正月,齐人迁阳。

夏,五月乙酉,吉禘于庄公。

秋,八月辛丑,公薨。

九月,夫人姜氏孙于邾。

公子庆父出奔莒。

冬,齐高子来盟。

十有二月,狄入卫。

郑弃其师。

二年传

原文

二年,春,虢公败犬戎于渭汭[①]。舟之侨曰:"无德而禄,殃[②]也。殃将至矣。"遂奔晋。

夏,吉禘[③]于庄公,速[④]也。

注释

①犬戎:古族名。戎人的一支。即畎戎,又称畎夷、犬夷、昆夷、绲夷等。渭汭:渭水入河之处,又曰渭口,在今陕西华阴东北。

②殃:灾难,祸患。

③吉禘:祭祀典礼。

④速:加速,加快,提前。

译文

二年春季,虢公在渭水流入黄河的地方击败犬戎。虢大夫舟之侨说:"无功德而受禄,这就是祸患。灾祸将要降临了!"就逃亡到晋国去了。

夏季,为庄公举行祭祀大典。这件事举行的时间提前了。

原文

初,公傅①夺卜齮田,公不禁②。

秋,八月,辛丑,共仲使卜齮贼公于武闱③。成季以僖公适邾。共仲奔莒,乃入,立之。以赂求共仲于莒,莒人归之。及密,使公子鱼请。不许。哭而往,共仲曰:"奚斯之声也。"乃缢。

注释

①傅:老师。

②禁:禁止。

③武闱:王宫里的小门。

译文

当初，闵公的老师强占鲁大夫卜齮的田地，闵公并没有禁止。

秋季八月辛丑日，共仲派卜齮在武闱杀掉闵公。成季带着僖公逃往邾国。共仲逃到莒国后，季友和僖公返回鲁国，立僖公为国君。鲁人用财货向莒国求取共仲，莒国把共仲送回鲁国。当他到达密地时，让公子鱼请求季友赦免他。没有被允许，公子鱼哭着回去。共仲说："这是公子鱼的哭声啊。"于是上吊死了。

原文

闵公，哀姜之娣叔姜之子也，故齐人立之。共仲通于哀姜，哀姜欲立之。闵公之死也，哀姜与知①之，故孙于邾。齐人取而杀之于夷，以其尸归，僖公请而葬之。

成季之将生也，桓公使卜楚丘之父卜之。曰："男也。其名曰友，在公之右；间于两社②，为公室辅③。季氏亡，则鲁不昌。"又筮之，遇"大有䷍"之"乾䷀"，曰："同复于父，敬如君所。"及生，有文在其手曰"友"，遂以命之。

注释

①与知：与通"预"，与知就是预先知晓。

②两社：春秋鲁之周社和亳社的合称，两社之间是朝廷处理政务的地方。

③辅：辅佐。

译文

闵公，哀姜妹妹叔姜的儿子，因此齐人才支持他为鲁君。共仲和哀姜通奸，哀姜想立他为国君。闵公被刺身亡，哀姜事先就知解内情，所以事发后逃奔到邾国。后来齐人向邾国要回哀姜，在夷地杀了她，把尸体运回齐国，僖公请求归还尸体予以安葬。

成季即将出生时，鲁桓公派掌卜大夫楚丘的父亲占卜。他说："是个男孩，他的名字叫'友'，在您之右；处于周社和亳社之间，作为公室的辅佐。不过季氏灭亡了，鲁国也将衰败。"又用蓍草进行占卜，得到"大有卦䷍变成乾卦䷀"的卦象。掌卜大夫说："尊贵一如父亲，敬重一如国君。"等到出生后，他的手掌心呈现"友"字花纹，于是就以"友"给他取名。

原文

冬，十二月，狄人伐卫。卫懿公好鹤。鹤有乘轩[1]者。将战，国人受甲者皆曰："使鹤！鹤实有禄位，余焉能战？"公与石祁子玦[2]，与宁庄子矢[3]，使守，曰："以此赞[4]国，择利而为之。"与夫人绣衣，曰："听于二子。"渠孔御戎[5]，子伯为右[6]；黄夷前驱，孔婴齐殿[7]。及狄人战于荧泽[8]，卫师败绩。遂灭卫。卫侯不去其旗，是以甚败。狄人囚史华龙滑与礼孔，以逐卫人。二人曰："我，大史[9]也，实掌其祭。不先，国不可得也。"乃先之。至，则告守曰："不可待也。"夜与国人出。狄入卫，遂从之，又败诸河[10]。

注释

①轩：贵人乘坐的车子。

②玦：半环状玉佩，玦与决同音，用来表示决断。

③矢：箭，用来表示御难。

④赞：帮助。

⑤御戎：驾驭戎车。

⑥右：车右，指居于戎车右侧的武士。

⑦殿：殿后，指后卫。

⑧荧泽：也作荥泽，地名，今河南荥泽。

⑨大史：大同“太”，大史就是太史，古代史官兼管祭祀。

⑩河：黄河。

译文

冬季，十二月，狄人攻打卫国。卫懿公喜欢鹤，他养的鹤有坐大夫车子的。卫军要跟狄人作战了，拿武器的人都说：“派鹤去！鹤实际上享有俸禄官位，我们没有禄位哪里能作战？”卫懿公把玉佩交给石祁子，把箭交给宁庄子，派他们防守，说：“用这种东西帮助国家，选择有利的去做。”懿公又把绣衣交给夫人，说：“听从石祁子和宁庄子他们两人的。”渠孔为卫懿公驾着战车，子伯做车右；黄夷做前驱，孔婴齐做殿军。和狄人在荧泽交战，卫军被打败。狄人便灭掉了卫国。在作战中，卫懿公不肯丢掉自己的旗帜，狄人便以他为攻击目标，所以惨败。狄人囚禁了史官华龙滑和礼孔，带着他们去追击卫军。这两个人说：“我们，卫国的太史之官，掌管祭祀。不让我们先回去，你们就得不到卫国的国都。”于是让他们两人先回去了。他们到了国都，告诉守城的人说：“不能再抵御了。”他们在夜里跟国都城内的人都出城逃走。狄人进入卫国国都，紧跟着追击卫军，又在黄河边上打败了卫军。

原文

初，惠公之即位也，少。齐人使昭伯烝于宣姜[①]，不可，强[②]之。生齐子、戴公、文公、宋桓夫人、许穆夫人。文公为卫之多患也，先适齐。及败，宋桓公逆[③]诸河，宵济[④]。卫之遗民男女七百有三十人，益之以共、滕之民为五千人。立戴公以庐[⑤]于曹，许穆夫人赋《载驰》[⑥]。齐侯使公子无亏帅车三百乘，甲士三千人以戍曹。归[⑦]公乘马，祭服五称[⑧]，牛、羊、豕、鸡、狗皆三百，与门材[⑨]。归夫人鱼轩[⑩]，重锦三十两。

郑人恶高克，使帅师次于河上，久而弗召。师溃而归，高克奔陈。郑人为之赋《清人》。

注释

①昭伯：卫宣公之子。烝：以下淫上。宣姜：齐国公主，卫惠公之母。初嫁与卫宣公，生卫惠公，后又被齐人嫁给昭伯。

②强：勉强。

③逆：迎接。

④宵济：夜渡。

⑤庐：在野外居住，寄居。

⑥《载驰》：《诗经·卫风》中的一篇。

⑦归：赠送。

⑧称：量词，套。

⑨门材：做门户所用的木料。

⑩鱼轩：以鱼皮做装饰的车子。

译文

当年,卫惠公即位的时候还很年轻,齐人让昭伯和宣姜通婚,昭伯不同意,齐人强迫他接受。于是生下齐子、戴公、文公、宋桓夫人、许穆夫人。文公由于卫国祸患频繁,在狄人入侵前先到了齐国。等到卫国失败,宋桓公在黄河岸边接应卫国的难民,连夜渡河。卫国的遗民男女总数有七百三十人,加上共地、滕地的百姓共有五千人。他们拥立戴公为国君,让他暂时寄住在曹邑。许穆夫人做了《载驰》这首诗。齐桓公派公子无亏率领战车三百辆、甲士三千人守卫曹邑。赠送给戴公乘车的马匹,祭服五套,牛、羊、猪、鸡、狗各三百头,以及做门户用的木材。还赠给戴公夫人用鱼皮装饰的车子,熟细锦三十匹。

郑国人讨厌大夫高克,派他率领军队驻扎在黄河边上,过了很久也不召他回来。军队狼狈逃窜,高克逃亡到陈国。郑国人为高克做了《清人》这首诗。

原文

晋侯使太子申生伐东山皋落氏。里克谏曰:"太子奉冢祀①,社稷之粢盛②,以朝夕视君膳者也,故曰冢子③。君行则守,有守则从。从曰抚军④,守曰监国⑤,古之制也。夫帅师,专行谋⑥,誓军旅,君与国政之所图也,非太子之事也。师在制命而已。禀命⑦则不威,专命⑧则不孝,故君之嗣适不可以帅师。君失其官,帅师不威,将焉用之?且臣闻皋落氏将战,君其舍⑨之!"公曰:"寡人有子,未知其谁立焉!"不对⑩而退。

见太子。太子曰:"吾其废⑪乎?"对曰:"告之以临民,教之以军旅,不共是惧,何故废乎?且子惧不孝,无惧弗得立。修己⑫而不责人,则免于难。"

注释

①冢祀:古代天子在宗庙里举行的大祭礼。

②粢盛：古代盛在祭器内以供祭祀的谷物。

③冢子：指嫡系继承人。

④抚军：谓太子从君出征。

⑤监国：监管国事，太子代君主管理国事称“监国”。

⑥谋：谋划，策略。

⑦禀命：奉行命令，接受命令。

⑧专命：不奉上命而自由行事。

⑨舍：留下。

⑩对：回答。

⑪废：被废黜。

⑫修己：自我修养。

译文

晋献公派太子申生攻打东山皋落氏。大夫里克劝告说：“太子是负责祭祀宗庙、社稷和早晚照顾国君起居饮食的人，因此称为‘冢子’。国君因事外出就守护国都，如果有大夫留守就随从国君出征。随父出征叫做‘抚军’，留守国都叫做‘监国’，这些都是传统制度。至于率军作战，决断各种策略，对军队发号施令，这些属于国君和正卿所应该策划的，不是太子的事情。统率军队在于控制号令，让太子统率大军，若遇事都要向国君请示，就显不出威严；如果擅自发号施令，就会成为不孝之子，所以国君的嫡子不能领兵外出作战。国君失去了任命职官的法则，太子率军作战又没有威严，何必如此呢？而且下臣听说皋落氏已做好同我军交战的准备，君王还是留下太子吧！”晋献公说：“我有好几个儿子，还不知道立谁做继承人呢！”里克没有回答就退了出去。

里克进见太子申生。太子说：“我恐怕要被废了吧？”里克回答说：“命令您在曲沃治理百姓，教导您统军作战，害怕的是不能完成使命，有什么理由废立呢？何况做儿子的害怕的是不孝，不应该担忧不能立为国君。修养自己的品德而不要去责备他人，便可以免于祸患。”

原文

太子帅师，公衣之偏衣[①]，佩之金玦[②]。狐突御戎，先友为右。梁余子养御罕夷，先丹木为右。羊舌大夫为尉[③]。先友曰："衣身之偏，握兵之要[④]，在此行也，子其勉之！偏躬无慝[⑤]，兵要远灾，亲以无灾，又何患焉！"狐突叹曰："时，事之征[⑥]也；衣，身之章也；佩[⑦]，衷之旗[⑧]也。故敬其事，则命以始；服其身，则衣之纯；用其衷[⑨]，则佩之度。今命以时卒，閟其事也；衣之尨服[⑩]，远其躬也；佩以金玦，弃其衷也。服以远之，时以閟之；尨，凉；冬，杀；金，寒；玦，离。胡可恃也！虽欲勉之，狄可尽乎？"梁余子养曰：帅师者，受命于庙，受脤[⑪]于社，有常服矣。不获而尨，命可知也。死而不孝，不如逃之。"罕夷曰："尨奇无常，金玦不复。虽复何为？君有心矣！"先丹木曰："是服也。狂夫[⑫]阻之。曰'尽敌而反'，敌可尽乎？虽尽敌，犹有内谗，不如违[⑬]之。"狐突欲行。羊舌大夫曰："不可。违命不孝，弃事[⑭]不忠。虽知其寒，恶不可取。子其死之！"

注释

①偏衣：两色合成之衣。

②金玦：指有缺口的黄金环。

③尉：军衔名。

④要：重大，关键。

⑤无慝：不变心。

⑥征：象征。

⑦佩：佩饰。

⑧旗：旗帜。

⑨衷：衷心。

⑩尨服：杂色的戎服。

⑪脤：古代祭祀用的生肉。

⑫狂夫：无知妄为的人。

⑬违：离开，背离。

⑭弃事：抛弃职责。

译文

太子申生率领军队，晋侯让他穿着左右异色的衣服，给他佩带上金玦。狐突为他驾驭战车，先友做车右。梁余子养替罕夷驾驭战车，先丹木做车右。羊舌大夫担任军尉。先友说："身穿国君衣服服色的一半，手握指挥军事的大权，胜败就在这一回了，您可要全力以赴啊！穿君主的半身衣没有恶意，手握兵权可以远离灾难，既亲近又远离灾难，还忧虑什么呢！"狐突叹息说："时令，是事情的象征；衣服，是身份的表征；佩饰，是心意的旗帜。所以若真正重视这件事，就应当在上半年下达命令；赐予衣服就应当是纯一色；使人衷心为自己所用，让他用合乎礼制规定的佩饰。如今却在年终发布命令，这等于是让事情不能顺利进行；赐给他杂色的戎服，那是要让他同君主疏远；给他佩带金玦，那是背弃了太子的心意。用服装来疏远太子，用时令来使其不能顺利；杂色，意味着冷落；冬天，意味着肃杀；金，意味着寒冷；玦，意味着决绝。还有什么可以依靠呢！虽然太子想要努力奋战，狄人难道可以杀尽吗？"梁余子养说："领兵出征的人，应该在太庙接受命令，在祭祀土神的地方接受祭肉，还应该穿合乎礼仪的服饰。如今太子得不到合乎规定的服饰，而是穿杂色衣服，国君命令中包含的恶意就可以知道了。死后还要蒙上不孝之名，不如逃了算了。"罕夷说："杂色的奇服不合规定，金玦表示不让回来。既然如此，回来又有什么用？可见国君对太子已经有了别的心思了！"先丹木说："这样的衣服，连狂夫也会感到疑惑的。国君说'完全消灭敌人后再回来'，敌人难道可以消灭干净吗？即使把敌人消灭干净了，还有内部谗言，不如离开这里。"狐突要护从太子离开，羊舌大夫说："不可以。违抗父命是不孝，抛弃出兵的责任是不忠。虽然已经知道国君对您心怀恶意，但不孝不忠的恶名是不可取的。您还是奋死一战才对！"

原文

太子将战，狐突谏曰："不可！昔辛伯谂[①]周桓公，云：'内宠[②]并后，外宠[③]二政，嬖子[④]配适，大都耦国[⑤]，乱之本也。'周公弗从，故及于难。今乱本成矣，立可必乎？孝而安民，子其图之！与其危身以速罪[⑥]也。"

成风闻成季之繇，乃事之，而属僖公焉，故成季立之。

注释

①谂：劝告。

②内宠：帝王宠爱的人，指姬妾。

③外宠：指宠臣。

④嬖子：庶子，姬妾所生之子。

⑤耦国：谓大城足与国都相抗衡。

⑥速罪：招致罪祸。

译文

太子准备作战，狐突劝阻说："不可！从前辛伯劝告周桓公说：'姬妾并同于王后，宠臣等同于正卿，庶子的地位和嫡子对等，大城的规模和国都一样，这些都是国家的祸根。'周公不听，所以遭到了祸难。现在祸乱的根源已经形成，您还能肯定被立为继位人吗？您就细细考虑一下吧！与其危及自身而招来祸患，不如尽孝道而使百姓安宁。"

成风听到成季出生时占卜的卦辞后，就和他结交，并且把僖公托付给他，因此后来成季才立僖公为国君。

原文

僖之元年,齐桓公迁邢于夷仪①。二年,封卫于楚丘②。邢迁如归,卫国忘亡。

卫文公大布③之衣,大帛④之冠,务材训农⑤,通商惠工,敬教劝学,授方任能。元年,革车⑥三十乘;季年,乃三百乘。

注释

①夷仪:在今河北邢台西。
②楚丘:春秋卫邑,在今河南滑县东。
③大布:古指麻制粗布。
④大帛:粗丝织成的厚帛。
⑤训农:谓教民务农。
⑥革车:古代兵车的一种。

译文

僖公元年,齐桓公把邢国迁往夷仪。第二年,又在楚丘重建卫国。邢国的迁居,有如返回原来的故国家园,卫国重建却忘记了亡国之痛。

卫文公穿粗布衣裳,戴粗帛帽子,努力栽种树木,教导百姓务农,便利商旅往来,提倡奖励百工技艺,重视教育,奖励求学,传授臣子做官的准则,任用有才干的人。他即位的头一年,卫国只有三十辆战车;到末年,就拥有了三百辆战车。

评析

闵公二年(公元前660年),庆父弑闵公,季友带闵公弟申奔邾。庆父不为国人所容,出奔莒。季友回国立申为君,是为僖公。鲁向莒索取庆父,庆父自杀。僖公因季友辅佐有功,令其为相。此后,桓公之族庆父、叔牙、季友的后裔孟孙氏、叔孙氏、季孙氏均为上卿,合称“三桓”。这一年,卫懿公好鹤亡国,齐桓公把卫国迁到楚丘,助卫复国。鲁桓公的少子公子季友是季氏的始祖,在《左传》中多加褒赞。如写其出生之异,手上有“友”字,跟他的嫡亲祖母仲子的事迹惊人的相似,后者也是一出生手上就有“为鲁夫人”数字。关于仲子是否鲁惠公的嫡夫人,一直有争议。《史记·鲁世家》更说仲子本是惠公为隐公所聘娶的妻子,因为长得美而被惠公夺去,生了桓公。这与春秋时期尚存的家长制家庭婚姻情况正好相合。后来庄公的妾、僖公的母亲成风应该也是按照弟弟继随嫂子的婚姻习俗嫁给了小叔成季(季友)。季友在鲁国的地位以及他与僖公的关系正如预言所说,“尊贵如同父亲,敬重如同国君”。但仲子和成风的相关记叙都颇为隐晦。

俗话说“玩物丧志”,对于普通人来说,过于沉溺某一事物会严重影响自己正常的工作和生活。对国君来说,过分放纵自己的爱好带来的后果更加严重。卫懿公就是其中的反面典型。他爱好养鹤达到了不理智的程度,百姓冻饿不管,却给所养的鹤以高官厚禄,引起民怨沸腾。当狄人进犯卫国时,臣民都不愿出力抗敌,毫无斗志。卫懿公最终惨败,自己尸骨无存,仅剩一副肝脏,还使得卫险些亡国。卫懿公这种以一己之私置于国家百姓利益之上的做法不可谓不愚蠢。而懿公、戴公之后即位的卫文公则与卫懿公形成了鲜明对比。卫文公临危受命,励精图治,与民同甘共苦,逐渐恢复国力,称得上是卫国的中兴之君。《诗经·卫风·定之方中》热情地歌颂了文公的功绩。方玉润《诗经原始》也评价卫文公云:“不数年而戎马浸强,蚕桑尤盛,为河北巨邦。其后孔子适卫犹有庶哉之叹,则再造之功不可泯也。”

僖公(元年~三十三年)

二年经

二年:春,王正月,城楚丘。

夏,五月辛巳,葬我小君哀姜。虞师、晋师灭下阳。

秋,九月,齐侯、宋公、江人、黄人盟于贯。

冬,十月,不雨。

楚人侵郑。

二年传

原文

晋荀息请以屈产之乘与垂棘之璧,假道于虞以伐虢[①]。公[②]曰:“是吾宝也。”对曰:“若得道于虞,犹外府也。”公曰:“宫之奇存焉[③]。”对曰:“宫之奇为人也,懦而不能强谏。且少长于君,君昵之。虽谏,将不听。”乃使荀息假道于虞,曰:“冀不为道[④],入自

颠柃⑤,伐鄍三门⑥。冀之既病⑦,则亦唯君故。今虢为不道,保于逆旅⑧,以侵敝邑之南鄙。敢请假道,以请罪⑨于虢。"虞公许之,且请先伐虢。宫之奇谏,不听,遂起师。夏,晋里克⑩、荀息帅师会虞师,伐虢,灭下阳。

注释

①晋:诸侯国名,姬姓,在今山西西南部。荀息:晋国大夫。屈:晋国邑名。乘:这里指良马。垂棘:地名,出产美玉。虞:诸侯国名,姬姓,在今山西平陆东北。假道:借路。虢:诸侯国名,姬姓,在今山西平陆南。

②公:指晋献公。

③宫之奇:虞国的贤臣。存:在。

④冀:诸侯国名,在今山西河津东北。不道:无道。

⑤颠柃:地名,在今山西平陆北。

⑥鄍:虞国邑名,在今山西平陆东北。三门:三面城门。

⑦病:受损。

⑧保:同"堡",意思是修筑堡垒。逆旅:客舍。

⑨请罪:问罪。

⑩里克:晋国大夫。

译文

晋国大夫荀息请求用屈地出产的良马和垂棘出产的美玉去向虞国借路,以便攻打虢国。晋献公说:"这些东西是我的宝物啊。"荀息回答说:"如果能向虞国借到路,这些东西就像放在国外库房里一样。"晋献公说:"宫之奇还在虞国。"荀息回答说:"宫之奇为人懦弱,不能够坚决进谏。况且他从小同虞君一起长大,虞君阻他亲近。即使他进谏,虞君也不会听从。"于是,晋献公派荀息去虞国借路，说："冀国无道，从颠柃入侵，攻打虞国鄍邑的三面城门。冀国已经被削弱，这也是为了君王的缘故。现在虢国无道，在客舍里修筑堡垒，以侵袭敝国的南部边邑。我们敢请贵国借路，以便向虢国问罪。"虞公同意了，并且请求让自己先去讨伐虢国。宫之奇劝阻虞君，虞君不听，于是起兵伐虢。这年夏天，晋国大夫里克、荀息领兵会同虞军攻打虢国，灭掉了下阳。

评析

晋献公吞并虢国和虞国的成功，要归功于他的心狠手毒：一方面以本国宝物做诱饵，诱对手上钩；一方面六亲不认，不顾同宗亲情，唯利是图。于是，不惜以阴谋诡计骗取两国信任，将两国逐个吞食。

攻城略地的成功，是以不顾礼义廉耻为代价，得到了实际利益和好处，却因此失去了人心和道义。对于重视民心和道义的人来说，这样做是得不偿失；对于寡廉鲜耻的人来说，失去的无所谓，得到的才是实在的。人们总是站在自己的立场上来决定取舍的。

如此说来，对于寡廉鲜耻、心狠手毒之徒不应当以仁义道德之心去对待，最好是以强硬的态度，以其人之道，还治其人之身。虞国的灭亡，就灭在太相信同宗亲情，对不义之徒抱着不切实际的幻想，以为对方跟自己是一类人，以一种近乎农夫的心肠，去对待凶狠的毒蛇。如果说这也是一场悲剧的话，那么则是由自己推波助澜、助纣为虐而导致的。如果灭亡的结果是自己一时糊涂、认识不清，被披着羊皮的狼蒙蔽了，尚还可以寄予一点同情，然而有贤臣坦诚相谏，苦口婆心地开导，在这种情况下仍然执迷不悟，固执己见，则可以说是咎由自取，不值得一点同情。

历史是不应当忘记的，读史可以使人明鉴，使人清醒。即使弱小者无法与强暴抗衡，那么弱小者之间的彼此照应、鼓励、安慰、同病相怜、支持，也可以让人在风雨之中同舟共济，患难与共，正所谓唇齿相依，唇亡齿寒。这些从惨痛的历史中总结出来的教训，完全可以说是千古不易的。就连平民百姓都懂得，听人劝得一半。欺人太甚的事不可一而再、再而三地容忍，即使无法奋起抗争，最起码是可以想法避开的。既不听劝，又不抗争，的确算是病人膏肓，不可救药了。

四年经

四年：春，王正月，公会齐侯、宋公、陈侯、卫侯、郑伯、许男、曹伯侵蔡。蔡溃。遂伐楚，次于陉。

夏，许男新臣卒。

楚屈完来盟于师，盟于召陵。

齐人执陈辕涛涂。

秋，及江人、黄人伐陈。

八月，公至自伐楚。

葬许穆公。

冬，十有二月，公孙兹帅师会齐人、宋人、卫人、郑人、许人、曹人侵陈。

四年传

原文

四年，春，齐侯以诸侯之师[①]侵蔡。蔡溃，遂伐楚。楚子使与师言曰："君处北海，寡人处南海，唯是风[②]马牛不相及也，不虞君之涉[③]吾地也何故？"管仲对曰："昔召康公命我先君大公[④]，曰：

‘五侯九伯[5]，女实征之，以夹辅周室！’赐我先君履[6]，东至于海，西至于河，南至于穆陵，北至于无棣[7]。尔贡包茅不入[8]，王祭不共，无以缩酒[9]，寡人是征。昭王南征而不复，寡人是问。”对曰：“贡之不入，寡君之罪也，敢不共给。昭王之不复，君其问诸水滨[10]！”

注释

①诸侯之师：指鲁、宋、陈、卫、郑、许、曹等参与侵蔡的诸侯军队。

②唯是：因此。风：公畜和母畜在发情期相互引诱追逐。

③不虞：不料，没想到。涉：蹚水而过，这里是婉指入侵。

④召康公：召公奭，周成王时的太保，“康”为其谥号。先君：已故的君主。大公：太公，指姜尚，他是齐国第一位君主。

⑤五侯九伯：泛指各国诸侯。

⑥履：鞋，引申为践踏。这里指齐国可以征讨的范围。

⑦海：指渤海和黄海。河：黄河。穆陵：穆陵关，在山东临朐南一百里大岘山。无棣：春秋时齐之无棣邑，在今山东无棣北三十里。

⑧贡：贡物。包：裹束。茅：菁茅。入：进贡。

⑨缩酒：过滤酒渣。

⑩水滨：汉水边。

译文

鲁僖公四年的春天，齐桓公率领诸侯国的军队攻打蔡国。蔡国溃败，接着又去攻打楚国。楚成王派使节到齐军对齐桓公说：“您住在北方，我住在南方，因此牛马发情相逐也到不了双方的疆土。没想到您进入了我们的国土，这是什么缘故？”管仲回答说：“从前召康公命令我们先君大公说：‘五等诸侯和九州长官，你都有权征讨他们，从而共同辅佐周王室！’召康公还给了我们先君征讨的范围：东到海边，西到黄河，南到穆陵，北到无棣。你们应当进贡的包茅没有交纳，周王室的祭祀供不上，没有用来渗滤酒渣的东西，我特来征收贡物；周昭王南巡没有返回，我特来查问这件事。”楚国使臣回答说：“贡品没有交纳，是我们国君的过错，我们怎么敢不供给呢？周昭王南巡没有返回，还是请您到汉水边去问一问吧！”

原文

师进，次于陉①。夏，楚子使屈完如②师。师退，次于召陵③。

齐侯陈诸侯之师，与屈完乘而观之。齐侯曰：“岂不穀④是为？先君之好是继。与不穀同好如何？”对曰：“君惠徼福于敝邑⑤之社稷，辱⑥收寡君，寡君之愿也。”齐侯曰：“以此众⑦战，谁能御之？以此攻城，何城不克？”对曰：“君若以德绥⑧诸侯，谁敢不服？君若以力，楚国方城⑨以为城，汉水⑩以为池，虽众，无所用之。”

注释

①次：军队临时驻扎。陉：楚国地名。

②如：去，到。

③召陵：楚国地名，在今河南郾城东。

④不穀：同“不谷”，不善之意，诸侯对自己的谦称。

⑤惠：恩惠，表示敬意。徼：谋求。敝邑：对自己国家的谦称。

⑥辱：屈辱，表示敬意的词。

⑦众：指诸侯的军队。

⑧绥：安抚。

⑨方城：方城山，在楚国北部。

⑩汉水：源出陕西宁强县北之嶓冢山，亦曰东汉水，初名漾水。

译文

诸侯的军队继续前进，屯兵在楚国的陉地。夏天，楚成王派遣屈完带兵到诸侯军驻地。诸侯军队向后撤退，驻扎在召陵。

齐桓公让诸侯国的军队摆开阵势，与屈完同乘一辆战车观看军容。齐桓公说："诸侯们难道是为我而来吗？他们不过是为了继承我们先君的友好关系罢了。你们也同我们建立友好关系，怎么样？"屈完回答说："承蒙您惠临敝国并为我们的国家求福，忍辱接纳我们国君，这正是我们国君的心愿。"齐桓公说："我率领这些诸侯军队作战，谁能够抵挡他们？我让这些军队攻打城池，什么样的城攻不下？"屈完回答说："如果您用仁德来安抚诸侯，哪个敢不顺服？如果您用武力的话，那么楚国就把方城山当作城墙，把汉水当作护城河，您的兵马虽然众多，恐怕也没有用处。"

原文

屈完及诸侯盟①。

陈辕涛涂谓郑申侯曰："师出于陈、郑之间，国必甚病②。若出于东方，观兵于东夷，循③海而归，其可也。"申侯曰："善。"涛涂以告齐侯，许之。申侯见曰："师老矣，若出于东方而遇敌，惧④不可用也。若出于陈、郑之间，共其资粮⑤扉屦，其可也。"齐侯说，与之虎牢⑥。执⑦辕涛涂。

注释

①盟：订立盟约。

②甚病：很疲惫。

③循：因循，沿着。

④惧：恐怕。

⑤资粮：指粮食物资。

⑥虎牢：古邑名，春秋时属郑国，在今河南荥阳汜水镇。

⑦执：抓住，逮捕。

译文

屈完和各诸侯订立了盟约。

陈国的辕涛涂对郑国的申侯说："军队途经陈、郑两国之间，要供给这么多军队粮草物资，两国必定不能忍受负担而十分忧虑。如果向东走，向东夷显示兵威，顺着海边回国，这就很好了。"申侯说："好。"涛涂便把这个主意告诉了齐侯，齐侯答应了。申侯进见齐侯说："军队已经很疲惫了，如果往东走遇到敌人，恐怕不能再作战了。若途经陈国和郑国之间，由两国供给军队粮食军鞋，一定是可行的。"齐侯听了十分高兴，把郑国的虎牢之地赏赐给他，同时逮捕了辕涛涂。

原文

秋，伐陈，讨不忠也。

许穆公卒于师，葬之以侯①，礼也。凡诸侯薨于朝会，加一等；死王事，加二等。于是有以衮敛②。

冬，叔孙戴伯帅师，会诸侯之师侵陈。陈成，归辕涛涂。

注释

①葬之以侯：用对待侯爵的规格安葬许穆公。

②衮敛：古代诸侯葬礼加等时，可用衮衣入殓。

译文

秋天，齐国和江人、黄人攻打陈国，这是为了讨伐辕涛涂对齐国的三心二意。

许穆公死在军中，用对待侯的规格安葬他，这是合于礼的。凡是诸侯在朝会时死去，葬礼加一等；为周天子作战而死，加二等。对加二等的葬礼可用天子礼服入殓。

冬天，鲁国的叔孙戴伯联合诸侯侵入陈国。陈国主动求和，于是将辕涛涂送还给了陈国。

原文

初，晋献公欲以骊姬①为夫人，卜之，不吉；筮之，吉。公曰："从筮。"卜人曰："筮短龟长②，不如从长。且其繇③曰：'专之渝④，攘公之羭⑤。一薰一莸⑥，十年尚犹有臭。'必不可！"弗听，立之。生奚齐，其娣生卓子。

注释

①骊姬：晋献公的宠妃。

②短：指不灵验。长：指灵验。

③繇：记录占卜结果的兆辞。

④专之：指专宠骊姬。渝：变。

⑤攘：夺去。羭：公羊，这里喻指太子申生。

⑥薰：香草。莸：臭草。

译文

早年，晋献公想立骊姬为夫人，占卜，不吉利；占筮，吉利。献公说："按占筮的结果做吧。"卜人说："根据通常惯例，占筮常不灵验，占卜常常灵验，不如依照灵验的。况且它的兆辞说：‘专宠会发生变乱，将要偷走您的公羊。香草和臭草放在一起，过了十年还会有臭气。’一定不能按照占筮的结果去做！”献公不听，立了骊姬。骊姬生下奚齐，她的妹妹生了卓子。

原文

及将立奚齐，既与中大夫成谋[①]，姬谓太子曰："君梦齐姜[②]，必速祭之！"太子祭于曲沃[③]，归胙于公。公田，姬置诸宫六日，公至，毒而献之。公祭之地，地坟。与犬，犬毙。与小臣[④]，小臣亦毙。姬泣曰："贼由太子。"太子奔新城[⑤]。公杀其傅杜原款。或谓太子："子辞[⑥]，君必辩[⑦]焉。"太子曰："君非姬氏，居不安，食不饱。我辞，姬必有罪。君老矣，吾又不乐。"曰："子其行乎？"太子曰："君实不察其罪，被此名[⑧]也以出，人谁纳[⑨]我？"

注释

①中大夫：晋国官名，指里克。成谋：定好计，有预谋。

②齐姜：申生的亡母。

③曲沃：晋国的旧都，在今山西闻喜东。

④小臣：在宫中服役的小吏。

⑤新城：春秋晋地，在今山西闻喜东二十里，这里指曲沃。

⑥辞：申辩，辩解。

⑦辩：辩驳，追究是非。

⑧被：蒙受，带着。此名：指杀父的罪名。

⑨纳：收容。

译文

等到准备立奚齐为太子时，骊姬已经和中大夫定下了计谋。骊姬对太子申生说："国君梦见你母后齐姜，你一定要赶快去祭祀她！"太子到曲沃去祭祀，把祭肉带回给献公。当时献公正在外面打猎，骊姬把祭肉放在宫里六天。献公回来以后，骊姬在肉中放上毒药献了上去。献公将肉祭地，地立即突起；把肉给狗吃，狗当场死掉；给侍臣吃，侍臣也死了。骊姬哭着说："阴谋是太子策划的。"太子申生逃往新城，献公杀了他的老师杜原款。有人对太子说："您如果声辩，国君是一定会弄明白真实情况的。"太子说："国君没有骊姬，就吃不好，睡不好。我如果辩解，骊姬必定有罪。国君年事已高，骊姬有罪他会陷于痛苦，我也不可能高兴的。"那人说："那么你将逃走吗？"太子说："国君既然没能明察我无罪，带着这个名声出去，别人谁会接受我？"

原文

十二月戊申，缢于新城。姬遂谮二公子[①]曰："皆知之。"重耳奔蒲[②]，夷吾奔屈[③]。

注释

①谮：中伤，诬陷。二公子：指重耳和夷吾。

②重耳：晋献公的次子，后为晋文公。蒲：重耳的采邑，在今山西隰县西北。

③夷吾：晋献公之子，申生的异母弟，后为晋惠公。屈：夷吾的采邑，在今山西吉县。

译文

十二月戊申日，太子申生在新城自尽。骊姬又诬陷另外两位公子说："太子的阴谋，他们也都参与了。"于是重耳逃到蒲城，夷吾逃到屈邑。

评析

鲁僖公四年（公元前656年），齐桓公伐楚，楚大夫屈完面对齐桓公，义正词严，据理力争，以武力为后盾进行了一场外交战，迫使齐国签订了盟约。这一年，晋国太子申生被逼自杀，公子重耳和夷吾出逃，晋国在之后几十年中，一直内乱不止，直到重耳回国即位，才结束了动荡的状态。

据说，"春秋无义战略"。这意思是说，春秋是一个诸侯混战的时代，大家都是为了实际的利益（攻城略地、抢夺财富之类）而打仗，大国凭借实力抢夺、吞并小国，弱肉强食，没有谁是为了真理、正义而战。

这种说法也许过于夸张，但齐桓公伐楚，似乎证明了战争的不合道义。齐桓公寻找的借口一望而知是站不住脚的，无法掩盖住恃强凌弱的本来面目，继而赤裸裸地以武力相威胁。这一典型事例足以让人相信那时大多数战争的非正义性质，相信强者为王的竞争逻辑。

不过，这场战争之所以载入史册，引起人们的兴趣，并不是谁是谁非、谁代表正义和非正义的问题，而是在一个"无法无天"、凭强力攫取利益的时代之中，弱者如何凭借智慧保护自己的技巧，以及在强大的武力面前不甘称臣的精神。

内在的智慧，通过巧妙的外交辞令表达出来，不费一兵一卒，以智慧的力量使对手心理上先行崩溃，从而达到保存自己的目的。即使是撇开利益之争一类背景，单是那些外交辞令本身，也足以让人赞赏和惊叹不已：一来一往，针锋相对，表面显得谦恭、温和、礼让，言辞又让人听起来不刺耳，而内在的凛然正气，却透过温和的表面使对手胆战心惊。

可以说，咱们的祖先在这方面发展出了一整套曾在世界上无人可比拟的智谋，使他们在战争艺术和战争谋略方面处于世界上的领先地位。

智谋本身是中性的，是一种手段和技巧，可以用于各种目的和各种场合。

弱者可以凭借它来保护自己，强者可以凭借它来巧取豪夺，阴谋家也可以凭借它来达到自己不可告人的目的。实际上，我们也看到了不少把智谋用于各种目的和场合的实例，从宫廷政变，到坑蒙拐骗，从高层次，到低层次，应有尽有。

五年经

五年：春，晋侯杀其世子申生。

杞伯姬来朝其子。

夏，公孙兹如牟。

公及齐侯、宋公、陈侯、卫侯、郑伯、许男、曹伯会王世子于首止。

秋，八月，诸侯盟于首止。

郑伯逃归不盟。

楚子灭弦。弦子奔黄。

九月戊申朔，日有食之。

冬，晋人执虞公。

五年传

原文

五年春，王正月辛亥朔，日南至[①]。公既视朔[②]，遂登观台以望。而书，礼也。凡分、至、启、闭，必书云物，为备故也。

晋侯使以杀大子申生之故来告。

注释

①日南至：指冬至日。夏至以后，日躔自北而南；冬至以后，又自南而北，故冬至日又称“日南至”。

②视朔：古代天子、诸侯每月朔日祭告祖庙后，在太庙听政，称“视朔”。

译文

五年春季，周历正月辛亥日，初一，冬至。僖公亲自到太庙报告朔日以后，就登上观台观望云气。《春秋》记载这件事，是合乎礼制的。凡是春分、秋分、夏至、冬至、立春、立夏、立秋、立冬等节气史官都要记载云气云色方面的天候变化，这是由于要为灾害做准备的原因。

晋侯派使者到鲁国来通知杀死太子申生的原因。

原文

初，晋侯使士芍为二公子筑蒲与屈，不慎，置薪[①]焉。

夷吾诉之。公使让之。士芍稽首而对曰：“臣闻之：‘无丧而慼[②]，忧必雠焉；无戎而城，雠必保[③]焉。’寇雠之保，又何慎焉！守官废命[④]，不敬，固仇之保，不忠。失忠与敬，何以事君？《诗》云[⑤]：‘怀德惟宁，宗子[⑥]惟城。’君其修德而固宗子，何城如之？三年将寻师焉，焉用慎？”退而赋曰：“狐裘尨茸[⑦]，一国三公，吾谁适从[⑧]？”

注释

①置薪:放置木柴。

②慼:忧愁,悲伤。

③保:守。

④守官:在职的官员。废命:不接受君命。

⑤指《诗·大雅·板》。

⑥怀德:心存德行,感念恩德。宗子:同宗子弟。

⑦狐裘:大夫的服饰。尨茸:蓬松杂乱的样子。狐裘尨茸:狐裘的皮毛凌乱,亦以喻国政混乱。

⑧适从:跟从。

译文

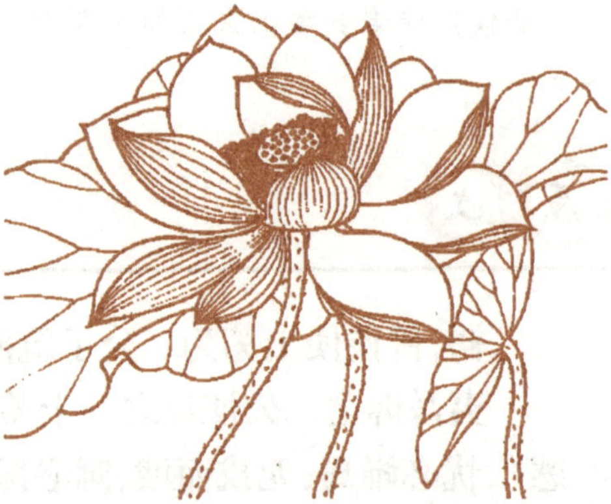

当初,晋侯派士蒍替二位公子在蒲和屈两邑筑城,不小心,墙里放进了木柴。

夷吾向晋献公报告了这件事。献公派人责备士蒍,士蒍叩头回答说:“臣听说过:‘没有丧事而悲伤,忧愁就会随之而来;没有战事而筑城,敌人必然会借以守卫。’敌人将要占据的地方,又有什么值得谨慎的呢?做官,而不接受君命,这是对君的不敬;如果为仇敌修筑坚固的城池,这是对国家的不忠。失去忠和敬,以何来侍奉君主呢?《诗》说:‘心怀德行就是安宁,同宗子弟就是城池。’君王如果修养德行而使公子们的地位得以巩固,哪个城池能比得上?三年以后就要用兵,哪里用得着谨慎呢?”士蒍退出去作诗说:“狐皮袍子杂乱蓬松,一个国家有三位主人,我该一心跟从谁才好呢?”

原文

及难[①]，公使寺人披[②]伐蒲。重耳曰："君父之命不校[③]。"乃徇[④]曰："校者吾仇也。"逾垣而走，披斩其袪[⑤]。出奔翟[⑥]。

夏，公孙兹如牟[⑦]，娶焉。

会于首止[⑧]，会王大子郑，谋宁[⑨]周也。

注释

①及难：等到灾难发生。

②寺人：阉人。披：人名。

③校：反对，违背。

④徇：遍告。

⑤袪：袖口。

⑥翟：同"狄"，中国古代居于北方的少数民族。

⑦牟：周代诸侯国名，子爵，故城在今山东莱芜东。

⑧首止：卫国地名，今河南省睢县。

⑨宁：安定，使安宁。

译文

等到太子申生被杀害的祸难发生之后，晋献公派遣寺人披攻打蒲城。重耳说："国君和父亲的命令不能反对。"便下令说："谁抵抗君父军队，谁就是我的敌人。"重耳跳墙正想逃跑，寺人披砍断了他的衣袖。重耳于是逃亡到翟国。

夏天，公孙兹前往牟国，在那里娶亲。

鲁僖公和齐侯、宋公、陈侯、卫侯、郑伯、许男、曹伯在卫地首止相会，会见周王的太子郑，为的是安定太子郑在成周的地位问题。

原文

陈辕宣仲怨郑申侯之反己①于召陵，故劝之城其赐邑②，曰："美城之，大名也，子孙不忘。吾助子请。"乃为之请于诸侯而城之，美③。遂谮诸郑伯曰："美城其赐邑，将以叛也。"申侯于是得罪④。

注释

①反己：返回头来要求自己，出卖自己。

②赐邑：天子或诸侯赐给的食邑。

③美：美化，指修建得非常壮观。

④得罪：冒犯；触怒得罪了人。

译文

陈国的辕宣仲（涛涂）怨恨郑国的申侯在召陵出卖了自己，因而故意劝他在齐桓公所赐封邑虎牢筑城，说："把城建得美观，可以扩大名声，子孙将永远记住你。我愿意帮助你去请求。"于是辕宣仲就替他向诸侯去请求，结果把虎牢城修筑得很壮观。辕宣仲就在郑伯跟前诬陷说："把所赐封邑的城墙修筑得那样坚固，目的是企图搞叛乱。"申侯因此而得罪于郑伯。

原文

秋，诸侯盟。王使周公召郑伯①，曰："吾抚女以从②楚，辅之以晋，可以少安。"郑伯喜于王命，而惧其不朝于齐也，故逃归不

盟。孔叔止之,曰:"国君不可以轻,轻则失亲;失亲,患必至。病而乞盟,所丧[3]多矣。君必悔之。"弗听,逃其师而归。

楚斗谷于菟灭弦,弦子奔黄[4]。

于是江、黄、道、柏方睦于齐,皆弦姻也。弦子恃之而不事[5]楚,又不设备,故亡。

注释

①郑伯:郑文公。

②从:跟从,跟随。

③丧:丧失。

④弦:周国名,子爵,春秋时灭于楚,在今河南潢川西南。黄:周国名,嬴姓,在今河南潢川县。

⑤恃:凭借,依仗。事:侍奉。

译文

秋天,诸侯会盟。周天子派周公召见郑伯,说:"我安抚你去跟随楚国而不要亲近齐国,并让晋国辅助你,这样就可以稍稍安定了。"郑伯对周王的命令感到高兴,但对于不朝见齐国又感到害怕,因此要逃回去而不参加盟会。郑大夫孔叔劝阻他,说:"国君不能轻率行事,轻率行事会失去亲近的人;失掉了亲近的人,祸患必然会来到。等到国家发生了困难再去请求结盟,所失掉的就多了。您一定会后悔的!"郑伯不听,离开军队,独自一人悄悄回国了。

楚国的斗谷于菟灭掉弦国,弦国国君逃到黄国。

这时江、黄、道、柏四国正和齐国友好,它们都和弦国有婚姻关系。弦国国君依凭这种关系而不去侍奉楚国,又根本不准备设防,终于亡了国。

原文

晋侯复假道于虞以伐虢。宫之奇谏曰:“虢,虞之表也[①];虢亡,虞必从之。晋不可启,寇不可玩[②]。一之谓甚,其可再乎?谚所谓‘辅车[③]相依,唇亡齿寒’者,其虞、虢之谓也。”公曰:“晋,吾宗也,岂害我哉?”对曰:“大伯、虞仲,大王之昭也[④];大伯不从,是以不嗣。虢仲、虢叔,王季之穆也[⑤];为文王卿士,勋在王室,藏于盟府[⑥]。将虢是灭,何爱于虞?且虞能亲于桓、庄乎,其爱之也?桓、庄之族何罪,而以为戮,不唯逼乎?亲以宠逼,犹尚害之,况以国乎?”公曰:“吾享祀丰洁,神必据我[⑦]。”对曰:“臣闻之,鬼神非人实亲,惟德是依。故《周书》曰:‘皇天无亲,惟德是辅[⑧]。’又曰:‘黍稷非馨,明德惟馨[⑨]。’又曰:‘民不易物,唯德繄物。’如是,则非德民不和,神不享矣。神所冯依,将在德矣。若晋取虞,而明德以荐馨香,神其吐之乎[⑩]?”弗听,许晋使。宫之奇以其族行,曰:“虞不腊矣,在此行也,晋不更举矣。”

注释

①虢:虢仲之后,号北虢,在今山西平陆县。虞:周国名,姬姓,公爵,在今山西平陆县东北。表:外围,屏障。

②启:开启,启发。这里是助长的意思。玩:疏忽。

③辅:面颊。车:牙床骨。

④大伯:太伯,周太王长子。虞仲:周太王次子。昭:宗庙左边的位置。

⑤穆:宗庙右边的位置。

⑥盟府:保管盟书的官府。

⑦享祀:祭祀。丰:丰盛。据:依附,这里指保佑。

⑧无亲:没有亲疏之分。辅:辅佐。

⑨黍稷:泛指五谷。馨:芳香。

⑩荐:献,供奉。吐:吐出,这里指不享用祭品。

译文

晋献公再次向虞国借路去攻打虢国。宫之奇劝谏说："虢国是虞国的外围，假如虢国灭亡，虞国也必然跟着灭亡。晋国的野心不能不防，外国军队不可疏忽。借路一次已经有些过分，难道还可以借第二次吗？俗话讲的'辅和车互相依存，嘴唇没有了，牙床就会感到寒冷'，说的就是虞国和虢国的关系。"虞公说："晋国是我的同宗，难道还会害我吗？"宫之奇回答说："太伯、虞仲，是周太王的儿子，太伯不跟随在侧，因此没有嗣位。虢仲、虢叔，是王季的儿子，他们都做过文王的卿士，对王室有功绩，授勋的记录藏在盟府。如今晋国将要灭掉虢国，对虞国又怎么会爱惜呢？况且，虞国跟晋国的关系能比桓叔、庄伯更为亲近吗？如果晋国爱惜亲族国家的话，那么桓叔、庄伯的族人有什么罪过，但却被杀戮，不就是因为他们使晋国感到威胁了吗？亲近的宗族由于受宠而有威胁，尚且杀害了他们，何况我们国家呢？"虞公说："我祭祀用的祭品丰盛洁净，神灵必定依从我。"宫之奇回答说："下臣听说，鬼神不亲近任何人，而只依从德行。因此《周书》说：'上天没有私亲，它只帮助有德行的人。'又说：'祭祀的黍稷不芳香，只有美德才芳香。'又说：'百姓不能改变祭物，只有德行能当作祭物。'这样说来，不是德行，百姓就不和顺，神灵也就不愿享用了。神灵所凭的，就在于德行。假如晋国取得了虞国，而发扬美德作为芳香的祭物去供奉神灵，神灵难道还会吐出来吗？"虞公不听，答应了晋侯使者的要求。宫之奇带领着他的家族出走，说："虞国今年举行不了岁终大祭了！成功就在这一次，晋国不用另外出兵了。"

原文

八月，甲午，晋侯围上阳[1]。问于卜偃曰："吾其济[2]乎？"对曰："克之。"公曰："何时？"对曰："童谣云：'丙之晨，龙尾伏辰[3]；均服振振[4]，取虢之旂。鹑之贲贲[5]，天策焞焞[6]，火[7]中成军，虢公其奔。'其九月、十月之交乎。丙子旦，日在尾，月在策，鹑火

中，必是时也。”

注释

①上阳：在河南陕县东南，周为虢国都。

②济：成功。

③龙尾：指龙尾星。伏辰：星宿隐伏在日月交会处，也指隐伏的星辰。

④振振：众多盛大的样子，形容威武美好。

⑤鹑：指鹑火星。贲贲：跳行争斗的样子。

⑥天策：指天策星。焞焞：光芒暗弱的样子。

⑦火：指鹑火星。

译文

八月甲午日，晋侯包围虢国的上阳。晋侯问卜偃说：“我能够成功吗？”卜偃回答说：“能攻克。”晋侯说：“什么时候？”卜偃回答说：“童谣说：‘丙子日的清晨，龙尾星看不清；军服威武美好，夺取虢国的旗号。鹑火星形如大鸟，天策星没有光耀，鹑火星下列成军阵，虢公将要逃奔。’日子将在九月底十月初吧。丙子日的清晨，太阳在龙尾星之上，月亮在天策星之下，鹑火星在日月中间，就是这个时候。”

原文

冬，十二月，丙子，朔①，晋灭虢，虢公丑②奔京师。师还，馆③于虞，遂袭虞，灭之。执虞公及其大夫井伯，以媵秦穆姬④，而修虞祀⑤，且归其职贡⑥于王。

故书曰：“晋人执虞公。”罪虞公，且言易也。

注释

①朔:每月初一。

②虢公丑:虢国国君,名丑。

③馆:住下,留宿。

④媵:陪嫁的人或物。秦穆姬:晋献公的女儿,嫁给秦穆公为夫人,因此称为秦穆姬。

⑤虞祀:虞国的祭祀。

⑥职贡:赋税和劳役。

译文

冬季,十二月丙子日初一,晋国灭掉虢国,虢公丑急忙赶到京城。晋军回国,住在虞国,乘机袭击虞国,灭掉了它。俘虏了虞公和大夫井伯,将其作为秦穆姬的陪嫁随从。从此晋国代替虞国进行祭祀,并且把虞国的赋税奉献给周王室。

因此《春秋》记载说:"晋人执虞公。"这是归罪于虞公,并且说灭掉虞国这件事进行得太容易。

评析

鲁僖公五年(公元前655年),晋国向虞国借道伐虢,宫之奇识破晋国计策,劝阻虞公,指出保护邻国不受侵犯的同时也是为了保护自己不受侵犯,即"辅车相依,唇亡齿寒"的道理,但是虞公不听,招致亡国之祸。晋人用兵一改传统的战争方式,擅长使诈,往往运用智谋取胜,如设离间计收买虞国国君,并制造边境事端以进攻虢国,从而一并消灭了二国,给后世"兵不厌诈"的战略战术以很好的启发。虞国国君的贪婪愚蠢、虢国国君的好战轻敌等都在晋人的掌握之中。虞的灭亡为三十六计增添了"假道伐虢"一计,足以惩戒世间贪图一时利益而出卖朋友之人。宫之奇关于祭祀神灵的一番话，也突出反映了春秋时期进步的民本思想。

九年经

九年：春，三月丁丑，宋公御说卒。

夏，公会宰周公、齐侯、宋子、卫侯、郑伯、许男、曹伯于葵丘。

秋，七月乙酉，伯姬卒。

九月戊辰，诸侯盟于葵丘。

甲子，晋侯佹诸卒。

冬，晋里克杀其君之子奚齐。

九年传

原文

九年，春，宋桓公卒。未葬而襄公会诸侯，故曰子。凡在丧，王曰小童[①]，公侯曰子。

夏，会于葵丘[②]。寻[③]盟，且修好，礼也。

注释

①小童：古代国君居丧时的自称。

②葵丘：宋国地名，在今河南兰考。

③寻：重新。

译文

九年春季，宋桓公去世。还没有安葬，宋襄公就会见诸侯，所以《春秋》称他为“子”。凡是在丧事期间，周王称为“小童”，众诸侯称为“子”。

夏季，僖公和宰周公、齐侯、宋子、卫侯、郑伯、许男、曹伯在葵丘会见。重温以往的盟约，同时也是为了重建新的友好关系，这是合于礼制的。

原文

王使宰孔赐齐侯胙①，曰：“天子有事②于文、武，使孔赐伯舅③胙。”齐侯将下拜。孔曰：“且有后命。天子使孔曰：‘以伯舅耋老，加劳，赐一级，无下拜！’”对曰：“天威不违颜咫尺，小白④余敢贪天子之命无下拜！恐陨越⑤于下，以遗天子羞。敢不下拜！”下拜，登受。

秋，齐侯盟诸侯于葵丘，曰：“凡我同盟之人，既盟之后，言归于好⑥。”

注释

①宰孔：周公，宰为其官职，孔为其名。胙：祭肉。

②有事：有祭祀之事。

③伯舅：周天子对异姓诸侯的称呼。

④小白：齐桓公的名字。

⑤陨越：颠坠，摔跟头。

⑥言归于好：以和好为归宿。

译文

周襄王派宰孔赐给齐桓公祭肉，说："天子祭祀文王、武王，派遣我赐给伯舅祭肉。"齐桓公准备下阶拜谢，宰孔说："还有一道命令。天子让我对您说：'因为伯舅年事已高，加上功劳，另赐一级，无需下阶拜谢。'"齐桓公回答说："天子的威严就在面前，小白我岂敢接受天子的命令而不下阶拜谢！不下拜我恐怕栽跟头，给天子带来羞辱，岂敢不下阶拜谢！"于是齐桓公走下台阶拜谢，登上台阶接受祭肉。

秋天，齐桓公在葵丘和诸侯会盟，说："凡是我们一起缔结盟约的人，既然已经盟誓，就需要彼此友好相处。"

原文

宰孔先归，遇晋侯①，曰："可无会也。齐侯不务德而勤远略，故北伐山戎②，南伐楚，西为此会也。东略③之不知，西则否矣。其在乱乎。君务靖④乱，无勤于行！"晋侯乃还。

九月，晋献公卒。里克、丕郑欲纳⑤文公，故以三公子之徒作乱。

注释

①晋侯：晋献公。

②山戎：北戎。

③略：疆界，边界。

④靖：安定，平定。

⑤纳：立，册立。

译文

周王的宰孔先回国，途中遇见晋献公，说："可以不参加会盟了。齐侯不重德义而忙于对外远征，所以在北边攻打山戎，在南边攻打楚国，在西边就举行了这次盟会。往东边要做些什么还不知道，攻打西边是不可能的。晋国也许会有祸难吧！做君王应当安定内乱，不必忙着前去！"晋献公听了这话就回国了。

九月，晋献公死了。里克、丕郑想立文公为国君，所以就发动申生、重耳、夷吾三位公子的党羽作乱。

原文

初，献公使荀息傅[1]奚齐。公疾，召之，曰："以是藐[2]诸孤，辱在大夫，其若之何？"稽首[3]而对曰："臣竭其股肱之力[4]，加之以忠贞。其济，君之灵[5]也；不济，则以死继之。"公曰："何谓忠贞？"对曰："公家之利，知无不为，忠也；送往事居，耦俱无猜[6]，贞也。"及里克将杀奚齐，先告荀息曰："三怨将作，秦、晋辅[7]之，子将何如？"荀息曰："将死之。"里克曰："无益[8]也。"荀叔曰："吾与先君言矣，不可以贰。能欲复言而爱身乎？虽无益也，将焉辟之？且人之欲善，谁不如我？我欲无贰，而能谓人已[9]乎？"

注释

①傅：辅助，辅佐。

②藐：小，幼稚。

③稽首：古时一种跪拜礼，叩头至地，是九拜中最恭敬者。

④竭：竭尽。股肱之力：指左右辅佐之力。

⑤灵：在天之灵的保佑。

⑥耦俱无猜：谓双方都无猜疑。

⑦辅：支持。

⑧无益：没有好处。

⑨已：停止，不去做。

译文

当初，晋献公派荀息辅助奚齐。献公病中召见荀息，说："把这个弱小的孤儿托付给您，您打算怎么办？"荀息叩头说："下臣愿意尽心尽力，忠贞不贰进行辅助。若事情成功，那是君王在天之灵的保佑；如果不成功，臣将以一死效命。"献公说："什么叫忠贞？"荀息回答说："有利于国家的事，知道了没有不做的，这就是忠。送葬去世的，侍奉活着的，互不猜疑，就是贞。"等到里克准备杀掉奚齐，事先告诉荀息说："三位公子的党羽将要作乱，秦国和晋国都支持他们，您打算怎么办？"荀息说："打算死。"里克说："死也没有用。"荀息说："我对先君说过了，不能改变。难道既想要兑现诺言而又爱惜身躯吗？虽然说死也没有用，又能躲避到哪里去呢？况且人们要想做好事，谁不像我一样？我不想违背诺言，难道能阻止别人不去做好事吗？"

原文

冬，十月，里克杀奚齐于次①。书曰"杀其君之子"，未葬也。荀息将死之，人曰："不如立卓子而辅之。"荀息立公子卓以葬。十一月，里克杀公子卓于朝。荀息死之。君子曰："《诗》所谓'白圭之玷②，尚可磨③也；斯言④之玷，不可为也'，荀息有焉。"

齐侯以诸侯之师伐晋，及高梁⑤而还，讨晋乱也。令⑥不及鲁，故不书。

注释

①次：住处。
②出自《诗·大雅·抑》。玷：斑点，瑕疵。
③磨：打磨掉。
④言：语言，话语。
⑤高梁：春秋晋地，在今山西临汾东北。
⑥令：命令。

译文

冬季，十月，里克在居丧的房子里杀死了奚齐。《春秋》记载说“里克杀死他君主的儿子”，称奚齐为“君之子”，这是因为献公还没有安葬。荀息准备自杀，有人说：“不如立公子卓为国君而辅佐他。”荀息于是拥立公子卓，安葬了献公。十一月，里克又在朝廷上杀死公子卓。荀息就自杀了。君子说：“《诗经》中说的‘白玉圭上的斑点，还可以磨掉呀；这语言上的污点，就不可以磨掉呀’，荀息就是这样的情况啊。”

齐侯带领诸侯的军队进攻晋国，到达高梁就回国了，这是为了讨伐晋国发生的内乱。出兵的命令没有到达鲁国，所以《春秋》没有记载。

原文

晋郤芮使夷吾重赂秦以求入，曰：“人实有①国，我何爱②焉？入而能民③，土于何有？”从之。齐隰朋帅师会秦师，纳晋惠公。秦伯谓郤芮曰：“公子谁恃？”对曰：“臣闻亡人无党④，有党必有仇。夷吾弱不好弄⑤，能斗不过，长亦不改⑥，不识其他。”公谓公孙枝曰：“夷吾其定乎？”对曰：“臣闻之，唯则定国⑦。《诗》曰⑧：‘不识不知，顺帝之则。’文王之谓也。又曰⑨：‘不僭不贼，鲜不

为则。'无好无恶,不忌不克[10]之谓也。今其言多忌克,难哉!"公曰:"忌则多怨,又焉能克?是吾利也。"

注释

①有:占有。

②爱:怜惜。

③能民:能够得到百姓,即得到民心。

④党:党羽。

⑤弱不好弄:幼年时不爱嬉戏。

⑥长:长大。改:改变,更改。

⑦定国:安定国家。

⑧出自《诗·大雅·皇矣》。

⑨出自《诗·大雅·抑》。

⑩忌:猜忌。克:好胜。

译文

晋大夫郤芮劝公子夷吾给秦国馈送厚礼,以此请求秦国帮助他平安返回晋国,他说:"别人占有了国家,我们还有什么值得怜惜的?如果能回国得到百姓,土地还怕没有吗?"夷吾听从了他的话。齐国的隰朋率领军队会合秦军,送夷吾回国即位。秦穆公对郤芮说:"公子依靠谁?"郤芮回答说:"臣听说逃亡在外的人没有党羽,有党羽必定就有仇敌。夷吾小时候不喜欢玩耍,能够与人争斗但不过分,他的这种个性长大了也没有改变,其他情况我就一无所知了。"秦穆公对公孙枝说:"夷吾能够安定晋国吗?"公孙枝回答说:"臣听说,只有行为合乎法则,才能安定国家。《诗》说:'无知无识,顺应上天的规律。'这说的就是文王啊。又说:'不弄假,不伤害,很少有不为人所学习的。'没有偏好,也没有怨恨,既不猜忌,也不好胜。如今夷吾的话里边既猜忌而又好胜，如果要他安定晋国，或许很难吧！”穆公说：“猜忌就多怨恨，又怎么能够取胜？这对我们秦国是有利的。”

原文

宋襄公即位，以公子目夷为仁，使为左师[1]以听政，于是宋治。故鱼氏[2]世为左师。

注释

①左师：宋国官名，宋国有四乡，分为左右，左边二乡由左师领导，右侧二乡则归右师。

②鱼氏：目夷字子鱼，其后代称为鱼氏。

译文

宋襄公做了君主，认为公子目夷仁爱，让他做左师掌管政事，从而使宋国大治。所以目夷的后人鱼氏世世代代继承左师的官职。

评析

鲁僖公九年（公元前651年），齐桓公在葵丘大会诸侯，其霸业达到顶峰，但物盛则衰，宰孔已经看出齐桓公霸业后面的危机。其后，齐国的霸业一去不返，晋楚先后争雄中原。

齐桓公同一年两度召集了葵丘会盟，特别是第一次葵丘之盟，天子派人表彰齐桓公的功勋，是齐桓公称霸以来召集的最盛大的一次会盟，奠定了他的霸主地位。但第二次葵丘之盟后，桓公的霸业从顶峰逐渐走向衰落。宰孔见微知著，指出桓公重军事而不重修德，越来越骄傲自满，使诸侯逐渐离心。

十年经

十年：春，王正月，公如齐。

狄灭温，温子奔卫。

晋里克弑其君卓及其大夫荀息。

夏，齐侯、许男伐北戎。

晋杀其大夫里克。

秋，七月。

冬，大雨雪。

十年传

原文

十年，春，狄灭温[①]，苏子无信[②]也。苏子叛王即敌[③]，又不能于狄，狄人伐之，王不救，故灭。苏子奔[④]卫。

夏，四月，周公忌父、王子党会齐隰朋立晋侯。晋侯杀里克以说[⑤]。将杀里克，公使谓之曰："微子[⑥]，则不及此。虽然，子弑二君与一大夫，为子君者，不亦难乎？"对曰："不有废也，君何以兴[⑦]？欲加之罪，其无辞乎？臣闻命[⑧]矣。"伏剑而死。于是丕郑聘于秦，且谢缓赂[⑨]，故不及。

注释

①温：周畿内国，在今河南温县西南。

②无信：不守信用，没有信用。

③即敌：亲近敌人。

④奔：出奔，逃往。

⑤说：通“悦”，讨好。

⑥微子：没有你。

⑦兴：起来，得志。

⑧闻命：知道，明白。

⑨缓赂：推迟赠礼。

译文

十年春季，狄人灭亡了温国，这是由于温国国君苏子不讲信义。苏子背叛周天子而靠拢狄人，又不能跟狄人和平相处；狄人攻伐它，周天子不去救援，所以灭亡。苏子逃往卫国。

夏天，四月，周公忌父、王子党会合齐大夫隰朋拥立晋惠公为国君。惠公要杀掉里克表示讨好。将要杀里克之前，惠公派人对里克说：“若没有您，我就不能做国君。虽然是这样，可您杀掉了两个国君和一个大夫，做您的国君，岂不是太难了吗？”里克说：“没有奚齐、卓子的被废，君王怎么能得志？想给别人加上罪名，还怕没有话说吗？下臣明白了。”于是拔剑自杀。当时丕郑正在秦国聘问，这是为了推迟所赠重礼而前往致歉，所以没有遇上这次杀身之祸。

原文

晋侯改葬①共太子。

秋，狐突适下国，遇太子。太子使登仆，而告之曰：“夷吾无

礼，余得请于帝[②]矣，将以晋畀[③]秦，秦将祀余。"对曰："臣闻之：'神不歆非类[④]，民不祀非族[⑤]。'君祀无乃殄[⑥]乎？且民何罪？失刑、乏祀，君其图之！"君曰："诺！吾将复请。七日，新城西偏，将有巫者而见我[⑦]焉。"许之，遂不见。及期而往，告之曰："帝许我罚有罪矣，敝[⑧]于韩。"

注释

①改葬：另择墓地安葬。

②帝：天帝，上天。

③畀：给予，送给。

④歆：嗅闻，指享用。非类：不同种族，异族。

⑤非族：非同族之人。

⑥殄：竭尽，断绝。

⑦见我：说出我的意见。

⑧敝：败。

译文

晋惠公改葬太子申生。

秋天，狐突到曲沃去，在那里遇见了太子申生。太子让他登车，并且告诉他说："夷吾无礼，我已经特意请求了上帝，正想把晋国给予秦国，秦国准备祭祀我。"狐突回答说："臣听说：'神灵不享用别族人的祭祀，百姓也不祭祀别族的神鬼。'您的祭祀恐怕会断绝吧？而且百姓又有什么罪呢？滥用刑罚，断绝祭祀，希望您考虑一下！"太子申生说："好！我准备重新要求。七天以后，新城的西边，将有一个巫人说出我的意见。"狐突答应了下来，突然间申生就不见了。到了约定的那天前去，巫人告诉他说："上帝允许我惩罚有罪的人，他将在韩地大败。"

原文

丕郑之如秦也，言于秦伯曰："吕甥、郤称、冀芮实为不从①，若重问②以召之，臣出晋君，君纳重耳，蔑③不济矣。"

冬，秦伯使泠至报、问，且召三子。郤芮曰："币重而言甘④，诱⑤我也。"遂杀丕郑、祁举及七舆大夫：左行共华、右行贾华、叔坚、骓歂、累虎、特宫、山祁，皆里、丕之党也。丕豹奔秦，言于秦伯曰："晋侯背⑥大主而忌小怨，民弗与⑦也。伐之，必出。"公曰："失众⑧，焉能杀？违祸⑨，谁能出⑩君？"

注释

①不从：不同意。

②重问：赠送厚礼。召：召请。

③蔑：无，没有。

④币重而言甘：礼物丰厚，言词谄媚。

⑤诱：引诱，诱惑。

⑥背：背叛。

⑦弗与：不党同，不拥戴。

⑧失众：失去民心，失去众心。

⑨违祸：逃避祸患。

⑩出：放逐。

译文

丕郑到了秦国的时候，对秦穆公说："吕甥、郤称、冀芮是不同意给秦国土地的。若以厚礼相赠而后召请他们前来，下臣赶走晋君，君王让重耳回国即位，肯定会成功的。"

冬天，秦穆公派泠至去晋国回聘，给吕甥等人赠送财礼，并且召请他们三人。郤芮说："财礼重而说话动听，其目的是引诱我们。"于是就杀掉了丕郑、祁举和七个舆大夫：左行共华、右行贾华、叔坚、骓歂、累虎、特宫、山祁，都是里克、丕郑的党羽。丕郑的儿子丕豹逃到秦国，对秦穆公说："晋侯背叛大主而记恨小怨，百姓不拥戴他。如果讨伐，一定会赶走他。"穆公说："如果夷吾丧失了百姓，又怎能杀掉里克等大臣？晋国的百姓都要逃难，由谁来放逐国君？"

评析

鲁僖公十年（公元前650年），晋惠公夷吾回国即位，暂时结束了晋国的动荡局面。

《左传》里记叙了不少神奇的事件，都有深意，蕴涵褒贬。如狐突遇申生即为一例。狐突一直忠于职守，先是尽力辅佐为人仁厚甚得人心的太子申生，申生被谗自杀后，狐突的两个儿子又随从公子重耳逃亡并成为重耳的得力臣子。晋惠公不讲信义，失去民望，晋国许多人包括狐突都对惠公不满，希望重耳回国。惠公改葬申生，无论他此举是出于手足之情谊，还是收买人心，应该是件好事，但奇怪的是据说申生尸体发臭，而晋国民传言是申生并不领情，原因是他不满惠公的种种无礼行为，如篡夺国君之位、杀死原申生一党的重臣、娶申生的夫人（一说献公的妾）贾君等，所以用发臭表示拒绝改葬（《国语·晋语三》）。改葬后狐突遇见申生的灵异事件则更为奇特，申生最后在狐突的劝告下改变了对惠公的惩戒，预言他将在韩地战败。这一连串看似奇怪的事件很可能是晋人有意地借灵异事件反映民心的向背，说明晋国一些大臣对惠公的行为已经非常不满，双方矛盾尖锐。

十四年经

十有四年：春，诸侯城缘陵。

夏，六月，季姬及鄫子遇于防。使鄫子来朝。

秋，八月辛卯，沙鹿崩。

狄侵郑。

冬，蔡侯肸卒。

十四年传

原文

十四年，春，诸侯城缘陵①，而迁杞②焉。不书其人③，有阙④也。

鄫季姬来宁⑤，公怒，止之，以鄫子之不朝⑥也。夏，遇于防，而使来朝。

秋，八月辛卯，沙鹿崩⑦。晋卜偃曰："期年将有大咎⑧，几亡国。"

注释

①缘陵：营陵，故城在今山东昌乐东南。

②杞：古国名，姒姓，伯爵，本都雍丘，桓公六年淳于公亡国，迁都淳于，又迁缘陵，襄公二十九年又迁淳于。此处指迁都缘陵那次。

③其人：指筑城的人。

④阙：缺漏，缺失。

⑤来宁：归宁，谓女子回娘家省亲。

⑥不朝：不朝见。

⑦沙鹿：春秋晋地，在今河北大名东，今作沙麓。崩：崩塌。

⑧期年：一年。大咎：非常的灾祸。

译文

十四年春天，诸侯在齐地缘陵筑城并把杞都迁往那里。《春秋》未记载筑城的人，是由于文字有缺漏。

鄫季姬回鲁国娘家，僖公很生气，留住她不让回去，是因为鄫子不来朝见的缘故。夏天，季姬和鄫子在鲁国的防地见面，她要求鄫子来鲁国朝见。

秋天，八月辛卯日那天，沙鹿山崩塌。晋国的卜人偃说："一年内将会有大灾难，几乎要使国家灭亡。"

原文

冬，秦饥，使乞籴于晋，晋人弗与①。庆郑曰："背施②无亲，幸灾③不仁，贪爱④不祥，怒邻⑤不义。四德皆失，何以守国⑥？"虢射曰："皮之不存，毛将安傅？"庆郑曰："弃信背邻，患孰恤之？无信患作⑦，失援⑧必毙，是则然矣。"虢射曰："无损⑨于怨，而厚于

寇⑩，不如勿与。”庆郑曰：“背施幸灾，民所弃也。近犹仇之，况怨敌乎？”弗听。退曰：“君其悔是哉！”

注释

①弗与：不答应，不给予。
②背施：背弃恩惠。
③幸灾：因别人遭灾而高兴。
④贪爱：贪恋，迷恋。
⑤怒邻：惹怒邻邦。
⑥守国：守卫都城，治理国家。
⑦作：发生，兴起。
⑧失援：失去援助。
⑨无损：没有减轻或减少，没有妨害。
⑩厚：重，多，加强。寇：敌寇，敌人。

译文

冬季，秦国发生饥荒，派人到晋国请求购买粮食。晋国不答应其请求。庆郑说：“背弃恩惠就不是亲善的行为，幸灾乐祸就是不仁，舍不得财物救济别人就是不祥，使邻邦愤怒就是不义。这四种道德都丧失了，凭借什么东西来维护国家的生存呢？”虢射说：“皮如果已经不存在了，毛又依附在哪里？”庆郑说：“丢掉信用，背弃邻国，一旦发生了患难，谁来救助我们？没有信用，患难就会发生，丧失救援，国家必然灭亡。这就是事理的必然结果。”虢射说：“即使给他们粮食，秦国对我们的怨恨也不会有所减少，却反而加强了敌人的实力，不如不给他们粮食。”庆郑说：“背弃人家施舍的恩惠，幸灾乐祸，是百姓所唾弃的。就是亲近的人尚且会为此成仇，更何况是有仇的敌人呢？”惠公不听。庆郑退出去，说：“君王早晚有一天会懊悔这件事！”

评析

秦穆公是春秋五霸之一，是出色的君主。为人宽容贤明，知人善任，审时度势，重视民心，坚持与强大的晋国缓和关系，“秦晋之好”成为历史佳话。穆公的努力使得秦国得到良好的发展环境，开始成为西方强国，为数百年后秦始皇的统一霸业打下了基础，其为人和功绩都在历史上获得很高的评价，如高士奇《左传纪事本末》称之为“春秋之贤诸侯”，盛赞“其天资仁厚，举动光伟，加于人一等矣”。从《左传》的记叙中，一代贤君跃然纸上，展现出与齐桓公不同的霸主风采。

二十三年经

二十有三年：春，齐侯伐宋，围缗。

夏，五月庚寅，宋公兹父卒。

秋，楚人伐陈。

冬，十有一月，杞子卒。

二十三年传

原文

二十三年春，齐侯伐宋，围缗①，以讨其不与盟于齐也。

夏五月，宋襄公卒，伤于泓故②也。

秋，楚成得臣帅师伐陈，讨其贰于宋也。遂取焦、夷，城顿而还。子文以为之功，使为令尹。叔伯曰："子若国何？"对曰："吾以靖国[3]也。夫有大功而无贵仕[4]，其人能靖者与有几？"

注释

①缗：本夏时缗国，春秋属宋，今山东金乡东北。

②伤于泓故：在泓水之战受伤的缘故。

③靖国：安定国家。

④贵仕：显贵的官位。

译文

二十三年春季，齐侯发兵攻打宋国，包围缗地，是为了讨伐它不参与诸侯在齐国举行的盟会。

夏季五月，宋襄公薨，是因为他在泓水之战受伤的原因。

秋天，楚大夫成得臣领兵攻打陈国，讨伐它背叛楚国亲近宋国。楚军占领了焦、夷两邑，修筑了顿国的城墙后回国。子文把这些作为成得臣的功劳，让他做令尹。叔伯说："您这么做将如何向国家交代呢？"子文回答说："我是以此来安定国家。一个人获得大功而不居高贵地位，这样的能够安定国家的人有几个呢？"

原文

九月，晋惠公卒。怀公立命无从亡人，期[1]；期[2]而不至，无赦[3]。狐突之子毛及偃从重耳在秦，弗召。冬，怀公执狐突，曰："子来则免！"对曰："子之能仕，父教之忠，古之制也。策名，委质[4]，贰乃辟也。今臣之子名在重耳，有年数矣。若又召之，教之贰也。父教子贰，何以事君？刑之不滥，君之明也，臣之愿也。

淫刑以逞，谁则无罪？臣闻命矣！”乃杀之。

注释

①期：限定期限。

②期：到期。

③赦：赦免，饶恕。

④委质：呈献礼物，表示忠诚信实。

译文

九月，晋惠公死了。怀公即位，下令不允许跟从逃亡在外的人。限定期限；到期不回来的，绝不赦免。狐突的儿子毛和偃随从公子重耳在秦国，狐突不召他们回来。冬季怀公下令捉拿了狐突，说：“如果你的儿子回来就赦免你！”狐突回答说：“如果儿子能够做官，父亲教诲他忠诚的道理，这是古代以来的制度。名字写在简策上，给主子送了觐见的礼物，若有二心，就是罪过。如今下臣的儿子的名字在重耳那里已经有好些年了，假如又把他们召回，就是教他们三心二意。父亲教儿子不忠，又怎么侍奉国君？刑罚不随意使用，那是君主的贤明，也是下臣的愿望。滥用刑罚以图一时之快，那么谁会没有罪？下臣知道自己的命运了！”晋怀公于是就杀了狐突。

原文

卜偃称疾不出，曰：“《周书》有之：‘乃大明[1]服。’己则不明而杀人以逞[2]，不亦难乎？民不见德而唯戮是闻，其何后之有？”

十一月，杞成公卒。书曰“子”，杞，夷也。不书名，未同盟也。凡诸侯同盟，死则赴以名，礼也。赴以名，则亦书之；不然则否，辟不敏[3]也。

注释

①明：贤明。

②逞：称意。

③不敏：不聪敏，不敏捷。

译文

卜偃自称有病不出门，说：“《周书》上有这样的话：‘君主贤明而后臣民顺从。’君主若自己不贤明，反而杀人以满足私欲，要想臣民顺从不是很难吗？百姓看不到德行，反而只听到杀戮的消息，怎么还能把君位传给他的后人呢？”

十一月，杞成公死了。《春秋》记载称“子”，这是由于杞是夷人。不记载名字，是因为鲁国和杞国没有同盟关系。凡是同盟的诸侯，死后就在讣告上写上他的名字，这是合于礼的。讣告上写上名字，《春秋》就加以记载；除此以外就不记载，这是为了避免误记的原因。

原文

晋公子重耳之及于难[①]也，晋人伐诸蒲城。蒲城人欲战，重耳不可，曰：“保[②]君父之命而享其生禄，于是乎得人。有人而校[③]，罪莫大焉！吾其奔也。”遂奔狄。从者狐偃、赵衰、颠颉、魏武子、司空季子[④]。狄人伐廧咎如[⑤]，获其二女叔隗、季隗，纳诸公子。公子取季隗，生伯儵、叔刘；以叔隗妻[⑥]赵衰，生盾。将适齐，谓季隗曰：“待我二十五年，不来而后嫁。”对曰：“我二十五年矣，又如是而嫁，则就木[⑦]焉。请待子。”处狄[⑧]十二年而行。

注释

①及于难：遭受祸难。

②保：依仗，依靠。

③校：同“较”，较量。

④狐偃：重耳的舅舅，又称舅犯或子犯。赵衰：晋国大夫，重耳的主要谋士，字子余。颠颉：晋国大夫。魏武子：晋国大夫，魏犨。司空季子：晋国大夫，名胥臣。

⑤廧咎如：部族名，狄族的别种，隗姓。

⑥妻：嫁给。

⑦就：接近，到。木：棺材。

⑧处狄：居住在狄国。

译文

晋国的公子重耳遭受危难的时候，晋国军队到蒲城去讨伐他。蒲城人打算抵抗，重耳不同意，说：“我依靠君父的命令享有养生的俸禄，得到所属百姓的拥护。有了百姓拥护就同君父较量起来，没有比这更大的罪过了！我还是逃走吧。”于是重耳逃到了狄国。同他一块儿出逃的人有狐偃、赵衰、颠颉、魏武子和司空季子。狄国人攻打一个叫廧咎如的部落，俘获了君长的两个女儿叔隗和季隗，把她们送给了公子重耳。重耳娶了季隗，生下伯鯈和叔刘；他把叔隗给了赵衰做妻子，生下赵盾。重耳想到齐国去，对季隗说：“等我二十五年，我不回来，你再改嫁。”季隗回答说：“我已经二十五岁了，再过二十五年改嫁，就该进棺材了。还是让我等您吧。”重耳在狄国住了十二年才离开。

原文

过卫,卫文公不礼焉。出于五鹿[①],乞食于野人[②];野人与之块。公子怒,欲鞭之。子犯曰:"天赐也!"稽首,受而载之。

及齐,齐桓公妻之,有马二十乘。公子安之。从者以为不可,将行,谋于桑下。蚕妾[③]在其上,以告姜氏[④]。姜氏杀之,而谓公子曰:"子有四方之志,其闻之者,吾杀之矣。"公子曰:"无之。"姜曰:"行也!怀与安,实败名。"公子不可。姜与子犯谋,醉而遣[⑤]之。醒,以戈逐子犯。

注释

①五鹿:卫国地名,今河南濮阳南。

②野人:乡野之人,指农夫。

③蚕妾:采桑养蚕的女子。

④姜氏:重耳在齐国所娶之妻。齐为姜姓,所以称为姜氏。

⑤遣:送。

译文

重耳路过卫国,文公不以礼相待。从五鹿经过时,向乡下人讨饭吃;乡下人给他一块泥土。重耳很生气,想鞭打他。子犯说:"这是上天的赐予啊!"重耳叩头道谢,恭敬地接过土块放在车上带走。

重耳到达齐国,齐桓公为他娶妻,送他二十辆马车。公子安于齐国的生活。跟随的人认为这样不行。准备出发前,他们聚集在桑树下面商议。恰好有个采桑女子在树上采桑,听到了,把这件事告诉了姜氏。姜氏怕走漏消息就杀了她。然后告诉公子说:"您志向远大,听到这种打算的人,我已经把她杀掉了。"公子说:"没有这回事。"姜氏说:"走吧!留恋妻室和贪图安逸，这会败坏您的名声。”公子不肯离开。姜氏同子犯商量，用酒灌醉后把他送走。公子酒醒，气得拿着戈追逐子犯。

原文

及曹①，曹共公闻其骈胁②，欲观其裸。浴，薄③而观之。僖负羁④之妻曰：“吾观晋公子之从者，皆足以相国。若以相，夫子必反其国。反其国，必得志于诸侯。得志于诸侯而诛无礼，曹其首也。子盍蚤自贰⑤焉！”乃馈盘飧⑥，寘⑦璧焉。公子受飧反璧。

及宋，宋襄公赠之以马二十乘。

注释

①曹：曹国，姬姓，在今山东定陶。

②骈：并排。胁：胸部的两侧。

③薄：贴近。

④僖负羁：曹国大夫。

⑤蚤：同“早”。贰：指向另外君主表示效忠。

⑥盘飧：一盘饭。

⑦寘：置，放置。

译文

到达曹国，曹共公听说晋公子的肋骨连成一片，因此想要看到真相。趁公子洗澡的时候，隔着帘子从外面偷看。曹大夫僖负羁的妻子说：“我看晋公子的随从，都可以辅佐国家。如果有他们辅佐，晋公子必定能回晋国做国君。回到了晋国，肯定能在诸侯中称雄。那时惩罚以前对他无礼的国家，曹国就会排在前面。您何不趁早向他表示自己的敬意呢！”于是僖负羁就向晋公子馈赠一盘食品，里面藏着一块玉璧。公子收下食品，退回玉璧。

抵达宋国，宋襄公送给他二十辆马车。

原文

及郑，郑文公亦不礼焉。叔詹①谏曰："臣闻天之所启，人弗及也。晋公子有三焉，天其或者将建诸，君其礼焉。男女同姓，其生不蕃。晋公子，姬出②也，而至于今，一也。离③外之患，而天不靖④晋国，殆将启之，二也。有三士⑤足以上人，而从之，三也。晋、郑同侪，其过子弟，固将礼焉，况天之所启乎！"弗听。

注释

①叔詹：郑国大夫。

②姬出：姬姓父母所生，重耳父母都姓姬。

③离：同"罹"，遭受。

④靖：安定，平静。

⑤三士：指狐偃、贾佗、赵衰。

译文

到了郑国，郑文公也不依礼接待重耳。大夫叔詹劝郑文公说："臣下听说上天所赞助的人，其他人是赶不上的。晋国公子有三件不同寻常的事，或许上天要立他为国君，您还是依礼款待他吧。同姓的男女结婚，按说子孙后代不能昌盛。晋公子重耳的父母都姓姬，他一直活到今天，这是第一件不同寻常的事。遭到流亡在国外的灾难，上天却不让晋国安定下来，大概是要为他开出一条路吧，这是第二件不同寻常的事。有三位才智过人的贤士跟随他，这是第三件不同寻常的事。晋国和郑国是同等的国家，晋国子弟路过郑国，本来应该以礼相待，何况晋公子是上天所赞

助的人呢！”郑文公没有听从叔詹的劝告。

原文

及楚，楚子飨[①]之，曰：“公子若反晋国，则何以报不穀？”对曰：“子女玉帛则君有之，羽毛齿革则君地生焉。其波及晋国者，君之余[②]也。其何以报君？”曰：“虽然，何以报我？”对曰：“若以君之灵得反晋国，晋、楚治兵[③]，遇于中原，其辟君三舍[④]；若不获命，其左执鞭弭[⑤]，右属櫜鞬[⑥]，以与君周旋。”子玉[⑦]请杀之，楚子曰：“晋公子广而俭，文而有礼。其从者肃而宽，忠而能力。晋侯无亲，外内恶之。吾闻姬姓唐叔之后，其后衰[⑧]者也，其将由晋公子乎！天将兴之，谁能废之？违天，必有大咎！”乃送诸秦。

注释

①飨：设酒宴款待。

②余：多余，剩余。

③治兵：演练军队，这里指打仗。

④辟：同“避”，回避。舍：长度单位，一舍为三十里。

⑤弭：弓。

⑥櫜：箭袋。鞬：弓套。

⑦子玉：楚国令尹。

⑧后衰：最后衰亡。

译文

重耳到达楚国，楚成王设酒宴款待他，说：“公子若返回晋国，将用什么来报答我呀？”公子回答说：“子、女、玉、帛，那是君王所拥有的，鸟羽、皮毛、象牙、犀革，那是君王土地上所生长的。波及晋国的，已经是君王的剩余之物了。我能用什么来报答您呢？”楚成王说：“尽管这样，究竟用什么来报答呢？”公子回答说："若托君王的福，回到晋国，日后晋楚两国演兵习武，在中原相遇，那就后退九十里，这时如果还得不到君王的谅解，那就左手持鞭和弓，右手挎着箭袋和弓囊，同君王较量一番。"子玉请求楚王杀掉他。楚成王说："晋公子志向远大而生活俭朴，言谈举止文雅而合乎礼仪。他的随从严肃而宽厚，忠贞而有能力。今天晋惠公没有亲人，国外诸侯和国内臣民都讨厌他。我听说姬姓是唐叔的后代，将会最后衰亡，这很可能是从晋公子为君以后的原因吧！上天将帮助他兴起，谁能废掉他？违反天意，必定会有大的灾难！"于是就把他送往秦国。

原文

秦伯纳女五人①。怀嬴②与焉，奉匜沃盥③；既而挥之；怒，曰："秦、晋匹也，何以卑我？"公子惧，降服④而囚。

他日，公享之。子犯曰："吾不如衰之文⑤也。请使衰从。"公子赋《河水》⑥，公赋《六月》⑦。赵衰曰："重耳拜赐！"公子降，拜稽首，公降一级而辞焉。衰曰："君称所以佐天子者命重耳，重耳敢不拜？"

注释

①秦伯：秦穆公。纳女五人：送给重耳五个女子为姬妾。

②怀嬴：秦穆公的女儿，晋怀公圉的妻子。

③奉：同"捧"。匜：盛水的器皿。沃：淋水。盥：盥洗，洗漱。

④降服：解去衣冠。

⑤文：有文采，指擅长文辞。

⑥《河水》：诗名，已经失传。

⑦《六月》：《诗·小雅》中的一篇。

译文

秦穆公把五个女子送给重耳做姬妾。秦穆公的女儿怀嬴也在其中，有一次，怀嬴捧着盛水的器具让重耳洗手，重耳洗完便挥手让怀嬴走开；怀嬴生气地说："秦国和晋国是同等的，你为什么瞧不起我？"公子重耳害怕了，脱去衣服把自己关起来表示谢罪。

又有一天，秦穆公宴请重耳。子犯说："我比不上赵衰那样擅长辞令，让赵衰陪你去吧。"在宴会上，公子重耳做了一首《河水》诗，秦穆公做了《六月》这首诗。赵衰说："重耳，请拜谢君王恩赐！"公子重耳走下台阶，拜谢，叩头。秦穆公也走下一级台阶表示不敢接受叩谢的大礼。赵衰说："君王提出要重耳担当辅佐周天子的使命，重耳怎么敢不拜谢？"

评析

鲁僖公二十三年(公元前637年)，重耳流亡到秦国，与秦穆公结亲，为复国大业寻找到了坚实的后盾。

先贤说过，天将降大任于斯人焉，必先苦其心志，劳其筋骨，历经磨难，才具有担当大任的资历。重耳的经历证明这一说法是有充分的生活根据的。

重耳由一个贪图享乐、养尊处优的贵族公子哥儿，到后来成为春秋时代显赫一时的霸主，几乎可以说全凭了他在国外流亡十九年的经历中所遭受的磨难。当初大祸临头时的出逃，是迫不得已而为之。流亡中的屈辱、困苦、安乐的体验，使他明白了身在宫廷、耽于逸乐所不可能明白的人生真谛，在身、心两方面受到陶冶和磨炼。

人们完全可以通过主动的选择或被动的接受来有意识地为某一结果而奋斗。奋斗就是过程，结果是心中的志向和目标。奋斗总是有意识的、自觉的，而不是不知不觉的。在奋斗的过程之中经不起折磨，受不了坎坷，吃不了苦头，忍不住痛苦，耐不住寂寞，沉溺于安乐，迷恋于幻想，都不可能达到目标，不可能实现自己的理想。

经受过磨难的人，不仅仅懂得生活的真谛以及应当珍惜什么，而且也懂得为了获取成功应该怎么去做，懂得如何主动适应和应付各种复杂多变的处境，不使自己被处境所左右。

在这个过程之中，忍耐是两个具有决定意义的字眼儿。在这方面，先贤们做出过不少示范。比如孔子，他说过“小不忍，则乱大谋”。他自己为了恢复周代的礼仪制度，不惜“克己”，力求用自己的行动来实践自己所信奉的理想。比如韩信，他在微贱之时，能够忍受淮阴少年的“胯下之辱”。比如公子重耳，在向农夫讨食时得到的却是土块，能够收鞭息怒，将土块当宝物收起。

真正的强者并不一定体现在表面上。真实情况往往是：外表上装模作样，恃才逞强，处处锋芒毕露，时时刻刻咄咄逼人，未必是真的强者，未必能成就大业；能忍受一时的屈辱，是气度博大、胸襟开阔的表现，这才是能成就大业必须具备的品质。俗话说宰相肚里能撑船，这话说的就是这个意思。

二十六年经

二十有六年：春，王正月己未，公会莒子、卫宁速盟于向。

齐人侵我西鄙，公追齐师，至酅，弗及。

夏，齐人伐我北鄙。

卫人伐齐。

公子遂如楚乞师。

秋，楚人灭夔，以夔子归。

冬，楚人伐宋，围缗。

公以楚师伐齐，取谷。

公至自伐齐。

二十六年传

原文

夏，齐孝公伐我北鄙。……

公使展喜犒师①，使受命于展禽②。齐侯未入竟③，展喜从之，曰："寡君闻君亲举玉趾④，将辱于敝邑，使下臣犒执事⑤。"齐侯曰："鲁人恐乎？"对曰："小人恐矣，君子则否。"齐侯曰："室如县罄⑥，野无青草⑦，何恃而不恐？"对曰："恃先王之命。昔周公、大公股肱周室⑧，夹辅成王。成王劳之，而赐之盟，曰：'世世子孙无相害也！'载在盟府⑨，大师职之⑩。桓公是以纠合诸侯，而谋其不协，弥缝其阙⑪，而匡救其灾，昭旧职也⑫。及君即位，诸侯之望曰：'其率桓之功⑬！'我敝邑用不敢保聚⑭，曰：'岂其嗣世九年，而弃命废职？其若先君何？君必不然。'恃此而不恐。"齐侯乃还。

注释

①公：指鲁僖公。展喜：鲁国大夫。

②受命：请教。展禽：鲁国大夫，又称柳下惠。

③齐侯：齐孝公，齐桓公之子。竟：同"境"。

④玉趾：表示礼节的套话，意思是贵足、亲劳大驾。

⑤执事：左右办事的官员，用作对方的敬称。

⑥县：同"悬"。罄：石制打击乐器。

⑦野无青草：指旱情严重。

⑧大公：太公，齐国始祖姜尚，又称姜太公。股肱（gōng）：大腿和手臂。这里的意思是辅佐。

⑨载：盟约也叫载书，简称为载。

⑩大师：太师，当为太史，主管盟誓的官。职：掌管。

⑪弥缝：填满缝隙。这里的意思是补救。

⑫昭：发扬光大。旧职：指大公的旧职。

⑬率：遵循。桓：指齐桓公。

⑭保聚：保城聚众。

译文

夏天，齐孝公领兵攻打我国北部边境。……

鲁僖公派遣展喜去犒劳齐国军队，让他先向展禽请教犒赏时的辞令。齐孝公还没有进入鲁国国境，展喜就出境去跟着齐孝公，对他说："我们国君听说您亲劳大驾，将要屈尊光临敝国，特派臣下来犒劳您的侍从们。"齐孝公说："鲁国人害怕吗？"展喜回答说："平民百姓害怕，君子大人不害怕。"齐孝公说："百姓家中空空荡荡像挂起来的磬，田野里光秃秃的连青草都没有，你们凭借什么不害怕？"展喜回答说："凭借先王的命令。从前周公和齐太公辅佐周王室，在左右协助成王。成王慰劳他们，还赐给他们盟约，盟约上说：'世世代代的子孙都不要互相残害！'这个盟约保存在盟府里，由太史掌管着。齐桓公因此集合诸侯，商讨解决他们的纠纷，弥补他们的过失，救助他们的灾难，这是为了发扬光大齐大公的旧职。等到您当上国君，诸侯们都盼望着说：'他会继承桓公的功业！'我们敝国因此不敢保城聚众，人们会说：'难道他继承桓公之位才九年，就丢弃使命、放弃职责吗？他怎么对先君交代呢？君王一定不会这样做的。'人们凭借这一点就不害怕。"于是齐孝公就领兵回国了。

评析

面对入侵的大兵压境，鲁国的政治家们并没有惊慌失措，没有义愤填膺，而是想出了一个即使在今天看来也依然是绝妙的高招：犒赏前来入侵的敌军，并对之以令敌手无言以对的绝妙外交辞令，真使人拍案叫绝。

其实，鲁国人之所以“有恃无恐”，不仅仅是他们的先君曾有过“和平友好条约”，恐怕更在于他们的自信——自信道义是在自己一边，自信自己拥有对付入侵者的智慧，也自信自己有同敌手对抗的实力。如果没有这些东西做后盾，大概也难以用“一言”让敌手退却，毕竟来者不善，敢于来犯，也就意味着来者不会顾及什么先君之盟。

所谓大义凛然，只有在这种关键时刻才会显现出来，英雄本色也只有在这时才会显现出来。战场上的浴血奋战、刀光剑影是一回事，谈判桌上的唇枪舌剑、巧妙应对又是一回事，并不一定非要真刀真枪地厮杀才算得上英雄。

不过，也有一点差别：对于丧失了良知、丧心病狂、歇斯底里的战争贩子来说，再绝妙的外交辞令和应对技巧，都是无济于事的。强盗自有强盗的逻辑，有时甚至连逻辑也不讲。英法联军火烧圆明园时，何曾讲过逻辑？日本人发动卢沟桥事变时，何曾讲过逻辑？希特勒发动第二次世界大战时，又何曾讲过逻辑？强盗总归是强盗，有时他们可能假惺惺地找借口，有时则赤裸裸地烧杀抢掠。

照这种标准来看，齐孝公这样的人，也还算是天良尚未丧尽，还没有达到丧心病狂的地步，在无言以对之后还知道退兵。这种好事肯定不多了，大概也只有讲究礼义廉耻的古代才会有。现代社会中，要么是赤裸裸地恃强凌弱，要么是谈判桌上的利益交换。

要真正具有与敌手抗衡的实力，应当软硬两手兼备，既要有外交场合周旋的智慧和技巧，也要有军事的、国力的、民众的实力作为后盾，才能立于不败之地。

二十七年经

二十有七年：春，杞子来朝。

夏，六月庚寅，齐侯昭卒。

秋，八月乙未，葬齐孝公。

乙巳，公子遂帅师入杞。

冬，楚人、陈侯、蔡侯、郑伯、许男围宋。

十有二月甲戌，公会诸侯，盟于宋。

二十七年传

原文

二十七年春，杞桓公来朝。用夷礼[1]，故曰"子"。公卑[2]杞，杞不共[3]也。

夏，齐孝公卒。有齐怨，不废丧纪，礼也。

秋，入杞，责无礼也。

注释

①夷礼：夷人的礼节。

②卑：看不起。

③共：同"恭"，恭敬之意。

译文

二十七年春季，杞桓公来鲁国朝见。由于他用的是夷人的礼节，所以《春秋》称他为"子"。僖公看不起杞子，因为他认为杞子不敬。

夏季，齐孝公死了。鲁国虽然对齐

国有怨恨，但是仍没有废弃对邻国君主的丧礼，这是合于礼制的。

秋季，公子遂领兵攻入杞国，这是为了责备杞桓公无礼。

原文

楚子将蒍围宋，使子文治兵于睽①；终朝而毕②，不戮一人。子玉复治兵于蒍，终日而毕，鞭七人，贯三人耳③。国老④皆贺子文，子文饮之酒。蒍贾尚幼，后至，不贺；子文问之。对曰：“不知所贺。子之传政于子玉，曰：‘以靖国也。’靖诸内而败诸外，所获几何？子玉之败，子之举也，举以败国，将何贺焉？子玉刚而无礼，不可以治民；过三百乘，其不能以入矣。苟入而贺，何后之有⑤？”

注释

①治兵：演练军队。睽：楚国地名。
②终朝而毕：一上午便完成。
③贯三人耳：用箭穿了三个人的耳朵。
④国老：国家中值得尊敬的元老。
⑤何后之有：“有何后”的倒句，有什么晚的吗？

译文

楚成王准备包围宋国，派遣子文在睽地演习作战，一早上就完事，未能杀一个人。子玉又在蒍地演习作战，一天才完事，鞭打七个人，用箭穿了三个人的耳朵。元老们都祝贺子文，子文招待他们喝酒。蒍贾年纪小，迟到了，不祝贺；子文问他，回答说：“不知道祝贺什么。您把政权传给子玉，说：‘为了安定国家。’安定于内而失败于外，所得到的有多少？子玉的对外作战失败，是由于您的推举，推举而使国家失败，有什么可贺的呢？子玉刚愎无礼，不能让他治理百姓；率领的兵车超过三百辆，恐怕就不能回来了。若回来，再祝贺，难道会晚吗？”

原文

冬，楚子及诸侯围宋。宋公孙固如晋告急，先轸曰：“报施救患，取威定霸，于是乎在矣。”狐偃曰：“楚始得曹，而新昏于卫，若伐曹、卫，楚必救之，则齐、宋免矣。”于是乎蒐于被庐[①]，作三军，谋元帅。赵衰曰：“郤縠可。臣亟[②]闻其言矣，说[③]礼、乐而敦《诗》《书》。《诗》《书》，义之府也；礼、乐，德之则也。德、义，利之本也。《夏书》曰：‘赋[④]纳以言，明试以功，车服以庸[⑤]。’君其试之！”及使郤縠将中军，郤溱佐之；使狐偃将上军，让于狐毛而佐之。命赵衰为卿，让于栾枝、先轸。使栾枝将下军，先轸佐之。荀林父御戎，魏犨为右。

注释

①蒐：猎，打猎，此处为阅兵之意。被庐：晋国地名。

②亟：屡次。

③说：同“悦”，喜爱。

④赋：取，听取，采纳。

⑤庸：功，酬劳。

译文

冬季，楚成王和诸侯围困宋国。宋国的公孙固到晋国报告紧急情况，先轸说：“报答施舍救援患难，取得威望成就霸业，都在这里了。”狐偃说：“楚国刚刚得到曹国，又新近在卫国娶妻，如果攻打曹、卫两国，楚国必定救援，那么齐国和宋国就可以免于被攻了。”晋国因此而在被庐阅兵，建立三个军，商量元帅的人选。赵衰说：“郤縠行。我屡次听到他的话，喜爱礼乐而重视《诗》《书》。《诗》《书》，是道义的府库；礼、乐，是德行的法则。道德、礼义，是利益的根本。《夏书》说：‘有益的话全部采纳，考察效果加以试验，如果成功，用车马衣服作为酬劳。’您不妨试一下！”于是晋国派郤縠率领中军，郤溱辅助他；派狐偃率领上军，狐偃让给狐毛而自己辅助他。荀命赵衰为卿，赵衰让给栾枝、先轸。命栾枝率领下军，先轸辅助他。荀林父驾驭战车，魏犨作为车右。

原文

晋侯始入而教其民，二年，欲用之。子犯曰：“民未知义，未安其居。”于是乎出定襄王，入务利民，民怀生①矣。将用之。子犯曰：“民未知信，未宣其用。”于是乎伐原以示之信。民易资者不求丰②焉，明征其辞③。公曰：“可矣乎？”子犯曰：“民未知礼，未生其共。”于是乎大蒐以示之礼，作执秩④以正其官。民听不惑，而后用之。出穀戍，释宋围，一战而霸，文之教也。

注释

①怀生：安于生存，各安天命。
②易资：交换货物，指做买卖。丰：多，满，指暴利。
③明征其辞：言辞明白可以信赖，指交易分明。
④执秩：执掌秩序。

译文

晋文公一回国就训练百姓，过了两年，就想使用他们。子犯说：“百姓还不知道道义，还没能各安其位。”晋文公就离开晋国去安定周襄王的君位，回国后致力于便利百姓，百姓就各自安于他们的生活了。又打算使用他们。子犯说：“百姓还不知道信用，还不能十分明白信用的作用。”就攻打原国来让百姓看到信用，百姓做买卖不求暴利，交易分明，各无贪鄙。晋文公说：“行了吗？”子犯说："百姓还不知道礼仪，没能产生他们的恭敬。"由此举行盛大阅兵来让百姓看到礼仪，建立秩序来规定官员的职责。等到百姓看到事情就能明辨是非，然后才使用他们。赶走穀地的驻军，解除宋国的包围，一次战争而称霸诸侯，这都是因为文公的教化。

评析

鲁僖公二十七年(公元前633年)，这是晋楚城濮之战的前夜，晋文公在战前做了充分的准备。

晋文公即位后励精图治，积极图霸，在内安定民心，在外借周襄王提高声誉。晋文公的对手是北上争霸的楚国，齐、鲁、郑、宋等国都受到楚国的侵伐或威胁。公元前633年楚围宋，晋文公沿袭楚国"围许救郑"的做法，把晋国旧有的二军扩充为三军，围曹、卫而救宋。由于文公君臣筹谋得当，而楚将子玉轻敌，晋国取得了次年城濮之战的胜利，为称霸奠定了基础。

二十八年经

二十有八年：春，晋侯侵曹。晋侯伐卫。

公子买戍卫，不卒戍，刺之。

楚人救卫。

三月丙午，晋侯入曹，执曹伯。畀宋人。

夏四月己巳，晋侯、齐师、宋师、秦师及楚人战于城濮，楚师败绩。

楚杀其大夫得臣。卫侯出奔楚。

五月癸丑，公会晋侯、齐侯、宋公、蔡侯、郑伯、卫子、莒子，盟于践土。

陈侯如会。

公朝于王所。

六月，卫侯郑自楚复归于卫。

卫元咺出奔晋。陈侯款卒。

秋，杞伯姬来。

公子遂如齐。

冬，公会晋侯、齐侯、宋公、蔡侯、郑伯、陈子、莒子、邾子、秦人于温。

天王狩于河阳。

壬申，公朝于王所。

晋人执卫侯，归之于京师。卫元咺自晋复归于卫。

诸侯遂围许。

曹伯襄复归于曹，遂会诸侯围许。

二十八年传

原文

夏，四月戊辰，晋侯，宋公，齐国归父、崔夭，秦小子憖次于城濮[①]。楚师背酅而舍[②]，晋侯患之。听舆人之诵[③]曰："原田每每[④]，舍其旧而新是谋[⑤]。"公疑焉。子犯曰："战也！战而捷，必得诸侯，若其不捷，表里山河[⑥]，必无害也。"公曰："若楚惠何？"栾贞子曰："汉阳[⑦]诸姬，楚实尽之。思小惠而忘大耻，不如战也。"晋侯梦与楚子搏[⑧]，楚子伏己而盬其脑[⑨]，是以惧。子犯曰："吉。我得天，楚伏其罪[⑩]，吾且柔之[⑪]矣！"

子玉使斗勃请战[⑫]，曰："请与君之士戏[⑬]，君冯轼而观之，得臣与寓目焉[⑭]。"晋侯使栾枝对曰："寡君闻命矣。楚君之惠，未之

敢忘,是以在此。为大夫退,其敢当君乎!既不获命矣,敢烦大夫谓二三子[15]:戒[16]尔车乘,敬尔君事,诘朝[17]将见。”

晋车七百乘,韅、靷、鞅、靽[18]。晋侯登有莘之虚以观师[19],曰:“少长有礼,其可用也。”遂伐其木,以益其兵。

己巳,晋师陈于莘北,胥臣以下军之佐当陈、蔡[20]。子玉以若敖之六卒将中军[21],曰:“今日必无晋矣!”子西[22]将左,子上[23]将右。胥臣蒙马以虎皮,先犯陈、蔡。陈、蔡奔,楚右师溃。狐毛设二旆[24]而退之,栾枝使舆曳柴[25]而伪遁,楚师驰之,原轸、郤溱以中军公族横击之[26]。狐毛、狐偃以上军夹攻子西,楚左师溃。楚师败绩。子玉收其卒而止,故不败。

注释

①晋侯:指晋文公重耳。宋公:宋成公,襄公之子。国归父、崔夭:均为齐国大夫。秦小子慭(yìn):秦穆公之子。城濮:卫国地名,在今河南陈留。

②背:背靠着。酅(xī):城濮附近一个险要的丘陵地带。

③诵:不配乐曲的歌曲。

④原田:原野。每每:青草茂盛的样子。

⑤舍其旧:除掉旧草的根子。新是谋:谋新,指开辟新田耕种。

⑥表:外。里:内。山:指太行山。河:黄河。

⑦汉阳:汉水北面。

⑧搏:徒手对打,格斗。

⑨伏己:伏在晋文公身上。盬(gǔ):吮吸。

⑩得天:意思是得到天助。伏其罪:面朝地认罪。

⑪柔之:软化他,意思是使他驯服。

⑫斗勃:楚国大夫。

⑬戏:较量。

⑭得臣:子玉的字。寓目:观看。

⑮大夫:指斗勃。二三子:指楚军将领子玉、子西等人。

⑯戒:准备好。

⑰诘朝:明天早上。

⑱韅(xiǎn):马背上的皮件。靷:马胸部的皮件。鞅(yāng):马腹的皮件。靽(bàn):马后的皮件。

⑲有莘(shēn):古代国名,在今河南陈留。虚:同"墟",旧城废址。

⑳陈、蔡:陈、蔡两国军队属于楚军右师。

㉑中军:楚军分为左、中、右三军,中军是最高统帅。

㉒子西:楚国左军统帅斗宜申的字。

㉓子上:楚国右军统帅斗勃的字。

㉔旆(pèi):装饰有飘带的大旗。

㉕舆曳柴:战车后面拖着树枝。

㉖中军公族:晋文公统率的亲兵。横:拦腰。

译文

夏天四月初一,晋文公,宋成公,齐国大夫国归父、崔夭,秦国公子小子慭带领军队进驻城濮。楚军背靠着险要的名叫酅的丘陵扎营,晋文公对此很忧虑。他听到士兵们唱的歌词说:"原野上青草多茂盛,除掉旧根播新种。"晋文公心中疑虑。子犯说:"打吧!打了胜仗,一定会得到诸侯拥戴。如果打不胜,晋国外有黄河,内有太行,也必定不会受什么损害。"晋文公说:"楚国从前对我们的恩惠怎么办呢?"栾枝说:"汉水北面那些姬姓的诸侯国,全被楚国吞并了。想着过去的小恩小惠,会忘记这个奇耻大辱,不如同楚国打一仗。"晋文公夜里梦见同楚成王格斗,楚成王把他打倒,趴在他身上吸他的脑汁,因此有些害怕。子犯说:"这是吉利的征兆。我们得到天助,楚王面向地服罪,我们会使他驯服的。"

子玉派斗勃来挑战,对晋文公说:"我请求同您的士兵们较量一番,您可以扶着车前的横木观看,我子玉也要奉陪观看。"晋文公让栾枝回答说:"我们的国君领教了。楚王的恩惠我们不敢忘记,所以才退到这里,对大夫子玉我们都要退让,又怎么敢抵挡楚君呢?既然得不到贵国退兵的命令,那就劳您费心转告贵国将领:准备好你们的战车,认真对待贵君交付的任务,咱们明天早晨战场上见。"

晋军有七百辆战车,车马装备齐全。晋文公登上古莘旧城的遗址检阅了军容,说:"年轻的和年长的都很有礼貌,我们可以用来作战了。"于是晋军砍伐当地树木,作为补充作战的器械。

四月初二,晋军在莘北摆好阵势,下军副将胥臣领兵抵挡陈、蔡两国军队。

楚国主将子玉用若敖氏的六百兵卒为主力,说:"今天必定将晋国消灭了!"子西统率楚国左军,斗勃统率楚国右军。晋将胥臣用虎皮把战马蒙上,首先攻击陈、蔡联军。陈、蔡联军逃奔,楚国的右军溃败了。晋国上军主将狐毛树起两面大旗假装撤退,晋国下军主将栾枝让战车拖着树枝假装逃跑,楚军受骗追击,原轸和郤溱率领晋军中军精锐兵力向楚军拦腰冲杀。狐毛和狐偃指挥上军从两边夹击子西,楚国的左军也溃败了。结果楚军大败。子玉及早收兵不动,所以他的中军没有溃败。

原文

晋师三日馆穀[①],及癸酉而还。甲午,至于衡雍,作王宫于践土。

乡役之三月,郑伯如楚致其师。为楚师既败而惧,使子人九行成于晋[②]。晋栾枝入盟郑伯。五月丙午,晋侯及郑伯盟于衡雍。

丁未,献楚俘于王[③]:驷介[④]百乘,徒兵千。郑伯傅[⑤]王,用平礼也。己酉,王享醴,命晋侯宥。王命尹氏及王子虎、内史叔兴父策命晋侯为侯伯,赐之大辂之服、戎辂之服,彤弓一,彤矢百,旅[⑥]弓矢千,秬鬯一卣[⑦],虎贲三百人。曰:"王谓叔父[⑧]:'敬服王命,以绥四国,纠逖王慝[⑨]。'"晋侯三辞,从命,曰:"重耳敢再拜稽首,奉扬天子之丕显休命[⑩]。"受策以出。出入三觐。

卫侯闻楚师败,惧,出奔楚,遂适陈。使元咺奉叔武以受盟。癸亥,王子虎盟诸侯于王庭,要言曰:"皆奖王室,无相害也。有渝此盟,明神殛之!俾队其师,无克祚国,及而玄孙,无有老幼。"君子谓是盟也信,谓晋于是役也,能以德攻。

初,楚子玉自为琼弁玉缨,未之服也。先战,梦河神谓己曰:"畀余,余赐女孟诸之麋。"弗致也。大心与子西使荣黄谏,弗听。荣季曰:"死而利国,犹或为之,况琼玉乎!是粪土也,而可以济师,将何爱焉?"弗听。出,告二子曰:"非神败令尹,令尹其不勤民,实自败也。"既败,王使谓之曰:"大夫若入,其若申、息之老

何?"子西、孙伯曰:"得臣将死,二臣止之,曰:'君其将以为戮。'"及连縠而死。

晋侯闻之,而后喜可知也,曰:"莫余毒也已!蒍吕臣实为令尹,奉己而已,不在民矣。"

注释

①馆:驻扎,这里指住在楚国军营。穀:吃粮食,指吃楚军丢弃的军粮。

②子人九:郑国大夫,姓子人,名九。行成:休战讲和。

③王:指周襄王。

④驷介:四马披甲。

⑤傅:主持礼节仪式。

⑥旅(lú):黑色。

⑦秬鬯(jù chàng):用黑黍米和香草酿成的香酒。卣(yǒu):盛酒的器具。

⑧叔父:天子对同姓诸侯的称呼。这里指晋文公重耳。

⑨纠:检举。逖(tì):惩治。慝(tè):坏人。

⑩丕:大。显:明。休:美。

译文

晋军在楚军营地住了三天,吃缴获的军粮,到四月六日才班师回国。四月二十七日,晋军到达衡雍,在践土为周襄王造了一座行宫。

在城濮之战前的三个月,郑文公曾到楚国去把郑国军队交给楚国指挥,现在郑文公因为楚军打了败仗而感到害怕,便派子人九去向晋国求和。晋国的栾枝去郑国与郑文公议盟。五月初九日,晋文公和郑文公在衡雍订立了盟约。

五月初十日,晋文公把楚国的俘虏献给周襄王,有四马披甲的兵车一百辆,步兵一千人。郑文公替周襄王主持典礼仪式,用从前周平王接待晋文侯的礼节来接待晋文公。五月十二日,周襄王用甜酒款待晋文公,并劝晋文公进酒。周襄王命令尹氏、王子虎和内史叔兴父用策书任命晋文公为诸侯首领,赏赐给他一辆大辂车和整套服饰仪仗,一辆大戎车和整套服饰仪仗,红色的弓一把,红色的箭一百支,黑色的弓十把,黑色的箭一千支,黑黍米酿造的香酒一卣,勇士三百人,并说:“周王对叔父说:‘恭敬地服从周王的命令,安抚四方诸侯,监督惩治坏人。’”晋文公辞让了三次,才接受了王命,说:“重耳谨再拜叩首,接受并发扬周天子伟大、光明、美善的命令。”晋文公接受策书退出,前后三次朝见了周襄王。

卫成公听到楚军被晋军打败了,很害怕,出逃到楚国,后又逃到陈国。卫国派元咺辅佐叔武去接受晋国与诸侯的盟约。五月二十六日,王子虎和诸侯在周王的厅堂订立了盟约,并立下誓词说:“各位诸侯都要扶助王室,不能互相残害。如果有人违背盟誓,圣明的神灵会惩罚他,使他的军队覆灭,不能再享有国家,直到他的子孙后代,不论年长年幼,都逃不脱惩罚。”君子认为这个盟约是诚信的,说晋国在这次战役中是依凭德义进行的征讨。

当初,楚国的子玉自己做了一套用美玉装饰的马冠和马鞅,还没有用上。交战之前,子玉梦见河神对自己说:“把它们送给我!我赏赐给你宋国孟诸的水草地。”子玉不肯送给河神。子玉的儿子大心和楚国大夫子西让荣黄去劝子玉,子玉不听。荣黄说:“人死了能对国家有利,也要去死,何况是美玉!它们不过是粪土,如果可以用来帮助军队得胜,有什么可以吝惜的?”子玉还是不听。荣黄出来告诉大心和子西说:“不是河神要让令尹打败仗,而是令尹不肯为民众尽力,实在是自找失败。”楚军战败后,楚王派人对子玉说:“如果你回楚国来,怎么对申、息两地的父老们交代呢?”子西和大心对使臣说:“子玉本来想自杀,我们两人拦住他说:‘国君还要惩罚你呢。’”子玉到了连穀就自杀了。

晋文公听到子玉自杀的消息,喜形于色地说:“今后没有人危害我了!楚国的𫇭吕臣当令尹,只知道保全自己,不会为老百姓着想。”

评析

城濮之战是春秋时代晋国和楚国争夺霸权的一场关键之战,以晋国取胜而告终,众多的诸侯国都卷入了这场两强相争。

这种乱哄哄你方斗罢我登台的局面,不禁使人想到,尽管大家都在表面上推崇周天子,实际上都是拉大旗做虎皮,打着天子的旗号,拼命扩展自己的实力，捞取自己的好处。王权早已衰败到徒有虚名，谁愿意就可以用来谋私利。因此，权威和偶像已经坍塌了。

同时，神的权威和祖先的权威也坍塌了。在一场决定命运的大战之前，人们不再祭祀神灵和祖先，所谓的“梦”，不过是一种虚伪的附会而已，恐怕连做“梦”的人也没有把他们的“梦”当回事，只把自己的成败得失当回事。

合，必须要有一个中心，用今天的话来说，叫凝聚力，它以强大的力量把四面八方、形形色色的人团结在一起，拧成一股绳。这种凝聚力不应当只是精神上的，还应当有实力的威慑。单纯精神的力量——神灵、祖先、天子等等，在现实中不足以同利益、私欲相抗衡，信念和现实利益冲突总是不可避免的。只有精神力量加上制约和惩罚的措施、手段，以及实力的威慑，才可能形成一个具有凝聚力的中心。

分，当中心的凝聚力衰退，中心之外的实力逐渐强大起来之时，中心便会瓦解，或者有名无实，形成群龙无首的局面，诸侯割据，军阀混战，便是中心崩溃分化的结果。

分裂时间久了，强者在不断蚕食弱者中日益强大，弱者一个接一个被蚕食和吞并，然后再凭实力统一起来。可以设想，仅仅凭实力建立霸权的确可以成功，事实上也有过例证，比如秦始皇，但是这样做很难持久，很难形成真正稳固的凝聚力。

由此我们可以看出，战争到了春秋时代已经变成了一门复杂的艺术，远古时代的打仗办法已经大大地落后了。战争的环节更多，涉及的方面更广，对智慧的要求更高，矛盾斗争更加错综复杂。有勇有谋已不足以取胜，还要善于搞外交，搞“统一战线”，还要善于笼络民心，保证“后院”不会起火，还要善于把各种不利因素转化为有利条件。总而言之，仗是越打越精了。

在这种情况下，做一个统治者的确不那么容易。对他的要求，几乎是对一个全才的要求：他必须是个出色的政治家，同时也是优秀的外交家、军事家、鼓动家、谋略家，要懂得天文地理，也要懂得处世为人、礼仪制度，要有充沛的体力和精力来应付各种繁杂的事情。这种统治者离孔子所理想的统治者相去实在太远，在这时讲“克己复礼”，是多么不合时宜！

三十年经

三十年：春，王正月。

夏，狄侵齐。

秋，卫杀其大夫元咺及公子瑕。卫侯郑归于卫。

晋人、秦人围郑。

介人侵萧。

冬，天王使宰周公来聘。

公子遂如京师，遂如晋。

三十年传

原文

三十年春，晋人侵郑，以观其可攻与否。狄间晋之有郑虞[1]也，夏，狄侵齐。

晋侯使医衍鸩卫侯。宁俞货[2]医，使薄其酖，不死。公为之请，纳玉于王与晋侯，皆十瑴[3]。王许之。秋，乃释[4]卫侯。

卫侯使赂周颛、冶廑，曰："苟能纳我，吾使尔为卿。"周、冶杀元咺及子适、子仪。公入，祀先君[5]。周、冶既服，将命，周颛先入，及门，遇疾而死。冶廑辞卿。

注释

①虞：准备。
②货：贿赂。
③十瑴：十对。
④释：释放。
⑤祀：祭祀。先君：前代君主，祖先。

译文

三十年春季，晋国人攻打郑国，以此来试探郑国是否可以攻打。狄人钻了晋国侵犯郑国这个空子，夏季，狄人进攻齐国。

晋文公派了医生衍毒死卫成公。宁俞贿赂医生，让他减轻毒药的成分，因此卫成公没有死。僖公为卫成公请求，把玉献给周天子和晋文公，都是十对。周天子允许了。秋季，释放了卫成公。

卫成公派人贿赂周颛、冶廑，说："若能接纳我当国君，我让你们当卿。"周、冶两人杀了元咺和子适、子仪。卫成公回国，在太庙祭祀先君。周、冶两人已经穿好卿的礼服，准备接受任命，周颛先进太庙，到门口，发病而死。冶廑害怕了，便辞去卿位。

原文

九月甲午，晋侯、秦伯围郑，以其无礼于晋①，且贰②于楚也。晋军函陵③，秦军氾南④。

佚之狐言于郑伯曰："国危矣！若使烛之武见秦君，师必退。"公从之。辞曰："臣之壮也，犹不如人；今老矣，无能为也已。"公曰："吾不能早用子，今急而求子，是寡人之过也。然郑亡，子亦有不利焉。"许之，夜，缒而出⑤，见秦伯曰："秦、晋围郑，

郑既知亡矣。若亡郑而有益于君，敢以烦执事。越国以鄙[6]远，君知其难也，焉用亡郑以陪邻？邻之厚，君之薄也。若舍郑以为东道主[7]，行李[8]之往来，共其乏困[9]，君亦无所害。且君尝为晋君赐[10]矣，许君焦、瑕[11]，朝济而夕设版[12]焉，君之所知也。夫晋何厌之有？既东封郑[13]，又欲肆[14]其西封，不阙秦，将焉[15]取之？阙秦以利晋，唯君图之！"秦伯说，与郑人盟，使杞子、逢孙、杨孙戍之[16]，乃还。

注释

①以：因为。其：指郑国。无礼于晋：指晋文公重耳流亡经过郑国时，郑文公未以礼相待。

②贰：两属，同时亲附对立的双方。

③军：驻扎。函陵：郑国地名，在今河南新郑北。

④氾南：郑国的氾水南面，在今河南中牟南。

⑤缒：用绳子吊着重物。这里指把烛之武从城墙上吊下去。出：指出郑国都城。

⑥鄙：边邑。这里指把远地作为边邑。

⑦东道主：东方路上的主人，因郑国在秦国的东边。后世用这个词做"主人"的代称。

⑧行李：使者，外交官员。

⑨共：同"供"，供给。乏困：指资财粮食等物品不足。

⑩尝：曾经。赐：恩惠。

⑪焦：晋国邑名，在今河南三门峡市附近。瑕：晋国邑名，在今河南灵宝东。

⑫济：渡河。版：筑土墙用的夹板。设版：指建筑防御工事。

⑬封郑：以郑国为疆界。

⑭肆：放肆。这里的意思是极力扩张。

⑮焉：从哪里。

⑯杞子、逢孙、杨孙：三人都是秦国大夫。戍：驻守。

译文

九月初十，晋文公、秦穆公包围郑国，由于郑国对晋国无礼，而且心向着楚国。晋军驻扎在函陵，秦军驻扎在氾南。

佚之狐对郑文公说："国家危急了！如果派遣烛之武去觐见秦君，军队一定退走。"郑文公采纳了这个建议，烛之武推辞说："下臣壮年的时候，尚且不如别人；现在老了，更是无能为力了。"郑文公说："我没有能及早任用您，现在形势危急而来求您，这是我的过错。然而郑国被灭亡，对您也不好啊。"烛之武答应了，夜里用绳子把自己从城上吊到城外，觐见秦穆公说："秦、晋两国包围郑国，郑国已经知道自己要灭亡了。如果灭亡郑国而对君主有好处，那是值得劳动君王左右随从的。越过别国而以远方的土地作为边邑，君王知道是不容易的，哪里用得着灭亡郑国来为邻国增加土地？邻国实力加强，就是君王的削弱。如果赦免郑国，让他做东路上的主人，使者的往来，供应他所缺少的一切，对君王也没有害处。而且君王曾经把好处赐给晋国国君了，他答应给君王焦、瑕两地，早晨渡过河回国，晚上就设版筑城，这是君王所知道的。晋国哪有满足？已经在东进向郑国扩大土地，又要肆意扩大它西边的土地。如果不损害秦国，还能到哪里去取得土地呢？损害秦国而有利于晋国的事，请君王考虑！"秦穆公很高兴，和郑国人结盟，派遣杞子、逢孙、杨孙在郑国戍守，就撤退了。

原文

子犯请击之。公曰："不可。微夫人[①]之力不及此。因人之力而敝[②]之，不仁。失其所与，不知[③]。以乱易整[④]，不武。吾其还也。"亦去之。

初，郑公子兰出奔晋，从于晋侯伐郑，请无与围郑。许之，使待命于东[⑤]。郑石甲父、侯宣多逆[⑥]以为太子，以求成[⑦]于晋，晋人许之。

注释

①微:要不是。夫人:那个人,指秦穆公。

②因人:依靠他人。敝:伤害。

③所与:指友好国家,盟国。知:同“智”。

④乱:分裂。易:代替。整:团结一致。

⑤东:指东部边境。

⑥逆:迎接。

⑦求成:求和,讲和。

译文

子犯请求袭击秦军。晋文公说:“不行。如果没有他们的力量,我们不会有今天这个地位。靠了别人的力量,反而损害他,这是不仁;失掉了同盟国家,这是不智;用动乱代替整齐,这是不武。我还是回去吧。”晋文公于是也撤军回国。

当初,郑国的公子兰逃亡到晋国,跟随晋文公攻打郑国,请求不要参加对郑国的包围。晋文公答应了,让他在东部边境等候命令。郑国的石甲父、侯宣多把他接回来做太子,向晋国讲和,晋国答应了。

原文

冬,王使周公阅来聘,飨有昌歜、白黑、形盐①。辞曰:“国君,文足昭也,武可畏也,则有备物之飨,以象②其德;荐五味③,羞嘉穀④,盐虎形⑤,以献其功⑥。吾何以堪之?”

东门襄仲将聘于周,遂初聘于晋。

注释

①飨：宴请。昌歜：菖蒲根的腌制品。又称昌菹。昌，通“菖”。古以飨他国之来使，以示优礼。白黑：稻和黍，指白米糕。形盐：特制成虎形的盐，供祭祀用。

②象：象征。

③荐：进献。五味：泛指各种味道或调和众味而成的美味食品。

④嘉穀：美好的粮食。

⑤盐虎形：将盐制成老虎的形状。

⑥功：丰功伟业。

译文

这年冬季，周天子派遣周公阅来鲁国聘问，宴请他的食物有菖蒲菹、白米糕、黑黍和虎形块盐。周公阅推辞说：“国家的君主，文治足以显扬四方，武功可以使人畏惧，就备有特殊物品宴请，以象征他的德行；进五味的调和，献美好的粮食，有虎形的盐，以象征他的功业。我怎么当得起这个？”

东门襄仲将到成周聘问，就借机到晋国做初次聘问。

评析

鲁僖公三十年（公元前630年），秦、晋联合攻郑，危急关头烛之武去劝说秦国撤兵，他的话表面上处处为了秦国打算，实际是为了保全郑国。他利用秦晋之间的矛盾，说服秦穆公撤兵回国，化解了郑的亡国危机。从这里也可看出当时秦晋两大国之间，看似亲密无间，但由于国家利益的冲突，这种亲密背后隐藏着分裂的因素。烛之武退秦师是《左传》行人辞令中的著名篇章之一。烛之武深谙国家之间的政治利益关系，对秦穆公晓以利害，成功地离间了秦、晋这对盟友，使重重围困中的郑国摆脱了危机。

三十二年经

三十有二年：春，王正月。

夏，四月己丑，郑伯捷卒。

卫人侵狄。秋，卫人及狄盟。

冬，十有二月己卯，晋侯重耳卒。

三十二年传

原文

三十二年，春，楚斗章请平于晋，晋阳处父报[①]之。晋、楚始通[②]。

夏，狄有乱。卫人侵狄，狄请平焉。秋，卫人及狄盟。

冬，晋文公卒。庚辰，将殡于曲沃[③]，出绛[④]，柩[⑤]有声如牛。卜偃使大夫拜[⑥]，曰："君命大事[⑦]：将有西师过轶我[⑧]。击之，必大捷焉。"

注释

①报：回聘。
②通：往来，交往。
③殡：停丧。曲沃：晋国旧都，在今山西闻喜，晋国祖庙所在地。
④绛：晋国国都，在今山西翼城东南。
⑤柩：灵柩，装尸体的棺材。
⑥拜：跪拜。
⑦大事：重大的事情。指祭祀或征伐。
⑧西师：西方的军队，指秦军。过轶：谓车辆通过，指越过。

译文

三十二年春季，楚国的斗章来到晋国请求媾和，晋国的阳处父到楚国回聘，晋国和楚国从此开始正式交往。

夏季，狄人发生动乱，卫军侵袭狄人，狄人请求媾和。这年秋季，卫国和狄结盟。

冬季，晋文公死。十二月初十，要送往曲沃停放待葬。刚走出国都绛城，棺材里发出了像牛叫的声音。卜官郭偃让大夫们向棺材下拜，并说："国君要发布军事命令：将有西方的军队越过我们的国境，我们袭击它，一定会获得全胜。"

原文

杞子[1]自郑使告于秦曰："郑人使我掌其北门之管[2]。若潜师[3]以来，国[4]可得也。"穆公访诸蹇叔[5]，蹇叔曰："劳师以袭远，非所闻也。师劳力竭，远主[6]备之，无乃不可乎？师之所为，郑必

知之。勤而无所[7],必有悖心[8]。且行千里,其谁不知?”公辞焉。召孟明、西乞、白乙,使出师于东门之外。蹇叔哭之,曰:“孟子!吾见师之出而不见其入也!”公使谓之曰:“尔何知?中寿[9],尔墓之木拱[10]矣。”蹇叔之子与师,哭而送之,曰:“晋人御师必于殽。殽有二陵[11]焉:其南陵,夏后皋[12]之墓也;其北陵,文王之所辟风雨也。必死是间,余收尔骨[13]焉!”秦师遂东。

注释

①杞子:秦国大夫。

②掌:主管。管:钥匙。

③潜师:秘密出兵。

④国:国都。

⑤访:询问,征求意见。蹇叔:秦国老臣。

⑥远主:远方的主人,指郑国国君。

⑦勤:劳苦。无所:一无所得。

⑧悖心:违逆之心,反感。

⑨中寿:中等的年寿,指七十岁。

⑩拱:两手合抱。

⑪殽:山名,在今河南洛宁西北。陵:大山。殽山有两陵,南陵和北陵,其间地势险要。

⑫夏后皋:夏代君主,名皋,夏桀的祖父。后:国君。

⑬尔骨:你的尸骨。

译文

杞子从郑国派人告诉秦国说:“郑国人让我掌管他们北门的钥匙,若偷偷发兵前来,可以占领他们的国都。”秦穆公去问蹇叔。蹇叔说:“使军队疲劳而去侵袭相距遥远的地方,我没有听说过,军队疲劳,力量衰竭,远地的国家有防备,恐怕不行吧!我们军队的行动,郑国一定知道。费了力气不讨好,士兵一定有抵触情绪。而且行军一千里,有谁会不知道?”秦穆公不接受他的意见。召见孟明、西乞、白乙，让他们在东门外出兵。蹇叔哭着送他们，说："孟子！我看到军队出去而看不到回来了！"秦穆公派人对蹇叔说："你知道什么？你的年寿满了，等到军队回来，你坟上种的树该长到两手合抱粗了。"蹇叔的儿子也参加了出征的队伍，他哭着送儿子，说："晋国人必定在殽山抗击我军。殽有两座山头：南面的山头是夏王皋的坟墓；北面的山头是周文王避过风雨的地方。你一定会战死在这两座山之间，我到那里收拾你的尸骨吧！"秦国军队接着向东进发了。

评析

鲁僖公三十二年（公元前628年），一代霸主——晋文公去世。秦国则准备乘晋国国丧期间，东进中原，灭亡郑国。

卜官郭偃和老臣蹇叔的预见有如先知，料事真如神，秦军后来果然在殽山大败而归，兵未发而先哭之，实在是事前就为失败而哭，并非事后诸葛亮。

郭偃托言的所谓"君命大事"，不过是个借口，人们根据经验完全可以做出类似的判断，乘虚而入，乱而取之，是战争中常用的手法。作为政治家和军事家，如果不具备这种经验和头脑，应当属于不称职之列。从蹇叔一方看，他作为开国老臣，也具有这方面的经验：对手并非等闲之辈，不可能在非常时刻没有防备，因此，此时出征无异于自投罗网。

秦穆公急欲扩张自己势力的心情，导致他犯了一个致命的常识性错误，违反了"知己知彼"这个作战的基本前提。敌手早有防备，以逸待劳，必定获胜；劳师远袭，疲惫不堪，没有战斗力，必定惨败。其中原因大概是攻城略地的心情太急切了，以至连常识都顾不上，当然是咎由自取。

马有失前蹄的时候，人也有过失的时候，而在利令智昏的情况下所犯的错误，则是不可宽恕的，利令智昏而犯常识性的错误，更是不可宽恕。

当初秦国曾与晋国一起企图消灭郑国，后来又与郑国订立盟约。此时不仅置盟约不顾，就连从前的同伙也成了觊觎的对象。言而无信，自食其言，不讲任何道义、仁德，这同样应当遭天谴，遭惩罚。

当人心目中没有权威之时，便没有了戒惧；没有了戒惧，就会私欲急剧膨胀；私欲急剧膨胀便会为所欲为，无法无天。春秋的诸侯混战，的确最充分地使人们争权夺利的心理、手法、技巧发挥到了极致，也使命运成了最不可捉摸和把握的东西。弱肉强食是普遍流行的无情法则，一朝天子一朝臣，泱泱大国可能在一夜之间倾覆，区区小国也可能在一夜之间暴发起来。

三十三年经

三十有三年：春，王二月，秦人入滑。

齐侯使国归父来聘。

夏，四月辛巳，晋人及姜戎败秦师于殽。

癸巳，葬晋文公。

狄侵齐。

公伐邾，取訾娄。

秋，公子遂帅师伐邾。

晋人败狄于箕。

冬，十月，公如齐。

十有二月，公至自齐。

乙巳，公薨于小寝。

陨霜不杀草。李梅实。

晋人、陈人、郑人伐许。

三十三年传

原文

三十三年春，秦师过周北门。左右免胄而下，超乘[①]者三百乘。

王孙满尚幼，观之，言于王曰："秦师轻而无礼，必败。轻则寡谋，无礼则脱[②]。入险而脱，又不能谋，能无败乎？"

及滑，郑商人弦高将市于周，遇之；以乘韦[③]先，牛十二，犒师，曰："寡君闻吾子将步师[④]出于敝邑，敢犒从者。不腆[⑤]敝邑，为从者之淹[⑥]，居则具一日之积，行则备一夕之卫。"且使遽[⑦]告于郑。

则束载、厉兵、秣马矣。使皇武子辞焉，曰："吾子淹久于敝邑，唯是脯资饩牵竭矣[⑧]。为吾子之将行也，郑之有原圃，犹秦之有具囿也，吾子取其麋鹿，以间[⑨]敝邑，若何？"杞子奔齐，逢孙、杨孙奔宋。

孟明曰："郑有备矣，不可冀也。攻之不克，围之不继，吾其还也。"灭滑而还。

注释

①超乘：跳上兵车。

②脱：简易，满不在乎。

③乘：四。韦：熟牛皮。

④步师：行军。

⑤腆：厚，不腆即不丰厚、贫乏。

⑥淹：留，停留。

⑦遽：使用邮车或驿马。

⑧脯：干肉。资：粮食。饩牵：指牲口。

⑨间：休息，空闲。

译文

三十三年春季，秦国军队经过成周王城的北门，战车上除御者以外，车左、车右都取下头盔下车致敬，随即跳上车去的有三百辆战车的将士。

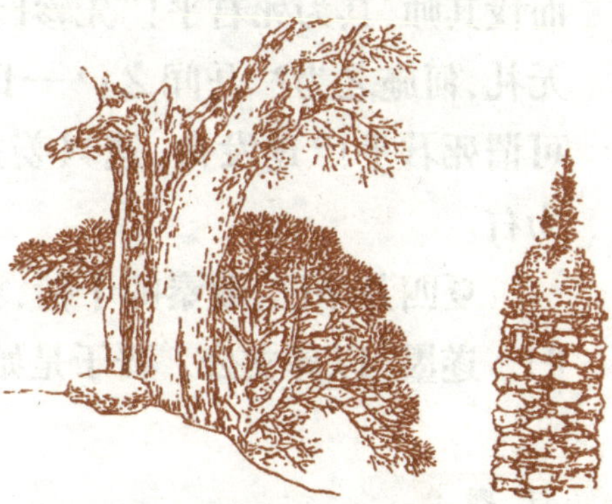

王孙满年纪还小，看到了，对周天子说："秦国军队轻佻而无礼，一定失败。轻佻就缺少计谋，无礼就满不在乎。进入险地而满不在乎，又不能出主意，能够不打败仗吗？"

秦军抵达滑国，郑国的商人弦高准备到成周做买卖，碰到秦军，先送秦军四张熟牛皮做引礼，再送十二头牛犒劳军队，说："寡君听说您准备行军经过敝邑，谨来犒赏您的随从。敝邑贫乏，为了您的随从在这里停留，住下就预备一天的供应，离开就准备一夜的保卫。"弦高同时又派邮车紧急地向郑国报告。

郑穆公派人去探看杞子等人的馆舍，发现他们已经装束完毕，磨利武器、喂饱马匹了。派皇武子辞谢他们，说："大夫们久住在这里，敝邑的干肉、粮食、牲口都竭尽了。为了大夫们将要离开，郑国的有原圃，就如同秦国的有具囿，大夫们自己猎取麋鹿，使敝邑得有闲空，如何？"于是杞子逃到齐国，逢孙、杨孙逃到宋国。

孟明说："郑国有准备了，不能存有希望了。攻打郑国不能取胜，包围它又没有后援，我还是回去吧。"灭亡了滑国就回去。

原文

齐国庄子来聘，自郊劳至于赠贿，礼成而加之以敏。臧文仲言于公曰："国子为政，齐犹有礼，君其朝焉！臣闻之：服于有礼，社稷之卫也。"

晋原轸曰："秦违蹇叔而以贪勤①民，天奉②我也。奉不可失，敌不可纵。纵敌患生，违天不祥，必伐秦师！"栾枝曰："未报秦施而伐其师，其为死君乎！"先轸曰："秦不哀吾丧而伐吾同姓，秦则无礼，何施之为？吾闻之：'一日纵敌，数世之患也。'谋及子孙，可谓死君乎！"遂发命，遽兴姜戎。子墨衰绖③，梁弘御戎，莱驹为右。

夏四月辛巳，败秦师于殽，获百里孟明视、西乞术、白乙丙以归。遂墨④以葬文公。晋于是始墨。

注释

①勤：劳。

②奉：给予。

③衰：麻衣。绖：麻带。衰绖：指丧服。

④墨：黑色丧服。

译文

齐国的庄子来聘问，从郊外迎接一直到赠礼送行，行礼如仪而处事又审慎恰当。臧文仲对僖公说："国子执政，齐国还是有礼的，君王去觐见吧！下臣听说：对有礼之邦顺服，这是国家的保障。"

晋国的原轸说："秦君违背蹇叔的话，因为贪婪而劳动百姓，这是上天给予我们的机会。给予的不能丢失，敌人不能放走。放走敌人，就会发生祸患，违背天意就不吉利，一定要进攻秦国军队！"栾枝说："没有报答秦国的恩惠而进攻他

的军队，心目中还有死去的国君吗！”先轸说：“我们有丧事秦国不悲伤，反而攻打我们的同姓国家，他们就是无礼，还讲什么恩惠？我听说：‘一天放走敌人，就是几代的祸患。’为子孙后代打算，这可以有话对死去的国君说了吧！”于是就发布起兵的命令，立即动员姜戎的军队。晋襄公把丧服染成黑色，梁弘驾驭战车，莱驹作为车右。

夏四月十三日，在殽山打败秦国军队，并且俘虏了三个指挥官百里孟明视、西乞术、白乙丙回去。于是就穿着黑色的丧服来安葬晋文公。晋国从此使用黑色丧服。

原文

文嬴[①]请三帅，曰：“彼实构[②]吾二君。寡君若得而食之，不厌[③]，君何辱讨焉？使归就戮于秦，以逞寡君之志，若何？”公许之。先轸朝[④]，问秦囚。公曰：“夫人请之，吾舍之矣。”先轸怒曰：“武夫力而拘诸原[⑤]，妇人暂而免诸国，堕军实而长寇雠[⑥]，亡无日矣！”不顾而唾。公使阳处父追之。及诸河，则在舟中矣。释左骖，以公命赠孟明。孟明稽首曰：“君之惠，不以累臣衅鼓[⑦]，使归就戮于秦。寡君之以为戮，死且不朽。若从君惠而免之，三年将拜君赐。”

注释

①文嬴：秦穆公之女，晋文公夫人，秦为嬴姓，因此称文嬴。

②构：挑衅，挑拨。

③不厌：不满足。

④朝：朝见。

⑤力：努力，费力。原：指战场。

⑥堕：毁坏。长：助长。

⑦累臣：俘虏。衅鼓：杀人将其血涂于战鼓之上，即祭鼓。

译文

文嬴请求把三位指挥官释放回国，说："他们挑拨我们两国国君关系。寡君如果抓到他们，吃他们的肉还不能满足，何必劳君王去讨伐呢？让他们回到秦国受诛杀，以使寡君快意，怎么样？"晋襄公答应了。先轸上朝，问起秦国的囚犯，晋襄公说："母亲代他们提出请求，我就放走他们了。"先轸生气地说："武人花力气在战场上逮住他们，女人说几句谎话就把他们在国都放了，毁伤战果而长了敌人的志气，晋国快要灭亡了！"先轸不顾襄公在面前就在地上吐唾沫。晋襄公派阳处父追赶放走的三个人，追到黄河边上，他们已经上船了。阳处父解下车左边的骖马，用晋襄公的名义赠送他们。孟明叩头说："蒙君王的恩惠，不用被囚之臣来祭鼓，让我们回到秦国去受诛戮，寡君若杀了我们，死而不朽。如果依从君王的恩惠而赦免我们，三年以后将要拜谢君王恩赐。"

原文

秦伯素服[①]郊次，乡[②]师而哭，曰："孤违蹇叔以辱二三子，孤之罪也！不替[③]孟明，孤之过也，大夫何罪？且吾不以一眚[④]掩大德。"

狄侵齐，因晋丧也。

公伐邾，取訾娄，以报升陉之役。邾人不设备。秋，襄仲复伐邾。

狄伐晋，及箕。八月戊子，晋侯败狄于箕。郤缺获白狄子，先轸曰："匹夫逞志[⑤]于君，而无讨，敢不自讨乎？"免胄入狄师，死焉。狄人归其元[⑥]，面如生。

注释

①素服：丧服。
②乡：通“向”，朝着。
③替：废，撤换。
④眚：罪过。
⑤逞志：逞一时之快。
⑥元：头，脑袋。

译文

秦穆公身着素服住在郊外，对着被释放回来的将士号哭，说：“我没有听蹇叔的话使你们几位受到侮辱，是我的罪过！不撤回孟明的驻军，这也是我的过错，你们三位有什么罪？而且我不能用一次的过错来掩盖大德。”

狄人入侵齐国，由于晋国有丧事，不能派兵来支援齐国。

僖公进攻邾国，占取了訾娄，以报复升陉这一战役。邾国没有设防。这年秋季，襄仲再一次攻打邾国。

狄军攻打晋国，到达箕地。八月二十二日，晋襄公在箕地打败狄军。郤缺俘虏了白狄子，先轸说：“一个普通人在国君面前一时快意而没有受惩罚，哪里敢不自己惩罚自己？”先轸脱下头盔冲入狄军中，死在战阵上。狄人送回他的脑袋，面色如同活着一样。

原文

初，臼季使过冀，见冀缺耨①，其妻馌之，敬②，相待如宾③。与之归，言诸文公曰：“敬，德之聚④也。能敬必有德。德以治民，

君请用之！臣闻之：出门如宾，承事[5]如祭，仁之则也。”公曰：“其父有罪，可乎？”对曰：“舜之罪也殛[6]鲧，其举[7]也兴禹。管敬仲[8]，桓之贼也，实相以济。《康诰》曰：‘父不慈，子不祇，兄不友，弟不共，不相及[9]也。’《诗》曰：‘采葑采菲[10]，无以下体[11]。’君取节[12]焉可也。”文公以为下军大夫。反自箕，襄公以三命命先且居将中军[13]，以再命命先茅之县赏胥臣，曰：“举郤缺，子之功也。”以一命命郤缺为卿，复与之冀，亦未有军行[14]。

注释

①冀缺：就是郤缺，因其后被封于冀地，又名冀缺。耨：锄草。

②敬：恭敬。

③相待如宾：相敬如宾。

④聚：聚集，集中。

⑤承事：治事，受事。

⑥殛：通“极”，流放，放逐。

⑦举：举拔。

⑧管敬仲：管仲。

⑨祇：恭敬。共：通“恭”。相及：相关联，相牵涉。

⑩出自《诗·邶风·谷风》。葑：蔬菜名，即芜菁，又名蔓菁。菲：菲菜，一种芜菁类植物，指萝卜。

⑪下体：指植物的根茎。

⑫节：关键，这里指长处。

⑬中军：古代行军作战分左、中、右或上、中、下三军，由主将所在的中军发号施令。

⑭军行：担任军职。

译文

当初，臼季出使经过冀地，看到冀缺在田地锄草，他妻子给他送饭，很恭敬，彼此好像客人一样。臼季和冀缺一起回到国都，对文公说：“恭敬，是德行的集

中表现。能够恭敬，就必定有德行。德行用来治理百姓，请君王任用他！下臣听说：出门好像会宾客，承担事情好像参加祭祀，这是仁爱的准则。”晋文公说：“他的父亲冀芮有罪，可以吗？”臼季回答说：“舜惩办罪人，流放了鲧，他举拔人才却起用鲧的儿子禹。管敬仲是桓公的敌人，任命他为相而得到成功。《康诰》说：‘父亲不慈爱，儿子不孝敬，哥哥不友爱，弟弟不恭顺，这是与别人无关的。’《诗》说：‘采蔓菁采萝卜，不要把它下部当糟粕。’您挑他的长处就可以了。”晋文公让冀缺担任下军大夫。从箕地回来，晋襄公用诸侯大臣中的最高级别命令先且居率领中军，用次等级命令把先茅的悬赏给胥臣，说：“推举郤缺，是您的功劳。”用三等级别命令郤缺做卿，再给他冀地，但是不担任军职。

原文

冬，公如齐，朝，且吊①有狄师也。反，薨于小寝②，即安③也。

晋、陈、郑伐许，讨其贰于楚也。

楚令尹子上侵陈、蔡。陈、蔡成，遂伐郑，将纳公子瑕。门于桔柣之门，瑕覆于周氏之汪④。外仆髡屯禽之以献。文夫人敛⑤而葬之郐城之下。

注释

①吊：悼念死者，引申为慰问。

②小寝：天子、诸侯寝宫。

③安：安逸。

④汪：池，指污浊的小水坑。

⑤敛：入殓。

译文

这年冬季，僖公到齐国朝见，同时对狄人进攻这件事表示慰问。回国，死在休息室里，是因为贪图安逸的缘故。

晋国、陈国、郑国进攻许国，惩罚它向着楚国。

楚国令尹子上攻打陈国、蔡国。陈国、蔡国和楚国讲和，然后又进攻郑国，准备把公子瑕送回去做国君。在桔柣之门攻城，公子瑕的战车翻倒在周氏的池塘中。外边的仆人髡屯抓住了他献给郑文公。文公夫人为他入殓而安葬在郐城下。

原文

晋阳处父侵蔡，楚子上救之，与晋师夹[1]泜而军。阳子患之，使谓子上曰："吾闻之：'文不犯顺[2]，武不违敌'。子若欲战，则吾退舍[3]，子济而陈，迟速[4]唯命。不然，纾[5]我。老师费财[6]，亦无益也。"乃驾以待。子上欲涉，大孙伯曰："不可！晋人无信，半涉而薄[7]我，悔败何及？不如纾之。"乃退舍。阳子宣言曰："楚师遁矣。"遂归。楚师亦归。大子商臣谮子上曰："受晋赂而辟之，楚之耻也。罪莫大焉！"王杀子上。

注释

①夹：左右两方相持，从两旁限制。

②犯顺：违背情理，违反正道。

③退舍：退却，退避。

④迟速：慢和快，缓慢或迅速。

⑤纾：宽缓，宽松。

⑥费财：耗费钱财。

⑦薄：通“迫”，迫近，接近。

译文

晋国的阳处父入侵蔡国，楚国的子上前去救援，和晋军隔着泜水对峙。阳处父担心，派人对子上说：“我听说：‘来文的不能触犯有理之人，来武的不能躲避仇敌之辈。’您若想打，那么我后退三十里，您渡河再摆开阵势，何时打听从您的安排。不这样，让我渡过河去缓口气。耗日子，费钱财，也没有什么好处。”于是就驾上战车等着他。子上想要渡河，大孙伯说：“不行！晋国人不讲信用，如果乘他们渡过一半而追击我们，那时战败而后悔，哪里还来得及？不如让他们缓口气。”于是就后退三十里。阳子宣布说：“楚国军队逃走了。”就回国了。楚国军队也就回国。太子商臣诬告子上说：“子上接受了晋国的贿赂而躲避他们，这是楚国的耻辱。罪过没有比这再大的了！”楚成王杀死了子上。

原文

葬僖公。缓[①]作主[②]，非礼也。凡君薨，卒哭而祔[③]，祔而作主，特祀[④]于主，烝、尝、禘于庙。

注释

①缓：推迟，不及时。

②作主：制作木主、神位。

③祔：附祭。

④特祀：谓单向新死者祭祀。

译文

安葬僖公，未及时制作神主牌位，这是不合于礼的。凡国君死去，安葬后十多天停止了不定时的号哭，就把死者的神主附祭于祖庙，附祭就要制作神主牌位，单独向新死者的神主祭祀，烝祭、尝祭、禘祭就在祖庙中连同其他祖先一起祭祀。

评析

鲁僖公三十三年（公元前627年），秦晋爆发殽之战，秦国被打败，东进中原的争霸计划受阻。

秦晋之间既有通婚和好的关系，又为了各自的国家利益而发生摩擦。前者在民间留下了“秦晋之好”的俗语，后者则留下了许多著名的战例和行人辞篇。看来国家之间没有永恒的友谊，利益永远是第一位的。但国君作为一国之主，其品行方略对于国家的形象和前途还是有着至关重要的影响。晋文公、秦穆公同为春秋霸主，又是姻亲，雄才大略相似，为人则不尽相同。史家对晋文公颇有微词，多认为不如五霸之首的齐桓公。如孔子《论语》认为“晋文公谲而不正，齐桓公正而不谲”，马骕《左传事纬》则认为“凡其（括吾文）举动，天抵报复私仇，不顾礼义，则较之齐桓为不侔”。而秦穆公虽功业不及齐桓公、晋文公，但史家的褒赞甚多，如高士奇《左传纪事本末》称之为“春秋之贤诸侯”，马骕《左传事纬》称：“秦穆公奋然有为，再置晋君，城濮一战，文公遂霸。君子日晋之霸也，秦穆其有焉。定晋之乱，成文之功，左右霸主，中国再振，齐桓所不能为者，穆能为之，虽谓之霸，亦未尝不可也。”秦穆公善于审时度势，对外与比邻的晋国基本以和为主，多次表现出大国气度，如两次输送粮食给遭灾的晋国；在国内不拘一格选用人才，勇于承担责任，用人不疑。如殽之战中他不听老臣蹇叔的谏言，未防备晋国而贸然出兵郑国，导致秦军惨败，但是他并未归咎于出征的将士，而是主动担当了战败之责，在军前做了悔过的誓词《秦誓》，并一直信任和重用败军之将孟明视等。秦穆公的这一系列举措为秦国的发展奠定了良好的基础，秦始皇统一六国的基业可以说始肇端于此。

文公（元年～十八年）

六年经

六年：春。葬许僖公。
夏，季孙行父如陈。
秋，季孙行父如晋。
八月乙亥，晋侯驩卒。
冬，十月，公子遂如晋。葬晋襄公。
晋杀其大夫阳处父。
晋狐射姑出奔狄。
闰月不告月，犹朝于庙。

六年传

原文

六年，春，晋搜于夷，舍[①]二军。使狐射姑将中军，赵盾佐之。阳处父至自温，改搜于董，易[②]中军。阳子成季之属也，故党[③]于

赵氏，且谓赵盾能，曰："使④能，国之利也。"是以上之。宣子于是乎始为国政。制事典，正法罪，辟狱刑，董逋逃，由质要，治旧洿，本秩礼，续常职，出滞淹。既成，以授太傅阳子与太师贾佗，使行诸晋国，以为常法。

臧文仲以陈、卫之睦也，欲求好于陈。夏，季文子聘于陈，且娶焉。

秦伯任好⑤卒。以子车氏之三子奄息、仲行、针虎为殉⑥，皆秦之良也。国人哀之，为之赋《黄鸟》⑦。

注释

①舍：舍弃，裁汰。
②易：改易，改换。
③党：偏袒。
④使：使用，任用。
⑤任好：指秦穆公。
⑥殉：殉葬，陪葬。
⑦《黄鸟》：出自《诗·秦风》。

译文

六年春季，晋国在夷地检阅军队，裁掉两个军。任命狐射姑为中军帅，赵盾辅助他。阳处父从温地回来，改在董地阅兵，改换中军主将。阳处父，是赵衰的下属，所以偏袒赵氏，并且认为赵盾有才能，说："任用有才能的人，这是国家的利益。"所以让赵盾居于高位。赵宣子从这时候开始掌管晋国政权，制定章程，修订律令，清理诉讼，追捕逃亡案犯，使用契约，治理政事中的弊端，恢复贵贱等级，重建已废官职，提拔屈居下层的贤能。新的政令法规完成以后，交给太傅阳处父和太师贾佗，让他们在晋国推行，作为经常的法则。

臧文仲由于陈、卫两国的友善相处，也想同陈国建立友好关系。夏天，季文子到陈国聘问，并且娶了家室。

秦穆公死了，用子车氏的三个儿子奄息、仲行、针虎陪葬。他们都是秦国有才能的人物，国都城内的人哀悼他们，为他们作了一首题为《黄鸟》的诗。

原文

君子曰："秦穆之不为盟主也，宜哉！死而弃民。先王违世①，犹诒之法，而况夺②之善人乎？《诗》曰：'人之云亡，邦国殄瘁。'③无善人之谓。若之何夺之？古之王者，知命之不长，是以并建圣哲，树之风声，分之采物，著之话言，为之律度④，陈之艺极⑤，引之表仪⑥。予之法制，告之训典⑦，教之防利⑧，委之常秩⑨，道之礼则，使无失其土宜，众隶⑩赖之而后即命。圣王同之。今纵无法以遗后嗣，而又收其良以死，难以在上矣。"君子是以知秦之不复东征也。

注释

①违世：去世。

②夺：夺走。

③出自《诗·大雅·瞻印》。殄：尽，完。瘁：病。殄瘁：指受到损伤。

④律度：规律。

⑤艺极：标准。

⑥表仪：典范。

⑦训典：遗训典籍。

⑧防利：防害兴利。

⑨常秩：官吏之常职。

⑩隶：小臣。

译文

君子说："秦穆公没有做诸侯首领，是很合适的！死了还要遗弃百姓。以前的君王死了，还留下了法则，更何况夺走百姓的好人呢？《诗》说：'好人死了，国家就会受到损伤。'这说的就是没有好人的意思。怎么还要夺走他们呢？古代的王者，知道寿命不可能永久，所以广泛选拔贤能，为他们树立风范教化，分给他们旗帜服装，给他们写箴言规谏，交给他们各种法度，公布给他们各种准则，以各种表率引导他们。给予规章让他们使用，告诉他们关于先王遗训的典籍，教育他们防止贪求私利，委任他们以一定的官职，开导他们使用合乎礼的法则，让他们不违背因地制宜的原则，使全国臣民都信赖他们，然后才与世长辞。圣人和先王都是一样的。如今秦穆公不但没有法则留给后代，反而夺走秦国有才干的人来殉葬，这就难以居于各诸侯之上了。"君子所以知道秦国今后不能向东征伐了。

原文

秋，季文子将聘于晋，使求遭丧[①]之礼以行。其人曰："将焉用之？"文子曰："'备豫不虞[②]'，古之善教[③]也。求而无之，实难。过求何害[④]？"

注释

①遭丧：遭遇丧事。

②备豫：亦作"备预"，防备，准备。不虞：意料不到的事。

③善教：好的遗教。

④害：害处。

译文

秋季，季文子准备到晋国聘问，让别人替他请求如遭丧事自己应得的礼仪后才启程。随从人员说："准备了做什么用？"文子说："'来防备发生意外的事'，这是古代的好遗教。事到临头再去请求而无法得到，会处于困境。多准备一点，又有什么坏处呢？"

原文

八月，乙亥，晋襄公卒。灵公少，晋人以难故，欲立长君。赵孟曰："立公子雍。好善而长①，先君爱之，且近于秦，秦，旧好也。置善②则固，事长③则顺，立爱④则孝，结旧则安。为难故，故欲立长君。有此四德者，难必抒⑤矣。"贾季曰："不如立公子乐。辰嬴嬖于二君，立其子，民必安之。"赵孟曰："辰嬴贱，班在九人，其子何震⑥之有？且为二君嬖，淫也。为先君子，不能求大，而出在小国，辟也。母淫子辟，无威；陈小而远，无援。将何安焉？杜祁以君故，让逼姞而上之⑦；以狄故，让季隗而己次之⑧，故班在四。先君是以爱其子，而仕⑨诸秦，为亚卿⑩焉。秦大而近，足以为援；母义子爱，足以威民。立之，不亦可乎？"使先蔑、士会如秦，逆公子雍。贾季亦使召公子乐于陈。赵孟使杀诸郫。

贾季怨阳子之易其班也，而知其无援于晋也。九月，贾季使续鞫居杀阳处父。书曰："晋杀其大夫。"侵官⑪也。

注释

①好善：崇尚美善。长：年长。

②置善：指立善良的人为君。

③事长：侍奉年长的人。

④立爱：立先君所爱之子。

⑤抒：通“纾”，舒缓，缓解。

⑥震：威风，威严。

⑦上之：以之为上，让她的位置在自己之上。

⑧次之：在其之次。

⑨仕：做官。

⑩亚卿：周制，卿分上、中、下三级，次者为中卿，又称亚卿。

⑪侵官：超越权限而侵犯其他官员的职权。

译文

八月十四日，晋襄公死了。灵公年幼，晋国人由于祸难的原因，想立年长的国君。赵孟说：“立公子雍。他爱好美好的事物而且年长，先君很喜欢他，并且亲近秦国，秦国，是老朋友了。立好人为君就能牢靠，侍奉年长的人就名正言顺，立先君所爱之子就合于孝道，结交老盟友就能安定。为了祸难的原因，所以要立年长的新君。有这四方面德行的人做君主，祸难就一定可以得到缓解了。”贾季说：“不如立公子乐。他母亲辰嬴受到两位国君的宠幸，立她的儿子，百姓必然安定。”赵孟说：“辰嬴地位低贱，位次排列第九，她的儿子有什么威严呢？况且为两位国君所宠幸，这是淫荡。作为先君的儿子，不能求助于大国而迁居到僻小的国家，这是僻陋。母亲淫荡，儿子僻陋，就没有威严；陈国弱小又远离我国，一旦有急难，就没有救援，又怎么能安定呢？杜祁由于襄公的缘故，让逼姞排在她的上面；由于狄人的缘故，让季隗居上位而自己排在她的后面，所以班次排在第四位。先君所以喜爱她的儿子，叫他在秦国做官，做了亚卿。秦国强大而又邻近我国，有急事足以救援；母亲有德义，儿子受到喜爱，足以威临百姓。立他为君，不也可以吗？”于是派先蔑、士会到秦国接回公子雍。贾季也派人到陈国召回公子乐，赵孟派人在郫地杀了公子乐。

贾季怨恨阳处父改变他的地位，而且知道他在晋国无人援助，九月，贾季派续鞫居杀死阳处父。《春秋》记载说“晋国杀了它的大夫”，这是由于阳处父侵夺了官职的缘故。

原文

冬，十月，襄仲如晋，葬襄公。

十一月，丙寅，晋杀续简伯。贾季奔狄。宣子使臾骈送其帑[1]。夷之搜[2]，贾季戮臾骈，臾骈之人欲尽杀贾氏以报焉。臾骈曰：“不可。吾闻《前志》有之曰：‘敌惠敌怨，不在后嗣[3]。’忠之道也。夫子礼于贾季，我以其宠报私怨，无乃[4]不可乎？介人之宠，非勇也；损怨益仇，非知[5]也；以私害公，非忠也。释[6]此三者，何以事夫子？”尽具其帑，与其器用财贿，亲帅扞之，送致诸竟[7]。

闰月不告朔，非礼也。闰以正时，时以作事，事以厚生[8]，生民之道，于是乎在矣。不告闰朔，弃时政也。何以为民？

注释

①帑：通“孥”。儿女的通称，用以指妻子和儿女。
②搜：检查，检阅。
③后嗣：后代。
④无乃：相当于“莫非”“恐怕是”，表示委婉测度的语气。
⑤知：通“智”，智慧，聪明。
⑥释：放下，舍弃。
⑦竟：通“境”，边境。
⑧厚生：使人民生活充裕。

译文

冬季十月，襄仲前往晋国，参加襄公的葬礼。

十一月某一天，晋国杀了续简伯。贾季逃到狄。宣子派臾骈把他的妻子儿

女送去。在夷地阅兵的那次活动中，贾季曾经侮辱过臾骈，臾骈的随从为此准备要杀尽贾季全家来为主人报仇。臾骈说："不行。我听说《前志》有这样的话：'有恩惠于人和有怨恨于人，跟他的后代都没有关系。'这合于忠恕之道。宣子他老人家对贾季表示礼貌，我因为受他的宠信而报自己的私仇，恐怕不可以吧？依靠别人的宠信而报私仇，这不是勇敢；清除怨气而增加仇恨，这不是聪明；为了私而损害公，这不是忠诚。舍弃了这三点，拿什么去侍奉宣子他老人家？"因此就把贾季的妻儿和器用财物准备齐全，亲自领头护卫，送到边境上。

闰月不行太庙告朔的仪式，这是不合乎礼制的。闰用来补正时的差数，依据四时来安排农事，农事不失时可使百姓丰衣足食，百姓赖以生存的方法就在于此了。不举行闰月的告朔仪式，这就是丢弃了政事的时令。怎么能治理百姓呢？

评析

鲁文公六年（公元前621年），秦穆公和晋襄公两位霸主相继去世。

城濮之战奠定了晋文公的霸主地位，晋襄公继承霸业后，接连与秦作战，如殽之战、彭衙之战、王官之战等，晋国胜多败少，实力强于秦国。而秦国春秋中叶以后开始中衰，东征之路被晋、周、楚三面遏制，晋国占据殽，正当要冲的是周王室，南边又有大国楚国，最终春秋时期秦国不能再到中原争霸。所以《左传》说："君子是以知秦之不复东征矣。"这是就当时的国际形势做出的判断。不过作者借用人事表明，即秦穆公不该用贤人生殉，玷污其德行，导致秦国不能称霸，反映出作者一贯的观点，即战争胜败、国家兴亡与当事者的德行密切相关。

七年经

七年：春，公伐邾。
三月甲戌，取须句。遂城部。
夏，四月，宋公王臣卒。宋人杀其大夫。
戊子，晋人及秦人战于令狐。
晋先蔑奔秦。
狄侵我西鄙。
秋，八月，公会诸侯、晋大夫，盟于扈。
冬，徐伐莒。
公孙敖如莒莅盟。

七年传

原文

七年，春，公伐邾，间[①]晋难也。

三月，甲戌，取须句，置文公子焉，非礼也。

夏，四月，宋成公卒。于是公子成为右师，公孙友为左师，乐豫为司马[②]，鳞矔为司徒[③]，公子荡为司城[④]，华御事为司寇[⑤]。

注释

①间：钻空子。

②司马：官名。《周礼》夏官大司马之属官，有军司马、舆司马、行司马。春秋晋作三军，每军别置司马。

③司徒：官名。周官有大司徒，掌国家之土地与人民。

④司城：官名。即司空。

⑤司寇：官名。管理刑事。

译文

七年春季，文公发兵攻伐邾国，这是乘晋国有内难而钻空子的原因。

三月十七日，占取了须句，把邾文公的儿子安置在那里，这是不合于礼的。

夏季四月，宋成公卒。这时候公子成担任右师，公孙友担任左师，乐豫担任司马，鳞矔担任司徒，公子荡担任司城，华御事担任司寇。

原文

昭公将去群公子，乐豫曰："不可。公族，公室之枝叶也。若去之，则本根无所庇荫[①]矣。葛藟犹能庇其本根[②]，故君子以为比，况国君乎？此谚所谓'庇焉而纵寻斧[③]焉'者也。必不可！君其图之。亲之以德，皆股肱也，谁敢携贰？若之何去之？"不听。

穆、襄之族率国人以攻公，杀公孙固、公孙郑于公宫。六卿和公室，乐豫舍司马以让公子卬。昭公即位而葬。书曰："宋人杀其大夫。"不称名，众也，且言非其罪也。

注释

①庇荫：树木遮住阳光。比喻尊长的照顾或祖宗的保佑。

②本根：草木的根干。指事物的最重要部分。

③斧：刀斧。

译文

宋昭公准备铲除掉诸公子，乐豫说："不行。公族是公室的枝叶。若去掉枝叶，那么树根树干就没有遮阴的东西了。葛藟还能遮蔽它的藤干和根子，所以君子用它作为比喻，何况是国君呢？这就是俗话所说的'树阴遮蔽，却使用刀斧'，这样做一定不可以！君王仔细思考一下。如果用德行去亲近诸公子，那他们都是左右辅佐之臣，谁敢存离心？为什么要杀掉他们呢？"昭公不听。

穆公、襄公的族人带领国内的人攻打昭公，在宫中杀死了公孙固和公孙郑。六卿和公室讲和，乐豫放弃司马的官职，把它让给公子卬。昭公即位后为死者举行葬礼。《春秋》记载说："宋人杀了它的大夫。"不记载名字，这是因为被杀的人多，而且他们没有罪。

原文

秦康公送公子雍于晋，曰："文公之入也无卫①，故有吕、郤之难。"乃多与之徒卫②。

穆嬴日抱大子以啼③于朝，曰："先君何罪？其嗣亦何罪？舍適嗣④不立，而外求君，将焉置此？"出朝，则抱以适赵氏，顿首⑤于宣子，曰："先君奉此子也，而属诸子，曰：'此子也才，吾受子之赐；不才，吾唯子之怨。'今君虽终，言犹在耳⑥，而弃之，若何？"宣子与诸大夫皆患穆嬴，且畏逼，乃背先蔑而立灵公，以御秦师。

注释

①无卫：没有护卫的人。

②徒卫：卫兵。

③啼：啼哭，哭泣。

④適嗣：嫡嗣。指正妻所生的长子。

⑤顿首：磕头。

⑥言犹在耳：说的话还在耳边响。谓记忆犹新或说过不久。

译文

秦康公送公子雍回晋国，说："先前文公回国的时候没有保卫的人，所以发生了吕、郤两家的祸难。"于是就给了他许多步兵卫士。

穆嬴每天抱着太子在朝廷上哭泣，说："先君有什么罪？他的后人又有何罪？抛弃嫡子不立而到别国去求国君，你们准备怎样安置这个孩子？"走出朝廷，就抱着孩子到赵家去，向赵宣子叩头，说："先君在世时，捧着这个孩子托付给您，说：'这个孩子如果成材，我就是受了您的赐予；如果不成材，我就要怨您。'如今先君虽然死了，他的话还在耳边，可是您却对他丢开不管，这可怎么办？"宣子和大夫们都害怕穆嬴，同时又畏惧穆嬴的同党进行迫害，于是背弃了先蔑而立了灵公，并采取行动抵抗秦军。

原文

箕郑居守。赵盾将中军，先克佐[1]之；荀林父佐上军；先蔑将下军，先都佐之。步招御戎，戎津为右。及堇阴，宣子曰："我若受秦，秦则宾[2]也；不受，寇也。既不受矣，而复缓师[3]，秦将生心。先人有夺人之心，军之善谋也；逐寇如追逃[4]，军之善政也。"训卒利兵[5]，秣马蓐食[6]，潜师夜起[7]。戊子，败秦师于令狐，至于刳首。

注释

①佐：辅助，帮助。

②宾：宾客，客人。

③缓师：延迟出兵。

④寇：敌寇。逃：逃犯。

⑤训卒：训练士卒。利兵：磨快兵器。

⑥秣马：喂饱战马。蓐食：早晨未起身，在床席上进餐。谓早餐时间很早。一说"蓐食"为饱食。

⑦潜师：秘密出兵。夜起：晚上行动。

译文

箕郑在国都留守。赵盾率领中军，先克辅助他；荀林父辅佐上军；先蔑率领下军，先都辅佐他。步招驾驭戎车，戎津担任车右。到达堇阴时，赵宣子说："我们若接受秦国送公子雍回来，他们就是客人；不接受，他们就是敌人。我们已经决定不接受了，却又迟迟不出兵，秦国将会产生新的念头。先采取行动而有夺取敌人的决心，这是作战的好谋略；追击敌人好像追赶逃犯一样，这是作战的好方案。"便动员士卒，磨利武器，喂饱战马，让战士吃饱，隐蔽出兵，晚上行动。戊子日，在令狐击败秦军，一直追到刳首。

原文

己丑，先蔑奔秦，士会从之。

先蔑之使也，荀林父止之①，曰："夫人、大子犹在，而外求君，此必不行。子以疾辞，若何②？不然③，将及。摄卿④以往，可也，

何必子？同官为寮⑤，吾尝同寮，敢不尽心乎？”弗听。为赋《板》之三章，又弗听。及亡，荀伯尽送其帑及其器用财贿于秦，曰：“为同寮故也。”

注释

①止之：劝阻他。
②若何：怎么样。
③不然：不这样。
④摄卿：代理的官员。
⑤寮：同“僚”，官。

译文

初二日，先蔑逃奔到秦国，士会也跟着他去了。

先蔑出使秦国的时候，荀林父劝阻他，说：“夫人和太子还在，反而跑到外边去求国君，这种做法一定行不通。您推托有病辞谢不去，怎么样？不这样，您将会招来祸患。派一位代理卿前往就行了，为何一定要您去？在一起做官就是同僚，我们曾在一起做过官，岂敢不尽自己的一番心意？”先蔑没有听从。荀林父给他吟诵《板》这首诗的第三章，先蔑又不听。等到后来先蔑逃奔出国，荀林父将他的妻子儿女和器用财货全部送到秦国，说：“这是为了同僚的原因。”

原文

士会在秦三年，不见士伯。其人曰：“能亡人于国，不能见于此，焉用之？”士季曰：“吾与之同罪，非义之也，将何见焉？”及归，

遂不见。

狄侵我西鄙[①]，公使告于晋。赵宣子因使贾季问酆舒，且让之。酆舒问于贾季曰："赵衰、赵盾孰[②]贤？"对曰："赵衰，冬日之日也；赵盾，夏日之日也。"

注释

①西鄙：西面边境。

②孰：哪一个。

译文

士会在秦国三年，没有和先蔑见过面。士会的随从说："能和别人一起亡命到这里来，却不能够在这里相见，为何要这样呢？"士会说："我和他罪过相同，并不是认为他有道义才跟他逃走的，又何必要见他呢？"一直到后来士会回晋国，始终未见面。

狄人进攻我国西部边境，文公派使者向晋国报告。赵宣子派贾季去问酆舒，并且责备他侵袭鲁国的事。酆舒向贾季询问，说："赵衰、赵盾哪一个贤明？"贾季回答说："赵衰，是冬天的太阳；赵盾，是夏天的太阳。"

原文

秋，八月，齐侯、宋公、卫侯、陈侯、郑伯、许男、曹伯会晋赵盾，盟于扈，晋侯立故也。公后至[①]，故不书所会。凡会诸侯，不书所会，后也。后至不书其国，辟不敏也。

穆伯娶于莒，曰戴己，生文伯；其娣声己，生惠叔。戴己卒，又聘于莒。莒人以声己辞，则为襄仲聘焉。

注释

①后至：迟到，来晚了。

译文

秋天八月，齐侯、宋公、卫侯、陈侯、郑伯、许男、曹伯和晋国的赵盾在郑地扈结盟，这是因为晋侯新立为君的缘故。文公到晚了，所以《春秋》未记载他参加会议。凡是诸侯会盟，不记载与会的国家，就是因为晚到的缘故。晚到，不记载这些国家，是为了避免因弄不清班位的序列而误记的原因。

穆伯在莒国娶妻，叫做戴己，生下文伯；又娶了她的妹妹声己，生下惠叔。戴己死了以后，穆伯又到莒国行聘续娶，莒国以有声己为由而谢绝，于是就替襄仲订了婚。

原文

冬，徐伐莒。莒人来请盟。穆伯如莒莅盟①，且为仲逆。及鄢陵，登城见之，美，自为娶之。仲请攻之，公将许之。叔仲惠伯谏曰："臣闻之，'兵作于内为乱，于外为寇。寇犹及人，乱自及也'。今臣作乱，而君不禁，以启寇仇，若之何？"公止之。惠伯成之，使仲舍之，公孙敖反之，复为兄弟如初。从之。

注释

①莅盟：参加盟会。

译文

冬季，徐国攻打莒国。莒国人来请求结盟，穆伯到莒国参加盟会，同时为襄仲迎接新夫人。到达鄢陵，登城见到莒女，非常美丽，就自己娶了她。襄仲请求攻打穆伯，文公准备同意。叔仲惠伯劝谏说："下臣听说：'战争发生在内部叫做乱，发生在外部叫做寇。寇尚且伤害人，乱则是自己伤害自己了。'现在臣下在内部作乱，而君王不加禁止，由此而引起外患，该怎么办？"文公制止了襄仲的进攻。由惠伯出面调解，让襄仲放弃了这门亲事，公孙敖送回莒女，他们重新作为兄弟和起初一样。襄仲和公孙敖都听从了。

原文

晋郤缺言于赵宣子曰："日卫不睦，故取其地。今已睦矣，可以归之。叛而不讨，何以示威[①]？服而不柔，何以示怀[②]？非威非怀，何以示德[③]？无德，何以主盟[④]？子为正卿[⑤]，以主诸侯，而不务德[⑥]，将若之何？《夏书》曰：'戒之用休[⑦]，董[⑧]之用威。劝之以《九歌》，勿使坏。'九功之德皆可歌也，谓之《九歌》。六府三事，谓之九功。水、火、金、木、土、榖，谓之六府。正德、利用、厚生，谓之三事。义而行之，谓之德、礼。无礼不乐，所由叛也。若吾子之德，莫可歌也，其谁来之？盍[⑨]使睦者歌吾子乎？"宣子说之。

注释

①示威:显示威严。

②示怀:表示恩德。

③示德:显示德行。

④主盟:主持会盟。

⑤正卿:上卿。春秋时诸侯国的最高执政大臣,权力仅次于国君。

⑥务德:重视德行。

⑦休:喜,美善,吉庆,福禄。

⑧董:监督,督察。

⑨盍:何,为什么。

译文

晋国的郤缺对赵宣子说:“往日卫国不顺从我国,因此夺取它的土地。如今已经顺服了,可以还给它了。背叛了不进行讨伐,怎么能显示大国的威严?服从了不加以安抚,怎么能显示大国的恩惠?不显示威严和恩惠,用什么来显示德行?没有德行,用什么来做诸侯首领?您身为执政的正卿,负责处理诸侯事务,却不重视德行,将怎么办?《夏书》说:‘把喜庆的事告诉他,拿严刑去督促他。用《九歌》去勉励他,不要让他学坏。’有关九功的德行都可以歌唱,叫做《九歌》。六府、三事,叫做九功。水、火、金、木、土、谷叫做六府。端正德行,便于利用,大有益于民生,叫做三事。合乎道义而推行这些,叫做德、礼。如果没有德、礼,就不快乐,这就是背叛的根由。假若您的德行没有地方可以歌颂的,又会有谁肯来归顺?何不让顺服的人来歌颂您呢?”赵宣子听了这番话非常高兴。

评析

鲁文公七年(公元前620年),围绕晋国的国君继承问题,秦晋两国再次爆发令狐之战,晋国获胜,晋灵公即位。

《左传》善于刻画人物,往往通过他人之口说出。如贾季(狐射姑)对赵衰、赵盾父子的评价就十分恰当,赵衰如冬天的太阳,赵盾如夏天的太阳。冬日可爱,夏日可畏,两个比喻正好形象地说明了二人不同的个性和行事风格。赵衰为人温和忍让,居功不傲,对国君忠心耿耿,善于结交同僚,积极举荐贤能,获得了上下的良好评价。虽然他本人在世时不够风光,但为家族后来的崛起积聚了充分的人际资源。赵盾直率刚毅,有治国才能,对内镇压叛乱、打击政敌十分果断,对外竭力维持晋国的霸主地位,尽忠职守,殚精竭虑,但他的长期强权统治招来了其他家族的嫉恨,埋下了身后赵氏家族险些被灭门的祸根。好在他保留了父亲的某些宽厚的品质,不仅使自己逃脱了暗杀,而且泽及后人,才有了赵氏孤儿的重振家声。

宣公（元年～十八年）

二年经

二年：春，王二月壬子，宋华元帅师及郑公子归生战于大棘。宋师败绩。获宋华元。

秦师伐晋。

夏，晋人、宋人、卫人、陈人侵郑。

秋，九月乙丑，晋赵盾弑其君夷皋。

冬，十月乙亥，天王崩。

二年传

原文

二年春，郑公子归生受命于楚伐宋，宋华元、乐吕御之。二月壬子，战于大棘①，宋师败绩，囚华元，获乐吕，及甲车②四百六十乘，俘二百五十人，馘百人。狂狡辂郑人，郑人入于井。倒戟③

而出之，获狂狡。君子曰："失礼违命[4]，宜其为禽也。戎，昭果毅[5]以听之之谓礼，杀敌为果，致果为毅。易之，戮也。"

注释

①大棘：在今河南柘城西北。

②甲车：兵车，战车。

③倒戟：掉转戟锋向自方攻击。戟，古代一种长柄兵器。

④违命：违背天命。

⑤果：果断。毅：刚毅。

译文

二年春季，郑国公子归生接受楚国命令攻打宋国。宋国华元、乐吕带兵抵御。二月，在大棘相战，宋军被打败。郑国囚禁了华元，得到乐吕的尸首和战车四百六十辆，俘虏二百五十人，割了被打死敌人的一百个耳朵。狂狡迎战郑军，有个郑国人逃进井里。狂狡把戟柄放下井去拉他上来，那个人出井以后却俘虏了狂狡。君子说："丢掉礼而违背命令，他的被俘就是活该了。战争，发扬果敢刚毅的精神以服从命令叫做礼。杀死敌人就是果敢，达到果敢就是刚毅。若反过来，就要被诛戮。"

原文

将战，华元杀羊食士，其御[1]羊斟不与。及战，曰："畴昔之羊，子为政[2]；今日之事，我为政。"与入郑师，故败。君子谓羊斟"非人[3]也，以其私憾[4]，败国殄民[5]，于是刑孰大焉。《诗》所谓'人之无良'[6]者，其羊斟之谓乎！残民[7]以逞"。

宋人以兵车百乘、文马百驷[8]以赎华元于郑。半入，华元逃归，立于门外，告而入。见叔牂，曰："子之马然也？"对曰："非马也，其人也。"既合而来奔。

注释

①御：御者，车夫。

②为政：做主。

③非人：不属于人应有的。

④私憾：私人间的怨恨。

⑤败国殄民：祸国殃民。

⑥出自《诗·小雅·角弓》。

⑦残民：残害百姓。

⑧文马：毛色有文采的马。百驷：四百匹马或四百辆车。驷，计算马或车的单位；古代一车套四马，故称四马为驷，亦称一车为驷。

译文

准备开战之时，华元杀羊犒赏士兵，他的车夫羊斟没有吃上。等到打起仗来，羊斟说："前天的羊，是你做主；今天打仗，是我做主。"驱车进入郑军，因此宋军失败。君子认为："羊斟不像个人，由于私怨，使国家战败、百姓受害，还有比这应当受到更重的刑罚吗？《诗》所谓'人中间的坏人'，羊斟就是这种人吧！他残害百姓以使自己快意。"

宋国人用兵车一百辆、毛色漂亮的马四百匹，从郑国赎取华元。才送去一半，华元就逃回来了。华元站在城门外，告诉守门人自己的身份，接着进城。见到羊斟说："您的马不受驾驭才会这样吧？"羊斟回答说："不在于马，在于人。"回答完就逃到鲁国来。

原文

宋城，华元为植[①]，巡功[②]。城者讴[③]曰："睅[④]其目，皤[⑤]其腹，弃甲而复。于思于思，弃甲复来。"使其骖乘[⑥]谓之曰："牛则有皮，犀兕[⑦]尚多，弃甲则那？"役人曰："从其有皮，丹漆[⑧]若何？"华元曰："去之！夫其口众我寡。"

秦师伐晋，以报崇也，遂围焦。夏，晋赵盾救焦，遂自阴地[⑨]，及诸侯之师侵郑，以报大棘之役。楚斗椒救郑，曰："能欲诸侯，而恶其难乎？"

遂次于郑，以待晋师。赵盾曰："彼宗竞[⑩]于楚，殆将毙矣。姑益其疾。"乃去之。

注释

①植：主持。

②巡功：亦作"巡工"。巡视工役。

③讴：讴歌，唱歌。

④睅：鼓着眼睛，眼睛突出。

⑤皤：大，意为挺着。

⑥骖乘：也作"参乘"。古代乘车时居右边陪乘的人。

⑦犀兕：犀牛。兕，雌性犀牛。

⑧丹漆：红色的漆。

⑨阴地：春秋晋地，今陕西商县、河南陕县至嵩县皆是，南临终南山，北临大河，所谓河南山北也，今河南卢氏县东北有阴地城。

⑩竞：角逐，争斗。

译文

宋国筑城，华元作为主持人，巡视工作。筑城的人唱歌说："鼓着眼睛，挺着

肚，丢了皮甲往回转。连鬓胡子长满腮，丢盔卸甲逃回来。”华元让他的骖乘对他们说：“有牛就有皮，犀牛兕牛多的是，丢了皮甲又有什么了不起？”做工的人说：“即使有牛皮，到哪里去找红漆？”华元说：“走开吧！他们的嘴多，我们的嘴少。”

秦国军队打晋国，以报复晋军入侵崇地的那次战役，所以包围焦地。夏季，晋国赵盾救援焦地，于是从阴地会同诸侯的军队袭击郑国，以报复郑国攻打大棘的那次战役。楚国斗椒救援郑国，说：“难道想得到诸侯的拥护，而又害怕困难吗？”

楚军就驻扎在郑国，等待晋军。赵盾说：“他那个宗族在楚国争权夺利，大概要完蛋了。姑且让他自相残杀。”于是就离开郑国。

原文

晋灵公不君[①]：厚敛以雕墙[②]；从台上弹人，而观其辟丸也；宰夫胹熊蹯[③]不熟，杀之，置诸畚[④]，使妇人载[⑤]以过朝。赵盾、士季见其手，问其故，而患之。将谏，士季曰：“谏而不入[⑥]，则莫之继也。会请先，不入，则子继之。”三进[⑦]，及溜[⑧]，而后视之，曰：“吾知所过矣，将改之。”稽首而对曰：“人谁无过？过而能改，善莫大焉。《诗》曰：‘靡不有初，鲜克有终[⑨]。’夫如是，则能补过者鲜矣。君能有终，则社稷之固也，岂惟群臣赖[⑩]之。又曰：‘衮职有阙[⑪]，惟仲山甫补之’，能补过也。君能补过，衮不废矣。”犹不改。宣子骤[⑫]谏，公患之，使鉏麑贼之。晨往，寝门辟[⑬]矣，盛服[⑭]将朝。尚早，坐而假寐[⑮]。麑退，叹而言曰：“不忘恭敬，民之主[⑯]也。贼民之主，不忠；弃君之命，不信。有一于此，不如死也。”触槐而死。

注释

①晋灵公：晋国国君，文公之孙，襄公之子，名夷皋。不君：不行君道。

②厚敛：加重征收赋税。雕墙：装饰墙壁。这里指修筑豪华宫室，生活奢华。

③宰夫：古代掌管膳食的小吏，厨师。胹：煮，炖。熊蹯：熊掌。

④畚：筐篓一类盛物的器具。

⑤载：同“戴”，用头顶着。

⑥不入：不采纳，不接受。

⑦三进：向前走了三次。

⑧及：到。溜：屋檐下滴水的地方。

⑨出自《诗·大雅·荡》。靡：没有什么。初：开始，开端。鲜：少。克：能够。终：结束。

⑩赖：依靠。

⑪出自《诗·大雅·杰民》。衮：天子的礼服，借指天子，这里指周宣王。阙：过失。

⑫骤：多次。

⑬辟：开着。

⑭盛服：穿戴好上朝的礼服。

⑮假寐：闭目养神，打盹儿。

⑯主：主人，靠山。

译文

晋灵公不遵守做国君的规则：大量征收赋税来满足奢侈的生活；他从高台上用弹弓射行人，观看他们躲避弹丸的样子；厨师没有把熊掌炖烂，他就把厨师杀了，放在筐里，让宫女们用头顶着经过朝廷。大臣赵盾和士季看见露出的死人手，便询问厨师被杀的原因，并为晋灵公的无道而忧虑。他们打算规劝晋灵公，士季说：“如果您去进谏而国君不听，那就没有人能接着进谏了。让我先去规劝，他不接受，您就接着去劝。”士季去见晋灵公时往前走了三次，到了屋檐下，晋灵公才抬头看他，并说：“我已经知道自己的过错了，打算改正。”士季叩头回答说：“哪个人能不犯错误呢？犯了错误能够改正，没有比这更大的好事了。《诗》说：‘事情无不有个好开始，很少能有个好结果。’像你这样，知错即改的人就很少了。君王能够有好结果，那就是国家的保障了，岂止仅仅臣下们依靠它。《诗》又说：‘周宣王有了过失，只有仲山甫来弥补。’这说的是君王能够弥补错失，礼服就不会丢弃了。”晋灵公尽管口头上说要改错，行动上还是不改正。赵盾又多次劝谏，使晋灵公感到讨厌，晋灵公便派鉏麑去刺杀赵盾。鉏麑一大早就去了赵盾的家，只见卧室的门开着，赵盾穿戴好礼服准备上朝，时间还早，他和衣坐着打盹儿。鉏麑退了出来，感叹地说：“这种时候还不忘记恭敬国君，真是百姓的靠山啊。杀害百姓的靠山，这是不忠；背弃国君的命令，这是失信。这两条当中占了一条，还不如去死。”于是，鉏麑一头撞在槐树上死了。

原文

秋，九月，晋侯饮①赵盾酒，伏甲②，将攻之。其右提弥明③知之，趋登④，曰：“臣侍君宴，过三爵⑤，非礼也。”遂扶以下，公嗾夫獒⑥焉，明搏而杀之。盾曰：“弃人用犬，虽猛何为！”斗且出，提弥明死之。

初，宣子田于首山⑦，舍于翳桑⑧，见灵辄饿，问其病。曰：“不食三日矣。”食之⑨，舍其半。问之。曰：“宦⑩三年矣，未知母之存否，今近焉，请以遗⑪之。”使尽之，而为之箪⑫食与肉，置诸橐⑬以与之。既而与为公介⑭，倒戟以御公徒而免之。问何故。对曰：“翳桑之饿人也。”问其名居，不告而退，遂自亡也。

注释

①饮：指让人饮酒。

②伏：埋伏。甲：披甲的士兵。

③右：车右。提弥明：晋国勇士，赵盾的车右。

④趋登：快步上殿堂。

⑤三爵：三巡。爵：古时的酒器。

⑥嗾：用嘴发出声音，驱使狗活动。獒：猛犬。

⑦田：打猎。首山：首阳山，在今山西永济东南。

⑧舍：住宿。翳桑：首山附近的地名。

⑨食之：给他东西吃。

⑩宦：给别人做奴仆。

⑪遗：送给。

⑫箪：古代盛饭的圆形竹器。

⑬橐：一种口袋，两头都有口，用时以绳扎紧负。

⑭与：参加。介：指卫兵。

译文

秋九月，晋灵公请赵盾喝酒，埋伏下甲士，打算杀死赵盾。赵盾的车右提弥明察觉了，快步登上殿堂，说："臣下侍奉国君饮酒，超过三杯，就不合乎礼了。"于是就扶了赵盾下殿，晋灵公叫恶狗扑过去，提弥明上前搏斗，把狗杀了。赵盾说："丢开人而利用狗，虽然凶猛，又有什么用！"赵盾一边搏斗一边退了出去，提弥明被杀死在里边。

当初，赵盾在首阳山打猎，住在翳桑，看见灵辄饿得厉害，问他有什么病，灵辄说："已经三天没吃东西了。"赵盾给他食物，他留下一半。问他原因。他说："在外学习做官三年了，不知道母亲还在不在，现在快到家了，请让我把这个留给她。"赵盾让他吃完，并且又给他准备了一筐饭和一些肉，放在袋子里给了他。后来灵辄做了晋灵公的卫兵，在这次事件中倒过戟来抵御晋灵公的其他卫兵，使赵盾免于祸难。赵盾问他为何这样做。他回答说："我就是翳桑那个饿倒的人。"问他的姓名住处，他不回答就退了出去，逃走了。

原文

乙丑，赵穿①攻灵公于桃园。宣子未出山而复。太史②书曰"赵盾弑其君"，以示于朝。宣子曰："不然。"对曰："子为正卿，

亡不越竟，反不讨贼[3]，非子而谁？”宣子曰：“乌呼[4]！‘我之怀矣，自诒伊感[5]。’其我之谓矣。”孔子曰：“董狐，古之良史[6]也，书法不隐[7]。赵宣子，古之良大夫也，为法受恶[8]。惜也，越竟乃免。”

宣子使赵穿逆公子黑臀于周而立之。壬申，朝于武宫[9]。

注释

①赵穿：晋国大夫，赵盾的堂兄弟。

②太史：官名。西周、春秋时太史掌记载史事、编写史书、起草文书，兼管国家典籍和天文历法等。这里指晋国史官董狐。

③贼：弑君的人，这里指赵穿。

④乌呼：感叹词，同“呜呼”。

⑤出自《诗·邶风·雄雉》。怀：眷恋。诒：同“贻”，留下。

⑥良史：好的史官。

⑦书法：记事的原则。隐：隐讳，隐瞒。

⑧恶：指弑君的恶名。

⑨武宫：晋武公的宗庙，在曲沃。

译文

九月二十六日，赵穿在桃园杀掉了晋灵公。赵盾还没有走出国境的山界，听到灵公被杀便回来了。晋国太史董狐记载道：“赵盾杀了他的国君。”他还把这个说法拿到朝廷上公布。赵盾说：“不是这样。”太史回答说：“您是正卿，逃亡而没有走出国境，回来不惩罚凶手，弑君的人不是您还是谁？”赵盾说：“哎呀！《诗》说：‘因为我的怀恋，给自己带来了忧伤。’恐怕就是说的我了。”孔子说：“董狐是古代的好史官，记事的原则是直书而不隐讳。赵盾是古代的好大夫，因为史官的记事原则而蒙受了弑君的恶名。可惜啊，如果他出了国境，就会避免弑君之名了。”

赵盾派赵穿到成周去迎接晋国公子黑臀，把他立为国君。十月初三，公子黑臀去朝拜了武公庙。

原文

初，丽姬之乱，诅[1]无畜群公子，自是晋无公族[2]。及成公即位，乃宦卿之适子而为之田，以为公族。又宦其余子[3]，以为余子；其庶子为公行。晋于是有公族、余子、公行。

赵盾请以括为公族，曰："君姬氏之爱子也。微君姬氏，则臣狄人也。"公许之。

冬，赵盾为旄车[4]之族，使屏季以其故族为公族大夫。

注释

①诅：诅咒。

②公族：诸侯或君王的同族。

③余子：其他儿子。

④旄车：官名。春秋时掌兵车，从行。

译文

当初，丽姬作乱的时候，在神前诅咒，不允许收容公子们，从此晋国没有公族这个官职。等到晋成公即位，就把官职授给卿的嫡子，并且给他们土田，让他们做公族大夫。又把官职授给卿的其他儿子，也让他们担任余子；还让他们的庶子担任公行。晋国从此开始有了公族、余子、公行三种官职。

赵盾请求让赵括担任公族大夫，说："他是君姬氏的爱子。若没有君姬氏，那么下臣就是狄人了。"晋成公同意了。

冬季，赵盾掌管旄车之族，让赵括统率他的旧族，做公族大夫。

评析

鲁宣公二年(公元前607年)，由于与掌权的赵氏之间的矛盾，晋国国君晋灵公被杀，这反映春秋时期各国国君与臣下之间斗争的激烈。

不知道是否有心理学家专门研究过历史上的暴君的心理，这种研究肯定很有意思。在平常人看来，暴君们的言行举止都有些异乎寻常，按正常人来说是匪夷所思的。比如，夏桀的宠姬妹喜爱听裂帛声，建造过"酒池肉林"；商纣王的酷刑"金瓜击顶""炮烙""虿盆"，做人的肉羹，活剖孕妇，等等。

晋灵公弹射路人、杀厨子游尸的举动，仅仅用一般的残暴、凶狠是难以说明的，恐怕总有些变态心理，或者歇斯底里症一类的精神病，才能解释他的怪癖行径。如果真是这样，除了治病、关进疯人院之外，没有任何办法让他改邪归正，或者像赵穿那样，将其杀掉，以免危害更多的人。

虽然有此痼疾，但让人感叹不已的是，无论在哪个时代，只要有昏庸残暴的暴政、苛政存在，就有敢于诤言直谏的义士出现，并有敢于弑君的勇士出现，前者如赵盾，后者如赵穿。他们明知自己的行为将要以自己的生命作为代价，甚至还包括以自己亲人的生命为代价，依然大义凛然，慷慨陈词，视死如归。

其实，敢于直谏、敢于弑暴君，已远不止是一种一时冲动的个人行为，更不是宗教信徒的迷狂。它是一种非常清醒的、理智的选择，是不得不如此的抉择。有时，明知暴君不可理喻，有时明知自己的行动无异于以卵击石，自投罗网，如荆轲刺秦临行前所唱："风萧萧兮易水寒，壮士一去兮不复还。"但是，它们所体现的是一种精神，是一种具有普遍意义的永恒的正义，即绝不向残暴专制、黑暗腐朽屈膝让步的决心。

面对残暴和死亡而敢于挺身而出，这种行为表示了一种严正的抗议，表示了一种不屈的精神。翻看历史，这种抗议和精神从来就没有中断过，就好比光明和黑暗从来都是相随相伴，哪一方都没有消失过一样。也许，光明和黑暗永远都会这么抗衡下去，直到人类不再存在。

三年经

三年:春,王正月,郊牛之口伤,改卜牛;牛死,乃不郊。犹三望。

葬匡王。

楚子伐陆浑之戎。

夏,楚人侵郑。

秋,赤狄侵齐。

宋师围曹。

冬,十月丙戌,郑伯兰卒。

葬郑穆公。

三年传

原文

三年,春,不郊,而望[①],皆非礼也。望,郊之属也。不郊,亦无望可也。

晋侯伐郑,及郔。郑及晋平,士会入盟。

楚子伐陆浑之戎,遂至于雒,观兵[②]于周疆。定王使王孙满劳楚子。楚子问鼎之大小、轻重焉。对曰:"在德不在鼎。昔夏之方有德也,远方图物[③],贡金九牧,铸鼎象物,百物而为之备,使

民知神、奸④。故民入川泽、山林，不逢不若⑤。螭魅罔两，莫能逢之，用能协于上下，以承天休⑥。桀有昏德，鼎迁于商，载祀六百。商纣暴虐，鼎迁于周。德之休明⑦，虽小，重也。其奸回昏乱，虽大，轻也。天祚明德，有所底止⑧。成王定鼎于郏鄏，卜世三十，卜年七百，天所命也。周德虽衰，天命未改。鼎之轻重，未可问也。”

夏，楚人侵郑，郑即晋故也。

注释

①望：望祭。

②观兵：过境示威。

③图物：图画事物。

④奸：怪物。

⑤不若：不顺，指不利于自己的东西。

⑥休：福佑。

⑦休明：美善光明。

⑧底止：限度。

译文

三年春季，未举行郊祭而举行望祭，这都不合乎礼。望祭，是属于郊祭的一种，不举行郊祭，也无须举行望祭了。

晋成公发兵攻打郑国，到达郔地。郑国和晋国议和，士会到郑国缔结和约。

楚庄王发兵攻打陆浑的戎人，到达雒水，在周朝境内陈兵示威。周定王派遣王孙满慰劳楚庄王。楚庄王问起九鼎的大小轻重怎么样。王孙满回答说：“鼎的大小轻重在于德而不在于鼎本身。从前夏朝正是有德的时候，把远方的东西画成图像，让九州的长官进贡青铜，铸造九鼎并且把图像铸在鼎上，所有的图像都铸在上面了，让百姓知道神物和怪物。所以百姓进入川泽、山林，就不会碰上不利于自己的东西。魑魅魍魉这些鬼怪都不会碰上，因而能够使上下和谐，以承受上天的福佑。夏桀昏乱，鼎迁到了商朝，前后六百年。商纣暴虐，鼎又迁到了周朝。德行如果美善光明，鼎虽然小，也是重的。若奸邪昏乱，鼎虽然大，也是轻的。上天赐福给明德的人，是有一定期限的。成王把九鼎固定在郏鄏，占卜的结果是传世三十代，享国七百年，这是上天所命令的。周朝的德行虽然衰减，天命未改变。鼎的轻重，是不能询问的。”

夏季，楚国人进攻郑国，这是因为郑国靠拢晋国。

原文

宋文公即位三年，杀母弟[①]须及昭公子，武氏之谋也。使戴、桓之族攻武氏于司马子伯之馆，尽逐[②]武、穆之族。武、穆之族以曹师伐宋。秋，宋师围曹，报武氏之乱也。

冬，郑穆公卒。初，郑文公有贱妾曰燕姞，梦天使与己[③]兰，曰：“余为伯儵。余，而祖也，以是为而子。以兰有国香，人服媚[④]之如是。”既而文公见之，与之兰而御之[⑤]。辞曰：“妾不才，幸而有子。将不信，敢征[⑥]兰乎？”公曰：“诺。”生穆公，名之曰兰。

注释

①母弟：同母之弟。别于庶弟。

②逐：驱逐，驱赶。

③与己：给自己。

④服媚：谓喜爱佩带。

⑤御之：侍奉，侍寝。

⑥征：证明。

译文

宋文公即位的第三年，杀了同胞弟弟须和昭公的儿子，这是出于武氏的谋划。于是就让戴公、桓公的族人在司马子伯的客馆里攻打武氏，把武公、穆公的族人全部驱赶出国。武公、穆公的族人用曹国的军队攻打宋国。秋季，宋国军队包围曹国，来报复武氏的叛乱。

冬季，郑穆公死了。当初，郑文公有一个贱妾名叫燕姞，梦见天使给她一枝兰花，说："我是伯儵。我，是你的祖先，把兰作为你的儿子。因为兰花的香味全国数第一，佩带着它，别人就会像爱它一样地爱你。"不久以后，文公见到燕姞，给她一枝兰花而让她侍寝，燕姞告诉文公说："妾地位低贱，侥幸怀了孩子，如果别人不相信，敢请把兰花用来取信？"文公说："好。"生了穆公，取名为兰。

原文

文公报[①]郑子之妃曰陈妫，生子华、子臧。子臧得罪[②]而出。诱子华而杀之南里，使盗杀子臧于陈、宋之间。又娶于江，生公子士。朝于楚，楚人鸩之，及叶而死。又娶于苏，生子瑕、子俞弥。俞弥早卒。泄驾恶瑕，文公亦恶之，故不立也。公逐群公子，公子兰奔晋，从晋文公伐郑。石癸曰："吾闻姬、姞耦，其子孙必蕃。姞，吉人[③]也，后稷之元妃[④]也。今公子兰，姞甥也，天或启之，必将为君，其后必蕃。先纳之，可以亢宠[⑤]。"与孔将钼、侯宣多纳之，盟于大宫而立之，以与晋平。

穆公有疾，曰："兰死，吾其死乎！吾所以生也。"刈[⑥]兰而卒。

注释

①报:指奸淫。
②得罪:获罪。
③吉人:指有福之人。
④元妃:国君或诸侯的嫡妻。
⑤亢宠:谓得到极度宠幸。
⑥刈:割掉。

译文

郑文公奸淫了郑子的妃子陈妫,生了子华、子臧。子臧因罪而离开了郑国。郑文公将子华诱骗到南里并杀死了他。又派坏人把子臧杀死在陈、宋两国之间。又在江国娶妻,生了公子士。公子士到楚国朝见,楚国人给他喝了毒酒,到叶地就死了。又在苏国娶妻,生了子瑕、子俞弥。俞弥早死。泄驾讨厌子瑕,郑文公也讨厌他,所以没有立为太子。郑文公赶走公子们,公子兰逃亡到晋国,跟随晋文公攻打郑国。石癸说:"我听说姬、姞两姓宜于成为配偶,他们的子孙必定繁衍。姞,就是吉人的意思,是后稷的嫡妻。现在公子兰是姞氏的外甥,上天或许要使他光大,必然会做国君,他的后代必然繁衍。如果先接纳他为国君,就可以长久保持他的宠信。"于是石癸就和孔将钽、侯宣多接纳了公子兰,在大宫里盟誓以后而立了公子兰为国君,借此与晋国讲和。

郑穆公有病,说:"兰花死了,我就要死了吧!我是靠着它出生的。"割掉了兰花,郑穆公就死了。

评析

鲁宣公三年(公元前606年),楚庄王攻打陆浑之戎,周王派王孙满去劳军。鼎是周王室的镇国之宝,楚王向王孙满询问关于周王室鼎的情况,有觊觎王权之意,王孙满劝楚王应"重德轻鼎",不可狂妄。

楚庄王攻打陆浑的戎人,在周王朝的直辖境地陈兵示威,问鼎轻重,实际上是有取代周王朝天下的意思,周定王的使者王孙满答以"鼎之轻重,未可问也",用态度强硬的辞令维护了周天子不可动摇的地位。楚庄王此举留下了"问鼎中原"的成语,标志着楚国已进入空前强盛时代,实际上支配着中原局势。

《左传》不时在写实中掺入浪漫主义元素,它所虚构的贤者出生的神奇传说,奇幻莫测,给人深刻印象,开后世志怪小说先河。一代贤君郑穆公因兰而生,以兰为名,因兰而亡,一生与兰相伴。后来人们称兰为国香,称怀孕为梦兰,均与此传说有关。兰草在中国早已超越了植物本身,成为文化的符号。而以花草喻人,如屈原的香草美人、曹雪芹的绛珠仙草等更是成为塑造人物形象的传统手法。

九年经

九年:春,王正月,公如齐。

公至自齐。

夏,仲孙蔑如京师。

齐侯伐莱。

秋,取根牟。

八月,滕子卒。

九月,晋侯、宋公、卫侯、郑伯、曹伯会于扈。

晋荀林父帅师伐陈。

辛酉,晋侯黑臀卒于扈。

冬，十月癸酉，卫侯郑卒。

宋人围滕。

楚子伐郑。晋郤缺帅师救郑。

陈杀其大夫泄冶。

九年传

原文

九年，春，王使来征聘①。夏，孟献子聘于周。王以为有礼，厚贿②之。

秋，取根牟③，言易也。

滕昭公卒。

会于扈，讨不睦也。陈侯不会④。晋荀林父以诸侯之师伐陈。晋侯卒于扈，乃还。

注释

①征聘：谓征召诸侯聘问。

②厚贿：赠送丰厚的财物。

③根牟：周东夷国，曹姓，子爵，春秋时灭于鲁，即今山东沂水县南之牟乡。

④不会：未参加会见。

译文

九年春季，周天子的使者来鲁国要求鲁国派使者到周王室聘问。夏季孟献子去成周聘问。周天子认为有礼，赠给孟献子丰厚的财物。

秋天，鲁国占领根牟。《春秋》这样记载，是因为很容易。

滕昭公死了。

晋侯、宋公、卫侯、郑伯、曹伯在郑地扈会见。这是为了商讨攻打不服从晋国的诸侯国。陈灵公未参加会见。晋国的荀林父带领各诸侯军攻打陈国。晋成公死在扈地，他们就撤兵回国了。

原文

冬，宋人围滕，因其丧也。

陈灵公与孔宁、仪行父通于夏姬，皆衷其衵服①，以戏②于朝。泄冶谏曰："公卿宣淫③，民无效④焉，且闻不令。君其纳之！"公曰："吾能改矣。"公告二子，二子请杀之，公弗禁⑤，遂杀泄冶。孔子曰："《诗》云：'民之多辟⑥，无自立辟⑦。'其泄冶之谓乎！"

注释

①衵服：汗衫，内衣。

②戏：戏言，开玩笑。

③宣淫：公然淫乱，毫无避忌。

④无效：没有效法对象。

⑤禁：禁止，阻止。

⑥出自《诗·大雅·板》。辟：邪僻，邪恶不正。

⑦辟：法度。

译文

冬天，宋军包围滕国，这是乘他们忙于为滕昭公办丧事的缘故。

陈灵公和大夫孔宁、仪行父同时与夏姬通奸，都贴身穿着夏姬的汗衫在朝廷上开玩笑。大夫泄冶劝谏说："国君和卿公开宣扬淫乱，百姓就没有效法的了。况且名声也不好。君王还是把夏姬的汗衫藏起来吧！"陈灵公说："我能够改过。"陈灵公告诉了孔宁和仪行父两个人，他们请求杀掉泄冶。陈灵公没有反对，于是就将他杀了。孔子说："《诗》说：'如果百姓多做邪恶不正的事，自己就不要再去立法度了。'这恐怕说的就是泄冶吧！"

原文

楚子为厉[1]之役故，伐郑。

晋郤缺救郑。郑伯败楚师于柳棼。国人皆喜[2]，唯子良忧曰："是国之灾也，吾死无日[3]矣。"

注释

①厉：周国名，在今湖北随县北。
②喜：兴奋，高兴。
③无日：不日，为时不久。

译文

楚庄王由于厉地之战的缘故，攻打郑国。

晋国的郤缺出兵救援郑国。郑伯在柳棼打败了楚军。国内的人都为此感到兴奋，只有公子良为此担心说："这是国家的灾难。我离死期大概不会太久了。"

评析

鲁宣公九年(公元前600年)和十年,陈灵公淫乱怠政,身死国灭。

陈国的灭亡与其君臣的昏庸和道德沦丧有密切的关系,陈灵公与臣子有共同的情人夏姬,并且公然在朝廷上宣扬他们的这种淫乱关系,正直的泄冶看不过去,加以劝诫,反而被杀。陈国君臣的丑行不仅给自己带来了杀身之祸,而且被虎视眈眈的楚国作为借口,一举吞并了陈国。孔子的话很值得玩味,一方面应该出于对泄冶的同情,另一方面可能是表达圣人“邦有道,危言危行,邦无道,危行言孙”的处世之道吧。

十一年经

十有一年:春,王正月。

夏,楚子、陈侯、郑伯盟于辰陵。

公孙归父会齐人伐莒。

秋,晋侯会狄于欑函。

冬,十月,楚人杀陈夏征舒。

丁亥,楚子入陈。

纳公孙宁、仪行父于陈。

十一年传

原文

十一年，春，楚子伐郑，及栎[1]。子良曰："晋、楚不务德而兵争[2]，与其来者可也。晋、楚无信，我焉得有信？"乃从楚。夏，楚盟于辰陵[3]，陈、郑服也。

注释

①栎：春秋郑地，后入楚，今为河南禹县。
②兵争：以兵争战。
③辰陵：在河南淮阳县西六十里，亦曰辰亭。

译文

十一年春季，楚王攻打郑国，到达栎地。子良说："晋、楚两国都不讲德行，而依靠武力争夺，那我们就靠近先打进来的国家好了。晋国、楚国既然不讲信用，我们又怎么能够讲信用？"于是顺从了楚国。夏天，楚国在陈地辰陵主持盟会，这是因为陈、郑两国都顺服了楚国。

原文

楚左尹子重侵宋，王待[1]诸郔。令尹蔿艾猎城沂，使封人[2]虑事，以授司徒。量功命日[3]，分财用[4]，平板榦[5]，称畚筑[6]，程[7]土物，议远迩[8]，略基趾[9]，具糇粮[10]，度有司[11]。事三旬而成，不愆[12]于素。

晋郤成子求成于众狄。众狄疾赤狄之役，遂服于晋。秋，会于欑函，众狄服也。

注释

①待：指等待消息。

②封人：古官名，《周礼》地官司徒的属官，掌守帝王社坛及京畿的疆界。

③量功：估量工程量的多少。命日：限定日期。

④财用：材料与用具。财，通“材”。

⑤板：夹板。榦：支柱，支架。

⑥畚筑：盛土和捣土的工具。

⑦程：计算，平衡。

⑧远迩：指取材和工程的远近。

⑨基趾：建筑物的地基、基础。

⑩糇粮：熟食干粮。

⑪有司：官吏，特指监工的官员。

⑫愆：超过，延误。

译文

楚左尹子重侵袭宋国。楚庄王在郔地等候消息。楚令尹蔿艾猎在沂地筑城，派掌管建筑城郭的官员考虑工程计划，报告给司徒。计量工程，预定日期，分配材料和用具，锯平筑墙夹板和支柱，平衡运土和筑土的劳力，规定土方和使用器材的多少，讨论取材和工程的远近，考察各处城基，备办筑城人员的粮食，审核监工的官员。工程只用三十天就完成了，未超过预定的期限。

晋国的郤成子向众狄谋求议和。众狄怨恨赤狄经常役使他们，于是都归顺了晋国。秋天，晋侯在攒函同众狄会见，这是由于众狄顺服了晋国。

原文

是行也，诸大夫欲召①狄。郤成子曰："吾闻之，非德，莫如勤；非勤，何以求人？能勤，有继，其从之也。《诗》曰：'文王既勤止②。'文王犹勤，况寡德③乎？"

冬，楚子为陈夏氏乱故，伐陈。谓陈人"无动④！将讨于少西氏"。遂入陈，杀夏征舒，轘诸栗门。因县陈⑤。陈侯在晋。

注释

①召：召集。

②出自《诗·周颂·赉》。勤止：勤劳。

③寡德：缺少德行的人。亦用为谦词。

④无动：不要惊慌。

⑤县陈：以陈为县，将陈国设立为自己的县。

译文

在这次攒函会见之行以前，晋国的大夫们想召集狄人前来。郤成子说："我听说，若没有德行，就只有靠勤劳；没有勤劳，凭什么去要求别人呢？能够勤劳，就有好的结果。还是去会见狄人吧。《诗》说：'文王已经做到勤劳了。'文王尚且勤劳，更何况缺少德行的人呢？"

冬季，楚庄王由于陈国夏氏作乱的缘故，攻打陈国。对陈国人说："不要惊慌！我将要讨伐少西氏。"于是进入陈国，杀死夏征舒，将其五马分尸在栗门。因而灭掉陈国，把它改为一个县。当时陈成公正在晋国。

原文

申叔时使于齐，反，复命而退。王使让之，曰：“夏征舒为不道[1]，弑其君，寡人以诸侯讨而戮之。诸侯、县公皆庆[2]寡人，女独不庆寡人，何故？”对曰：“犹可辞[3]乎？”王曰：“可哉！”曰：“夏征舒弑其君，其罪大矣；讨而戮之，君之义也。抑[4]人亦有言曰：‘牵牛以蹊[5]人之田，而夺之牛。’牵牛以蹊者，信有罪矣；而夺之牛，罚已重矣。诸侯之从也，曰讨有罪也。今县陈，贪其富[6]也。以讨召诸侯，而以贪归之，无乃不可乎？”王曰：“善哉！吾未之闻[7]也。反之，可乎？”对曰：“吾侪[8]小人所谓‘取诸其怀而与之’也。”乃复封陈。乡取一人焉以归，谓之夏州。故书曰“楚子入陈。纳公孙宁、仪行父于陈”，书有礼也。

厉之役，郑伯逃归，自是楚未得志焉。郑既受盟于辰陵，又徼事[9]于晋。

注释

①不道：无道，胡作非为。

②县公：春秋时，楚君称王，其县大夫亦僭称公。庆：庆贺，祝贺。

③辞：陈述理由。

④抑：表转折，相当于但是、然而。

⑤蹊：践踏。

⑥贪：贪恋。富：财富。

⑦未之闻：没有听说过。

⑧吾侪：我辈。

⑨徼：求，要求。事：侍奉。

译文

楚大夫申叔时出使齐国，回国，复命后就回去了。楚王派人责备说："夏征舒做大逆不道的事，杀死他的国君，我率领各诸侯前去讨伐，把他杀了。诸侯和县大夫都来祝贺，唯独你一人不祝贺，是何原因？"申叔时回答说："还可以陈述理由吗？"楚王说："可以呀！"申叔时说："夏征舒杀害自己的国君，当然是罪大恶极了；出兵讨伐杀了他，这是君王应该做的。不过人们有句话说道：'牵牛践踏别人的田地，就把他的牛强夺过来。'牵牛践踏田地的人，当然是有过错了；可是强夺走他的牛，惩罚就太重了。诸侯跟从君王出兵，说的是讨伐有罪的人。现在把陈国改成一个县，这就是贪爱它的财富了。以伐罪的名义号召诸侯，而以贪婪结束，恐怕不可以吧？"楚王说："好啊！我没听说过这样的意见。归还陈国的土地，可以吗？"申叔时回答说："可以啊！这就是我们这班小人所说的'从别人怀里拿来的东西取出来还给他'呀。"楚王于是重新封立陈国；从陈国的每个乡带一个人回楚国，集中在一个地方，称为"夏州"。因此《春秋》记载说："楚子入陈，纳公孙宁、仪行父于陈。"这是表示楚王这一举动合于礼。

厉地这一战，郑伯逃回国，由此楚国就没有得志。郑国既在辰陵接受楚国的盟约，又要求侍奉晋国。

评析

鲁宣公十一年（公元前598年），楚庄王借平定夏征舒之乱的机会进入陈国，将陈国变成楚国的附庸。

楚国趁着夏征舒之乱灭陈为县，但在申叔时的劝谏下重建陈国。

十五年经

十有五年：春，公孙归父会楚子于宋。

夏，五月，宋人及楚人平。

六月癸卯，晋师灭赤狄潞氏，以潞子婴儿归。

秦人伐晋。

王札子杀召伯、毛伯。

秋，螽。

仲孙蔑会齐高固于无娄。

初税亩。

冬，蝝生。饥。

十五年传

原文

十五年，春，公孙归父会楚子于宋。

宋人使乐婴齐[①]告急于晋，晋侯[②]欲救之。伯宗曰："不可！古人有言曰：'虽鞭之长，不及马腹。'天方授楚，未可与争。虽晋之强，能违天乎？谚曰：'高下在心[③]。'川泽纳污，山薮藏疾[④]，瑾瑜匿瑕[⑤]，国君含垢[⑥]，天之道也。君其待之！"乃止。

注释

①乐婴齐：宋国大夫。

②晋侯：晋景公。

③高下在心：意思是遇事能屈能伸，心中有数。

④薮：草木丛生的湖沼地带。疾：指害人的东西，毒蛇猛兽。

⑤瑾瑜：美玉。匿：隐藏。瑕：玉上的斑点。

⑥含垢：含耻忍辱。

译文

十五年春季，公孙归父在宋国会见楚庄王。

宋国人派乐婴齐去晋国告急求援，晋景公想援救宋国。伯宗说："不行！古人说过：'虽鞭之长，不及马腹。'上天正在保护楚国，不能同它争斗。晋国虽然强盛，怎么能违背天意？俗话说：'高下在心。'河流湖泊能容纳污秽，山林草莽隐藏着毒虫猛兽，美玉隐匿着瑕疵，国君也可以含耻忍辱，也是上天的常道。君王还是等一等吧！"晋景公便停止了出兵。

原文

使解扬如宋，使无降楚，曰："晋师悉起①，将至矣。"郑人囚而献诸楚，楚子厚贿之，使反其言。不许，三而许之。登诸楼车②，使呼宋人而告之。遂致③其君命。楚子将杀之，使与之言曰："尔既许不穀而反之，何故？非我无信，女则弃之，速即尔刑④！"对曰："臣闻之，君能制命为义，臣能承命为信，信载义而行之为利。谋不失利，以卫社稷，民之主也。义无二信，信无二命。君之赂臣，不知命也。受命以出，有死无陨⑤，又可赂乎？臣之许君，以成命也。死而成命，臣之禄⑥也。寡君有信臣，下臣获考死⑦，又何求？"楚子舍之以归。

注释

①悉起：全部出发。

②楼车：古代战车。上设望楼，用以瞭望敌人。

③致：传达。

④即尔刑：就刑，受刑。

⑤陨：坠落。这里指废弃。

⑥禄：福气，福分。

⑦考：完成。考死：善终。

译文

晋侯派解扬到宋国，让它不要降服楚国，说："晋国的援军都已经出发，快要到达了。"解扬经过郑国时，郑人把他抓了起来献给楚国。楚王重重贿赂他，让他说晋国没有出兵。解扬不答应。经过三次说服才答应了。楚王让他登上瞭望车，按照楚国人的意思向宋国人喊话。解扬便乘机传达了晋君的命令。楚王准备杀掉他，先派人对他说："你已经答应了我，现在又后悔，是什么原因？不是我没有信用，是你抛弃了它。快去接受你的刑罚吧！"解扬回答说："臣下听说过，国君能制定正确的命令就叫义，臣子能奉行国君命令就叫信，信承载着义而推行就叫利。谋划不丢掉利益，以此捍卫国家，这才是百姓的主人。合乎道义不能有两种诚信，讲求诚信不能接受两种命令。君王收买臣下，就是不懂'信无二命'的道理。我接受君命出使，宁可去死也不能背弃使命，难道可以用财物收买吗？我之所以答应君王，是为了完成我的使命。我死了而能完成使命，这是我的福分。我们国君有诚信的臣下，臣下又能完成使命而死，还有什么可求的呢？"楚庄王放了解扬，让他回国。

原文

夏，五月，楚师将去[①]宋。申犀稽首于王之马前，曰："毋畏知死，而不敢废王命，王弃言[②]焉。"王不能答。申叔时仆[③]，曰："筑室，反耕者[④]，宋必听命。"从之。宋人惧，使华元夜入楚师，登子反之床，起之，曰："寡君使元以病[⑤]告，曰：'敝邑易子而食，析骸以爨[⑥]。虽然，城下之盟[⑦]，有以国毙，不能从也。去我三十里，唯

命是听。'"子反惧,与之盟,而告王。退三十里,宋及楚平。华元为质。盟曰:"我无尔诈,尔无我虞[8]。"

注释

①去:离开。

②弃言:背弃诺言。

③仆:驾车。

④反:同"返"。反耕者:叫种田的人回来。

⑤病:困乏,困难。

⑥爨:烧火做饭。析骸以爨:极言被围日久、粮尽柴绝的困境,亦以形容战乱或灾荒时期百姓的悲惨生活。

⑦城下之盟:在敌军兵临城下时,被迫与敌方签订的屈辱性盟约。

⑧诈:欺诈,欺骗。虞:欺骗。

译文

夏季五月,楚军打算离开宋国,申犀在楚王的马前叩头说:"毋畏甘冒杀身之祸而不敢废弃君王的命令,君王放弃了以前的诺言吗?"楚王不能回答。当时申叔时为楚王驾车,说:"修建房子,让种田的人回去,宋国必然会听从命令。"楚王接受了。宋人感到害怕,派华元在夜间进入楚军,直接登上令尹子反的床,把他叫起来,说:"寡君派元前来把困难情况告诉你,说:'城里已经断粮,敝邑交换儿子杀了来吃,把尸骨拆开当柴火做饭;尽管如此,城下之盟,宁可让国家丧亡,也是不会接受的。贵军退兵三十里,宋国将遵命办理。'"子反感到害怕,便和华元盟誓,然后把实情报告给楚王。下令退兵三十里,宋国和楚国议和。华元作为人质,盟誓说:"我不骗你,你不欺我。"

原文

潞子婴儿之夫人,晋景公之姊也。酆舒为政而杀之,又伤潞

子之目。晋侯将伐之。诸大夫皆曰："不可。酆舒有三俊才①，不如待后之人。"伯宗曰："必伐之！狄有五罪，俊才虽多，何补②焉？不祀，一也。耆酒③，二也。弃仲章而夺黎氏地，三也。虐④我伯姬，四也。伤其君目，五也。怙⑤其俊才，而不以茂德⑥，兹益罪也。后之人，或者将敬奉德义以事神人，而申固⑦其命，若之何待之？不讨有罪，曰'将待后，后有辞而讨焉'，毋乃不可乎？夫恃才与众，亡之道也。商纣由之，故灭。天反时⑧为灾，地反物⑨为妖，民反德⑩为乱。乱则妖灾生。故文反正为乏，尽在狄矣。"晋侯从之。六月，癸卯，晋荀林父败赤狄于曲梁⑪。辛亥，灭潞。酆舒奔卫，卫人归诸晋，晋人杀之。

注释

①俊才：卓越的才能。

②补：补益，好处。

③耆酒：贪酒。

④虐：杀害。

⑤怙：依仗，凭借。

⑥茂德：盛德，隆盛的德泽。

⑦申固：巩固。

⑧反时：违反四时常态。

⑨反物：违反万物本性。

⑩反德：违背事物的准则。

⑪曲梁：春秋时赤狄地，在今河南密县东北。

译文

潞子婴儿的夫人，是晋景公的姐姐。酆舒执政时把她杀了，又弄坏了潞子的眼睛。晋景公打算攻打他，朝中大夫都说："不行。酆舒有三项突出的才干，不如等到酆舒的后人继位再去攻打。"伯宗说："一定要攻打他！狄人有五条罪状，突出的才干尽管多，有什么补益？酆舒不祭祀，这是一。特爱喝酒，这是二。

废弃仲章而夺取黎氏的土地，这是三。杀害我们的伯姬，这是四。伤了他自己国君的眼睛，这是五。凭仗自己突出的才干而不用美德，这是罪上加罪。接替他的人也许会奉行道义，推行德政，敬事神灵，从而巩固国家的命运，到那时，我们又如何对待呢？不攻打有罪的人，却说'要等待以后再去攻打'，这恐怕不行吧！依仗个人的才干和人多，那是亡国之路。商纣王走的是这条路，所以亡了国。上天违反四时常态就是灾害，大地违反万物本性就是妖异，百姓违反德义准则就是祸乱。有祸乱就会有妖异和灾害发生。因此在文字上，'正'字反过来就是'乏'字。所有这些反常的事都已发生在狄人那里了。"晋景公听从了。六月癸卯那天，晋国的荀林父在曲梁打败赤狄；辛亥日，灭亡潞国。酆舒逃亡到卫国，卫国人将他送交晋国，晋国人处死了他。

原文

王孙苏与召氏、毛氏争政，使王子捷杀召戴公及毛伯卫。卒立召襄。

秋，七月，秦桓公伐晋，次①于辅氏。壬午，晋侯治兵于稷，以略狄土②。立黎侯而还。及雒③，魏颗败秦师于辅氏。获杜回，秦之力人④也。

初，魏武子有嬖妾，无子。武子疾，命颗曰："必嫁⑤是！"疾病，则曰："必以为殉⑥！"及卒，颗嫁之，曰："疾病则乱，吾从其治也。"及辅氏之役，颗见老人结草⑦以亢杜回，杜回踬而颠⑧，故获之。夜梦之曰："余，而所嫁妇人之父也。尔用先人之治命，余是以报。"

注释

①次：驻扎。

②略：侵占，侵略。狄土：狄人的土地。

③雒：雒水，出陕西洛南县冢岭山，东南流合丹水，东经河南卢氏、洛宁，至宜阳县受涧河，又经洛阳纳瀍水，偃师县受伊河，至巩县东北洛口入于黄河。

④力人：力气很大的人，大力士。

⑤嫁:改嫁。

⑥殉:殉葬。

⑦结草:草打成结。

⑧踬:被绊倒。颠:跌倒。

译文

王孙苏和召氏、毛氏争夺执政,王子捷杀了召戴公和毛伯卫,最后立了召襄为执政卿士。

秋季七月,秦桓公攻打晋国,驻军在辅氏。二十七日,晋景公在稷地举行军事演习,来侵占狄人的土地,立了黎侯后回国。至雒水时,魏颗在辅氏击败了秦军,俘虏了杜回——这个秦国的大力士。

当初,魏武子有个爱妾,没生儿子。魏武子生了病,叮嘱魏颗说:"我死后一定让她改嫁!"病重时,又说:"我死后一定让她殉葬!"等到魏武子死后,魏颗嫁了她,说:"病重了就神志不清,我依父亲清醒时候的话。"到了辅氏这次交战,魏颗看见一个老人把草打成结拦住杜回,杜回绊倒在地,因此俘获了他。夜里梦见老人说:"我,是你所嫁人的父亲。你依从你父亲神志清醒时的遗言,我以此作为报答。"

原文

晋侯赏桓子狄臣千室[①],亦赏士伯以瓜衍之县。曰:"吾获狄土,子之功也。微子,吾丧伯氏矣。"羊舌职说是[②]赏也,曰:"《周书》所谓'庸庸祗祗[③]'者,谓此物也夫!士伯庸中行伯,君信之,亦庸士伯,此之谓明德[④]矣。文王所以造周,不是过也。故《诗》曰'陈锡[⑤]载周',能施也。率是道也,其何不济!"

晋侯使赵同献狄俘于周,不敬。刘康公曰:"不及十年,原叔必有大咎[⑥],天夺之魄矣。"

初税亩[⑦],非礼也。谷出不过藉,以丰财也。

冬,蝝⑧生,饥。幸⑨之也。

注释

①千室:千家,千户。
②是:这个。
③庸庸:任用应受任用的人。祗祗:恭敬的样子,尊敬该尊敬的人。
④明德:完美的德性。
⑤出自《诗·大雅·文王》。陈锡:布施,施予赐给。
⑥大咎:非常的灾祸。
⑦初税亩:古代废除井田制,按田亩征税的开始。
⑧蝝:未生翅的幼蝗。
⑨幸:庆幸。

译文

晋景公赏给荀林父一千家狄人的奴隶,也同时把瓜衍的县邑赏给士伯,说:"我获得狄人的土地,是您的功劳。若没有您,我就损失荀林父了。"大夫羊舌职说:"《周书》所谓'用其所用,敬其所敬',说的就是这一类情况吧!士伯认为荀林父可以任用,国君相信他,也认为士伯可以任用,这就叫做明德了。文王所以能创立周朝,也没超过这个啊。所以《诗》说'布施恩惠,创立周朝',这是说文王能施恩于百姓。遵循这个道理去做,有什么事不成功!"

晋侯派赵同到周室进献俘获的狄人,献礼时不恭敬。刘康公说:"出不了十年,原叔必定有大灾难。上天已经夺去了他的魂魄。"

鲁国首次按田亩征税,这是不合乎礼的。鲁国以往征税所征的稻谷数量不超过井田法的规定,这是用来增加财物的方法。

冬天,蝗的幼虫孵化,造成饥荒。《春秋》记载这件事,是由于庆幸没有造成大灾的缘故。

评析

鲁宣公十五年(公元前594年),鲁国实行"初税亩",以法律形式承认土地私有,不再凭借所有者的身份收取地租,而是凭借国家统治者的身份依靠政治权力按土地数量征税。这是我国税收史上的一件大事,标志着我国税收制度的正式形成。

楚庄王围宋,晋国始终不敢出兵,也足见此时楚国力量之强盛,在晋、楚争霸中处于主动地位。楚庄王逼宋国服从楚国,不轻易举兵攻城,后见其穷困难支,又主动撤兵。这种兵临城下、围而不破、逼其诚服的举措,属于军事史上罕见的战例,震撼了中原国家,足以说明楚庄王并非穷兵黩武,而是善于用武,故而超过了以往的春秋霸主。

晋魏颗俘获秦国力士杜回的事情因为一个奇特的梦境而带上了亦真亦幻的色彩,为后来留下了"结草报恩"的典故,也因此而使一次普通的战胜经历具有了浓重的劝善意味。中国人相信善恶有报,相信有一种冥冥中的神秘力量约束人们的行为。魏颗因为善行而立军功,老人因为女儿免于殉葬而报恩。作者特意记录这件奇事,反映出作者一贯的观点,即战争结果与德行密切相关。

成公（元年～十八年）

二年经

二年：春，齐侯伐我北鄙。

夏，四月丙戌，卫孙良夫帅师及齐师战于新筑，卫师败绩。

六月癸酉，季孙行父、臧孙许、叔孙侨如、公孙婴齐帅师会晋郤克、卫孙良夫、曹公子首及齐侯战于鞍，齐师败绩。

秋，七月，齐侯使国佐如师。己酉，及国佐盟于袁娄。

八月壬午，宋公鲍卒。

庚寅，卫侯速卒。

取汶阳田。

冬，楚师、郑师侵卫。

十有一月，公会楚公子婴齐于蜀。

丙申，公及楚人、秦人、宋人、陈人、卫人、郑人、齐人、曹人、邾人、薛人、鄫人盟于蜀。

二年传

原文

二年，春，齐侯伐我北鄙[①]，围龙。顷公之嬖人卢蒲就魁门[②]焉，龙人囚之。齐侯曰："勿杀！吾与而盟，无入而封。"弗听。杀而膊[③]诸城上。齐侯亲鼓，士陵城[④]。三日，取龙。遂南侵，及巢丘。

卫侯使孙良夫、石稷、宁相、向禽将侵齐，与齐师遇。石子欲还，孙子曰："不可！以师伐人，遇其师而还，将谓[⑤]君何？若知不能，则如无出。今既遇矣，不如战也。"

夏，有……[⑥]

注释

①北鄙：鲁国北部。

②门：城门。

③膊：曝，暴尸。

④陵城：登上城墙。

⑤谓：说，回答。

⑥阙文。

译文

二年春季，齐顷公进攻我国北部边境，包围龙地。齐顷公的宠臣卢蒲就魁攻打城门，龙地的人把他捉住囚禁。齐顷公说："不要杀他！我和你们盟誓，不进入你们的境内。"龙地的人不听，把他杀了，暴尸城上。齐顷公亲自击鼓，兵士爬登城墙。三天，占领龙地。接着就向南攻打，到达巢丘。

卫穆公派遣孙良夫、石稷、宁相、向禽率兵入侵齐国，和齐军相遇。石稷想要回去，孙良夫说："不行！用军队攻打别人，碰到敌人就回去，怎样向国君交代呢？如果知道不能作战，就应当不出兵。现在既然和敌军相遇，不如一战。"

夏季，有……

原文

石成子曰："师败矣。子不少须[1]，众惧尽。子丧师徒，何以复命？"皆不对。又曰："子，国卿也。陨[2]子，辱矣。子以众退，我此乃止。"且告车来甚众。齐师乃止，次于鞫居。新筑人仲叔于奚救孙桓子，桓子是以免。

既[3]，卫人赏之以邑，辞，请曲县、繁缨[4]以朝，许之。仲尼闻之，曰："惜也！不如多与之邑。惟器与名[5]，不可以假人，君之所司也。名以出信，信以守器，器以藏[6]礼，礼以行义[7]，义以生利，利以平民，政之大节也。若以假人，与人政也。政亡，则国家从之，弗可止也已。"

注释

①须:等待。

②陨:损害,指被敌人虏获。

③既:事情完了之后。

④曲县:三面皆挂钟磬的乐器。繁:马大带。缨:马颈革。

⑤器:器物,车服。名:称号,名号。

⑥藏:包含。

⑦义:道义。

译文

石稷说:"军队败了。您若不稍等待,顶住敌军,就会全军覆灭。您丧失了军队,如何回报君命?"大家都不回答。石稷又说:"您,是国家的卿。损失了您,就是一种羞耻了。您带着大家撤退,我停在这里。"同时通告军中,说援军的战车已大批来到。齐国的军队也由此停止前进,驻扎在鞫居。新筑大夫仲叔于奚援救了孙良夫,孙良夫因此得免于难。

不久,卫国人把城邑赏给仲叔于奚。仲叔于奚辞谢,请求得到诸侯所用三面悬挂的乐器,并用繁缨装饰马匹以朝见,卫君允许了。孔子闻知这件事,说:"可惜啊!还不如多给他城邑。唯有器物和名号,不能假借给别人,这是国君掌握的。名号用来赋予威信,威信用来保持器物,器物用来体现礼制,礼制用来推行道义,道义用来产生利益,利益用来治理百姓,这是政权中的大节。若把名位、礼器假借给别人,这就是把政权给了别人,政权丢了,国家也就跟着会丢,这是不可阻止的。"

原文

孙桓子还于新筑,不入,遂如晋乞师①。臧宣叔亦如晋乞师。皆主郤献子。晋侯许之七百乘。郤子曰:"此城濮之赋②也。有

先君之明与先大夫之肃[3]，故捷。克于先大夫，无能为役。”请八百乘，许之。郤克将中军，士燮佐上军，栾书将下军，韩厥为司马，以救鲁、卫。臧宣叔逆晋师，且道[4]之。季文子帅师会之。及卫地，韩献子将斩人，郤献子驰，将救之。至，则既斩之矣。

郤子使速以徇，告其仆曰：“吾以分谤[5]也。”

注释

①乞师：请兵，请求出兵。

②赋：定额，指战车的额数。

③肃：敏捷。

④道：通“导”，做向导。

⑤分谤：分担指责。

译文

孙桓子回到新筑，不进国都，就到晋国请求出兵，臧宣叔也到晋国请求出兵。两人都投奔郤克。晋景公答应派出七百辆战车。郤克说：“这是城濮之战的战车数。当时有先君的明察和先大夫的敏捷，所以得胜。克和先大夫相比，还不足以做他们的仆人。请发八百乘战车。”晋景公允许了。郤克率领中军，士燮辅佐上军，栾书率领下军，韩厥做司马，以救援鲁国和卫国，臧宣叔迎接晋军，同时做向导开路。季文子率领军队和他们会合。到达卫国境内，韩厥要杀人，郤克驾车疾驰赶去，打算救下那个人。等赶到，已经杀了。

郤克派人把尸体在全军中示众，还对他的御者说：“我这样做来分担指责。”

原文

师从齐师于莘。六月，壬申，师至于靡笄之下。齐侯使请

战,曰:“子以君师,辱于敝邑,不腆敝赋,诘朝[①]请见。”对曰:“晋与鲁、卫,兄弟也,来告曰:‘大国朝夕释憾[②]于敝邑之地。’寡君不忍,使群臣请于大国,无令舆师[③]淹于君地。能进不能退,君无所[④]辱命。”齐侯曰:“大夫之许,寡人之愿也;若其不许,亦将见也。”齐高固入晋师,桀[⑤]石以投人,禽[⑥]之而乘其车,系桑本[⑦]焉,以徇齐垒曰:“欲勇者,贾[⑧]余余勇!”

注释

①诘朝:次日早晨。
②释憾:泄愤。
③舆师:军众,军队。
④无所:不会,无须。
⑤桀:举起,拿起。
⑥禽:擒获,抓住。
⑦桑本:桑树的根。
⑧贾:买。

译文

晋、鲁、卫联军在莘地赶上齐军。六月十六日,军队到靡笄山下。齐顷公派人请战,说:“您带领国君的军队光临敝邑,敝国的士兵人数很少,请在明天早晨相见。”郤克回答说:“晋和鲁、卫是兄弟国家,他们前来告诉我们说:‘大国不分早晚都在敝邑的土地上发泄气愤。’寡君不忍,派下臣们前来向大国请求,而又不使我军长久逗留在贵国。我们只能前进不能后退,您的命令是不会不照办的。”齐顷公说:“大夫允许,正是齐国的愿望;若不允许,也要兵戎相见的。”齐国的高固攻入晋军,拿起石头扔向晋军,抓住晋军战俘,然后坐上他的战车,把桑树根子系在车上,巡行到齐营说:“想要勇气的人可以来买我剩下的勇气!”

原文

癸酉，师陈于鞌[①]。邴夏御齐侯，逢丑父为右[②]。晋解张御郤克，郑丘缓[③]为右。齐侯曰："余姑翦灭此而朝食[④]。"不介马而驰之[⑤]。郤克伤于矢，流血及屦[⑥]，未绝鼓音[⑦]，曰："余病[⑧]矣！"张侯曰："自始合[⑨]，而矢贯余手及肘[⑩]，余折以御，左轮朱殷[⑪]，岂敢言病？吾子忍之！"缓曰："自始合，苟有险，余必下推车，子岂识[⑫]之？然子病矣！"张侯曰："师之耳目，在吾旗鼓，进退从之。此车一人殿[⑬]之，可以集事，若之何其以病，败君之大事也？擐甲执兵[⑭]，固即死也。病未及死，吾子勉[⑮]之！"左并辔[⑯]，右援枹[⑰]而鼓，马逸[⑱]不能止，师从之。齐师败绩。逐之，三周华不注[⑲]。

注释

①师：指两国军队。鞌：齐国地名，在今山东济南西北。

②邴夏：齐国大夫。齐侯：齐顷公。逢丑父：齐国大夫。右：车右。

③解张：晋国大夫，又称张侯。郤克：郤献子，晋国大夫，晋军主帅。郑丘缓：晋国大夫，姓郑丘，名缓。

④姑：暂且。翦灭：消灭。此：指晋军。朝食：吃早饭。

⑤不介马：不给马披甲。驰之：驱马追击敌人。

⑥屦：鞋。

⑦未绝鼓音：作战时，主帅亲自掌旗鼓，指挥三军，所以郤克受伤后仍然击鼓不停。

⑧病：负伤。

⑨合：交战。

⑩贯：射，穿。肘：胳膊。

⑪朱：朱色，大红色。殷：黑红色。

⑫识：知道。

⑬殿：镇守。

⑭擐：穿上。兵：武器。

⑮勉：尽力，努力。

⑯并：合在一起。辔：驾驭牲口用的缰绳。

⑰援：拉，拽。枹：鼓槌。

⑱逸：奔跑，狂奔。

⑲周：环绕。华不注：山名，在山东历城东北。

译文

六月十七日，齐国和晋国的军队在鞌摆开了阵势。邴夏为顷公驾车，逄丑父担任车右。晋国解张为郤克驾车，郑丘缓担任车右。顷公说："我暂且先消灭了这些敌人再吃早饭。"军没有给马披甲就驱车进击晋军。郤克被箭射伤，血流到鞋子上，但他一直没有停止击鼓，并说："我受伤了！"解张说："从开始交战，我的手和胳膊就被箭射穿了，我折断了箭，继续驾车，左边的车轮因被血染成了深红色，哪里敢说受了伤？您还是忍住吧！"郑丘缓说："从开始交战，只要遇到险阻，我一定要下去推车，您哪里知道这些？可是您却受伤了！"解张说："我们的旗帜和战鼓是军队的耳目，军队进攻和后撤都听从旗鼓指挥。这辆战车只要一个人镇守，就可以成功，怎么能因为负了伤而败坏国君的大事呢？穿上铠甲，拿起武器，本来就是去赴死。受伤不到死的地步，您要奋力而为啊！"解张左手把马绳全部握在一起，右手拿过鼓槌来击鼓。战马狂奔不已，晋军跟着主帅的车前进，齐军大败，晋军追击齐军，围着华不注山追了三圈。

原文

韩厥梦子舆谓己曰："旦辟左右。"故中御而从齐侯。邴夏曰："射其御者，君子也。"公曰："谓之君子而射之，非礼也。"射其左，越[1]于车下。射其右，毙于车中。綦毋张丧车[2]，从韩厥，曰："请寓乘。"从左右，皆肘之，使立于后。韩厥俯，定其右。逄丑父与公易位。将及华泉，骖絓[3]于木而止。丑父寝于轏中，蛇出于其下，以肱[4]击之，伤而匿之，故不能推车而及。韩厥执絷马前，

再拜稽首，奉觞加璧以进，曰："寡君使群臣为鲁、卫请，曰：'无令舆师陷入君地。'下臣不幸，属当戎行[⑤]，无所逃隐。且惧奔辟，而忝[⑥]两君。臣辱戎士，敢告不敏[⑦]，摄官承乏[⑧]。"丑父使公下，如华泉取饮。郑周父御佐车[⑨]，宛茷为右，载齐侯以免。韩厥献丑父，郤献子将戮之。呼曰："自今无有代其君任患者，有一于此，将为戮乎！"郤子曰："人不难以死免其君，我戮之不祥，赦之，以劝[⑩]事君者。"乃免之。

注释

①越：坠，掉。
②丧车：丢失了战车。
③絓：通"挂"，挂碍，牵绊。
④肱：手臂的第二节，这里指手臂。
⑤戎行：军队。
⑥忝：辱，耻辱。
⑦不敏：无能，能力不足。
⑧摄官：代理职务。承乏：填补空缺。
⑨佐车：副车。
⑩劝：劝勉，鼓励。

译文

韩厥梦见他父亲子舆对他说："明天不要站在战车两侧。"因此韩厥就站在中间驾战车而追赶齐顷公。邴夏说："射那位驾车人，他是君子。"齐顷公说："认为他是君子而射他，这不合于礼。"射车左，车左死在车下。射车右，车右死在车里。綦毋张丢失了战车，跟上韩厥说："请允许我搭乘您的战车。"上车后，准备站在左边或右边，韩厥用肘推他，让他站在身后。韩厥弯下身子，放稳车右的尸体。逢丑父和齐顷公乘机互换位置。将要到达华泉,骖马被树木绊住而不能行走。头几天,逢丑父睡在战车里,有一条蛇爬到他身边,他用小臂去打蛇,小臂受伤,但隐瞒了这件事。因为这样,他不能用臂推车前进,这样才被韩厥追上。韩厥拿着马缰走向马前,跪下叩头,捧着酒杯加上玉璧献上,说:"寡君派臣下们替鲁、卫两国请求,说'不要让军队进入齐国的土地。'下臣不幸,正好在军队服役,不能逃避军役。而且也害怕奔走逃避成为两国国君的耻辱,下臣勉强充当一名战士,谨向君王报告我的无能,但由于人手缺乏,只好承当这个官职。"逢丑父要齐顷公下车,到华泉去取水。郑周父驾驭副车,宛茷作为车右,装上齐顷公逃走而免于被俘。韩厥献上逢丑父,郤克要杀死他。逢丑父喊叫说:"到现在为止还没有代替他国君受难的人,有一个在这里,还要被杀死吗!"郤克说:"一个人不怕用死来使国君免于祸患,我杀了他,不吉利。赦免了他,用来勉励侍奉国君的人。"于是便赦免了逢丑父。

原文

齐侯免,求丑父,三入三出。每出,齐师以帅退,入于狄卒,狄卒皆抽戈楯冒[①]之,以入于卫师,卫师免之。遂自徐关入。齐侯见保者[②],曰:"勉之!齐师败矣。"辟女子,女子曰:"君免乎?"曰:"免矣。"曰:"锐司徒[③]免乎?"曰:"免矣。"曰:"苟君与吾父免矣,可若何!"乃奔。齐侯以为有礼,既而问之,辟司徒[④]之妻也。予之石窌。

注释

①冒:指保护。

②保者:守卫军。

③锐:尖锐的兵器。锐司徒:指主持锐兵的官吏。

④辟:通"壁",壁垒。辟司徒:指主持壁垒的官吏。

译文

齐顷公免于被俘以后，寻找逢丑父，在敌军中三进三出。每次出来的时候，齐军都簇拥着保护他，进入狄人军队中，狄人的士兵都抽出戈和盾以保护齐顷公。进入卫国军队中，卫军也对他们不加伤害。于是，齐顷公就从徐关进入齐国临淄。齐顷公看到守军，说：“你们好好努力吧！齐军战败了。”齐顷公的座车前进时叫一个女子躲开，这个女子说：“国君免于祸难了吗？”说：“免了。”她说：“锐司徒免于祸难了吗？”说：“免了。”她说：“如果国君和我父亲免于祸难了，还要怎么样？”就跑开了。齐顷公认为她有礼，经查询，才知道是辟司徒的妻子，就赐给她石窌作为封地。

原文

晋师从齐师，入自丘舆，击马陉。齐侯使宾媚人赂以纪甗、玉磬[1]与地。“不可，则听客之所为。”宾媚人致赂。晋人不可，曰：“必以萧同叔子为质[2]，而使齐之封内尽东其亩。”对曰：“萧同叔子非他，寡君之母也。若以匹敌[3]，则亦晋君之母也。吾子布大命于诸侯，而曰：‘必质其母以为信’，其若王命何？且是以不孝令也。《诗》曰[4]：‘孝子不匮，永锡尔类。’若以不孝令于诸侯，其无乃非德类也乎？先王疆理[5]天下，物土之宜而布其利，故《诗》曰[6]：‘我疆我理，南东其亩。’今吾子疆理诸侯，而曰‘尽东其亩’而已，唯吾子戎车是利，无顾土宜，其无乃非先王之命也乎？反先王则不义，何以为盟主？其晋实有阙。四王之王也，树德而济同欲[7]焉。五伯之霸也，勤而抚之，以役王命。今吾子求合诸侯，以逞无疆之欲。《诗》曰：‘布政优优，百禄是遒。’子实不优，而弃百禄，诸侯何害焉？不然，寡君之命使臣则有辞矣，曰：‘子以君师辱于敝邑，不腆敝赋，以犒[8]从者。畏君之震，师徒桡

败。吾子惠徼齐国之福，不泯其社稷，使继旧好，唯是先君之敝器、土地不敢爱。子又不许。请收合余烬，背城借一。敝邑之幸，亦云从也，况其不幸，敢不唯命是听。'”

注释

①甗：古代器物名，蒸煮用具。磬：玉石做成的乐器。
②质：人质。
③匹敌：分庭抗礼。
④出自《诗·大雅·既醉》。
⑤疆：划分疆界。理：分别地理。
⑥出自《诗·小雅·信南山》。
⑦济同欲：完成共同的理想。
⑧犒：犒劳，犒赏。

译文

晋军追击齐军，从丘舆进入齐国，进攻马陉。齐顷公派遣宾媚人把纪甗、玉磬和土地送给战胜诸国，说：“如果他们不同意讲和，就随他们怎么办吧。”宾媚人送去财礼，晋人不同意，说：“一定要让萧同叔子作为人质，同时使齐国境内的田垄全部东向。”宾媚人回答说：“萧同叔子不是别人，是寡君的母亲，若从对等地位来说，那也就是晋军的母亲。您在诸侯中发布重大的命令，却说一定要把人家的母亲作为人质以取信，您又打算怎么对待周天子的命令呢？而且这样做，是用不孝来命令诸侯。《诗》说：‘孝子的孝心没有竭尽，永远可以感染你的同类。’如果用不孝号令诸侯，这恐怕不是道德的准则吧？先王对天下的土地定疆界、分地理，因地制宜，作有利的布置。所以《诗》说：‘我划定疆界、分别地理，南向东向开辟田亩。’现在您让诸侯定疆界、分地理，反而只说什么‘垄全部东向’，不顾地势是否适宜，只管自己兵车进出的方便，恐怕不是先王的政令吧？违反先王的遗命就是不合道义,如何能做盟主?晋国确实是有过失的。四王统一天下,树立德行而满足诸侯的共同要求。五伯领导诸侯,自己勤劳而安抚诸侯,使大家为天子的命令而服役。现在您要求会合诸侯,来满足没有止境的欲望。《诗》说:'政事的推行宽大和缓,各种福禄都将积聚。'您确实不能宽大,丢弃了各种福禄,这对诸侯有什么损害呢?如果您不肯答应,寡君命令我这个使臣可就有话说了:'您带领国君的军队光临敝邑,敝邑用很少的财富,来犒劳您的随从。害怕贵国国君的愤怒,我军战败。您惠临而求齐国的福祉,不灭亡我们的国家,让我们两国继续过去的友好,那么先君的破旧器物和土地我们是不敢爱惜的。您若不肯允许,我们就请求收集残兵败将,背靠自己的城下再决一死战。敝邑有幸而战胜,也会依从贵国的,何况不幸而战败,哪敢不唯命是听?'"

原文

鲁、卫谏曰:"齐疾[①]我矣!其死亡者,皆亲昵也。子若不许,仇我必甚。唯子则又何求?子得其国宝,我亦得地,而纾[②]于难,其荣多矣。齐、晋亦唯天所授,岂必晋?"晋人许之,对曰:"群臣帅赋舆以为鲁、卫请,若苟有以借口而复[③]于寡君,君之惠也。敢不唯命是听?"

禽郑自师逆公。

秋,七月,晋师及齐国佐盟于爰娄,使齐人归我汶阳之田。公会晋师于上鄍,赐三帅先路[④]三命之服,司马、司空、舆帅、候正、亚旅,皆受一命之服。

注释

①疾:仇恨,怨恨。
②纾:缓解,解除。
③复:回复,复命。
④路:通"辂",车。

译文

鲁、卫两国劝谏郤克说："齐国怨恨我们了！齐国死去和溃散的，都是齐侯的宗族亲戚。您如果不肯答应，一定更加仇恨我们。即使是您，还有什么可追求的？如果您得到齐国的国宝，我们也得到土地，而且缓和了祸难，这荣耀也就足够了。齐国和晋国都是由上天授与的，难道一定只有晋国永久胜利吗？"晋国人答应了，回答说："下臣们率领兵车，来为鲁、卫两国请求。如果有话可以向寡君复命，这就是君王的恩惠了。岂敢不遵命？"

禽郑从军中去迎接鲁成公。

秋七月，晋军和齐国宾媚人在爰娄结盟，让齐国把汶阳的土田归还我国。成公在上鄍会见晋军，把先路和三命的车服赐给三位高级将领，司马、司宽、舆帅、候正、亚旅都接受了一命的车服。

原文

八月，宋文公卒。始厚葬[①]，用蜃炭[②]，益[③]车马，始用殉[④]。重器备，椁有四阿[⑤]，棺有翰桧[⑥]。君子谓："华元、乐举，于是乎不臣[⑦]。臣，治烦去惑者也，是以伏死[⑧]而争。今二子者，君生则纵[⑨]其惑，死又益其侈，是弃君于恶[⑩]也。何臣之为？"

九月，卫穆公卒，晋三子自役吊焉，哭于大门之外。卫人逆之，妇人哭于门内，送亦如之。遂常以葬。

注释

①厚葬：谓不惜财力地经营丧葬。

②蜃炭：蜃灰。一说蜃灰与木炭。

③益：增加。

④殉：殉葬，以人从葬。

⑤椁：本义棺材外面套的大棺。四阿：指屋宇或棺椁四边的檐溜，可使水从四面流下。

⑥翰桧：棺材四旁及上面的彩绘装饰。

⑦不臣：不守臣节，不合臣道。

⑧伏死：甘愿舍弃生命。

⑨纵：放纵。

⑩恶：邪恶。

译文

八月，宋文公死。给予厚葬，用蚌蛤和木炭，增加车马，用活人殉葬，用很多器物陪葬。椁有四面呈坡形，棺有翰、桧等装饰。君子认为：“华元、乐举，在这里有失为臣之道。臣子，是为国君治理烦乱解除迷惑的，因此要冒死去谏争。

现在这两个人，国君活着的时候就由他去放纵作恶，死了以后又增加他的奢侈，这是把国君推入邪恶里去，这是什么臣子？”

九月，卫穆公死，晋国的三位将领从战地率兵返国途中顺便去吊唁，在大门之外哭吊。卫国人迎接他们，女人在门内哭。送他们的时候也是如此。以后别国官员来吊唁就以此为常，直到下葬。

原文

楚之讨陈夏氏也，庄王欲纳夏姬，申公巫臣曰：“不可！君召诸侯，以讨罪也。今纳夏姬，贪其色也。贪色为淫，淫为大罚[1]。《周书》曰：‘明德慎罚[2]。’文王所以造周也。明德，务崇之之谓也；慎罚，务去之之谓也。若兴诸侯，以取大罚，非慎之也。君其图之！”王乃止。子反欲取之，巫臣曰：“是不祥[3]人也！是夭[4]子蛮，杀御叔，弑灵侯，戮夏南，出孔、仪，丧陈国，何不祥如是？人生实难，其有不获死乎！天下多美妇人，何必是？”子反乃止。王以予连尹襄老。襄老死于邲[5]，不获其尸。其子黑要烝焉。巫臣使道焉，曰：“归，吾聘女。”又使自郑召之，曰：“尸可得也，必来逆

之。"姬以告王,王问诸屈巫。对曰:"其信!知罃之父,成公之嬖也,而中行伯之季弟⑥也。新佐中军,而善郑皇戌,甚爱此子。其必因郑而归王子与襄老之尸以求之。郑人惧于邲之役而欲求媚于晋,其必许之。"王遣夏姬归。将行,谓送者曰:"不得尸,吾不反矣。"巫臣聘诸郑,郑伯许之。及共王即位,将为阳桥⑦之役,使屈巫聘于齐,且告师期,巫臣尽室以行。申侯跪从其父,将适郢⑧,遇之,曰:"异哉!夫子有三军之惧,而又有《桑中》之喜,宜将窃妻⑨以逃者也。"及郑,使介反币,而以夏姬行。将奔齐,齐师新败,曰:"吾不处不胜之国。"遂奔晋,而因郤至,以臣于晋。晋人使为邢大夫。子反请以重币锢⑩之,王曰:"止!其自为谋也,则过矣。其为吾先君谋也,则忠。忠,社稷之固也,所盖多矣。且彼若能利国家,虽重币,晋将可乎?若无益于晋,晋将弃之,何劳锢焉。"

注释

①大罚:重大处罚。
②慎罚:小心惩罚。
③不祥:不吉利。
④夭:短命,早死,未成年而死。
⑤邲:古地名。春秋郑邑,在今河南荥阳东北。
⑥季弟:最小的弟弟。
⑦阳桥:地名,在今山东泰安县西北。
⑧郢:春秋楚国都城,即今湖北江陵北十里之纪南城。
⑨窃妻:带走别人的妻子。
⑩锢:束缚,闭塞。

译文

楚国在攻打陈国夏氏的时候,楚庄王打算收纳夏姬,申公巫臣说:"不行!

君王召集诸侯,是为了讨伐有罪。现在收纳夏姬,就表示是贪恋她的美色了。贪恋美色叫做淫,淫就会受到重大处罚。《周书》说:'宣扬道德,小心惩罚。'文王因此而创立周朝。宣扬道德就是致力于提倡,小心惩罚就是致力于不做。如果出动诸侯的军队反而得到重大处罚,就是不谨慎了。君王还是考虑一下吧!"楚庄王就不要夏姬了。子反想要娶夏姬,巫臣说:"这是个不吉利的人!她使子蛮早死,御叔被杀,灵侯被弑,夏南受诛,使孔宁、仪行父逃亡在外,陈国因此被灭亡,为何不吉利到这个样子?人生在世实在很不容易,如果娶了夏姬,恐怕不得好死吧!天下多的是漂亮女人,为什么一定要她?"子反也就不要她了。楚庄王把夏姬给了连尹襄老。襄老在邲地战役中死去,没有找到尸首。他的儿子黑要和夏姬私通。巫臣派人向夏姬示意,说:"回娘家去,我娶你。"又派人从郑国召唤她说:"襄老尸首可以得到,必定要亲自来接。"夏姬把这话报告楚庄王。楚庄王就问巫臣。巫臣回答说:"恐怕是靠得住的!知罃的父亲,是成公的宠臣,又是中行伯的小兄弟,新近做了中军佐,和郑国的皇戌交情很好,非常喜爱这个儿子。他一定是想通过郑国而归还王子和襄老尸首而来要求交换知罃。郑国人对邲地战役感到害怕,同时要讨好于晋国,他们一定会答应。"楚庄王就打发夏姬回去。将要动身的时候,夏姬对送行的人说:"如果不能得到尸首,我就不回来了。"巫臣在郑国聘她为妻,郑襄公允许了。等到楚共王即位,将要发动阳桥战役,派巫臣到齐国聘问,同时把出兵的日期告诉齐国。巫臣把一切家财全部带走。申侯跪跟着他的父亲将要到郢都去,碰上巫臣,说:"奇怪啊!这个人有肩负军事重任的戒惧之心,却又有《桑中》幽会这类事情的喜悦之色,可能将要带着别人的妻子私奔吧。"到了郑国,巫臣派副使带回财礼,就带着夏姬走了。准备逃亡到齐国,齐国又新近战败,巫臣说:"我不住在不打胜仗的国家。"就逃亡到晋国,并且由于郤至的关系在晋国做臣下。晋国人让他做邢地的大夫。子反请求把很重的财礼送给晋国,而要求晋国对巫臣永不录用。楚共王说:"别那样干!他为自己打算是错误的,他为我的先君打算则是忠诚的。忠诚,国家靠着它来巩固,所能保护的东西就多了。而且他如果能有利于晋国,虽然送去重礼,晋国会同意永不录用吗?若对晋国没有好处,晋国将会不要他,哪里用得着用厚礼去求其永不录用呢?"

原文

晋师归,范文子后入。武子曰:"无为吾望尔也乎?"对曰:

“师有功，国人喜以逆之。先入，必属耳目焉，是代帅受名也，故不敢。”武子曰：“吾知免①矣！”

郤伯见，公曰：“子之力②也夫！”对曰：“君之训也，二三子之力也，臣何力之有焉？”范叔见，劳之如郤伯，对曰：“庚所命也，克之制也，燮何力之有焉？”栾伯见，公亦如之，对曰：“燮之诏③也，士用命也，书何力之有焉？”

注释

①免：免除，没有问题。

②力：指功劳。

③诏：命令。

译文

晋国军队回国，范文子最后回来。其父范武子说：“你不以为我盼望你吗？”范文子回答说：“出兵有功劳，国内的人们高兴的迎接他们。先回来，一定受到人们的注意，这是代替统帅接受荣誉，因此我不敢。”武子说：“你这样谦让，我认为可以免于祸害了！”

郤伯进见，晋景公说：“这是您的功劳啊！”郤伯回答说：“这都是君王的教诲，诸位将帅的功劳，下臣有什么功劳呢？”范文子进见，晋景公慰劳他像对郤伯一样。范文子回答说：“这是庚的命令，克的节制，燮有什么功劳呢？”栾伯进见，晋景公也如同慰劳郤伯他们一样慰劳他。栾伯回答说：“这是燮的指示，士兵服从命令，书有什么功劳呢？”

原文

宣公使求好①于楚。庄王卒，宣公薨，不克②作好。公即位，受盟于晋，会晋伐齐。卫人不行使③于楚，而亦受盟于晋，从于伐

齐。故楚令尹子重为阳桥之役以救齐。将起师，子重曰："君弱，群臣不如先大夫，师众而后可。《诗》曰：'济济多士④，文王以宁。'夫文王犹用众，况吾侪乎？且先君庄王属之曰：'无德以及远方，莫如惠恤⑤其民而善用之。'"乃大户，已责，逮鳏，救乏，赦罪⑥。悉师，王卒尽行。彭名御戎，蔡景公为左，许灵公为右。二君弱，皆强冠之。

注释

①求好：要求建立友好关系。

②不克：不能。

③行使：古称使臣。

④出自《诗·大雅·文王》。济济：众多的样子。

⑤惠恤：加恩体恤。

⑥赦罪：赦免罪行。

译文

鲁宣公派遣使者到楚国要求建立友好关系，由于楚庄王死了，鲁宣公也死了，没有能够建立友好关系。鲁成公即位，在晋国接受盟约，跟从着进攻齐国。卫国不派使者去楚国聘问，也在晋会盟，跟着攻打齐国。因此楚国的令尹子重发动阳桥战役来救齐国。将要发兵，子重说："国君年幼，臣下们又比不上先大夫，军队人数众多然后才可以取胜。《诗》说：'众多的人士，文王借以安宁。'文王尚且使用大众，何况我们这些人呢？而且先君庄王把国君嘱托给我们说：'如果没有德行到达边远的地方，最好是加恩体恤百姓而很好地使用他们。'"于是楚国就大力清理户口，免除税收的积欠，施舍鳏夫，救济困乏，赦免罪人。动员全部军队，楚王的禁卫军也全部出动。彭名驾驭战车，蔡景公作为车左，许灵公作为车右。两位国君还未到成年，都勉强行了冠礼。

原文

冬，楚师侵卫，遂侵我，师于蜀。使臧孙往，辞曰：“楚远而久，固将退矣。无功而受名，臣不敢。”楚侵及阳桥，孟孙请往赂之。以执斫、执针、织纴[1]，皆百人，公衡为质，以请盟。楚人许平。

十一月，公及楚公子婴齐、蔡侯、许男、秦右大夫说、宋华元、陈公孙宁、卫孙良夫、郑公子去疾及齐国之大夫盟于蜀。卿不书，匮盟[2]也。于是乎畏晋而窃与楚盟，故曰“匮盟”。蔡侯、许男不书，乘楚车也，谓之失位[3]。君子曰：“位其不可不慎也乎！蔡、许之君，一失其位，不得列于诸侯，况其下乎？《诗》曰：‘不解于位，民之攸塈[4]。’其是之谓矣。”

注释

①执斫：指木工。执针：指从事缝纫的女工。织纴：指织布帛的工人。

②匮盟：谓缺乏诚意的盟会。

③失位：失去身份、地位。

④出自《诗·大雅·假乐》。攸：安闲。

译文

冬季，楚军进攻卫国，就乘机在蜀地进攻我国。派臧孙去到楚军中求和。臧孙辞谢说：“楚军远离本国为时已久，本来就要退兵了。没有功劳而接受荣誉，下臣不敢。”楚军进攻到达阳桥，孟孙请求前去送给楚军木工、缝工、织工各一百人，公衡作为人质，请求结盟。楚国人答应媾和。

十一月，鲁成公和楚国公子婴齐、蔡景侯、许灵公、秦国右大夫说、宋国华元、陈国公孙宁、卫国孙良夫、郑国公子去疾和齐国大夫共同在蜀地结盟。《春秋》没有记载卿的名字，这是因为结盟缺乏诚意。在这种情况下害怕晋国而偷偷和楚国结盟，所以说“结盟缺乏诚意”。《春秋》没有记载蔡景侯、许灵公，这是由于他们乘坐了楚国的战车，叫做失去了身份。君子说：“身份是不可以不谨慎对待的啊！蔡、许两国国君，一旦失去身份，就不能列在诸侯之中，何况在他们之下的人呢？《诗》说：‘在高位的人不懈怠，百姓就能得到休息。’说的就是这种情况了。”

原文

楚师及宋，公衡逃归。臧宣叔曰：“衡父不忍数年之不宴①，以弃鲁国，国将若之何？谁居？后之人必有任是夫！国弃矣。”

是行也，晋辟楚，畏其众也。君子曰：“众之不可已也。大夫为政，犹以众克，况明君而善用其众乎？《大誓》所谓‘商兆民离，周十人同’者，众也。”

注释

①宴：安逸，安宁。

译文

楚军到宋国，公衡逃了回来。臧孙说：“衡父不能忍耐几年的不安宁，抛弃鲁国，国家将怎么办？谁来承受灾祸？他的后代必定会受到祸患的！国家被抛弃了！”

在这次军事行动中，晋军避开楚军，因为害怕他们人多。君子说：“大众是不可以不用的。大夫当政，尚且可以利用大众来战胜敌人，何况是贤明的国君而且又善于使用大众呢？《大誓》所说‘商朝亿万人离心离德，周朝十个人同心同德’，都是说的大众所起的作用啊。”

原文

晋侯使巩朔献齐捷[1]于周，王弗见，使单襄公辞焉，曰："蛮夷戎狄，不式王命，淫湎毁常[2]，王命伐之，则有献捷，王亲受而劳之，所以惩不敬，劝有功也。兄弟甥舅，侵败王略，王命伐之，告事而已，不献其功，所以敬亲昵，禁淫慝也。今叔父克遂，有功于齐，而不使命卿镇抚[3]王室，所使来抚余一人，而巩伯实来，未有职司于王室，又奸先王之礼。余虽欲于巩伯，其敢废旧典[4]以忝叔父？夫齐，甥舅之国也，而大师之后也，宁不亦淫从其欲以怒叔父，抑岂不可谏诲[5]？"士庄伯不能对，王使委于三吏，礼之如侯伯克敌使大夫告庆之礼，降于卿礼一等。王以巩伯宴，而私贿[6]之，使相告之曰："非礼也，勿籍[7]。"

注释

①捷：指战利品。
②淫湎：沉溺于酒色。毁常：败坏纲常。
③镇抚：安抚。
④旧典：旧时的制度、法则。
⑤谏诲：规劝教诲。
⑥私贿：私下馈赠财物。
⑦籍：载入史册。

译文

晋景公派遣巩朔到成周进献战胜齐国的战利品，周天子不接见，派遣单襄公辞谢，说："蛮夷戎狄，不遵奉天子的命令，贪杯恋色，败坏了天子的制度，天子命令讨伐他，就有了进献战利品的礼仪。天子亲自接受而加以慰劳，用这来惩罚不敬，勉励有功。如果是兄弟甥舅的国家侵犯败坏天子的法度，天子命令讨伐他，不过报告战争的胜利情况罢了，不用进献俘虏，用这来尊敬亲近，禁止邪恶。现在叔父能够成功，在齐国建立了功勋，而不派遣曾受天子任命的卿来安抚王室，所派遣来安抚我的使者，仅仅是巩伯，他在王室中没有担任职务，又不遵守先王的礼制。我虽然喜爱巩，岂敢废弃旧的典章制度以羞辱叔父？齐国和周室是甥舅之国，而且是姜太公的后代，叔父攻打齐国，难道是齐国放纵了私欲以激怒了叔父，还是已经不可劝谏教诲了呢？”巩朔不能回答。周天子把接待的事情委任给三公，让他们用侯伯战胜敌人派大夫告捷的礼节接待巩朔，比接待卿的礼节低一等。周天子和巩伯饮宴，私下送给他财礼，让相礼者告诉他说：“这是不合乎礼制的，不要记载在史册上。”

评析

鲁成公二年（公元前589年），齐晋爆发鞌之战，齐国骄傲轻敌，结果大败。晋国则通过这次胜利，进一步巩固了霸主地位。

这是晋鞌之战中的一个主要场面，胜负只对当事人重要，对我们则没有什么关系。晋军取胜的关键人物是郑丘缓和解张，如果没有他俩，主帅郤克恐怕早就退兵了。

作为配角的郑丘缓和解张并没有喧宾夺主的企图，他们与主帅同在一辆战车上，受的伤不比主帅轻，承担的担子不比主帅轻，而所想到的是作为军队主心骨的旗鼓不能没有，宁可一直战斗到死，因而在关键时刻挺身而出，使自己的军队以获胜而结束了战斗。

角色的交换看上去是偶然的，但人物内心境界的对比却是鲜明的：主帅胆怯了，显示了贪生怕死；助手着急了，表现出慷慨赴死的决心。两军对垒勇者胜。谁先打退堂鼓，也就是先挂出了免战牌。既然被绑上了同一战车，最坏的结果不过一死，说不定还会“勇斗则生”。

这个事例再一次告诉我们，只有在关键时刻才能见出人物的内心境界。无论一个人外表如何，身份地位如何，口头上如何说大话，毕竟这些都是外在的包装，骨子里是什么货色，要在关键时刻试一试才知道，正如是马是骡，要牵出来遛了之后才会明白一样。

除此之外，我们还发现，古人所具有敬业精神和献身精神比我们要强得多。那时打仗大概还没有工资和奖金，没有勋章和桂冠，凭的是自觉性。他们在挺身而出的时候，显然没有想到过抚恤金、烈士称号、家属子女待遇等，真可是不计报酬，不讲条件，只讲奉献，只讲忠于职守。

三年经

三年：春，王正月，公会晋侯、宋公、卫侯、曹伯伐郑。

辛亥，葬卫穆公。

二月，公至自伐郑。

甲子，新宫灾。

三日哭。

乙亥，葬宋文公。

夏，公如晋。

郑公子去疾帅师伐许。

公至自晋。

秋，叔孙侨如帅师围棘。

大雩。

晋郤克、卫孙良夫伐啬咎如。

冬十有一月，晋侯使荀庚来聘。

卫侯使孙良夫来聘。

丙午，及荀庚盟。

丁未，及孙良夫盟。

郑伐许。

三年传

原文

晋人归楚公子縠臣与连尹襄老之尸于楚[①],以求知罃[②]。于是荀首佐中军矣[③],故楚人许之。

王送知罃,曰:"子其怨我乎?"对曰:"二国治戎[④],臣不才,不胜其任,以为俘馘[⑤]。执事不以衅鼓[⑥],使归即戮[⑦],君之惠也。臣实不才,又敢怨谁?"王曰:"然则德我乎?"对曰:"二国图其社稷,而求纾其民,各惩其忿[⑧],以相宥[⑨]也,俩释累囚,以成其好。二国有好,臣不与及[⑩],其谁敢德?"王曰:"子归,何以报我?"对曰:"臣不任[⑪]受怨,君亦不任受德。无怨无德,不知所报。"王曰:"虽然,必告不穀。"对曰:"以君之灵,累臣得归骨于晋,寡君之以为戮,死且不朽。若从君之惠而免之,以赐君之外臣[⑫]首,首其请于寡君而以戮于宗[⑬],死且不朽。若不获命[⑭],而使嗣宗职[⑮],次及于事,而帅偏师[⑯]以修封疆,虽遇执事,其弗敢违。其竭力致死[⑰],无有二心,以尽臣礼,所以报也。"王曰:"晋未可与争。"重为之礼而归之。

注释

①归:送还。公子縠臣:楚庄王的儿子。连尹襄老:连尹是官名,襄老是人名。

②求:索取。知罃:晋国大夫,荀首之子,在邲之战中被楚国俘虏。

③于是：在这个时候。佐中军：担任中军副帅。

④治戎：治兵，演习军队。这里的意思是交战。

⑤馘：割下敌方战死者的左耳（用来报功）。这里与“俘”连用，指俘虏。

⑥鼓：取血涂鼓，意思是处死。

⑦即戮：接受杀戮。

⑧惩：戒，克制。忿：怨恨。

⑨宥（yòu）：宽恕，原谅。

⑩与及：参与其中，相干。

⑪任：担当。

⑫外臣：外邦之臣。臣子对别国君主称外臣。

⑬宗：宗庙。

⑭不获命：没有获得国君允许杀戮的命令。

⑮宗职：祖宗世袭的职位。

⑯偏师：副帅、副将所属的军队，非主力军队。

⑰致死：献出生命。

译文

晋国人想把楚国公子縠臣和连尹襄老的尸体归还给楚国，用来换回知罃。这时荀首担任晋国的中军副帅，所以楚国人答应了。

楚共王为知罃送行说：“您大概很恨我吧？”知罃回答说：“两国兴兵交战，臣下没有才能，不能胜任职务，所以成了你们的俘虏。您的左右不把我杀掉取血涂鼓，让我回晋国去接受刑罚，这是君王的恩惠。臣下确实不中用，又敢怨恨谁呢？”楚王说：“那么感谢我吗？”知罃回答说：“两国都为自己国家的利益考虑；希望解除百姓的痛苦，各自抑制自己的怨忿，以求相互谅解。双方释放囚禁的俘虏，以成全两国的友好关系。两国建立了友好的关系臣下没有参与这件事，又敢感激谁呢？”楚共王说：“您回到晋拿什么来报答我呢？”知罃回答说：“臣下承担不起被人怨恨，君王也承担不起受人感激。既没有怨恨，也没有恩德，不知道要报答什么。”楚共王说：“虽然这样，你也一定要把你的想法告诉我。”知罃回答说：“托君王的福，我这个被俘之臣能把这把骨头带回晋国,就是敝国国君把我杀了,我死了也不朽。如果按照君王的好意而赦免了我,就把我交给您的外臣,向我们国君请求按家法在宗庙里处死我,我也死而不朽。如果得不到我们国君杀戮我的命令,而让臣下继承祖宗的职位,依次序让我承担军事要职,率领所属军队去治理边疆,即使遇上您的将帅也不敢违礼回避。我将尽心竭力到献出自己的生命,不会有别的想法,对晋王尽到为臣之礼,这就是我用来报答君王的。"楚共王说:"晋国是不能同它相争斗的。"于是,楚王隆重地礼待知罃,并把他放回晋国了。

评析

知罃不愧为一代辩才,他选取了一个战无不胜的立足点:国家利益。用国家利益作为盾牌,把楚共王层层进逼的三个问题回答得滴水不漏,使对手再也无言以对,于无可奈何之中不得不罢手。知罃的防守几乎达到了最佳境界,无懈可击。

如果完全以为知罃是灵机一动,随机应变地在玩外交辞令和技巧,并不完全对。他所打的国家利益的牌,既是一种技巧和策略,同时也是合乎情理的真实观念。在那个礼崩乐坏的时代,从前传统的价值观念已不为人们所信奉,一切注重实际利益,成了普遍的时代潮流。大概除了像孔子这样的思想家之外,很少有人关注现实利益之外的东西。即使祖先、神灵,在很多情况之下也不过是个招牌,一种表面文章,并不具有实质性的内容。

在一切实际利益之中,国家利益高于一切,是作为一个忠臣必须恪守的原则,也是他言行举止的归依。如果连这一点也不顾,那么为臣的基本原则便丧失了。无论人们自己是否意识到了,他们在实际中或多或少地要追问自己所作所为的目的性,追问为什么要这样做而不那样做,总要有一个最终的依托。价值、观念、信仰会随时代的变化而不断变化,个人也可以在其中做出选择。但是,国家利益在任何时代都应当是统治集团中的成员必须关注的,其中的每个成员都应当以自己的言行来维护国家利益,实际上,他们的个人利益、个人命运,也是同国家利益紧密联系在一起的。

国家利益是爱国主义的主要内容。如果抽取了国家利益,那爱国主义就成了空洞的、抽象的精神,实际上是不会具有吸引力和感召力的。

国家利益是非常实在的,非常具体的。统治集团中的成员应当用自己的实际行动来体现,同样,平民百姓也应当自觉维护国家利益,因为大家的命运是休戚相关的。

十三年经

十有三年：春，晋侯使郤锜来乞师。

三月，公如京师。

夏五月，公自京师，遂会晋侯、齐侯、宋公、卫侯、郑伯、曹伯、邾人、滕人伐秦。

曹伯卢卒于师。

秋七月，公至自伐秦。

冬，葬曹宣公。

十三年传

原文

夏四月戊午，晋侯使吕相绝秦[1]，曰："昔逮我献公及穆公相好，戮力[2]同心，申[3]之以盟誓，重之以昏姻[4]。天祸[5]晋国，文公如齐，惠公如秦。无禄[6]，献公即世[7]。穆公不忘旧德，俾我惠公用能奉祀于晋[8]。又不能成大勋，而为韩之师[9]。亦悔于厥[10]心，用集我文公[11]。是穆之成也。

"文公躬擐甲胄[12]，跋履[13]山川，逾越险阻，征东之诸侯，虞、夏、商、周之胤[14]而朝诸秦，则亦既报旧德[15]矣。郑人怒君之疆

场[16]，我文公帅诸侯及秦围郑。秦大夫不询于我寡君，擅及郑盟[17]。诸侯疾[18]之，将致命于秦[19]。文公恐惧，绥静[20]诸侯，秦师克还无害，则是我有大造于西也[21]。

“无禄，文公即世；穆为不吊[22]，蔑死我君，寡[23]我襄公，迭[24]我郩地，奸绝我好[25]，代我保[26]城。殄灭我费滑[27]，散离我兄弟[28]，挠乱我同盟，倾覆我国家。我襄公未忘君之旧勋，而惧社稷之陨，是以有殽之师。犹愿赦罪于穆公，穆公弗听，而即楚谋我。天诱其衷，成王殒命，穆公是以不克逞志于我。”

注释

①晋侯：晋厉公。吕相：晋国大夫，魏骑现依的儿子魏相，因食邑在吕，又称吕相。绝：绝交。

②戮力：合力，并力。

③申：申明。

④重：加重，加深。昏姻：婚姻。秦、晋两国有联姻关系。

⑤天祸：天降灾祸，指骊姬之乱。

⑥无禄：没有福禄。这里指不幸。

⑦即世：去世。

⑧俾：使。用：因为。奉祀：主持祭祀。这里指立为国君。

⑨韩之师：韩地的战争，指秦晋韩原之战。

⑩厥：其，指秦穆公。

⑪用：因而。集：成全。

⑫躬：亲身。擐：穿上。

⑬跋履：跋涉。

⑭胤(yìn)：后代。东方诸侯国的国君大多是虞、夏、商、周的后代。

⑮旧德：过去的恩惠。

⑯怒：指侵犯。疆场：边疆。

⑰询：指商量。擅及郑盟：擅自与郑人订盟。

⑱疾：憎恶，憎恨。

⑲致命于秦：与秦国拼命。

⑳绥静：安定，安抚。

㉑大造：大功。西：指秦国。

㉒不吊：不善。

㉓寡：这里的意思是轻视。

㉔迭：同“轶”，越过，指侵犯。

㉕奸绝：断绝。我好：同我友好。

㉖保：同“堡”，城堡。

㉗殄（tiǎn）灭：灭绝。费：滑国的都城，在今河南偃师附近。费滑即滑国。

㉘散离：拆散。兄弟：指兄弟国家。

译文

夏天四月初五，晋厉公派吕相去秦国断交，说：“从前我们先君献公与穆公相友好，心合力，用盟誓来明确两国关系，用婚姻来加深两国关系。上天降祸晋国，文公逃亡齐国，惠公逃亡秦国。献公不幸去世，穆公不忘从前的交情，使我们惠公因此能回晋国主持祭祀。但是秦国又没有完成大的功劳，却同我们发生了韩原之战。事后穆公心里感到了后悔，因而成全了我们文公回国为君。这都是穆公的功劳。

“文公亲自戴盔披甲，跋山涉水，经历艰难险阻，征讨东方诸侯国，虞、夏、商、周的后代都来朝见秦国君王，这就已经报答了秦国过去的恩德了。郑国人侵扰君王的边疆，我们文公率领诸侯和秦国一起去包围郑国。秦国大夫不和我们国君商量，擅自同郑国订立盟约。诸侯都痛恨这种做法，要同秦国拼命。文公担心秦国受损，说服了诸侯，秦国军队才得以回国而没有受到损害，这就是我们对秦国有大恩大德之处。

“不幸文公去世，穆公不怀好意蔑视我们故去的国君，轻视我们襄公，侵扰我们的殽地，断绝同我国的友好，攻打我们的城堡，灭绝我们的滑国，离间我们兄弟国家的关系，扰乱我们的盟邦，颠覆我们的国家。我们襄公没有忘记秦君以往的功劳，却又害怕国家灭亡，所以才在殽地战斗。我们是希望穆公宽免我们的罪过，穆公不同意，反而亲近楚国来算计我们。老天有眼，楚成王丧了命，穆公因此没有使侵犯我国的图谋得逞。”

原文

“穆、襄[①]即世，康、灵[②]即位。康公，我之自出[③]，又欲阙翦我公室，倾覆我社稷，帅我蝥贼，以来荡摇我边疆，我是以有令狐之役。康犹不悛，入我河曲，伐我涑川[④]，俘我王官，翦我羁马[⑤]，我以是有河曲之战。东道之不通[⑥]，则是康公绝我好也。

“及君[⑦]之嗣也，我君景公引领西望曰：‘庶抚我乎！’君亦不惠称盟，利吾有狄难，入我河县[⑧]，焚我箕、郜，芟夷我农功[⑨]，虔刘我边陲，我以是有辅氏之聚。君亦悔祸之延，而欲徼福于先君献、穆，使伯车来命我景公曰：‘吾与女同好弃恶，复修旧德，以追念前勋。’言誓未就，景公即世，我寡君是以有令狐之会。君又不祥，背弃盟誓。白狄及君同州，君之仇雠，而我昏姻也。君来赐命曰：‘吾与女代狄。’寡君不敢顾昏姻。畏君之威，而受命于吏[⑩]。君有二心于狄，曰：‘晋将伐女。’狄应且憎，是用告我。楚人恶君之二三其德也，亦来告我曰：‘秦背令狐之盟，而来求盟于我。昭告与昊天上帝、秦三公、楚三王曰：‘余虽与晋出入，余唯利是视。不谷恶其无成德，则用宣之，以惩不壹。’诸侯备闻此言，斯是用痛心疾首，昵就寡人。寡人帅以听命，唯好是求。君若惠顾诸侯，矜哀寡人，而赐之盟，则寡人之愿也，其承宁诸侯以退，岂敢徼乱？君若不施大惠，寡人不佞，其不能以诸侯退矣。敢尽布之执事，俾执事实图利之。”

注释

①穆、襄：秦穆公和晋襄公。

②康、灵：秦康公和晋灵公。

③我之自出：秦康公是穆姬所生，是晋文公的外甥，所以说“自出”。

④涑川：水名，在今山西西南部。

⑤羁马：晋国地名，在今山西永济南。

⑥东道:晋国在秦国东边,所以称“东道”。不通:指两国断绝关系。

⑦君:指秦桓公。

⑧河县:晋国临河的县邑。

⑨芟:割除。夷:伤害。农功:庄稼。

⑩吏:指秦国传令的使臣。

译文

“穆公和襄公去世,康公和灵公即位。康公是我们先君献公的外甥,却又想损害我们公室,颠覆我们国家,率领公子雍回国争位,让他扰乱我们的边疆,于是我们才有令狐之战。康公还不肯悔改,入侵我们的河曲,攻打我们的涑川,劫掠我们的王官,夺走我们的羁马,因此我们才有了河曲之战。望东方的不通,正是因为康公断绝了同我们的友好关系。

“等到君王即位之后,我们景公伸长脖子望着西边说:‘恐怕要关照我们吧!’但君王还是不肯开恩同我国结为盟好,却乘我们遇上狄人祸乱之机,入侵我们临河的县邑,焚烧我们的箕、郜两地,抢割毁坏我们的庄稼,屠杀我们的边民,因此我们才有辅氏之战。君王也后悔两国战争蔓延,因而想向先君献公和穆公求福,派遣伯车来命令我们景公说:‘我们和你们相互友好,抛弃怨恨,恢复过去的友谊,以追悼从前先君的功绩。’盟誓还没有完成,景公就去世了,因此我们国君才有了令狐的盟会。君王又产生了不善之心,背弃了盟誓。白狄和秦国同处雍州,是君王的仇敌,却是我们的姻亲。君王赐给我们命令说:‘我们和你们一起攻打狄人。’我们国君不敢顾念姻亲之好,畏惧君王的威严,接受了君王使臣攻打狄人的命令。但君王又对狄人表示友好,对狄人说:‘晋国将要攻打你们。’狄人表面上答应了你们的要求,心里却憎恨你们的做法,因此告诉了我们。楚国人同样憎恨君王反复无常,也来告诉我们说:‘秦国背叛了令狐的盟约,而来向我们要求结盟。他们向着皇天上帝、秦国的三位先公和楚国的三位先王宣誓说:‘我们虽然和晋国有来往,但我们只关注利益。我讨厌他们反复无常,把这些事公开,以便惩戒那些用心不专一的人。’诸侯们全都听到了这些话，因此感到痛心疾首，都来和我亲近。现在我率领诸侯前来听命，完全是为了请求盟好。如果君王肯开恩顾念诸侯们，哀怜寡人，赐我们缔结盟誓，这就是寡人的心愿，寡人将安抚诸侯而退走，哪里敢自求祸乱呢？如果君王不施行大恩大德，寡人不才，恐怕就不能率领诸侯退走了，我谨将全部意思都向君王的左右执行宣布了，望他们权衡怎样才对秦国有利。”

评析

照吕相的说法，秦国及其国君秦桓公真的是十恶不赦了，岂止断交，就是亡国灭种都罪有应得，死有余辜。

我们不得不佩服我们春秋时代的祖先。他们没有像索绪尔、乔姆斯基等人那样发明出一套深奥的语言学理论，没有像福柯那样专心研究话语同权利的关系，也没有像咱们六朝时期的佛典翻译家和文学家那样专门研究过语言问题；但他们是天才的运用言语的人，是天才的演说家和雄辩家。他们凭天赋悟出了言辞，懂得衡量说话的艺术和利用言辞的技巧。同时，他们也是天才的心理学家，凭直觉把人心、人性摸了个透。因此，他们悟出锋利，又含蓄深沉；指向明确，又无所不包；温文尔雅，却又处处逼人，把言辞的力量发挥到了极致，无法再淋漓尽致了。

要成为一个优秀的说客并非易事。起码的条件是口齿伶俐，巧舌如簧，天资聪颖，脑子灵活，悟性很高，工于心计。还要受过良好的教育，有广泛的阅历，天文地理、世事人情无所不晓，博古通今。然后要有心理素质上的优势，知己知彼，胸有成竹，随机应变，在任何情况下都面不改色心不跳，善于控制喜怒哀乐，让它们在适当的时机恰到好处地表现出来，并且善于抓住对手的弱点发起猛攻，夺取心理上的制高点。此外，还要借助权势，以某君主、某实力派人物、某名人为靠山，以此增加话语的含金量和穿透力，尤其是话语的权威性，居高临下地、游刃有余地进行表演。

现在的人们都很忙，或者忙于发财，忙于出名，忙于做官，忙于出国，或者忙于生计，几乎很少有闲暇来培养这种特殊的艺术才能。再说，现在的人更讲实际，更讲直来直去赤裸裸地交往，都讨厌能说会道的花言巧语，把这种专利拱手送给了街头骗子和“厚黑学”家们，让他们在现代化的繁忙之中钻空子大发横财，而上当受骗的人或者不会厚黑，或者不在乎，或者怕麻烦，几乎不会同街头骗子和厚黑专家计较。

比较一下可以发现,春秋战国时代的说客们水平固然很高,但他们并非完全没有良心,也并非完全不讲道义。首先,他们绝对忠于自己的主子。既然主子出血养了他们,主子就成了"有奶便是娘",即使肝脑涂地,也不会背叛主子。其次,他们有大公无私的奉献精神。他们把自己的才华、天赋、技艺、精力,有时甚至是生命,都用在维护他们所属的国家利益之上。绝对不会用来谋取一己的私利。这就体现了很高的觉悟和教养,坑蒙拐骗是用来对付敌人的,而不是用来对付自己人的。对自己人要讲仁、义、礼、智、信;对敌人则彬彬有礼、温文尔雅,展现自己的才华和天赋。

两相对比,说客与骗子、厚黑家的本质区别,便可以一目了然了。

十六年经

十有六年:春,王正月,雨,木冰。

夏,四月辛未,滕子卒。

郑公子喜帅师侵宋。

六月丙寅朔,日有食之。

晋侯使栾黡来乞师。

甲午晦,晋侯及楚子、郑伯战于鄢陵。楚子、郑师败绩。

楚杀其大夫公子侧。

秋,公会晋侯、齐侯、卫侯、宋华元、邾人于沙随,不见公。

公至自会。

公会尹子、晋侯、齐国佐、邾人伐郑。

曹伯归自京师。

九月,晋人执季孙行父,舍之于苕丘。

冬,十月乙亥,叔孙侨如出奔齐。

十有二月乙丑,季孙行父及晋郤犨盟于扈。

公至自会。

乙酉,刺公子偃。

十六年传

原文

十六年，春，楚子自武城使公子成以汝阴[①]之田求成于郑。郑叛晋，子驷从楚子盟于武城[②]。

夏，四月，滕文公卒。

郑子罕伐宋，宋将鉏、乐惧败诸汋陂[③]。退，舍[④]于夫渠，不儆[⑤]。郑人覆之，败诸汋陵[⑥]，获将鉏、乐惧。宋恃胜也。

卫侯伐郑，至于鸣雁[⑦]，为晋故也。

晋侯将伐郑。范文子曰："若逞吾愿，诸侯皆叛，晋可以逞。若惟郑叛，晋国之忧，可立俟[⑧]也。"栾武子曰："不可以当吾世而失诸侯，必伐郑。"乃兴师。栾书将中军，士燮佐之；郤锜将上军，荀偃佐之；韩厥将下军；郤至佐新军。荀罃居守。郤犨如卫，遂如齐，皆乞师焉。栾黡来乞师，孟献子曰："有胜矣。"戊寅，晋师起。

注释

①汝阴：汝水以南。阴：山之北，水之南也。

②武城：春秋鲁邑，在今山东费县西南。

③汋陂：春秋宋地，今阙，当在河南商丘与宁陵县境。

④舍：驻扎。

⑤儆：警戒，戒备。

⑥汋陵：宋国地名，今河南宁陵县有汋陵城。

⑦鸣雁:郑国地名,在河南杞县北。

⑧俟:等待。

译文

十六年春季,楚共王从武城派公子成用汝水以南的土地向郑国议和。郑国背叛晋国,子驷跟随楚子在武城结盟。

夏四月,滕文公死了。

郑国的子罕进攻宋国,宋国将钼、乐惧在汋陂打败了他。宋军退兵,驻扎在夫渠,没有警备。郑军加以袭击,在汋陵打败了他们,俘虏了将钼、乐惧。这是由于宋国仗着打了胜仗而不加警备。

卫献公发兵攻打郑国,到达鸣雁,这是因为晋国的缘故。

晋厉公打算讨伐郑国,范文子说:"如果按照我的愿望,诸侯都背叛,晋国的危机可以得到缓解。如果只是一个郑国背叛,晋国的忧患,可能马上就来了。"栾武子说:"不能在我们这一辈执政的时候失去诸侯,一定要进攻郑国。"于是就发兵。栾书率领中军,士燮作为辅佐;郤锜率领上军;荀偃作为辅佐,韩厥率领下军,郤至作为新军辅佐。荀罃留守。郤犨去到卫国,乘机到齐国,请求两国出兵。栾黡前来请求出兵,孟献子说:"晋国或许得胜了。"四月十二日,晋军出兵。

原文

郑人闻有晋师,使告于楚,姚句耳与往。楚子救郑,司马将中军,令尹将左,右尹子辛将右。过申,子反入见申叔时,曰:"师其何如?"对曰:"德、刑、详、义、礼、信,战之器也。德以施惠,刑以正邪①,详②以事神,义以建利③,礼以顺时④,信以守物⑤。民生厚而德正⑥,用利而事节,时顺⑦而物成,上下和睦,周旋不逆,求

无不具，各知其极。故《诗》曰[8]：'立我烝民，莫匪尔极。'是以神降之福，时无灾害，民生敦厖[9]，和同以听，莫不尽力以从上命，致死以补其阙，此战之所由克也。今楚内弃其民，而外绝其好；渎[10]齐盟，而食话言；奸时以动，而疲民以逞。民不知信，进退罪也。人恤所底，其谁致死？子其勉之！吾不复见子矣。"姚句耳先归，子驷问焉。对曰："其行速，过险而不整。速则失志，不整，丧列。志失列丧，将何以战？楚惧不可用也。"

注释

①刑：刑罚。正：纠正。
②详：祥和，和顺。
③建利：建立利益。
④顺时：顺应时宜，适时。
⑤守物：守护万物。
⑥德正：德行端正。
⑦时顺：顺时。
⑧出自《诗·周颂·思文》。
⑨敦厖：丰厚，富足。
⑩渎：亵渎。

译文

郑国人听到晋国出兵，就派使者报告楚国，姚句耳同行。

楚共王援救郑国。司马子反率领中军，令尹子重率领左军，右尹子辛率领右军。路过申地，子反进见申叔时，说："这次作战会怎么样？"申叔时回答说："德行、刑罚、和顺、道义、礼法、信用，是战争的手段。德行用来施予恩惠，刑罚用来纠正邪恶，和顺用来侍奉神灵，道义用来建立利益，礼法用来适合时宜，信用用来守护事物。人民生活丰厚，德行就端正；举动有利，事情就合乎法度；时宜合适，万物就有所成就，这样就能上下和睦，相处没有矛盾，有所需求无不具备，各人都知道行动的准则。因此《诗》说：'安置百姓，无不合乎准则。'这样，神灵就降福于他，四时没有灾害，百姓性情宽厚，齐心一致地听从，没有不尽力以服从上面命令的，不顾性命来弥补死去的战士的空缺，这就是战争所以能够胜利的原因。现在楚国内部丢弃他的百姓，外部断绝他的友好；亵渎神圣的盟约而说话不算话；违反时令发动战争，使百姓疲劳以求快意。人们不知道什么是信用，进退都是罪过。人们为他们的结局感到担忧，还有谁肯牺牲性命？您还是尽力做吧！我不会再看到您了。"姚句耳先回来，子驷询问情况，他回答说："楚军行军迅速，经过险要的地方队伍不整齐。动作太快就会考虑不周，不整齐就丧失了秩序。考虑不周，秩序丧失，怎么能打仗？楚国恐怕不能依靠了。"

原文

五月，晋师济河。闻楚师将至，范文子欲反，曰："我伪[①]逃楚，可以纾忧。夫合诸侯，非吾所能也，以遗能者。我若群臣辑睦[②]以事君，多矣。"武子曰："不可！"

六月，晋、楚遇于鄢陵[③]。范文子不欲战。郤至曰："韩之战，惠公不振旅[④]；箕之役，先轸不反命[⑤]；邲[⑥]之师，荀伯不复从[⑦]，皆晋之耻也。子亦见先君之事矣。今我辟楚，又益耻也。"文子曰："吾先君之亟[⑧]战也，有故。秦、狄、齐、楚皆强，不尽力，子孙将弱。今三强服矣，敌楚而已。惟圣人能外内无患。自[⑨]非圣人，外宁必有内忧，盍释楚以为外惧乎？"

注释

①伪：假装。

②辑睦：团结和睦。

③鄢陵：郑国地名，在今河南鄢陵。

④不振旅：军旅不振，意思为战败。

⑤先轸：箕之战中晋军主帅。不反命：不能回国复君命。

⑥邲：郑国地名，在今河南郑州西北。

⑦不复从：不能从原路退兵，即战败逃跑。

⑧亟：多次。

⑨自：如果。

译文

五月，晋军渡过黄河。听说楚军将要到达，范文子准备要回去，说："我们假装逃避楚国，这样就能够缓和忧患。会合诸侯，不是我所能做到的，还是把它留给能做到的国家吧。我们如果群臣和睦以侍奉国君，这就够了。"栾武子说："不行！"

夏六月，晋国军队和楚国军队在鄢陵相遇。范文子不想同楚军交战。郤至曰："秦、晋韩原之战，惠公未能整军而归；晋、狄萁之战，主帅先轸不能回来复命；儿郎地这一仗，荀伯不能再跟楚军周旋，这都是晋国的耻辱。您也了解先君时代的情况了。如今我们逃避楚国，这又是增加耻辱。"范文子说："我们先君的屡次作战，是有原因的。秦国、狄人、齐国、楚国都很强大，如果我们不尽自己的力量，子孙将会被削弱。现在三强已经顺服，敌人仅楚国而已。只有圣人才能够外部内部都没有祸患。若不是圣人，外部安定，内部必然还有忧患，何不放掉楚国把它作为外部的戒惧呢？"

原文

甲午晦[①]，楚晨压晋军而陈。军吏患之。范丐趋进[②]，曰："塞井夷灶[③]，陈于军中，而疏行首[④]。晋、楚唯天所授，何患焉？"文子执戈逐之，曰："国之存亡，天也，童子何知焉？"栾书曰："楚师轻窕[⑤]，固垒而待之，三日必退。退而击之，必获胜焉。"郤至曰："楚有六间[⑥]，不可失也：其二卿相恶[⑦]，王卒以旧[⑧]，郑陈而不整，蛮军[⑨]而不陈，陈不违晦[⑩]，在陈而嚣[⑪]，合而加嚣。各顾其后，莫有斗心；旧不必良，以犯天忌[⑫]，我必克之。"

注释

①晦：夏历每月的最后一天。

②范丐：范文子士燮的儿子，又称范宣子。趋进：快步向前。

③塞：填。夷：平。

④疏行首：把行列间的通道疏通。行首：行道。

⑤轻窕：轻佻，指军心轻浮急躁。

⑥间：缺陷。

⑦二卿：指子重和子反。相恶：不和。

⑧王卒以旧：楚王的亲兵都用贵族子弟。

⑨蛮军：指楚国带来的南方少数民族军队。

⑩违晦：避开晦日。古人认为月末那天不适宜用兵。

⑪嚣：喧哗。

⑫犯天忌：触犯上天所禁忌之事。指晦日用兵。

译文

二十九日，楚军在清早逼近晋军而拉开阵势。晋国的军吏担心这种情况。范丐快步向前，说："填井平灶，就在军营中摆开阵势，把行列间的道路隔宽。晋、楚两国都是上天的赐予，有什么可担心的？"范文子拿起戈来驱逐他，说："国家的存亡，这是天意，小孩子知道什么？"栾书说："楚军轻佻，加固营垒而等待他们，三天一定退军。乘他们退走而加以追击，一定可以得胜。"郤至说："楚国有六个空子，不可失掉：楚国的两个卿互相排斥；楚共王的亲兵们从旧家中选拔，都已衰老；郑国虽然摆开阵势却不整齐；蛮人虽有军队却摆不成阵势；楚军摆阵不避晦日；士兵在阵中喧闹，和敌军相遇就更加喧闹，各军彼此观望，没有战斗意志，旧家出身的士兵不一定精良，所有这些都触犯了天意和兵家大忌。我们一定能战胜他们。"

原文

楚子登巢车①,以望晋军。子重使太宰伯州犁②侍于王后。王曰:"驰而左右,何也?"曰:"召军吏也。""皆聚于军中矣。"曰:"合谋也。""张幕矣。"曰:"虔卜③于先君也。""彻幕矣。"曰:"将发命也。""甚嚣,且尘上矣。"曰:"将塞井夷灶而为行也。""皆乘矣,左右执兵而下矣。"曰:"听誓④也。""战乎?"曰:"未可知也。""乘而左右皆下矣。"曰:"战祷也。"伯州犁以公卒告王。苗贲皇⑤在晋侯之侧,亦以王卒告。皆曰:"国士⑥在,且厚⑦,不可当也。"苗贲皇言于晋侯曰:"楚之良,在其中军王族而已。请分良⑧以击其左右,而三军萃⑨于王卒,必大败之。"公筮之。史曰:"吉。其卦遇'复☷',曰:'南国蹙⑩,射其元王⑪,中厥目。'国蹙、王伤,不败何待?"公从之。

注释

①楚子:指楚共王。巢车:古代的一种兵车,用以瞭望敌军。车上有用辘轳升降的瞭望台,人在台中,如鸟在巢,故名。

②伯州犁:晋国大夫伯宗的儿子,伯宗死后他逃到楚国当了太宰。

③虔:虔诚。卜:占卜。

④听誓:听主帅发布誓师令。

⑤苗贲皇:楚国令尹斗椒的儿子。

⑥国士:一国中最勇敢、有力量的人。

⑦厚:指人数众多。

⑧良:精兵。

⑨萃:集中。

⑩南国:指楚国。蹙:窘迫。

⑪元王:元首,指楚共王。

译文

楚共王登上了巢车，观望晋军的动静。子重派太宰伯州犁在楚王后面陪着。楚王问道："晋军正驾着兵车左右奔跑，这是怎么回事？"伯州犁回答说："是召集军官。"楚王说："那些人都到中军集合了。"伯州犁说："这是在开会商量。"楚王说："搭起帐幕了。"伯州犁说："这是晋军虔诚地向先君卜吉凶。"楚王说："撤去帐幕了。"伯州犁说："快要发布命令了。"楚王说："非常喧闹，而且尘土飞扬起来了。"伯州犁说："这是准备填井平灶，摆开阵势。"楚王说："都登上了战车，左右两边的人又拿着武器下车了。"伯州犁说："这是听取主帅发布誓师令。"楚王问道："要开战了吗？"伯州犁回答说："还不知道。"楚王说："又上了战车，左右两边的人又都下来了。"伯州犁说："这是战前向神祈祷。"伯州犁把晋侯亲兵的位置告诉了楚共王。苗贲皇在晋厉公身旁，也把楚共王亲兵的位置告诉了晋厉公。晋厉公左右的将士都说："楚国最出色的武士都在中军，而且人数众多，不可抵挡。"苗贲皇对晋厉公说："楚国的精锐部队只不过是中军里那些楚王的亲兵罢了。请分出一些精兵来攻击楚国的左右两军，再集中三军攻打楚王的亲兵，一定能把他们打得大败。"晋厉公卜筮问吉凶，卜官说："大吉。得的是个'复卦☷'，卦辞说：'南国窘迫，用箭射它的国王，射中他的眼睛。'国家窘迫，国君受伤，不打败仗还会有什么呢？"晋厉公听从了卜官的话。

原文

有淖[①]于前，乃皆左右相违于淖。步毅御晋厉公，栾针为右。彭名御楚共王，潘党为右。石首御郑成公，唐苟为右。栾、范以其族夹公行，陷于淖。栾书将载晋侯，针曰："书退！国有大任，焉得专之？且侵官，冒也；失官，慢也；离局，奸也。有三罪焉，不可犯也。"乃掀公以出于淖。

癸巳，潘尪之党与养由基蹲甲而射之，彻七札焉。以示王，曰："君有二臣如此，何忧于战？"王怒曰："大辱国！诘朝[②]尔射，死艺[③]！"吕锜梦射月，中之，退入于泥。占之，曰："姬姓，日也；异姓[④]，月也，必楚王也。射而中之，退入于泥，亦必死矣！"及战，射

共王,中目⑤。王召养由基,与之两矢⑥,使射吕锜。中项,伏韬⑦。以一矢复命。

注释

①淖:泥沼,深泥,烂泥。
②诘朝:诘旦,即平明,清晨。
③死艺:死在技艺上。
④异姓:不同姓。亦指不同姓的人。
⑤中目:射中眼睛。
⑥矢:箭。
⑦韬:装弓的袋子。

译文

晋军营前有泥沼,于是晋国军队都或左或右地避开泥沼而行。步毅驾驭晋厉公的战车,栾针作为车右。彭名驾驭楚共王的战车,潘党作为车右。石首驾驭郑成公的战车,唐苟作为车右。栾、范领着他们私族部队左右护卫着晋厉公前进。战车陷在泥沼里。栾书打算将晋厉公装载在自己车上。栾针说:"你退下去!国家有如此大事,你哪能一人包办了?而且侵犯别人的职权,这是冒犯;丢弃自己的职责,这是怠慢;离开自己的部下,这是扰乱。有三件罪名,这是不能碰的。"因而就掀起晋厉公的战车离开泥沼。

六月二十八日,潘尪的儿子潘党和养由基把皮甲重叠而射它,穿透了七层。拿去给楚共王看,说:"君王有这样两个臣下在这里,还有什么可担心的?"楚共王发怒说:"真丢人!明早作战,你们射箭,将会死在这武艺上!"吕锜梦见自己射月亮,射中了,自己却退进了泥里。占卜,说:"姬姓,是太阳;异姓,是月亮,这一定是楚共王了。射中了他,自己又退进泥里,就必定会战死!"等到作战时,吕锜射中了楚王的眼睛。楚王召唤养由基,给他两支箭,让他射吕锜。结果射中吕锜的脖子，伏在弓袋上死了。养由基拿了剩下的一支箭向楚共王复命。

原文

郤至三遇楚子之卒，见楚子，必下，免胄而趋风①。楚子使工尹襄问之以弓，曰："方事之殷②也，有韎韦之跗注③，君子也。识见不穀而趋，无乃伤乎？"郤至见客④，免胄承命⑤，曰："君之外臣至，从寡君之戎事⑥，以君之灵，间蒙甲胄，不敢拜命⑦。敢告不宁，君命之辱。为事之故，敢肃使者⑧。"三肃使者而退。

晋韩厥从郑伯，其御杜溷罗曰："速从之！其御屡顾⑨，不在马，可及也。"韩厥曰："不可以再辱国君。"乃止。郤至从郑伯，其右茀翰胡曰："谍辂之，余从之乘，而俘以下。"郤至曰："伤国君有刑⑩。"亦止。石首曰："卫懿公唯不去其旗，是以败于荧⑪。"乃内旌于韬中。唐苟谓石首曰："子在君侧，败者壹⑫大。我不如子，子以君免，我请止。"乃死。

注释

①趋风：疾行至下风，以示恭敬。

②殷：指激烈。

③跗注：古代的一种军服。

④见客：接待来宾。

⑤承命：受命。

⑥戎事：军事，战事。

⑦拜命：受命。多指拜官任职。

⑧使者：奉使命办事的人。

⑨屡顾：屡屡回头看。

⑩有刑：受到刑罚。

⑪荧：地名，故址在今河南省郑州西北。

⑫壹：一心。

译文

郤至三次碰到楚共王的士兵，见到楚共王时，一定下车，脱下头盔，快步向前走。楚共王派工尹襄送上一张弓去问候，说："正当战事激烈的时候，有一身穿浅红色牛皮军服的人，是君子啊。刚才见到我而快走，恐怕是受伤了吧？"郤至见到客人，取下头盔接受命令，说："贵国君王的外臣郤至跟随寡君作战，托君王的福，参与了披甲的行列，不敢拜谢命令。谨向君王报告没有受伤，感谢君王惠赐给我的命令。因为战事的缘故，谨向使者肃拜。"三次向使者肃拜以后才退走。

晋国的韩厥追赶郑成公，他的车夫杜溷罗说："快追上去！他们的御者屡屡回头看，注意力不在马上，可以赶上。"韩厥说："不能再次羞辱国君。"于是就停止追赶。郤至追赶郑成公，他的车右茀翰胡说："另外派轻车从小道迎击，我追上他的战车而把他俘虏下来。"郤至说："伤害国君要受到刑罚。"也停止了追赶。石首说："卫懿公由于不去掉他的旗子，因此才在荧地战败。"于是就把旗子放进弓袋里。唐苟对石首说："您在国君旁边，战败者应该一心保护国君。我不如您，您带着国君逃走，我请求留下。"于是唐苟就战死了。

原文

楚师薄[1]于险，叔山冉谓养由基曰："虽君有命，为国故，子必射。"乃射，再发，尽殪[2]。叔山冉搏人[3]以投，中车[4]，折轼[5]。晋师乃止。囚楚公子茷。

栾针见子重之旌，请曰："楚人谓夫旌，子重之麾[6]也，彼其子重也。日臣之使于楚也，子重问晋国之勇，臣对曰：'好以众整。'曰：'又何如？'臣对曰：'好以暇[7]。'今两国治戎，行人不使，不可谓整；临事而食言，不可谓暇。请摄饮焉。"公许之。使行人执榼[8]承饮，造于子重，曰："寡君乏使，使鍼御持矛，是以不得犒[9]从者，使某摄饮。"子重曰："夫子尝与吾言于楚，必是故也。不亦识

乎?”受而饮之,免使者而复鼓[⑩]。旦而战,见星未已。

注释

①薄:逼。
②殪:杀死。
③搏人:将人举起来。
④中车:投中车子。
⑤折轼:折断了车前的横木。
⑥麾:古代供指挥用的旌旗。
⑦暇:悠闲,指从容不迫。
⑧榼:盛酒的器具。
⑨犒:犒赏。
⑩复鼓:重新击鼓。

译文

楚军被逼在险阻的地方,叔山冉对养由基说:“虽然国君有命令禁止你射箭,但为了国家,您一定要射箭。”养由基就射向晋军,再射,被射的人都被射死。叔山冉举起晋国士卒掷过去,掷中战车,折断了车前的横木。晋军于是停下来。晋军囚禁了楚国的公子茷。

栾针见到子重的旌旗,请求说:“楚国人说那面旌旗是子重的旗号,他恐怕就是子重吧。当初下臣出使到楚国,子重问起晋国的勇武表现在哪里,下臣回答说:‘喜好整齐,按部就班。’子重说:‘还有什么?’下臣回答说:‘喜好从容不迫。’现在两国兴兵,不派遣使者,不能说是按部就班;临到事情而说话不算,不能说是从容不迫。请君王派人替我给子重进酒。”晋厉公答应了,派遣使者拿着酒器奉酒。到了子重那里,说:“寡君缺乏使者,让栾针执矛侍立在他左右,因此不能犒赏您的从者,派我前来代他送酒。”子重说:“那个人曾经跟我在楚国说过一番话,送酒来一定是这个缘故。他的记忆力不也是很强吗?”受酒而饮,不留难使者而重新击鼓。早晨开始作战,直至见到星星还没有结束。

原文

子反命军吏察夷伤，补卒乘，缮甲兵，展车马，鸡鸣而食，唯命是听。晋人患之。苗贲皇徇曰："搜乘，补卒，秣马、利兵，修陈、固列，蓐食、申祷，明日复战！"乃逸①楚囚。王闻之，召子反谋。穀阳竖献饮于子反，子反醉而不能见。王曰："天败楚也夫！余不可以待。"乃宵遁②。晋人楚军，三日穀③。范文子立于戎马之前，曰："君幼，诸臣不佞，何以及此？君其戒之！《周书》曰：'惟命不于常。'有德之谓。"

注释

①逸：放，放走。
②宵遁：亦作"宵遯"，乘夜逃跑。
③穀：同"谷"，指粮食。

译文

子反叫军官视察伤情，补充步兵骑兵。修理盔甲武器，摆列战车马匹，鸡叫的时候吃饭，只等听候主帅的命令。晋国因此担心。苗贲皇通告全军说："检阅战车，补充士卒，喂好马匹，磨快武器，整顿军阵，巩固行列，饱餐一顿，再次祷告，明天再战！"就故意放走楚国的俘虏。楚共王听到这些情况，召子反一起商量。穀阳竖献酒给子反，子反喝醉了不能进见。楚共王说："这是上天要让楚国失败啊！我不能等着。"因而在夜里逃走了。晋军进入楚国军营，吃了三天楚军留下的粮食。范文子站在兵马前面，说："君王年纪幼小，下臣们不才，怎么能得到这个结果？君王还是要警惕啊！《周书》说：'天命不能常在不变。'说的是有德的人就可以享有天命。"

原文

楚师还，及瑕，王使谓子反曰："先大夫之覆师徒[①]者，君不在。子无以为过，不穀之罪也。"子反再拜稽首曰："君赐臣死，死且不朽[②]。臣之卒实奔，臣之罪也。"子重使谓子反曰："初陨师徒者，而亦闻之矣。盍图[③]之！"对曰："虽微先大夫有之，大夫命侧，侧敢不义？侧亡君师，敢忘其死？"王使止之，弗及而卒。

战之日，齐国佐、高无咎至于师，卫侯出于卫，公出于坏隤。宣伯通于穆姜，欲去季、孟而取其室。将行，穆姜送公，而使逐二子。公以晋难告，曰："请反而听命。"姜怒，公子偃、公子鉏趋过[④]，指之曰："女不可[⑤]，是皆君也。"公待于坏隤，申宫儆备，设守而后行，是以后。使孟献子守于公宫。

注释

①师徒：指军队。

②死且不朽：指身虽死而言论、事业等长存。

③图：谋划，打算。

④趋过：快步走过。表示恭敬。

⑤不可：不同意。

译文

楚军回去，到达瑕地，楚共王遣人对子反说："先大夫让军队覆没，当时国君不在军中。您没有过错，这是我的罪过。"子反再拜叩头说："君王赐下臣一死，死而不朽。下臣的士兵的确败逃了，这是下臣的罪过。"子重也派人对子反说:"先前让军队覆没的人,他的结果你也听到过了。何不自己打算一下!"子反回答说:"即使没有先大夫自杀谢罪的事,大夫命令侧死去,侧岂敢贪生而陷于不义?侧使国君的军队败亡,哪敢忘记一死?"楚共王派人阻止他,没来得及,子反就自杀了。

交战那天,齐国国佐、高无咎到达军中,卫献公从卫国出来,鲁成公从坏隤出来。宣伯和穆姜私通,想要去掉季、孟两人而占取他们的家财。成公将准备出行,穆姜送他,让他驱逐这两个人。成公把晋国的危难告诉她,说:"请等我回来再听取您的命令。"穆姜发怒,公子偃、公子钽快步走过,穆姜指着他们说:"你要不同意,他们都可以是国君。"鲁成公在坏隤等待,防护宫室、加强戒备、设置守卫,然后出行,因此去晚了。让孟献子在国君的宫殿中留守。

原文

秋,会于沙随[①],谋伐郑也。宣伯使告郤犨曰:"鲁侯待于坏隤,以待胜者。"郤犨将新军,且为公族大夫,以主东诸侯。取货[②]于宣伯,而诉公于晋侯。晋侯不见公。

曹人请于晋曰:"自我先君宣公即世[③],国人曰:'若之何?忧犹未弭。'而又讨我寡君,以亡曹国社稷之镇公子,是大泯曹也,先君无乃有罪乎?若有罪,则君列诸会矣。君唯不遗德、刑,以伯诸侯,岂独遗诸敝邑?取私布[④]之。"

注释

①沙随:春秋宋地,在今河南宁陵县西北,古沙随国。

②取货:获取财物。

③即世:去世。

④私布:私自陈述。

译文

秋季，鲁成公和晋厉公、齐灵公、卫献公、宋国华元、邾国人在沙随会见，商量进攻郑国。宣伯派人告诉郤犨说："鲁侯在坏隤等待胜利者。"郤犨率领新军，同时做公族大夫，主持东方诸侯的事务。他从宣伯那里拿了财物，而在晋厉公那里毁谤鲁成公。晋厉公就不和鲁成公见面。

曹国向晋国请求说："自从我先君宣公去世，国内的人们说：'怎么办？忧患还没有解除。'而贵国又讨伐我国寡君，因而使镇抚曹国的公子臧逃亡，这是在大举灭曹。大概是由于先君有罪吧？可是如果有罪，君王又使他参加会盟。君王不丢失德行和刑罚，所以才能称霸诸侯，难道唯独要丢弃敝邑？谨在私下向贵国表达真情。"

原文

七月，公会尹武公及诸侯伐郑。将行，姜又命公如初，公又申守①而行。诸侯之师次于郑西，我师次于督扬②，不敢过郑。子叔声伯使叔孙豹请逆于晋师，为食于郑郊。师逆以至。声伯四日不食③以待之，食使者而后食。

诸侯迁于制田④。知武子佐下军，以诸侯之师侵陈，至于鸣鹿⑤，遂侵蔡。未反，诸侯迁于颍上⑥。戊午，郑子罕宵军之，宋、齐、卫皆失军。

曹人复请于晋。晋侯谓子臧："反！吾归而君。"子臧反，曹伯归。子臧尽致⑦其邑与卿而不出。

注释

①申守：谓加强戒备，设置守卫。

②督扬：春秋郑邑。

③不食：不吃东西。

④制田：在河南新郑县东北。

⑤鸣鹿：春秋陈地，在河南鹿邑县西。

⑥颍上：郑国地名，治古郑城，在今安徽颍上县南。

⑦尽致：详尽细致，达到极点。

译文

七月，鲁成公会合尹武公和诸侯共同进攻郑国。成公将要出行，穆姜又像以前一样命令成公。成公又在宫中设了防备以后才出行。诸侯的军队驻扎在郑国西部，我国的军队驻扎在督扬，不敢经过郑国。子叔声伯派叔孙豹请求晋军前来迎接我军，又在郑国郊外为晋军准备饭食。晋军为迎接我军而来，子叔声伯四天没有吃饭等着他们，直到让晋国的使者吃了饭以后自己才吃。

诸侯各国的军队迁移到制地，知武子作为下军副帅，率领诸侯的军队进攻陈国，到达鸣鹿，就趁势进攻蔡国。还没有回来，诸侯各国的军队又迁移到颍上。七月二十四日，郑国的子罕突然夜袭他们，宋国、齐国、卫国都溃不成军。

曹国人再次向晋国请求。晋厉公对子臧说："你回国！我送回你们国君。"子臧回国，曹成公也回来了。子臧把他的采邑全部交给卿而不再出仕。

原文

宣伯使告郤犨曰："鲁之有季、孟，犹晋之有栾、范也，政令于是乎成[1]。今其谋曰：'晋政多门[2]，不可从也。宁事齐、楚，有亡而已，蔑从晋矣！'若欲得志于鲁，请止行父而杀之，我毙蔑也，而事晋，蔑有贰矣。鲁不贰，小国必睦。不然，归必叛矣。"

注释

①成:达成。

②政多门:政令由许多部门发出。指领导无力,权力分散。

译文

宣伯派人告诉郤犨说:“鲁国有季氏、孟氏,就好像晋国有栾氏、范氏,政令因他们而达成。如今他们商量说:‘晋国的政令出于不同的家族,这是不能服从的。宁可侍奉齐国和楚国,哪怕亡国,也不跟从晋国了!’晋国如果要在鲁国行使自己的意志,请留下季孙行父而杀了他,我把仲孙蔑杀死,侍奉晋国,仲孙蔑有二心了。鲁国没有二心,其他小国必定服从晋国。不这样,季孙行父回国就必然背叛晋国。”

原文

九月,晋人执季文子于苕丘。公还,待于郓[①],使子叔声伯请季孙于晋。郤犨曰:“苟去仲孙蔑而止季孙行父,吾与子国,亲于公室。”对曰:“侨如之情,子必闻之矣。若去蔑与行父,是大弃[②]鲁国,而罪寡君也。若犹不弃,而惠徼周公之福,使寡君得事晋君,则夫二人者,鲁国社稷之臣也。若朝亡之,鲁必夕亡。以鲁之密迩仇雠[③],亡而为雠,治之何及?”郤犨曰:“吾为子请邑。”对曰:“婴齐,鲁之常隶也,敢介大国以求厚焉!承寡君之命以请,若得所请,吾子之赐多矣,又何求?”范文子谓栾武子曰:“季孙于鲁,相二君矣。妾不衣帛,马不食粟,可不谓忠乎?信谗慝而弃忠良[④],若诸侯何?子叔婴齐奉君命无私,谋国家不贰,图其身不

忘其君。若虚其请，是弃善人也。子其图之！”乃许鲁平，赦季孙。

注释

①郓：春秋鲁地，在山东沂水县北。

②大弃：大大丢弃。

③仇雠：仇敌；仇家。

④谗慝：指邪恶奸佞之人。忠良：忠诚善良的人。

译文

九月，晋国人在晋国的苕丘逮捕了季文子。成公回来，在郓地等待，派子叔声伯向晋国请求放回季文子。郤犨说：“若去掉仲孙蔑而留下季孙行父，我给您鲁国的政权，对待您比对公室还亲。”声伯回答说：“侨如的情况，您一定听到了。如果去掉蔑和行父，这是大大丢弃鲁国而惩罚寡君。如果还能不丢弃鲁国，而承您向周公祈求福禄，让寡君能够侍奉晋国国君，那么这两个人，就是鲁国的社稷之臣。如果早晨去掉他们，晚上鲁国必然灭亡。鲁国本来以附近的齐国、楚国为仇敌，如果晋国灭亡了鲁国，齐国和楚国就转而以晋国为仇敌，晋国想要补救又怎么来得及？”郤犨说：“我为您请求封邑。”声伯回答说：“婴齐，不过是鲁国小臣，岂敢仗恃大国以求取丰厚的官禄！我奉了寡君的命令前来请求，如果得到所请求的，您的恩赐就很多了，还有什么请求？”范文子对栾武子说：“季孙行父在鲁国，辅助过两个国君。他家中的妾不穿丝绸，他家中的马不喂粟米，能不认为他是忠诚吗？相信奸邪而丢弃忠良，怎么对付诸侯？子叔声伯接受国君的命令没有私心，为国家谋划也没有二心，为自己打算而不忘国君。如果拒绝他的请求，这是舍弃善良的人啊。您还是考虑一下吧！”于是允许鲁国讲和，赦免了季孙行父。

原文

冬十月,出叔孙侨如而盟之,侨如奔齐。

十二月,季孙及郤犨盟于扈[1]。归,刺公子偃,召叔孙豹于齐而立之。

齐声孟子通侨如齐,使立于高、国之间。侨如曰:"不可以再罪。"奔卫,亦间于卿。

晋侯使郤至献楚捷于周,与单襄公语,骤称其伐。单子语诸大夫曰:"温季其亡乎!位于七人之下,而求掩[2]其上。怨之所聚,乱之本也。多怨而阶乱,何以在位?《夏书》曰:'怨岂在明?不见是图。'将慎其细[3]也。今而明之,其可乎?"

注释

①扈:春秋郑邑,今河南原武县西北有扈亭。

②掩:掩盖,覆盖。

③慎:谨慎。细:细微之处。

译文

冬,十月,放逐叔孙侨如并和鲁国结盟。侨如逃亡到齐国。

十二月,季孙和郤犨在扈地结盟。回国,暗地里杀了公子偃,把叔孙豹从齐国召回,立他继承叔孙氏的禄位。

齐国齐灵公的母亲声孟子和侨如私通,让他的名位位于高氏、国氏之间。侨如说:"我不能再犯罪了。"便逃亡到卫国,名位还是位于各卿之间。

晋厉公派遣郤至进献楚国的俘虏给周朝,郤至和单襄公说话屡屡夸耀自己的功劳,单襄公对大夫们说:"郤至恐怕要被杀吧!他的地位在七个人之下,而想要盖过他的上级。聚集怨恨,这是祸乱的根本。多招怨恨,是自己制造祸乱的阶梯,怎么还能据有官位?《夏书》说:'怨恨难道只是在明处?看不到的怨恨倒是应该考虑。'这是说在细微之处也要谨慎。现在郤至把看不到的怨恨都变得明显了,这难道行吗?"

评析

鲁成公十六年(公元前576年),晋楚鄢陵之战,晋国大胜,巩固了霸主地位,但这种胜利背后却隐藏着危机。

这是一场晋、楚两国为争取小国附庸而进行的战争,最后以晋军获胜结束。这场战争真正充分证明了"成者为王,败者为寇"的古训。彼此间的争斗没有什么正义和非正义可言,无非是为了捞取各自的好处。

使人感兴趣的不是谁胜谁负,而是对立双方在交战过程中的表演。

士燮所说的"外宁必有内忧",给人的感觉似乎是只有靠不断地进行对外战争,才能保证自己国内的安宁。换句话说,如果治理不好国家内部,就靠对外战争来转移国内人们的视线和注意力。当国家命运的决策人当到这个地步,可以说已经到了黔驴技穷、山穷水尽的境地。这样的统治者不下台,还待在权力位置上干什么?

认真地想,这实在是一种强盗逻辑,都不可能把希望寄托在同强国打仗、吞并弱小国家之上。或许,这种强盗逻辑在春秋时代行得通而在现在则行不通。统治者的主要职责是使国家富强,人民幸福,为此可做的事和必须做的事太多了,必须要付出太多的精力。

国家的内乱,要么是政治腐败、治理无方、统治者荒淫无道,致使民不聊生造成的,要么是由统治集团内部的钩心斗角、尔虞我诈、争权夺利造成的。在这种情况下试图以对外扩张和侵略来治病,充其量是治表而无法治根,甚至更有可能加重内乱,使毛病积重难返,直到病入膏肓,不可救药。

话虽然这么说,晋军毕竟会打仗,最终获得了鄢陵之战的胜利。他们所凭借的,不是正气和道义,不过是正确的战略战术罢了。这同政治腐败、扩张野心膨胀是两回事。他们首先做到了知己知彼,摸透了楚军的六大弱点,这六个弱点中几乎每一个都是致命的。比如主帅不和,在两军对垒的残酷战斗中必然会令出两端,弄得士兵不知所措。比如贵族子弟参战,这些个公子哥儿养尊处优惯了,趾高气扬,志满意得,却吃不了苦,没有战斗力,成事不足,败事有余。这样一来,对敌方的弱点了如指掌,因此胸有成竹,怎能不打胜仗?

襄公（元年～三十一年）

三年经

三年：春，楚公子婴齐帅师伐吴。

公如晋。

夏，四月壬戌，公及晋侯盟于长樗。

公至自晋。

六月，公会单子、晋侯、宋公、卫侯、郑伯、莒子、邾子、齐世子光。己未，同盟于鸡泽。

陈侯使袁侨如会。

戊寅，叔孙豹及诸侯之大夫及陈袁侨盟。

秋，公至自会。

冬，晋荀罃帅师伐许。

三年传

原文

三年，春，楚子重伐吴，为简之师。克鸠兹[①]，至于衡山。使

邓廖帅组甲三百，被练三千，以侵吴。吴人要②而击之，获邓廖。其能免者，组甲③八十，被练三百而已。子重归，既饮至，三日，吴人伐楚，取驾。驾，良邑也。邓廖，亦楚之良④也。君子谓"子重于是役也，所获不如所亡"。楚人以是咎子重，子重病之，遂遇心病⑤而卒。

公如晋，始朝也。夏，盟于长樗。孟献子相。公稽首。知武子曰："天子在，而君辱稽首，寡君惧矣。"孟献子曰："以敝邑介在东表⑥，密迩⑦仇雠，寡君将君是望，敢不稽首？"

注释

①鸠兹：春秋吴邑，在今安徽芜湖县东四十里。

②要：同"腰"，指拦腰截断。

③组甲：身着丝绳带连缀皮革或金属的甲片的士兵。

④良：良将，良材。

⑤心病：心中忧虑而引起疾病。

⑥东表：东方边界之外，指临近东海。

⑦密迩：靠近；贴近。

译文

三年春季，楚国的子重入侵吴国，组织了一支经过挑选的军队。攻下鸠兹，到达衡山。派遣邓廖率领三百名穿着用丝带连缀甲片制成的铠甲的车兵和三千名穿着用熟丝连缀甲片制成的铠甲的步兵以侵袭吴国。吴军拦腰攻击楚军，俘虏了邓廖。逃脱的只有车兵八十人、步兵三百人而已。子重回国，在太庙中举行了庆祝胜利的饮至礼仪，三天后，吴国人攻打楚国，占取了驾地。驾地，是上等的城邑。邓廖，也是楚国的良将。君子认为："子重在这次战役中，所得到的不如所失去的。"楚国人因此责备子重。子重感到忧虑，就得了病而死去。

鲁襄公到晋国，这是第一次去朝见。夏季，襄公和晋悼公在长樗会盟。孟献子作为襄公的相礼。襄公向晋悼公行叩头礼。知武子说："有周天子在那里，而屈辱地让君王叩头，寡君感到害怕。"孟献子说："由于敝邑地近东海，紧挨着仇敌，寡君将要仰望贵君协助，岂敢不行叩头大礼？"

原文

晋为郑服故，且欲修吴好，将合诸侯。使士丐告于齐曰："寡君使丐，以岁之不易，不虞之不戒，寡君愿与一二兄弟相见，以谋不协。请君临之，使丐乞盟。"齐侯欲勿许，而难为不协，乃盟于耏①外。

祁奚请老②，晋侯问嗣③焉。称解狐④，其仇也，将立之而卒。又问焉，对曰："午⑤也可。"于是羊舌职⑥死矣。晋侯曰："孰⑦可以代之？"对曰："赤⑧也可。"于是使祁午为中军尉⑨，羊舌赤佐之。君子谓："祁奚于是能举善⑩矣。称其仇，不为谄⑪，立其子，不为比⑫；举其偏，不为党⑬。《商书》曰：'无偏无党，王道荡荡。'⑭其祁奚之谓矣！解狐得举，祁午得位，伯华得官，建一官而三物成，能举善也夫！唯善，故能举其类。《诗》云：'惟其有之，是以似之。'⑮祁奚有焉。"

注释

①耏：耏水，即今山东临淄之时水。

②祁奚：字黄羊，晋国大臣，曾任晋国中军尉。请老：告老，请求退休。

③晋侯：指晋悼公。嗣：指接替职位的人。

④称：推举。解狐：晋国的大臣。

⑤午：祁午，祁奚的儿子。

⑥于是：在这个时候。羊舌职：姓羊舌，名职，晋国的大臣，当时任中军佐。

⑦孰：谁。

⑧赤：羊舌赤，字伯华，羊舌职的儿子。

⑨中军尉：中军的军尉。

⑩于是：在这件事情上。举：推举。善：指贤能的人。

⑪谄：谄媚，讨好。

⑫比：偏爱，袒护。

⑬偏：指副手，下属。党：勾结。

⑭出自《尚书·洪范》。王道：君主以仁义治天下，以德政安抚臣民的统治方法。荡荡：宽广无边的样子，指公正无私。

⑮出自《诗·小雅·裳裳者华》。

译文

晋国由于郑国顺服的原因，又想要和吴国修好，打算会合诸侯。派遣士丐向齐国报告说："寡君派我前来，是由于近年来各国还不平定，对意外的事情又没有戒备，寡君愿意和几位兄弟国家的国君相见，来商讨解决彼此的不和。请求君王参加，派我来请求结盟。"齐灵公想不答应，而又不好表示不和，就在耏水外面结盟。

祁奚请求告老退休，晋悼公向他询问接替他的中军尉职务的人。祁奚推举解狐，而解狐是他的仇人。晋悼公要立解狐为中军尉，解狐却死了。晋悼公又问他，祁奚回答说："祁午可以任中军尉。"正在这个时候羊舌职死了，晋悼公问祁奚："谁可以接替羊舌职的职位？"祁奚回答说："羊舌赤可以。"于是，晋悼公让祁午做了中军尉，让羊舌赤辅佐他。君子认为："祁奚在这件事情上能够推举贤人。推荐他的仇人，而不谄媚，推立他的儿子，而不偏袒，推举他的下属，而不是勾结。《商书》说：'不偏私不结党，君王之道浩浩荡荡。'这说的就是祁奚啊！解狐能被荐举，祁午得到了禄位，羊舌赤能有官位，建立一个官位而成全三件事，这是因为能够推举好人的缘故啊！唯其有德行，才能推举类似他的好人。《诗》说：'正因为具有美德，推举的人才能和他相似。'祁奚就是这样的人。"

原文

六月，公会单顷公及诸侯。己未，同盟于鸡泽[①]。晋侯使荀

会逆吴子于淮上[2]。吴子不至。

楚子辛为令尹，欲侵于小国。陈成公使袁侨如会求成。晋侯使和组父告于诸侯。秋，叔孙豹及诸侯之大夫及陈袁侨盟，陈请服也。

注释

①鸡泽：地名，在河北永年县西南。

②淮上：淮水边上。

译文

六月，鲁襄公会见单顷公和诸侯。二十三日，在鸡泽会盟。晋悼公派遣荀会在淮水边上迎接吴国国君，吴国国君没有来。

楚国的子辛做令尹，侵害小国以满足自己欲望。陈成公派遣袁侨到会请求和好。晋悼公派遣和组父告诉诸侯。秋季，叔孙豹和诸侯的大夫同陈国的袁侨结盟，这是因为陈国请求服从晋国的缘故。

原文

晋侯之弟扬干乱行[1]于曲梁，魏绛戮其仆。晋侯怒，谓羊舌赤曰："合诸侯，以为荣也。扬干为戮，何辱如之？必杀魏绛，无失也！"对曰："绛无贰志[2]，事君不辟难，有罪不逃刑，其将来辞[3]，何辱命焉？"言终，魏绛至，授仆人书，将伏剑[4]。士鲂、张老止之。公读其书曰："日君乏使，使臣斯[5]司马。臣闻师众以顺为武，军事有死无犯为敬。君合诸侯，臣敢不敬？君师不武，执事不敬，罪莫大焉。臣惧其死，以及扬干，无所逃罪，不能致训，至于用钺[6]。臣之罪重，敢有不从，以怒[7]君心？请归死于司寇。"公跣[8]而出，曰："寡人之言，亲爱也。吾子之讨[9]，军礼也。寡人有弟，弗能教训，使干[10]大命，寡人之过也。子无重寡人之过，敢以为请。"

注释

①乱行：扰乱行列。
②贰志：二心。
③辞：陈述，辩解。
④伏剑：自刎，自杀。
⑤斯：此，这里是担任此职的意思。
⑥钺：斧钺，指大斧子。
⑦怒：惹怒，激怒。
⑧跣：没有穿鞋，光着脚。
⑨讨：讨罪，指杀戮，诛杀。
⑩干：触犯。

译文

晋悼公的弟弟扬干在曲梁扰乱军队的行列，魏绛杀了他的驾车人。晋悼公发怒，对羊舌赤说："会合诸侯，是以此为光荣。扬干受到侮辱，还有什么侮辱比这更大？一定要杀掉魏绛，千万不要耽误了！"羊舌赤回答说："魏绛一心为国，侍奉国君不避危难，有了罪过不避惩罚，恐怕会来辩解的，何必劳动君王发布命令呢？"话刚说完，魏绛来了，把一封信交给仆人官，准备抽剑自杀。士鲂、张老劝阻了他。晋悼公读他的书信，信上说："以前君王缺乏役使的人，让下臣担任司马的职务。下臣听说军队里的人服从军纪叫做勇武，在军队里做事宁死也不犯军纪叫做恭敬。君王会合诸侯，下臣哪里敢不恭敬？君王的军队不勇武，办事的人不恭敬，没有比这再大的罪过了。下臣害怕死，所以连累到扬干，罪责无可逃避。下臣不能够事先教导全军，以至于动用了斧钺。下臣的罪过很重，岂敢不服从惩罚来激怒君王呢？请求回去死在司寇那里。"晋悼公光着脚赶紧走出来，说："寡人的话，是出于对兄弟的亲爱；大夫的诛戮，是出于按军法从事。寡人有弟弟，没有能够好好教导他，而让他触犯了军令，这是寡人的过错。您不要加重寡人的过错，谨以此作为请求。"

原文

晋侯以魏绛为能，以刑佐[1]民矣。反役[2]，与之礼食，使佐新军。张老为中军司马，士富为候奄。

楚司马公子何忌侵陈，陈叛故也。许灵公事楚，不会于鸡泽。冬，晋知武子帅师伐许。

注释

①刑佐：法治，即用刑罚治理。

②反役：从行役返回，此指回国。

译文

晋悼公认为魏绛能够采用刑罚来治理百姓，从盟会回国，在太庙设宴招待魏绛，派他为新军副帅。张老做中军司马，士富做候奄官。

楚国的司马公子何忌率军进攻陈国，这是由于陈国背叛了楚国的缘故。许灵公侍奉楚国，不参加鸡泽的会见。冬季，晋国的知武子领兵讨伐许国。

评析

《左传》在鲁襄公三年（公元前570年），讲述了祁奚内举不避亲，外举不避仇的故事，阐述了任人唯贤的政治主张。

根据我们自己的经验，能做到像祁奚这样，不管是仇人也好，还是自己的亲属、部下也好，只以德行和才能作为推荐的标准，这样的人古往今来都是少数，确实不多。假如世界上充满了像祁奚这种坦坦荡荡、不偏不倚的君子，世界将会是另一个样子，祁奚也就失去了光彩。正因为稀少，大多数人做不到，他才成了榜样，才有了光彩，才让我们称赞。

从人们的愿望来说，总希望祁奚越多越好，世界也将因此变得越来越美好。但是，希望和现实总是有差距的，有时甚至还会很大。一方面我们不会因为现实不如意而放弃希望；另一方面，我们也不会因为有了前人榜样，心怀希望，从而闭目不看现实。

四年经

四年：春，王三月己酉，陈侯午卒。

夏，叔孙豹如晋。

秋，七月戊子，夫人姒氏薨。

葬陈成公。

八月辛亥，葬我小君定姒。

冬，公如晋。

陈人围顿。

四年传

原文

四年春，楚师为陈叛故，犹在繁阳。韩献子患之，言于朝曰："文王帅殷之叛国以事纣，唯知时[①]也。今我易之，难哉！"

三月，陈成公卒。楚人将伐陈，闻丧乃止。陈人不听命②。臧武仲闻之曰："陈不服于楚，必亡。大国行礼③焉，而不服，在大犹有咎，而况小乎？"夏，楚彭名侵陈，陈无礼故也。

注释

①知时：知道时机未到。
②听命：从命。
③行礼：实行的礼仪。

译文

四年春季，楚军因为陈国背叛的缘故，仍驻扎在繁阳。韩献子担心这件事，在朝廷上说："周文王率领背叛商朝的国家去侍奉纣，这是由于知道时机未到。现在我们正相反，想要称霸，难哪！"

三月，陈成公死了。楚国人正准备进攻陈国，听到陈国有丧事，就停止进攻。陈国不听楚国的命令，臧武仲听说这种情况说："陈国对楚国不服从，一定灭亡。大国实行礼仪而不去顺服，对大国来说尚且有灾难，更何况是小国呢？"夏季，楚国的彭名攻打陈国，这是因为陈国缺乏礼仪的缘故。

原文

穆叔如晋，报知武子之聘也。晋侯享之，金奏《肆夏》之三，不拜。工歌《文王》之三，又不拜。歌《鹿鸣》之三，三拜①。韩献子使行人子员问之，曰："子以君命辱于敝邑，先君之礼，借之以乐，以辱吾子。吾子舍其大，而重拜其细，敢问何礼也？"对曰："三《夏》，天子所以享元侯也。使臣弗敢与闻。《文王》，两君相见之乐也，使臣不敢及。《鹿鸣》，君所以嘉寡君也，敢不拜嘉？

《四牡》，君所以劳使臣也，敢不重拜？《皇皇者华》，君教使臣曰‘必谘[2]于周’。臣闻之，访问于善为咨，咨亲为询，咨礼为度，咨事为诹[3]，咨难为谋。臣获五善，敢不重拜？”

注释

①三拜：长跪后两手相拱至地，俯首至手为拜。重复三次，谓之三拜。

②谘：咨询，询问。

③诹：商议。

译文

穆叔去晋国，回报知武子的聘问。晋悼公设宴礼招待他。乐器演奏《肆夏》的三章，穆叔没有答拜。乐工歌唱《文王》三曲，穆叔又没有答拜。歌唱《鹿鸣》三曲，穆叔三次答拜。韩献子派行人官子员去问他，说：“您奉着君王的命令光临敝邑，敝邑按先君之礼用音乐来招待大夫。大夫抛弃重大的而三拜其中细小的，请问这是什么礼仪？”穆叔回答说：“三《夏》，是天子用来招待诸侯领袖的，使臣不敢听到。《文王》，是两国国君相见的音乐，使臣不敢参与。《鹿鸣》，是君王用来嘉奖寡君的，哪里敢不拜谢这种嘉奖？《四牡》，是君王用来慰劳使臣的，哪里敢不再拜？《皇皇者华》，君王教导使臣说：‘一定要向忠信的人咨询。’使臣听说：‘向善人访求询问就是咨，咨询亲戚就是询，咨询礼仪就是度，咨询事情就是诹，咨询困难就是谋。’我得到这五种善良的教导，岂敢不再三拜谢？”

原文

秋，定姒薨，不殡于庙，无榇[1]，不虞。匠庆谓季文子曰：“子为正卿，而小君之丧不成，不终君也。君长，谁受其咎？”

初,季孙为己树六槚[2]于蒲圃东门之外,匠庆请木[3],季孙曰:“略[4]。”匠庆用蒲圃之槚,季孙不御[5]。君子曰:“《志》所谓‘多行无礼,必自及也’,其是之谓乎!”

冬,公如晋听政[6]。晋侯享公,公请属鄫。晋侯不许。孟献子曰:“以寡君之密迩于仇雠,而愿固事君,无失官命。鄫无赋于司马,为执事朝夕之命敝邑,敝邑褊小,阙而为罪,寡君是以愿借助焉。”晋侯许之。

楚人使顿[7]间陈而侵伐之,故陈人围顿。

注释

①榇:古时指空棺,泛指棺材。

②槚:楸树的别称。

③请木:请求用其做棺椁木料。

④略:通“掠”。抢劫,夺取。

⑤御:阻止。

⑥听政:听取政令。

⑦顿:国名,姬姓,子爵,春秋时灭于楚,在今河南项城北五里之南顿故城。

译文

秋季,襄公的母亲定姒死。没有在祖庙内停放棺木,没有用内棺,也没有举行虞祭。官府中的木匠匠庆于是对季文子说:“您做正卿,但是小君的丧礼没有完成,这是让国君不能为他生母送终。国君长大后,谁将会受到责备?”

起初,季孙为自己在蒲圃的东门外边种植六棵楸木,匠庆请求用它做定姒的棺椁木料,季孙说:“您自己去偷盗吧。”匠庆还是使用了蒲圃的楸木,季孙也未阻止。君子说:“《志》所说的‘多做不合礼仪的事,祸患一定会来到自己身上’,说的恐怕就是季孙这种情况吧!”

冬季，鲁襄公去到晋国听取晋国的要求。晋悼公设享礼招待襄公，襄公请求把鄫国归属鲁国，晋悼公不答应。孟献子说："由于寡君紧靠着仇敌，还是愿意坚决侍奉君王，没有耽误君王的命令。鄫国并没有向晋国的司马交纳贡赋，而君王的左右执事却经常要我国交纳赋税，我国褊窄狭小，无法交纳赋税就是罪过，寡君因此希望得到鄫国以为帮助。"晋悼公便允许了。

楚国人让顿国乘陈国的空子而进攻陈国，因此陈国人包围了顿国。

原文

无终子嘉父使孟乐如晋，因魏庄子纳虎豹之皮，以请和诸戎。晋侯曰："戎狄无亲而贪，不如伐之。"魏绛曰："诸侯新服，陈新来和，将观于我①。我德则睦，否则携②贰。劳师于戎，而楚伐陈，必弗能救，是弃陈也，诸华必叛。戎，禽兽也。获戎失华，无乃不可乎？《夏训》有之曰：'有穷后羿③。'"公曰："后羿何如？"对曰："昔有夏之方衰也，后羿自钼迁于穷石，因夏民以代夏政。恃其射也，不修民事，而淫④于原兽。弃武罗、伯因、熊髡、龙圉，而用寒浞。寒浞，伯明氏之谗⑤子弟也，伯明后寒弃之，夷羿收之，信而使之，以为己相。

注释

①观于我：观察晋国的情况。

②携：离。

③有穷：夏朝国名，在今河南。后：君主。羿：君主的名字，羿擅长射箭。

④淫：滥，指滥纵其射猎之欲。

⑤谗：奸谗。

译文

山戎建立的无终国国君嘉父派遣孟乐去到晋国，依靠魏庄子的关系，奉献了虎豹的皮革，以请求晋国和各部戎人讲和。晋悼公说："戎狄不知道亲属相互亲敬而且贪婪，不如攻打他们。"魏庄子说："诸侯亲近顺服，陈国亲近前来讲和，都将观察我们的行动。我们有德，就亲近我们；否则，就背离我们。在戎人那里去用兵，楚国进攻陈国，一定不能去救援，这就是丢弃陈国了。中原诸国一定背弃我们。戎人，不过是禽兽。得到戎人而失去中原，我想恐怕不可以吧？《夏训》有这样的话：'有穷部落的首领后羿。'"晋悼公说："后羿怎么样？"魏庄子回答说："从前夏朝刚刚衰落的时候，后羿从钼地迁到穷石，依靠夏朝的百姓取代了夏朝政权。后羿仗着他擅长射箭，不致力于治理百姓而沉溺于打猎。抛弃了武罗、伯因、熊髡、龙圉等贤臣而任用寒浞。寒浞，是伯明氏的奸诈子弟，伯明后寒丢弃了他，后羿加以收养，相信他并且任用他，作为自己的辅助。

原文

"浞行媚于内[①]，而施赂[②]于外，愚弄其民，而虞羿于田，树之诈慝[③]，以取其国家，外内咸服。羿犹不悛[④]，将归自田，家众杀而亨之，以食其子。其子不忍食诸，死于穷门。靡奔有鬲氏。浞因羿室，生浇及豷，恃其谗慝诈伪，而不德于民。使浇用师，灭斟灌及斟寻氏。处浇于过，处豷于戈。靡自有鬲氏，收二国之烬[⑤]，以灭浞而立少康。

"少康灭浇于过，后杼灭豷于戈，有穷由是遂亡，失人故也。昔周辛甲之为大史也，命百官，官箴[⑥]王阙。于《虞人之箴》[⑦]，曰：'芒芒[⑧]禹迹，画为九州，经启九道。民有寝庙，兽有茂草，各有攸处，德用不扰[⑨]。在帝夷羿，冒于原兽，忘其国恤，而思其麀牡。武不可重，用不恢[⑩]于夏家。兽臣司原，敢告仆夫。'《虞箴》如是，可不惩乎？"于是晋侯好田，故魏绛及之。

注释

①内:内室,指后宫的女人。
②施赂:广施财物。
③慝:恶。诈慝:奸诈邪恶。
④悛:悔改。
⑤烬:灰烬,指遗民。
⑥箴:规诫,劝诫。
⑦《虞人之箴》:亦称《虞箴》。虞人:掌管田猎之人。
⑧芒芒:远的样子。
⑨德:本性。扰:乱,扰乱。
⑩恢:大,恢宏。

译文

"寒浞在宫内对女人献媚,在外边广施财物,愚弄百姓而使后羿沉溺于打猎。扶植了奸诈邪恶,以此取得了后羿的国家,外部和内部都顺从归服。后羿还是不肯改悔,打算从打猎的地方回来,他的手下人把他杀了煮熟,让他的儿子吃,他的儿子不忍心吃,被杀死在穷国的城门口。靡逃亡到有鬲氏。寒浞和后羿的妻妾生了浇和豷,仗着他的奸诈邪恶,对百姓不施恩德,派浇带兵,灭了斟灌和斟寻氏。让浇住在过地,让豷住在戈地。靡从有鬲氏那里收集两国的遗民,以此灭亡了寒浞而立了少康。

"少康在过地灭亡了浇,他的儿子后杼在戈地灭亡了豷,有穷部落从此就灭亡了,这是因为失去贤良的缘故。从前周朝的辛甲做太史官时,命令百官,每人都劝诫天子的过失。在《虞人之箴》里说:'辽远的夏禹遗迹,分为九州,开通了无数大道。百姓有屋有庙,野兽有丰茂的青草,各有居住的地方,他们因此互不干扰。后羿身居帝位,贪恋着打猎,忘记了国家的忧患,想到的只是飞禽走兽。武事不能太多,太多就不能使夏朝强盛。主管禽兽的臣,谨以此报告君王左右的人。'《虞箴》是这样,难道能不警戒吗?"当时晋悼公喜欢打猎,因此魏庄子提到这件事。

原文

公曰："然则莫如和戎乎？"对曰："和戎有五利焉：戎狄荐[①]居，贵货易土，土可贾焉，一也。边鄙不耸[②]，民狎[③]其野，穑人[④]成功，二也。戎狄事晋，四邻振动，诸侯威怀，三也。以德绥戎，师徒不勤，甲兵不顿[⑤]，四也。鉴[⑥]于后羿，而用德度，远至迩[⑦]安，五也。君其图之！"公说，使魏绛盟诸戎，修民事，田以时。

冬，十月，邾人、莒人伐鄫。臧纥救鄫，侵邾，败于狐骀。国人逆丧者皆髽[⑧]。鲁于是乎始髽。国人诵之曰："臧之狐裘，败我于狐骀。我君小子，朱儒是使。朱儒朱儒，使我败于邾。"

注释

①荐：草，水草。

②鄙：野外。耸：恐惧。

③狎：熟习。

④穑人：稼穑之人，指农民。

⑤顿：坏。

⑥鉴：镜子。

⑦迩：近。

⑧髽：接丧用麻系发。

译文

晋悼公说："然而就没有比跟戎人媾和更好的办法了吗？"魏庄子回答说："跟戎人讲和有五种利益：戎狄逐水草而居，重财货而轻土地，他们的土地可以收买，这是一。边境不再有所警惧，百姓安心在田野里耕作，收获五谷的人可以完成任务，这是二。戎狄侍奉晋国，引起邻国震动，诸侯因为我们的威严而慑服，这是三。用德行安抚戎人，将士不辛劳，武器不损坏，这是四。有鉴于后羿的教训，而利用道德法度，远国前来而近国安心，这是五。君王还是慎重谋划吧！”晋悼公听了很高兴，派遣魏庄子跟各部戎人媾和。又致力于治理百姓，打猎也按照时令。

冬十月，邾国人、莒国人联合进攻鄫国，臧纥救援鄫国，攻打邾国，在狐骀被击败。国内的人们去接丧的都用麻系发，鲁国从这时开始有了用麻系发的习俗。国内的人们讽刺说：“姓臧的身穿狐皮袄，使我们在狐骀战败了。我们的国君小子（国君在丧期称为小子），把个侏儒当差使。侏儒人，侏儒人，使我们败给邾。”

评析

鲁襄公四年（公元前569年），魏绛从国家大局出发，冲破传统偏见的束缚，积极主张和戎，开创了我国历史上汉族争取团结少数民族的先例。和戎政策实施后大见成效，到晋悼公十二年（公元前562年），仅短短的八年时间内，便取得了晋国与戎狄和睦相处的局面。

春秋时期的晋国可以说是与戎狄打交道最多的诸侯国。春秋霸主晋文公的母亲就是来自戎狄的女子。晋国与戎狄关系密切，不仅有战争，也有联姻，还有利用。晋悼公时，魏绛提出的和戎政策无疑是高明之举，一举多得，既可以用钱财同戎人换取土地，又可以安定晋国后方，使晋致力于与楚争夺霸主地位。这件事无论是在晋悼公恢复霸业上，还是在戎狄与华夏族的融合上都发挥了积极影响。

十四年经

十有四年：春，王正月，季孙宿、叔老会晋士匄、齐人、宋人、卫人、郑公孙虿、曹人、莒人、邾人、滕人、薛人、杞人、小邾人会吴于向。

二月乙未朔，日有食之。

夏，四月，叔孙豹会晋荀偃、齐人、宋人、卫北宫括、郑公孙虿、曹人、莒人、邾人、滕人、薛人、杞人、小邾人伐秦。

己未，卫侯出奔齐。

莒人侵我东鄙。

秋，楚公子贞帅师伐吴。

冬，季孙宿会晋士匄、宋华阅、卫孙林父、郑公孙虿、莒人、邾人于戚。

十四年传

原文

师旷侍于晋侯[①]。晋侯曰："卫人出[②]其君，不亦甚乎?"对曰："或者其君实甚。良君将赏善而刑淫，养民如子，盖之如天，容之如地；民奉其君，爱之如父母，仰之如日月，敬之如神明，畏之如雷霆，其可出乎？夫君，神之主而民之望也。若困民之主，匮[③]神之祀，百姓绝望，社稷无主，将安用之？弗去何为？天生民而立之君，使司牧[④]之，勿使失性。有君而为之贰[⑤]，使师保[⑥]之，勿使过度。是故天子有公[⑦]，诸侯有卿[⑧]，卿置侧室[⑨]，大夫有贰宗[⑩]，士有朋友[⑪]，庶人、工、商、皂、隶、牧、圉皆有亲昵[⑫]，以相辅佐也。善则赏[⑬]之，过则匡之，患则救之，失则革[⑭]之。自王以下各有父子兄弟以补察其政。史[⑮]为书，瞽为诗[⑯]，工诵箴谏[⑰]，大夫规诲[⑱]。士传言[⑲]，庶人谤[⑳]，商旅于市[㉑]，百工[㉒]献艺。故《夏书》[㉓]曰：'遒人以木铎徇于路[㉔]，官师[㉕]相规，工执艺事以谏。'正月孟春[㉖]，于是乎有之[㉗]，谏失常[㉘]也。天之爱民甚矣，岂其使一人肆[㉙]于民上，以从其淫而弃天地之性[㉚]？必不然矣。"

注释

①师旷：晋国乐师。晋侯：指晋悼公。

②出：驱逐。

③匮：缺乏。

④司牧：统治，治理。

⑤贰：辅佐大臣。

⑥师保：本指教育和辅导天子的师傅，这里的意思是教导保护。

⑦公：仅次于天子的最高爵位。

⑧卿：诸侯的执政大臣。

⑨侧室：庶子。这里指侧室之官。

⑩大夫：比卿低一等的爵位。贰宗：官名，由大夫的宗室之弟担任。

⑪士：大夫以下、庶民以上的人。朋友：指志同道合的人。

⑫皂、隶：都是奴隶中的一个等级。牧：养牛人。圉：养马的人。

⑬赏：赞扬。

⑭革：改。

⑮史：太史。为书：记录国君的言行。

⑯瞽：古时用盲人作乐师。为诗：作诗讽谏。

⑰工：乐工。诵：唱或诵读。箴谏：用来规劝讽谏的文辞。

⑱规诲：规劝开导。

⑲传言：传话。

⑳谤：公开议论。

㉑商旅：商人。于市：指在市场上议论。

㉒百工：各种工匠，手艺人。

㉓《夏书》：已失传。以下两句话见于《古文尚书·胤征》。

㉔遒人：行令官，连宣令官。木铎：以木为舌的大铃，铜质。徇：巡行宣令。

㉕官师：官员。

㉖孟春：初春。

㉗有之：指有遒人宣令。

㉘失常：丢掉常规。

㉙肆：放肆，放纵。

㉚从：同“纵”，放纵。

译文

师旷随侍在晋悼公苦怕人身边。晋悼公说：“卫国人驱逐了他们的国君，这不是太过分了吗？”师旷回答说：“也许是他们的国君确实太过分了。贤明的国君要奖赏好人而惩罚坏人，抚育百姓像抚育儿女一样；容纳他们像大地一样；民众侍奉他们的国君，热爱他像热爱父母一样，敬仰他如对日月一样；崇敬他如对神明一样，畏惧他如对雷霆一样，难道能把他驱逐出去吗？国君是神明的主祭人，是民众的希望。如果使民众的生计困乏，神明失去祭祀者，老百姓绝望，国家失去主人，哪里还用得着他？不驱逐他干什么？上天生下百姓并为他们立了国君，让国君治理他们，不让他们丧失天性。有了国君又替他设置了辅佐的人，让他们教导保护他，不让他越过法度。所以天子有公，诸侯有卿，卿设置侧室，大夫有贰宗，士有朋友，平民、工匠、商人、奴仆、养牛人和养马人都有亲近的人，以便互相帮助。善良的就赞扬，有过错则纠正，有患难就救援，有过失就改正。从天子以下，人们各自有父兄子弟来观察和补救他们行事的得失。太史记录国君的言行，乐师写作讽谏的歌诗，乐工吟诵规谏的文辞，大夫规劝开导。士向大夫传话，平民公开议政，商人在市场上议论，各种工匠呈献技艺。所以《夏书》说：‘宣令官摇着木铎沿路亘告，官员们进行规劝，工匠呈献技艺当作劝谏。’正月初春，这时就有了宣令官沿路宣令，这是同为劝谏失去了常观。上天十分爱护百姓，难道会让一个人在百姓头上任意妄为、放纵淫乱而背弃天地的本性吗？一定不是这样的。”

评析

师旷的这番议论，是针对卫国百姓驱逐了暴虐无道的卫献公而发的。卫国百姓驱逐卫献公，可以说是“水可以覆舟”的一个事例，如果站在统治者的立场，就可以说是真正的“犯上作乱”了。是不是也可以说，这是乱世之中的一线光明呢?

儒家思想从来都认为国君、君子比百姓高贵,人生而有高低贵贱之分,这实际上为少数人在多数人头上作威作福提供了依据。师旷所提出的“民贵君轻”,似乎把传统的观念颠倒过来了,强调以民为本,要为民众着想。

国君从来都被塑造成教师爷的形象,仿佛他就是真理和神明的代表化身;只有他给百姓上课的份儿,百姓则是愚不可及的一群人。卫国国君被逐,说明百姓同样可以给国君上课,教他如何行使权力。法度不应当只对百姓才有效,同样也应当对国君及其臣僚有效。只讲国君的高贵,只讲他们才有上课的权力,实际上就是把他们划出了法度之外,让他们有超越法度的特权,这就失去了社会公正的基本前提。

意见的权力和机会。一个人的思想、观念要进入历史,要被更多的人所听见,必须借助权力和机会。就师旷而言,身为宫廷乐师,受过良好的教育,有机会接近君王、大史及其他官僚,也就拥有了其他有类似的思想而没有权力的人所不具有的发言机会。历史本来就是如此,它不可能让人人都进入其中,有些人完全可能凭偶然闯了进来。

二十六年经

二十有六年:春,王二月辛卯,卫宁喜弑其君剽。

卫孙林父入于戚以叛。

甲午,卫侯衎复归于卫。

夏,晋侯使荀吴来聘。

公会晋人、郑良霄、宋人、曹人于澶渊。

秋,宋公弑其世子痤。

晋人执卫宁喜。

八月壬午,许男宁卒于楚。

冬,楚子、蔡侯、陈侯伐郑。

葬许灵公。

二十六年传

原文

楚子、秦人侵吴,及雩娄[1],闻吴有备而还。遂侵郑。五月,至于城麇[2]。郑皇颉[3]戍之,出,与楚师战,败。穿封戌囚皇颉,公子围与之争之。正于伯州犁。伯州犁曰:"请问于囚。"乃立囚。伯州犁曰:"所争君子也,其何不知。"上其手[4]曰:"夫子为王子围,寡君之贵介[5]弟也。"下其手[6]曰:"此子为穿封戌,方城外之县尹也。谁获子?"囚曰:"颉遇王子。弱焉[7]。"戌怒,抽戈逐王子围,弗及。楚师以皇颉归。

注释

①楚子:楚康王,名昭,共王之子。雩娄:越国地名,在今河南商城东。

②城麇:郑国地名。

③皇颉:郑国大夫。

④上其手:高举他的手,指向公子围。

⑤贵介:贵宠,尊贵。

⑥下其手:下垂他的手,指向穿封戌。

⑦弱:战败。

译文

楚康王和秦国人侵袭吴国，到了雩娄，听说吴国有了防备就退了回去。于是又去侵袭郑国。五月，到了城麇。郑国的皇颉驻守在城麇，出城与楚军交战，吃了败仗。穿封戌俘虏了皇颉，公子围同穿封戌争夺起来，于是。请伯州犁评判是非。伯州犁说："让我问问这个俘虏吧。"于是就叫俘虏站着。伯州犁问道："我们争夺的，是您这位君子，难道还有什么不明白的？"伯州犁高举着手说："这一位是王子围，是我们国君尊贵的弟弟。"伯州犁又下垂着手说："这个是穿封戌，是方城外的县官。是谁俘虏了您？"俘虏说："我遇上王子，打败了。"穿封戌听后大怒，抽打王子围，没有追上。楚国军队把皇颉带了回去。

评析

"上下其手"这个成语便出自这个故事，意思是说玩弄手法，串通作弊。

在为利益发生纷争的场合，当事人的心理、仲裁者的心理，都是十分微妙的，各人心里都在打着各自的算盘，在算计着对手。当事人发生争执不必说了，而仲裁者则是个关键因素。仲裁者是否能公正客观，是否为自己的私利打算，直接影响到纷争的结果。

仲裁者公开表明态度，站到争执的某一方，这时他的角色发生了变化，变成了争执的参与者。最叫人气不打一处来的是，仲裁者表面上装出公允，显得没有参与，实际上却暗中为自己谋取好处，又不给他人留下任何作弊的把柄。想要指控他偏袒，但拿不出任何证据，他甚至还可以对你假惺惺地表示理解和同情。

要知道什么叫阴险，伯州犁的做法就是示范。这种人如同隐藏在阴暗角落的敌人，危害性比公开拿枪站出来的敌人要大得多，更让人痛恨。因此，锋芒所向，不应仅仅指向贪婪者，更应指向阴险的作弊者。

原文

初，楚伍参与蔡太师子朝友①，其子伍举与声子相善也②。伍

举娶于王子牟[3]。王子牟为申公而亡，楚人曰："伍举实送之。"伍举奔郑，将遂奔晋。声子将如晋，遇之于郑郊，班[4]荆相与食，而言复故[5]。声子曰："子行也，吾必复子。"

及宋向戌将平晋、楚[6]，声子通使于晋，还如楚。令尹子木[7]与之语，问晋故焉，且曰："晋大夫与楚孰贤？"对曰："晋卿不如楚，其大夫则贤，皆卿材也。如杞、梓、皮革[8]，自楚往也。虽楚有材，晋实用之。"子木曰："夫独无族姻[9]乎？"对曰："虽有，而用楚材实多。归生闻之：善为国者，赏不僭而刑不滥[10]。赏僭，则惧及淫人；刑滥，则惧及善人。若不幸而过，宁僭，无滥；与其失善，宁其利淫。无善人，则国从之。《诗》曰：'人之云亡，邦国殄瘁[11]。'无善人之谓也。故《夏书》曰：'与其杀不辜，宁失不经[12]。'惧失善也。《商颂》有之曰：'不僭不滥，不敢怠皇。命于下国，封建厥福[13]。'此汤所以获天福也。古之治民者，劝[14]赏而畏刑，恤民[15]不倦。赏以春夏，刑以秋冬。是以将赏为之加膳，加膳则饫赐[16]，此以知其劝赏也。将刑为之不举[17]，不举则彻乐[18]，此以知其畏刑也。夙兴夜寐[19]，朝夕临政，此以知其恤民也。三者，礼之大节也。有礼，无败。今楚多淫刑，其大夫逃死于四方，而为之谋主[20]，以害楚国，不可救疗，所谓不能[21]也。子仪之乱，析公奔晋[22]。晋人置诸戎车之殿[23]，以为谋主。绕角[24]之役，晋将遁矣，析公曰：'楚师轻窕，易震荡也。若多鼓钧声[25]，以夜军[26]之，楚师必遁。'晋人从之，楚师宵溃。晋遂侵蔡，袭沈[27]，获其君[28]，败申、息之师于桑隧[29]，获申丽[30]而还。郑于是不敢南面[31]。楚失华夏，则析公之为也。雍子之父兄谮雍子[32]，君与大夫不善是[33]也，雍子奔晋。晋人与之鄐[34]，以为谋主。彭城[35]之役，晋楚遇于靡角之谷[36]，晋将遁矣，雍子发命于军曰：'归老幼，反孤疾，二人役，归一人。简兵蒐乘，秣马蓐食，师陈焚次[37]，明日将战。'行归者而逸楚囚[38]，楚师宵溃。晋降彭城而归诸宋，以鱼石[39]归。楚失东夷[40]，子辛死之[41]，则雍子之为也。子反与子灵争夏姬，而雍害其事，子灵奔晋。晋人与之邢，以为谋主，扞御北狄，通吴于晋，教吴叛楚，教之乘车、射御、驱侵，使其子狐庸为吴行人焉。吴于是伐巢，取驾，克棘[42]，入州来，楚罢[43]于奔命，至今为患，则子灵之为也。若敖之乱，伯贲之子贲皇奔晋。晋人与之苗，以为谋主。鄢陵之役，楚晨压晋军而陈，晋将遁矣，苗贲皇曰：'楚师之良，在其中军王族而已。若塞井夷灶，成陈以当之，栾、范易行以诱之[44]，中行、二郤必克二穆[45]，吾乃四萃于其王族，必大败之。'晋人从之，楚师大败，王夷师熠，子反死之。郑叛、吴兴，楚失诸侯，则苗贲皇之为也。"子木曰："是皆然矣。"声子曰："今又有甚于此。椒举娶于申公子牟，子牟得戾而亡，君大夫谓椒举：'女实遣之。'惧而奔郑，引领南望曰：'庶几赦余！'亦弗图也。今在晋矣，晋人将与之县，以比叔向。彼若谋害楚国，岂不为患？"子木惧，言诸王，益其禄爵而复之。声子使椒鸣逆之。

注释

①伍参：伍奢的祖父，伍子胥的曾祖父。子朝：公子朝，蔡文公的儿子，为蔡国太师。

②伍举：伍奢的父亲。声子：子朝的儿子。

③王子牟：楚国公子，又称申公子牟。

④班：铺垫。

⑤复故：返回楚国的事。

⑥向戌：宋国大夫，又称左师。平：讲和。

⑦子本：屈建，楚国令尹。

⑧杞、梓：楚国出产的两种优质木材。

⑨族姻：同族子弟和有婚姻关系的人。

⑩僭（jiàn）：越，过分。滥：过度，无节制。

⑪这两句诗出自《诗·大雅·瞻印》。殄瘁：艰危，困窘。

⑫《夏书》已失传。这两句话见于《古文尚书·大禹谟》。不经：不守常法的人。

⑬这四句诗出自《诗·商颂·殷武》。怠：懈怠。皇：今《诗经》作"遑"，意

思是闲暇，指偷闲。封：大。

⑭劝：乐，喜欢。

⑮恤民：忧民。

⑯饫（yù）赐：饱餐之后把多余的酒菜赐给臣下。

⑰不举：不举行盛宴。

⑱彻：同“撤”。彻乐：撤去音乐。

⑲夙兴夜寐：早起晚睡。

⑳谋主：主要谋士。

㉑不能：不能任用贤人。

㉒子仪：楚国大臣斗克的字。析公：楚国大臣。

㉓戎车：指国君的战车。殿：后。

㉔绕角：蔡国地名，在今河南鲁山县东。

㉕钧声：相同的声音。

㉖军：进攻。

㉗沈：诸侯国名，在今安徽临泉县北。

㉘君：指沈国国君沈子揖初。

㉙桑隧：地名，在今河南确山县东。

㉚申丽：楚国大夫。

㉛不敢南面：不敢向南亲附楚国。

㉜雍子：楚国大臣。谮：中伤，诬陷。

㉝不善是：不喜欢这个人。

㉞鄐（chù）：晋国邑名，在今河南温县附近。

㉟彭城：在今江苏徐州。

㊱靡角之谷：宋国地名，在彭城附近。

㊲陈：列阵。次：营帐。

㊳归者：指应放还的老幼孤疾。逸：释放。

㊴鱼石：逃到楚国的宋国大臣。

㊵东夷：亲楚国的东方小国。

㊶子辛：楚国令尹公子壬夫，被楚共王杀掉。

㊷巢：楚国的属国，在今安徽巢县东北。驾：楚国邑名，在今安徽无为境内。棘：楚国邑名，在今河南永城南。

㊸罢：同“疲”。

㊹栾、范：指栾书、士燮统率的中军。易行：指简易行阵，以诱惑楚军。

㊺中行：指晋国上军佐。二郤：指晋国上军统帅琦和新军佐至。二穆：指楚国左军统帅子重和右军统帅子辛，两人都是楚穆王的后代。

译文

当初，楚国的伍参与蔡国太师子朝相友好，伍参的儿子伍举也与子朝的儿子声子相友善。伍举娶了王子牟的女儿做妻子，王子牟当申邑长官后获罪逃亡。楚国人说："伍举一定护送过他。"伍举逃亡到了郑国，打算再逃亡到晋国。声子要到晋国去，他在郑国都城的郊外碰到了伍举，两个人把荆草铺在地上坐着一起吃东西，谈到了伍举回楚国的事。声子说："您走吧，我一定要让您回楚国。"

到了宋国的向戌来调解晋国和楚国的关系时，声子到晋国去当使节，回国时到了楚国。楚国令尹子木同声子谈话，问起晋国的事，并且还问："晋国的大夫和楚国大夫比谁更贤明些？"声子回答说："晋国的卿比不上楚国，但是它的大夫却很贤明，都是做卿的人才。正像杞木、梓木和皮革，全是从楚国去的。虽然楚国有人才，实际上却是晋国在使用他们。"子木说："难道晋国没有同族和姻亲当大夫吗？"声子回答说："虽然有，但是使用楚国的人才的确很多。我听说过：善于治理国家的人，赏赐不过分，刑罚不滥用。赏赐太过分，就怕赏赐到坏人头上；滥用刑罚，则怕惩罚到了好人。如果不幸越过了限度，也宁愿赏赐过头，而不要滥用刑罚；与其失去了好人，还不如有利于坏人。没有好人，国家就会跟着遭殃。《诗·大雅·瞻印》中说：'贤能的人没有了，国家就将遭受危难。'这话说的就是国家没有好人。所以《夏书》上说：'与其杀害无辜的人，宁可放过犯罪的人。'这是担心失去了好人。《诗·商颂·殷武》中说：'不要过分不滥用，不可懈怠偷闲懒，上天命令我下国，大力建树福和禄。'就是商汤获得上天赐福的原因。古代治理百姓的人，喜欢赏赐而惧怕刑罚，为百姓忧心而不知疲倦。赏赐在春天和夏天进行，刑罚在秋天和冬天进行。因此，在将要行赏时要为它加餐，加餐后把多余的酒菜赐给奔命臣下，从这里可以知道他喜欢赏赐。将要用刑时则要减餐，减餐时要撤去进餐时的音乐，从这里可以知道他惧怕用刑。早起晚睡，早晚亲自上朝处理政事，从这里就可以知道他为百姓忧心。喜欢赏赐、惧怕刑罚、为百姓分忧这三件事，是礼义的大节。有了礼义就不会失败。现在楚国经常滥用刑罚，楚国大夫逃亡到四周的国家，成了那些国家的主要谋士，危害楚国,无法挽救和医治,这就是说楚国不能任用贤人。子仪的叛乱,使析公逃到了晋国。晋国人把他安排在国君的战车后面,让他做主谋。绕角战役,晋国准备逃跑,析公却说:'楚军心里轻浮急躁,容易被动摇。如果多处同时发出击鼓声,趁夜色发动进攻,楚军一定会逃走。'晋国人听从了析公的话,楚军在夜里败逃了。晋国接着侵袭蔡国,偷袭沈国,俘获了沈国国君,在桑隧击败了申、息两地的楚军,抓住了楚国大夫申丽后回国。郑国从此不敢向南亲近楚国。楚国失去了中原诸侯的亲附,这全是析公的主意。雍子的父亲和哥哥诬陷雍子,国君和大夫也不喜欢雍子,雍子就逃亡到了晋国。晋国人把鄐邑封给他,让他当主谋。彭城一仗,晋军和楚军在靡角之谷遭遇,晋军准备逃走,雍子却向军队发布命令说:'把年老的和年轻的人放回去,孤儿和有病的人回去,一家有两人参战的回去一个。精选兵士,检阅兵车,喂饱战马,饱餐一顿,摆开阵势,烧掉营帐,明天决战。'晋军让该回家的人走了,放走了楚军战俘,结果楚军夜里溃败了。晋军降服了彭城,把它还给了宋国,带着俘获的鱼石回国。楚国失去了东方诸国的亲附,子辛也为此被杀,这都是雍子干出来的。子反和子灵争夺夏姬,子反破坏了子灵的婚事,子灵逃到了晋国。晋国人把邢邑封给他,让他当主谋,抵御北狄,使吴国和晋国通好,教吴国背叛楚国,教吴国人乘战车、射箭、驾车、驱车进攻,派他的儿子狐庸担任吴国的使者。吴国便在这时攻打巢地,夺取驾地,攻克棘地,侵入州来,楚国疲于奔命,到现在吴国还是楚国的祸患,这都是子灵干出来的。若敖氏叛乱,伯贲的儿子贲皇逃亡到晋国。晋国人把苗地封给他,让他当主谋。鄢陵之战,楚军早晨逼近晋军并摆出阵势,晋军打算逃走,苗贲皇说:'楚军的精锐部队只是中军的王室亲兵。如果填井平灶,摆开阵势抵抗他们,栾书、士燮两军减缩行阵以引诱楚军,琦和至一定能战胜子重和子辛,我们再集中兵力从四面进攻他们的亲兵,必定会把他们打得大败。'晋国人听从了苗贲皇的话,楚军大败,楚王受伤,军队溃散,子反自杀。郑国叛离,吴国兴起,楚国失去了诸侯的亲附,这都是苗贲皇干出来的。"子木说:"这些都说对了。"声子说:"现在还有比这些更厉害的。伍举娶了申公王子牟的女儿做妻子,子牟获罪而逃亡,国君和大夫们对伍举说:'确实是你让他走的。'伍举因为害怕逃到了郑国,他伸长脖子望着南面说:'但愿能赦免我!'但是楚国并不考虑。现在伍举在晋国,晋国人准备封给他县邑,使他的爵禄可以和叔向相比。如果他来策划危害楚国,难道不会成为祸患吗?"子木感到害怕,对楚王说了,楚王增加了伍举的爵禄并让他回到楚国。声子让椒鸣去迎接伍举。

评析

自己的人才没有为自己效劳，却被敌手利用来挖自己的墙脚，危害自己，的确发人深省。这一篇专论“我材他用”的文字，显得十分独特，提出的问题值得我们好好思索。

人才出逃的根本原因，在统治集团内部的钩心斗角，尔虞我诈。作为一国之君，不能正确运用赏罚手段，不讲公平的原则，自然会造成自己内部的分化。这一重大责任要由自己来承担，可以叫做自己种下的苦果自己尝，怪不到别人。

对手自己做不到的事，由自己人帮助他们做到了；敌人无法掌握的情况，轻而易举地被掌握了。处于这样的境地，哪有不败的道理？人们常说，堡垒最容易从内部攻破。自己人被他人、敌手利用，不也是一种从内部攻破堡垒的方式吗？

不懂得珍惜人才和使用人才的统治者，可以说是世界上最愚蠢的统治者。如果不仅不懂得珍惜和使用人才，反而设置各种障碍和网罗加害于人才，这样的统治者便到了不可救药的地步，是自己在为自己挖掘坟墓。历史上的这类悲剧不少，而在实际中人们又一再犯这样的错误，的确让人难以理解其中的原因。是嫉贤妒能的心理在作祟？是惧怕能人对自己构成威胁？是看不出人的才能所在？是奉行“顺我者昌，逆我者亡”的信条？是误信了奸佞小人的谗言？还是根本就不把国家、百姓的兴旺发达放在心上，只图个人的安乐淫逸？

愚蠢倒也罢了。国君愚蠢，而握有实权的臣子们不愚蠢，也可以混下去。并非愚蠢，而是误中他人圈套，还可以谅解和补救。既不愚蠢，也不是上当受骗，而是玩弄权术，专横暴虐，有意陷害，这就是违背天意的自己作孽，活该遭受厄运。

能够充分利用敌手的人才，来打击敌手的要害部位，瓦解敌手的士气和阵营，以子之矛，陷子之盾，可以算是天赐的福分，也是聪明智慧的表现。这当中有机遇问题，也有敌手的愚蠢、过失、残暴而白白送上门来的时候，但是，最主要的是自己行得正，走得端，具有宽阔的胸襟，高尚的情操和德行，站在道义和真理一边，人才才可能前来归附。如果与对手同样愚蠢、专横、暴虐，谁会来归附？得道多助，自身的优势所形成的强大吸引力，应当是人才前来归附的根本条件。

人才难得，优秀的人才更难得。自己的人才不要轻易放走，对手送上门来的人才一定要牢牢抓住，成功的统治者总是这样做的。

二十九年经

二十有九年:春,王正月,公在楚。

夏,五月,公至自楚。

庚午,卫侯衎卒。

阍弑吴子余祭。

仲孙羯会晋荀盈、齐高止、宋华定、卫世叔仪、郑公孙段、曹人、莒人、滕人、薛人、小邾人,城杞。

晋侯使士鞅来聘。

杞子来盟。

吴子使札来聘。

秋,九月,葬卫献公。

齐高止出奔北燕。

冬,仲孙羯如晋。

二十九年传

原文

吴公子札[①]来聘。…………请观于周乐[②]。使工为之歌《周南》《召南》[③],曰:"美哉!始基之[④]矣,犹未也,然勤而不怨矣[⑤]。"为之歌《邶》《鄘》《卫》[⑥],曰:"美哉!渊乎!忧而不困者也。吾闻卫康叔、武公之德如是[7]，是其《卫风》乎？”为之歌《王》[8]，曰：“美哉！思而不惧，其周之东乎！”为之歌《郑[9]》，曰：“美哉！其细[10]已甚，民弗堪也。是其先亡乎？”为之歌《齐》，曰：“美哉！泱泱乎[11]！大风也哉！表东海者，其大公乎[12]？国未可量也。”为之歌《豳[13]》，曰：“美哉！荡[14]乎！乐而不淫，其周公之东[15]乎？”为之歌《秦》，曰：“此之谓夏声[16]。夫能夏则大，大之至也，其周之旧乎！”为之歌《魏[17]》，曰：“美哉！沨沨[18]乎！大而婉，险[19]而易行；以德辅此，则明主也！”为之歌《唐[20]》，曰：“思深哉！其有陶唐氏[21]之遗民乎？不然，何忧之远也？非令德之后[22]，谁能若是？”为之歌《陈[23]》，曰：“国无主，其能久乎！”自《郐[24]》以下，无讥焉！为之歌《小雅》，曰：“美哉！思而不贰，怨而不言，其周德之衰乎？犹有先王之遗民焉！”为之歌《大雅》，曰：“广哉！熙熙乎！曲而有直体，其文王之德乎？”为之歌《颂》，曰：“至矣哉！直而不倨，曲而不屈；迩而不偪，远而不携；迁而不淫，复而不厌；哀而不愁，乐而不荒；用而不匮，广而不宣；施而不费，取而不贪；处而不底，行而不流。五声和，八风平；节有度，守有序，盛德之所同也！”

见舞《象箾》《南籥》者，曰：“美哉，犹有憾！”见舞《大武》者，曰：“美哉！周之盛也，其若此乎？”见舞《韶濩》者，曰：“圣人之弘也，而犹有惭德，圣人之难也！”见舞《大夏》者，曰：“美哉！勤而不德，非禹，其谁能修之！”见舞《韶箾》者，曰：“德至矣哉！大矣，如天之无不帱也，如地之无不载也！虽甚盛德，其蔑以加于此矣。观止矣！若有他乐，吾不敢请已！”

注释

①吴公子札：季札，吴王寿梦的小儿子。

②周乐：周王室的音乐舞蹈。

③工：乐工。《周南》《召南》：《诗经》十五国风开头的两种。以下提到的都是国风中各国的诗歌。

④始基之：开始奠定了基础。

⑤勤：劳，勤劳。怨：怨恨。

⑥邶（bèi）：周代诸侯国，在今河南汤阴南。鄘：周代诸侯国，在今河南新乡市南。卫：周代诸侯国，在今河南淇县。

⑦康叔：周公的弟弟，卫国开国君主。武公：康叔的九世孙。

⑧《王》：《王风》，周平王东迁洛邑后的乐歌。

⑨郑：周代诸侯国，在今河南新郑一带。

⑩细：琐碎。这里用音乐象征政令。

⑪泱泱：宏大的样子。

⑫表东海：为东海诸侯国做表率。大公：太公，指齐国开国国君吕尚，即姜太公。

⑬豳（bīn）：西周公刘时的旧都，在今陕西彬县东北。

⑭荡：博大的样子。

⑮周公之东：指周公东征。

⑯夏：西周王畿一带。秦：在今陕西、甘肃一带。夏声：正声，雅声。

⑰魏：诸侯国名，在今山西芮城县北。

⑱沨沨（fēng）：轻飘浮动的样子。

⑲险：不平，这里指乐曲的变化。

⑳唐：在今山西太原。晋国开国国君叔虞初封于唐。

㉑陶唐氏：指帝尧。晋国是陶唐氏旧地。

㉒令德之后：美德者的后代，指陶唐氏的后代。

㉓陈：国都宛丘，在今河南淮阳。

㉔郐（kuài）：在今河南郑州南，被郑国消灭。

译文

吴国公子季札前来鲁国访问…………请求观赏周朝的音乐和舞蹈。鲁国人让乐工为他歌唱《周南》和《召南》。季札说："美好啊！教化开始奠基了，但还没有完成，然而百姓辛劳而不怨恨了。"乐工为他歌唱《邶风》《鄘风》和《卫风》。季札说："美好啊，多深厚啊！虽然有忧思，却不至于困窘。我听说卫国的康叔、武公的德行就像这个样子，这大概是《卫风》吧！"乐工为他歌唱《齐风》。季札说："美好啊！有忧思却没有恐惧，这大概是周室东迁之后的乐歌吧！"乐工

为他歌唱《郑风》。季札说:"美好啊!但它烦琐得太过分了,百姓忍受不了。这大概会最先亡国吧。"乐工为他歌唱《齐风》。季札说:"美好啊,宏大而深远,这是大国的乐歌啊!可以成为东海诸国表率的,大概就是太公的国家吧?国运真是不可限量啊!"乐工为他歌唱《南风》。季札说:"美好啊,博大坦荡!欢乐却不放纵,大概是周公东征时的乐歌吧!"乐工为他歌唱《秦风》。季札说:"这乐歌就叫做正声。能作正声自然宏大,宏大到了极点,大概是周室故地的乐歌吧!"乐工为他歌唱《魏风》。季札说:"美好啊,轻飘浮动!粗犷而又婉转,变化曲折却又易于流转,加上德行的辅助,就可以成为贤明的君主了。"乐工为他歌唱《唐风》。季札说:"思虑深远啊!大概有陶唐氏的遗民在吧!如果不是这样,忧思为什么会这样深远呢?如果不是有美德者的后代,谁能像这样呢?",乐工为他歌唱《陈风》。季札说:"国家没有主人,难道能够长久吗?"再歌唱《郐风》以下的乐歌,季札就不作评论了。

乐工为季札歌唱《小雅》。季札说:"美好啊!有忧思而没有二心,有怨恨而不言说,这大概是周朝德政衰微时的乐歌吧?还是有先王的遗民在啊!"乐工为他歌唱《大雅》。季札说:"广阔啊!和谐啊!抑扬曲折而有质刚健,大概是文王的德行吧!"乐工为他歌唱《颂》。季札说:"好到极点了!正直而不傲慢,委曲而不厌倦,哀伤而不忧愁,欢乐而不荒淫,利用而不匮乏,宽广而不张扬,施予而不耗损,收取而不贪求,安守而不停滞,流行而不泛滥。五声和谐,八音协调;节拍有法度,乐器先后有序。这都是拥有大德大行的人共有的品格啊!"

季札看见跳《象箾》和《南籥》两种乐舞后说:"美好啊,但还有美中不足!"看到跳《大武》时说:"美好啊,周朝兴盛的时候,大概就是这样子吧。"看到跳《韶濩》时说:"圣人如此伟大,仍然有不足之处,看来做圣人也不容易啊!"看到跳《大夏》时说:"美好啊!勤于民事而不自以为有功。除了夏禹外,谁还能作这样的乐舞呢!"看到跳《韶箾》时说:"德行达到顶点了!伟大啊,就像上天无所不覆盖一样,像大地无所不容纳一样!虽然有超过大德大行的,恐怕也超不过这个了。观赏达到止境了!如果还有其他乐舞,我也不敢再请求观赏了!"

评析

这世上的事情，真如地覆天翻，此一时，彼一时也！季札如此严肃正经、板着面孔一律称为“美好”的音乐、舞蹈，对今天的多数人来说，恐怕是不忍去听，不忍去观。同样，要是季札听见今日的《同桌的你》一类的流行歌曲，看见迪斯科一类的舞蹈，真不知要气死几回。

在季札的时代，虽有民间小调、自娱自乐的歌舞，却是登不了大雅之堂——宗庙和朝廷。平民百姓既没有资格，也没有能力，更没有“懂得音乐的耳朵”“懂得舞蹈的眼睛”去接受、欣赏、感受那些大乐大舞。他们是边缘上的人，永远无缘进入到、参与到达官贵人们的乐歌和乐舞之中去。也只有达官贵人、君子公卿们才会像季札那样把音乐、舞蹈看成是关系到国计民生的了不起的大事，才会那么一本正经、恭敬严肃地加以对待。

其实这也不奇怪。在他们的心目中，音乐、舞蹈是礼乐的一部分，是政治上的等级统治的辅助工具，作用就是维护等级制度和政治统治，如同奴仆必须为主子效力、服务一样，因而作歌献舞只在宗庙和朝廷这两种场所中进行。老百姓即使削尖了脑袋，也不可能进得去。

我们无法说这样对待音乐和舞蹈有什么好或不好。这是历史的本来面目，那时拥有话语权力的人的观念就是如此。他们这样认为，也就照此去做。做了之后还要大发议论，一定要从中挖掘出深刻的含义来。比如《诗经》中的那些“国风”，不过是西周时各地方上的民间歌谣，平民百姓在劳作之余有感而发，率兴而作，哪里想得到什么圣人天子、治理下民、德行仁政之类！男女之间倾诉爱慕之情，征夫怨妇抒发内心的忧伤，辛勤劳作的农民表达对剥削者的不满和愤恨，同君子大人们心中所想的有什么必然联系？所以，季札的评论，以及后来儒生们的评论，不过是他们以自己的观念，先入为主地附会而已。一首《关雎》，本来指的是男欢女爱的爱情追求，却被解释为赞美“后妃之德”！

三十一年经

三十有一年：春，王正月。

夏，六月辛巳，公薨于楚宫。

秋，九月癸巳，子野卒。

己亥，仲孙羯卒。

冬，十月，滕子来会葬。

癸酉，葬我君襄公。

十有一月，莒人弑其君密州。

三十一年传

原文

三十一年，春，王正月，穆叔至自会。见孟孝伯，语之曰："赵孟将死矣。其语偷①，不似民主②。且年未盈五十，而谆谆③焉如八九十者，弗能久矣。若赵孟死，为政者其韩子乎！吾子盍与季孙言之，可以树善，君子也。晋君将失政矣，若不树焉，使早备鲁，既而政在大夫，韩子懦弱，大夫多贪，求欲无厌，齐、楚未足与也，鲁其惧哉！"孝伯曰："人生几何，谁能无偷？朝不及夕④，将安用树？"穆叔出而告人曰："孟孙将死矣。吾语诸赵孟之偷也，而

又甚焉。"又与季孙语晋故,季孙不从。

注释

①偷:苟且偷安。

②民主:百姓之主。

③谆谆:迷钝昏乱的样子。

④朝不及夕:早晨不能顾及晚上。

译文

三十一年春天,周历正月,穆叔从会盟地澶渊回来去见孟孝伯,对他说:"赵孟要死了。他的话听起来有点苟且偷安,不像为民之主的人。年纪还不满五十,就变得唠唠叨叨好像八九十岁的人,不会活得很长了。如果赵孟死了,晋国执政的人大概是韩起吧!您何不去和季孙说说这件事,可以和他建立良好的关系,他是个君子。晋国国君将要失去权柄了,如果不去建立良好的关系,让韩起早点为鲁国做些事,不久国政由大夫执掌,韩起为人懦弱,大夫多数贪婪,要求和私欲没有满足,既不能依靠齐国又不能依靠楚国,鲁国就很令人担心了!"孟孝伯说:"人的一生能有多久,谁不会有点苟且呢?早晨不知道晚上的事,哪里用得着建立良好关系呢?"穆叔出去告诉别人说:"孟孝伯将要死了。我告诉他赵孟苟且偷安,他却比孟伯更加苟且。"又和季孙谈及晋国的事,季孙也不听从他的意见。

原文

及赵文子卒,晋公室卑,政在侈家[①]。韩宣子为政,不能图诸侯。鲁不堪晋求,谗慝弘多,是以有平丘[②]之会。

齐子尾害闾丘婴,欲杀之,使帅师以伐阳州[③]。我问师故。

夏,五月,子尾杀闾丘婴,以说于我师。工偻洒、渻灶、孔虺、贾寅出奔莒[4]。出群公子。

公作楚宫。穆叔曰:"《大誓》云:'民之所欲,天必从之。'君欲楚也夫,故作其宫。若不复适楚,必死是宫也。"六月,辛巳,公薨于楚宫。叔仲带窃其拱璧[5],以与御人,纳诸其怀而从取之,由是得罪。

注释

①侈家:指春秋时豪奢的卿大夫家族。

②平丘:卫邑,在今河北长垣西南。

③阳州:地名,今山东东平东北有阳州城。

④莒:国名,嬴姓。

⑤拱璧:大璧,后泛指珍宝。

译文

等到赵文子死去,晋国公室卑微,政权落入骄奢的卿大夫手中。韩宣子执政,不能谋求诸侯的拥护。鲁国忍受不了晋国的索求,奸邪的小人很多,因此有平丘的会见。

齐国的子尾担心闾丘婴为患,想杀掉他,便派他率领军队讨伐阳州。我国询问他们出兵的缘故。夏天五月,子尾杀死闾丘婴以给鲁军一个说法。工偻洒、渻灶、孔虺、贾寅逃亡到莒国。子尾驱逐了群公子。

襄公修建楚宫。穆叔说:"《大誓》说:'百姓所要求的,上天必定听从。'君王是想侍奉楚国了吧,因为这种原因才修建楚式宫殿。如果不再去楚国,必定会死在这座宫殿里。"六月二十八日,襄公死在楚宫里。叔仲带偷了襄公的大玉璧,交给御者,放在他的怀里,接着又取走,因此获罪。

原文

立胡女敬归之子子野，次于季氏。秋，九月，癸巳，卒，毁也。

己亥，孟孝伯卒。

立敬归之娣齐归之子公子裯。穆叔不欲，曰："太子死，有母弟则立之，无则长立，年钧择贤，义钧则卜，古之道也。非嫡嗣，何必娣之子？且是人也，居丧而不哀，在戚而有嘉容[①]，是谓不度。不度之人，鲜不为患。若果立之，必为季氏忧。"武子不听，卒[②]立之。比及葬，三易衰，衰衽[③]如故衰。于是昭公十九年矣，犹有童心。君子是以知其不能终也。

冬，十月，滕成公来会葬，惰而多涕。子服惠伯曰："滕君将死矣。怠于其位，而哀已甚，兆[④]于死所矣。能无从乎？"癸酉，葬襄公。

注释

①嘉容：高兴的样子，指面有喜色。

②卒：最终。

③衰衽：古代丧服掩于裳际的衣襟。

④兆：征兆。

译文

立胡国国君的女儿敬归的儿子子野为国君，寄居在季氏那里。秋天九月十一日，子野死了，是由于哀伤过度所致。

十七日，孟孝伯死了。

立敬归的妹妹齐归的儿子公子裯为国君。穆叔不同意，说："太子死了，有同母的弟弟就立他，没有就立年长的，年龄相同就选择贤能的，德才相当就占卜，这是古代的常规。子野不是嫡子，何必一定要立他母亲妹妹的儿子？况且

这个人，居丧而不哀痛，在父丧期间却面有喜色，这叫做不讲法度。不讲法度的人，很少有不制造祸乱的。如果真的立了他，必然成为季氏的祸患。"季武子不听劝告，最终还是立了他的新君。等到安葬襄公时，换了三次孝服，衣襟每次都脏得和没换时一样。当时昭公（即公子裯）已经十九岁了，还有童心，君子因此知道他不能善终。

冬天十月，滕成公来参加葬礼，表现轻慢而流了很多眼泪。子服惠伯说："滕国国君将要死了。该做的表现怠慢，而且悲哀太过分，在丧礼中已经有征兆了，能够不跟着死吗？"十月二十一日，安葬襄公。

原文

公薨[1]之月，子产相郑伯[2]以如晋，晋侯以我丧故，未之见也。子产使尽坏其馆之垣[3]，而纳车马焉。士文伯让[4]之，曰："敝邑以政刑之不修，寇盗充斥，无若诸侯之属辱在寡君者何[5]，是以令吏人完客所馆，高其闬闳[6]，厚其墙垣，以无忧客使。今吾子坏之，虽从者能戒，其若异客何？以敝邑之为盟主，缮完葺墙[7]，以待宾客。若皆毁之，其何以共命[8]？寡君使丐请命[9]。"对曰："以敝邑褊小，介于大国，诛求无时[10]，是以不敢宁居，悉索敝赋，以来会时事[11]。逢之不闲，而未得见，又不获闻命，未知见时，不敢输币[12]，亦不敢暴露[13]。其输之，则君之府实也。非荐陈[14]之，不敢输也。"

注释

①薨：诸侯死去叫薨。

②相：辅佐。郑伯：指郑简公。

③坏：拆毁。馆之垣：宾馆的围墙。

④士文伯：晋国大夫士丐。让：责备。

⑤属：臣属，属官。在：问候。

⑥闬闳：指住宅的大门。

⑦完：同“院”，指墙垣。葺：用草盖墙。

⑧共命：供给宾客所求。

⑨请命：请问理由。

⑩诛求：索取，强制征收。无时：没有定时。

⑪会：朝会。时事：随时朝贡的事。

⑫输币：送上财物。

⑬暴露：露天存放。

⑭荐陈：进献并当庭陈列。

译文

鲁襄公死的那一月，子产辅佐郑简公去晋国。晋平公因为鲁国有丧事的缘故，没有接见他们。子产让人把宾馆的围墙全部推倒让自己的车马进去。晋国的士文伯责怪他，说：“敝邑由于政事和刑罚没有治理好，盗贼充斥国内，无奈诸侯的下属辱临敝邑问候寡君，所以派官吏修缮宾馆，大门修得高高的，围墙筑得厚厚的，也好让宾客不要担忧。现在您拆掉了它，尽管您的随从能够戒备，可是别的宾客怎么办呢？因为敝邑是盟主，故修缮围墙，以接待宾客。如果把它们都毁掉，那我们怎样供应宾客的需要呢？寡君派丐前来请教。”子产回答说：“因为敝邑狭小，处在大国之间，责备索求没有固定的时候，因此不敢安居，搜罗敝邑的全部财货，前来贵国朝会。正遇上执事没有空闲，没能见到，又没有接到命令，不知道会见的日期。我们不敢献上贡品，也不敢露天放着。如果呈献上去，这些都是君主府库中的财物，不经过一定的荐陈仪式，不敢献纳。”

原文

“其暴露之，则恐燥湿之不时而朽蠹，以重敝邑之罪。侨闻

文公之为盟主也，宫室卑庳①，无观台②榭，以崇大诸侯之馆。馆如公寝③，库厩缮修，司空以时平易④道路，圬人以时塓⑤馆宫室。诸侯宾至，甸设庭燎⑥，仆人巡宫，车马有所，宾从有代，巾车脂辖⑦，隶人、牧、圉，各瞻⑧其事。百官之属，各展其物。公不留宾⑨，而亦无废事。忧乐同之，事则巡之。教其不知，而恤其不足。宾至如归，无宁灾患？不畏寇盗，而亦不患燥湿。”

注释

①卑庳：低小。
②观：门阙。台：土筑高坛。
③公寝：国君住的宫室。
④平易：平整。
⑤圬人：泥瓦匠人。塓：涂墙，粉刷。
⑥甸：甸人，掌管柴火的官。庭燎：古代庭中照明的火炬。
⑦巾车：管理车辆的官。脂：指加油。辖：车轴头的挡铁。
⑧隶人：清洁工。瞻：看管。
⑨不留宾：不让来客滞留。

译文

“如果放在露天，又怕忽而日晒忽而雨淋而腐烂生虫，从而加重敝邑的罪过。我听说文公做盟主的时候，宫室低矮促狭，没有台榭可以供观赏，却把接待诸侯的馆舍修得又高又大，馆舍好像晋君的寝宫一样，馆内的仓库马房修缮完好，司空按时平整道路，泥瓦工按时涂刷馆舍的房屋。诸侯的客人到达，甸师点起火把照亮院，仆人巡视宾馆，车马有一定的处所安置，宾客的随从有专人代替，巾车为车轴上油，隶人、牧、圉各自照管分内的事，各主管部门的属官陈列出招待宾客的礼品；文公不让宾客逗留耽搁，但也没有因此而使公务荒废。同忧乐共患难，宾客有事则安抚他们。有不知道的事情就加以教导，有不足的地方就体谅宽宥。宾客来到好像回到家里一样，难道还会有什么灾祸吗？不怕被抢劫偷盗，也不担心日晒雨淋。”

原文

“今铜鞮之宫[①]数里，而诸侯舍于隶人。门不容车，而不可逾越。盗贼公行，而天厉不戒[②]。宾见无时，命不可知。若又勿坏，是无所藏币以重罪也。敢请执事，将何以命之？虽君之有鲁丧，亦敝邑之忧也。若获荐币，修垣而行，君之惠也。敢惮勤劳！”

文伯复命。赵文子曰：“信[③]。我实不德，而以隶人之垣以赢诸侯[④]，是吾罪也。”使士文伯谢不敏焉。晋侯见郑伯，有加礼[⑤]，厚其宴、好而归之[⑥]。乃筑诸侯之馆。

注释

①铜鞮之宫：晋侯的别宫，在山西沁县南。

②天厉：天灾。不戒：无法防备。

③信：确实，可信。

④垣：这里指房舍。赢：接待。

⑤加礼：礼节特别隆重。

⑥宴：宴会。好：指宴会上送给宾客的礼物。

译文

“现在晋君铜鞮宫绵延数里，而诸侯各国的宾客却居住在隶人住的地方。大门进不去车子，又无法翻墙而入。盗贼明目张胆肆意横行，而且上天降下的疾病也无法防备。接见宾客没有定时，君王召见的命令也不知道什么时候发布。如果不推倒围墙，就没有地方收藏贡赋而加重我们的罪过。谨敢请教执事，您对我们将有什么指示？虽然君主遇到了鲁国的丧事，但这也是敝邑的忧戚啊。如果能奉献贡赋，把围墙修好回国，这是君主的恩惠。怎么会畏惧辛勤和劳苦呢！”

士文伯复命。赵文子说：“的确是这样。我们实在德行有缺失，用给隶人居住的围墙来招待诸侯，这是我们的罪过啊。”便派士文伯去承认自己不明事理。晋平公接见郑简公，礼节特别隆重，设盛宴并赠以丰厚的礼品，然后送他回去。于是晋国修筑接待诸侯的宾馆。

原文

叔向曰：“辞[①]之不可以已也如是夫！子产有辞，诸侯赖之，若之何其释辞也？《诗》曰[②]：‘辞之辑[③]矣，民之协矣。辞之绎[④]矣，民之莫[⑤]矣。’其知之矣。”

郑子皮使印段如楚，以适晋告，礼也。

莒犁比公生去疾及展舆，既立展舆，又废之。犁比公虐，国人患之[⑥]。十一月，展舆因国人以攻莒子，弑之，乃立。去疾奔齐，齐出也。展舆，吴出也。书曰“莒人弑其君买朱钮”，言罪之在也。

注释

①辞：言辞。

②《诗》：出自《诗·大雅·板篇》。

③辑：和谐。

④绎：悦耳，动听。

⑤莫：安定。

⑥患之：以之为患，为此感到担忧。

译文

叔向说：“辞令不能废弃就像这样吧！子产善于辞令，诸侯都因为有了他而获得了利益。

为什么要放弃辞令呢？《诗》说：'辞令和谐，百姓和顺。辞令动听，百姓安定。'子产懂得其中的道理啊。"

郑国的子皮派印段去楚国，把到晋国的事报告给楚国，这是合于礼的。

莒国犁比公生了去疾和展舆。展舆已经被立为太子，又废了他。犁比公暴虐，国内的人为此感到担忧。十一月，展舆依靠都城的人攻打犁比公，杀了他，才自立为国君。去疾逃亡到齐国，这是因为他是齐女所生的缘故。展舆，是吴女所生。《春秋》记载说"莒人弑其君买朱钼"，这是说罪过在犁比公。

原文

吴子使屈狐庸聘于晋，通路①也。赵文子问焉，曰："延州来季子，其果立乎？巢陨诸樊，阍②戕戴吴，天似启之，何如？"对曰："不立。是二王之命也，非启季子也。若天所启，其在今嗣君乎！甚德而度，德不失民，度不失事，民亲而事有序，其天所启也。有吴国者，必此君之子孙实终③之。季子，守节者也。虽有国，不立。"

注释

①通路：沟通两国交往之路。

②阍：守门人。

③终：最后。

译文

吴王派屈狐庸到晋国聘问，这是为了沟通两国交往之路。赵文子询问他，说："初封在延后加封了州来的季子最终能立为国君吗？攻打巢地死了诸樊，看门人杀了戴吴，上天似乎为季子打开了做国君的大门，怎么

样?”屈狐庸回答说:“不会立为国君。这是两位国王的命运不好,不是为季子打开做国君的大门。如果上天打开了大门,大概是为了现在的嗣君吧!他很有德行而且做事合于法度。有德行就不会失去百姓,合于法度做事就不会失误,百姓亲附而且事情符合秩序,是上天所开启的吧。保有吴国的,必定是他的子孙一直到最后。季子,是保持节操的人,即使把国家交给他,他也是不肯做国君的。”

原文

十二月,北宫文子相卫襄公以如楚,宋之盟故也。过郑,印段迋劳于棐林[①],如聘礼而以劳辞。文子入聘[②]。子羽为行人,冯简子与子大叔逆客。事毕而出,言于卫侯曰:“郑有礼,其数世之福也。其无大国之讨乎!《诗》云[③]:‘谁能执热,逝不以濯[④]。’礼之于政,如热之有濯也。濯以救热,何患之有?”

注释

①迋:去,往。棐林:郑国地名,在今河南新郑市。

②入聘:进入国都行聘问之礼。

③《诗》:指《诗·大雅·桑柔》。

④濯:洗。

译文

十二月,北宫文子辅佐卫襄公出访楚国,这是宋国结盟的结果。经过郑国,印段到棐林去慰问他们,依照国家之间聘问的礼节而使用慰劳的辞令。北宫文子进入郑国国都聘问。子羽充当行人,冯简子和子大叔迎接客人。聘问之礼完毕出来,北宫文子对卫襄公说:“郑国做事合于礼仪,这是几代人的福气,恐怕不会有大国讨伐吧!《诗》说:‘谁能在酷热时,不去洗澡图凉快呢。’礼仪对于政事,好像天热时洗澡。用洗澡来止热,有什么可担心的?”

原文

子产之从政也，择能而使之。冯简子能断大事；子大叔美秀而文；公孙挥能知四国之为，而辨于其大夫之族姓、班位①、贵贱、能否，而又善为辞令；裨谌能谋，谋于野则获②，谋于邑则否。郑国将有诸侯之事，子产乃问四国之为于子羽，且使多为辞令；与裨谌乘以适野，使谋可否；而告冯简子，使断之；事成，乃授子大叔使行之，以应对宾客，是以鲜有败事③。北宫文子所谓有礼也。

注释

①辨：明辨。族姓：家族姓氏。班位：个别位置，指官职爵位。

②获：正确。

③败事：将事情办坏。

译文

子产执掌政事，选任有才能的人。冯简子能决断大事；子大叔仪表风度美好而精通典籍；公孙挥了解各国诸侯的政令，同时对各国大夫家族姓氏、官职爵位、地位尊卑、才能大小都能明辨，并且又善于辞令；裨谌能出谋划策，但在野外策划就正确，在城里策划就失当。郑国将要与诸侯交涉，子产就向公孙挥询问四方诸侯的国内动向，而且让他妥善地准备好外交辞令；和裨谌一起乘车到郊外，让他考虑是否可行；再把考虑的结果告诉冯简子，让他决断；计划完成后，就交给子大叔让他执行，同宾客交往应对。因此很少把事情办坏。这就是北宫文子所说的“合于礼”。

原文

郑人游于乡校[1]，以论执政。然明[2]谓子产曰："毁乡校，何如？"子产曰："何为？夫人朝夕退[3]而游焉，以议执政之善否。其所善者，吾则行之；其所恶者，吾则改之。是吾师也，若之何毁之？我闻忠善以损怨[4]，不闻作威[5]以防怨。岂不遽[6]止？然犹防川[7]，大决所犯，伤人必多，吾不克救也。不如小决使道[8]，不如吾闻而药之[9]也。"然明曰："蔑也今而后知吾子之信可事也。小人实不才[10]。若果行此，其郑国实赖之，岂唯二三臣？"

仲尼闻是语也，曰："以是观之，人谓子产不仁，吾不信也。"

注释

①乡校：古代地方学校。周代特指六乡州党的学校，也是乡人聚会议事的地方。

②然明：郑国大夫融蔑，然明是他的字。

③退：工作完毕后回来。

④忠善：尽力做善事。损：减少。

⑤作威：摆出威风。

⑥遽：很快，迅速。

⑦防：堵塞。川：河流。

⑧道：同"导"，疏通，引导。

⑨药之：以之为药，用它做治病的药。

⑩小人：自己的谦称。不才：没有才能。

译文

郑国人在乡校游乐，议论执政者的得失。然明对子产说："毁掉乡校，怎么样？"子产说："为什么要毁乡校？人们早晚做完事情到那里游乐，并议论执政者的得失。他们认为好的，我就推行它；他们讨厌的，我就改掉它。这是我的老师，为什么要毁掉它呢？我听说用忠善之行可以减少怨恨，没有听说用威势压人来防止怨恨。难道用强硬手段就能把众人的嘴巴立刻堵住？可是就像防止河水一样：冲开的大口子，伤人一定很多，我就无法挽救了。还不如开个小口子加以疏导。不如让我听到并把它作为治病的药石。”然明说：“我从今以后知道您确实可以成就大事了。小人实在没有才能。如果真这样做下去，整个郑国都会得到利益，岂止是几位大臣呢？”

孔子听到这些话，说：“从这事看来，有人说子产不仁，我不相信啊。”

原文

子皮欲使尹何为邑[1]。子产曰：“少[2]，未知可否？”子皮曰：“愿，吾爱之，不吾叛也。使夫往而学焉，夫亦愈知治矣。”子产曰：“不可。人之爱人，求利之也。今吾子爱人则以政，犹未能操刀而使割也，其伤实多。子之爱人，伤之而已，其谁敢求爱于子？子于郑国，栋也。栋折榱[3]崩，侨将厌[4]焉。敢不尽言？子有美锦，不使人学制焉。大官大邑，身之所庇也，而使学者制焉。其为美锦，不亦多乎？侨闻学而后入政，未闻以政学者也。若果行此，必有所害。譬如田猎，射御贯[5]，则能获禽，若未尝登车射御，则败绩厌覆是惧，何暇思获？”子皮曰：“善哉！虎不敏。吾闻君子务知大者远者，小人务知小者近者。我，小人也。衣服附在吾身，我知而慎之；大官大邑，所以庇身也，我远而慢[6]之。微子之言，吾不知也。他日我曰：‘子为郑国，我为吾家，以庇焉，其可也。’今而后知不足。自今请虽吾家，听子而行。”子产曰：“人心之不同，如其面焉。吾岂敢谓子面如吾面乎？抑心所谓危，亦以告也。”子皮以为忠，故委政焉。子产是以能为郑国。

注释

①为邑：做宰邑。
②少：年纪轻。
③榱：椽，栋梁。
④厌：通“压”。
⑤贯：通“惯”，熟练。
⑥慢：轻视，怠慢。

译文

子皮想让尹何做宰邑。子产说：“太年轻，不知道行不行？”子皮说：“他为人忠厚。我喜欢他，他不会背叛我的。让他到那里去学习，他就进一步懂得治理封邑了。”子产说：“不行。别人喜欢一个人，总是考虑对那个人有利。现在您喜欢一个人却将政事交给他，就像一个人还不会拿刀子却让他去切东西，那对他的伤害一定会很多的。您喜欢一个人，不过是伤害他罢了，那谁还敢求取您的喜欢呢？您在郑国，好比栋梁，栋梁折断，椽子会崩塌，我将会被压在底下，怎么敢不把话全部说完？您有美丽的织锦，是不会让别人拿来学习裁剪的。重要的官职、大的封邑，是自身赖以庇护的东西，反而让人学习着治理。它与美丽的织锦比不是重要得多吗？我听说学习以后才参与政务，没有听说通过做官来学习的。如果这样做，必定有害处。好比打猎，射箭驾车熟练，就能获取禽兽，如果没有驾过车射过箭，那么一心害怕车辆翻覆人被碾压，哪里有空想着猎取野物呢？”子皮说：“好啊！我真是不聪明。我听说君子致力于从事了解大的、远的事情，小人致力于从事了解小的、近的事情。我是小人啊。衣服穿在我身上，我知道慎重地对待它；重要官职和大的封邑是用来庇护自身的，我反而疏忽而轻视它。没有您的这番话，我还不知道其中的道理呢。从前我说过，‘您治理郑国，我治理我的家族以庇护我自己，这就可以了。’从今以后我才知道自己的能力不够。从现在起我请求,即使是我的家族的事情,也听凭您的意见去做。"子产说:"人心不相同,好像人的面孔一样。我哪里敢说您的面孔像我的面孔呢?不过心里觉得这样做危险,就告诉您了。"子皮认为子产忠诚,所以把政事全部托付给他,子产因此能够治理郑国。

原文

卫侯在楚,北宫文子见令尹围之威仪[①],言于卫侯曰:"令尹似君矣,将有他志,虽获其志,不能终也。《诗》云[②]:'靡不有初,鲜克有终。'终之实难,令尹其将不免。"公曰:"子何以知之?"对曰:"《诗》云:'敬慎[③]威仪,惟民之则。'令尹无威仪,民无则焉。民所不则,以在民上,不可以终。"公曰:"善哉!何谓威仪?"对曰:"有威而可畏谓之威,有仪而可象[④]谓之仪。君有君之威仪,其臣畏而爱之,则而象之,故能有其国家,令闻长世[⑤]。"

注释

①威仪:庄重的仪容、举止。

②出自《诗·大雅·荡》。

③出自《诗·大雅·抑》。敬慎:谨慎。

④可象:可以效仿。

⑤长世:历世久远;永存。

译文

卫侯在楚国,北宫文子看见令尹王子围的威仪,对卫侯说:"令尹的举止像个国君了,将会有别的打算。即使能实现他的打算,也是不得善终。《诗》说:'没有起初不好的,却很少能有好的结果。'想得善终实在很难。令尹恐怕会不能免于祸难了。"卫侯说:"您通过什么知道的?"北宫文子回答说:"《诗》说:'谨慎自己的威仪,它是百姓的准则。'令尹没有威仪,百姓就没有准则。百姓所不效法的人，却位居百姓之上，不得善终啊。”卫侯说：“好啊！什么叫威仪？”北宫文子回答说：“有威严使人敬畏叫做威，有仪态使人仿效叫做仪。国君有国君的威仪，他的臣子敬畏并爱戴他，把他作为准则并仿效他。所以能够保有他的国家流芳百世。”

原文

“臣有臣之威仪，其下畏而爱[①]之，故能守其官职，保族宜家[②]。顺是以下皆如是，是以上下能相固也。《卫诗》曰：‘威仪棣棣[③]，不可选也。’言君臣上下，父子兄弟，内外大小，皆有威仪也。《周诗》曰：‘朋友攸摄[④]，摄以威仪。’言朋友之道，必相教训以威仪也。《周书》数文王之德，曰：‘大国畏其力，小国怀其德。’言畏而爱之也。《诗》云：‘不识不知，顺帝之则。’言则而象之也。纣囚文王七年，诸侯皆从之囚，纣于是乎惧而归之，可谓爱之。文王伐崇，再驾[⑤]而降为臣，蛮夷帅服[⑥]，可谓畏之。文王之功，天下诵而歌舞之，可谓则之。文王之行，至今为法，可谓象之。有威仪也。故君子在位可畏，施舍可爱，进退可度，周旋可则，容止可观，作事可法，德行可象，声气可乐，动作有文，言语有章，以临其下，谓之有威仪也。”

注释

①爱：爱戴。

②保族宜家：保有家族，善治家邦。

③棣棣：雍容娴雅的样子。

④摄：辅助。

⑤再驾：再度兴师。

⑥蛮夷：古代对四方边远地区少数民族的泛称。亦专指南方少数民族。帅服：相率而归服。

译文

“臣子有臣子的威仪，他的下属敬畏并爱戴他，所以能保持他的官职，保有家族，善治家邦。顺着这个次序以下都是这样，因此上下关系稳固。《卫诗》说：‘威仪雍容娴雅，好处无法计算。’这是说君臣、上下、父子、兄弟、内外、大小都有威仪。《周诗》说：‘朋友之间互相辅助，用以辅助的就是威仪。’这是说朋友之道一定要用威仪来相互教导。《周书》列举文王的德行，说：‘大国畏惧他的力量，小国怀念他的恩德。’这是说对他敬畏而又爱戴。《诗》说：‘好像无识无知，依顺天帝的法则。’也就是说要把他作为准则并效法天帝。纣王囚禁文王七年，诸侯都跟着他去坐牢，纣王于是感到害怕，便把文王放了回去，可以说是爱戴文王了。周文王攻打崇国，第二次出兵而崇国降服称臣，蛮夷也相继归服，可以说是敬畏文王了。文王的功业，是可以被天下人赞颂也能使天下人用歌舞庆祝的，可以说是以文王为法则了。文王的行为，现在还以法令的形式保存着，可以说是效法文王了。这是因为有威仪的缘故。所以君子治理政事令人敬畏，施舍使人爱戴，进退可以作为法度，周旋应酬可以作为准则，仪容举止令人赏心悦目，做事情可以代表法度，德行可以让人效法，声音辞令可以使人高兴，动作符合礼仪，言语有条理文采，用这些来对待下面，就叫做有威仪。”

评析

《左传》在鲁襄公三十一年（公元前 542 年），记述了郑国执政子产的几项事迹，重点在子产不毁乡校，表现了子产作为一位政治家的气度和魄力。

冯李骅《春秋左绣·读左卮言》说：“《左传》大抵前半出色写一管仲，后半出色写一子产。”《左传》对子产在政治上的才能作了充分的展现，其典型事例很多。一是他的应对敏捷，辞令出色，可称为郑国行人之冠。他擅自拆毁晋国使馆的墙壁，惹得晋国问罪，子产说明了自己不得不拆墙的原因，借晋先代霸主文公对诸侯使者的态度与现在的晋国执政的怠惰做对比，言辞委婉而褒贬鲜明，说得晋人无词以对，不仅不再责问，而且恭恭敬敬地接待郑国君臣。这番精彩的言论赢得晋国贤臣叔向的称赞，感叹了语言的巨大魔力，可见子产驾驭语言的能力确实高超。二是子产善于用人，凭你再高的水平，一个人的能力毕竟是有限的，一个高明的领导的成功之道在于因人而用，发现人才，合理使用人才，发挥集体的智慧和能力，也就是现在我们所说的团队精神。从《左传》可见，子产一直在积极搜寻人才，身边聚集了一批优秀人才，如冯简子、子大叔、公孙挥等，所以郑国国政“鲜有败事”。三是重视舆论，了解民情。子产比较明智，他主张保留乡校，让一般人有议政的自由，与执政者之间有个交流的渠道。既可以下情上达，对民情的了解更具体细致，又可以让一般人的不满情绪得到疏导和缓解。四是反对子皮任用尹何，不因为子皮位高权重而随声附和，而是以国事为重，敢于直谏，分析透彻明晰，其忠直赢得了子皮的高度评价和坚决支持。这点对子产来说十分重要。事实上，子产在郑国勇于改革而又能排除困扰进行，与子皮对他的信任是分不开的。

昭公（元年～三十二年）

元年经

元年：春，王正月，公即位。

叔孙豹会晋赵武、楚公子围、齐国弱、宋向戌、卫齐恶、陈公子招、蔡公孙归生、郑罕虎、许人、曹人于虢。

三月，取郓。

夏，秦伯之针错针出奔晋。

六月丁巳，邾子华卒。

晋荀吴帅师败狄于大卤。

秋，莒去疾自齐入于莒，莒展出奔吴。

叔弓帅师疆郓田。

葬邾悼公。

冬，十有一月己酉，楚子麇卒。

楚公子比出奔晋。

元年传

原文

元年，春，楚公子围聘于郑，且娶于公孙段氏，伍举为介。将入馆，郑人恶之。使行人子羽与之言，乃馆于外。既聘，将以众逆。子产患之，使子羽辞曰："以敝邑褊[①]小，不足以容从者，请墠[②]听命！"令尹命太宰伯州犁对曰："君辱贶[③]寡大夫围，谓围：'将使丰氏抚有而室。'围布[④]几筵，告于庄、共之庙而来。若野赐之，是委君贶于草莽也，是寡大夫不得列于诸卿也。不宁唯是，又使围蒙其先君[⑤]，将不得为寡君老[⑥]，其蔑以复矣。唯大夫图之！"子羽曰："小国无罪，恃实其罪。将恃大国之安靖己，而无乃包藏祸心以图之？小国失恃，而惩[⑦]诸侯，使莫不憾者，距违君命，而有所壅塞不行是惧。不然，敝邑，馆人[⑧]之属也，其敢爱丰氏之祧？"伍举知其有备也，请垂櫜[⑨]而入。许之。

注释

①褊：狭小。

②墠：清除地面以祭祀。

③贶：赐予。

④布：设，陈列。

⑤蒙：欺骗，蒙骗。先君：指庄王、共王。

⑥老：大臣。

⑦惩：警戒，戒惧。

⑧馆人：守在客馆之人。

⑨櫜：装武器所用的囊。垂：倒挂，表示没有藏武器。

译文

元年春天，楚公子围到郑国聘问，并且娶了公孙段家的女子为妻。伍举担任副手。快要进入宾馆了，郑国人害怕公子围另有图谋，让行人子羽婉言拒绝，于是就住在城外。举行聘礼以后，打算率领众人迎接新妇；子产担心这件事，派子羽辞谢说："由于敝邑狭小，容纳不下您的随从，请让我们在郊外清除出一块场地以代替公孙段家的祖庙来听从您的命令！"令尹公子围命令太宰伯州犁回答说："承蒙贵国君赐给寡大夫围恩惠，说：'将让丰氏的女儿做你的妻子。'围陈列了几案和筵席，在庄王、共王的神庙里祭奠以后前来迎亲。如果在野外行礼，这是把国君的恩赐丢在草丛里了，这是让寡大夫不能居于卿的行列里了。不仅这样，又让围欺骗了自己的先君，将不能再做寡君的上卿了，恐怕无法回国复命了。请大夫考虑一下！"子羽说："小国没有什么罪过，依赖大国却对大国不设防就是它的罪过。小国想仰仗大国来安定自己，而大国恐怕是包藏祸心来谋算小国吧！担心的是小国失去大国的依靠，使得诸侯对大国有所戒惧，并都怨恨大国，抗拒违背贵君的命令，使大国的命令壅塞而无法通行。不然的话，敝邑就是贵国宾馆一类的地方，哪里敢爱惜丰氏的祖庙？"伍举知道郑国有了防备，请求倒挂箭囊进入国都，郑国答应了。

原文

正月，乙未，入逆而出，遂会于虢①，寻宋之盟也。祁午谓赵文子曰："宋之盟，楚人得志于晋。今令尹之不信，诸侯之所闻也。子弗戒，惧又如宋。子木之信，称于诸侯，犹诈晋而驾②焉，况不信之尤③者乎？楚重得志于晋，晋之耻也。子相晋国，以为盟主，于今七年矣。再合诸侯，三合大夫，服齐、狄，宁东夏，平秦乱，城淳于，师徒不顿，国家不罢④，民无谤讟⑤，诸侯无怨，天无大灾，子之力也。

"有令名矣，而终之以耻，午也是惧。吾子其不可以不戒！"

文子曰："武受赐矣。然宋之盟，子木有祸人[6]之心，武有仁人之心，是楚所以驾于晋也。今武犹是心也，楚又行僭[7]，非所害也。武将信以为本，循而行之。譬如农夫，是穮是蓘[8]，虽有饥馑[9]，必有丰年。且吾闻之：'能信，不为人下。'吾未能也。《诗》曰：'不僭不贼，鲜不为则[10]。'信也。能为人则者，不为人下矣。吾不能是难，楚不为患。"

楚令尹围请用牲，读旧书，加于牲上而已。晋人许之。

注释

①虢：郑国地名，在今河南荥泽县。

②驾：居于其上，凌驾。

③尤：更加，更甚。

④罢：通"疲"，疲乏。

⑤讟：诽谤。

⑥祸人：祸害别人。

⑦僭：欺骗，不守信。

⑧穮：耕田。蓘：壅苗。

⑨饥馑：粮食不熟称为饥，蔬菜不熟称为馑，饥馑代指荒年。

⑩出自《诗·大雅·抑篇》。鲜：少。则：准则。

译文

正月十五日，公子围进入郑都，迎娶新妇离开。于是在郑国的虢地与诸大夫会见，这是为了接续宋国盟会的友好。祁午对赵文子说："在宋国盟会上，楚国人先歃血在晋国人的面前满足了心愿。现在令尹的不守信用，是诸侯都听说了的。您如果不戒备，怕又要像上次在宋国那样。子木的信用在诸侯中受到称赞还欺骗晋国而凌驾在它上面，何况是特别不守信用的人呢？如果楚国再次比晋国先歃血，这是晋国的耻辱啊。您辅佐晋国，作为盟主，已经有七年了。两次会合诸侯，三次会合大夫，使齐国、狄人归服，使东方的华夏各国安定，平定秦国造成的战乱，在杞国的淳于筑城，军队不劳顿，国家不疲乏，百姓没有怨言，诸侯没有怨恨，上天没有降大灾，这都是您的功劳啊。

“已经有了好名声，却以耻辱来告终，我害怕的正是非常意外情况，您不能不警戒！”文子说：“我接受您的教诲了。然而宋国的会盟，子木有害人之心，我有爱人之心，所以楚国凌驾在晋国之上。现在我的心依然如旧，如果楚国又做不守信用的事，这就不是它能伤害得了的。我将把信用作为根本，遵循它去做事。譬如农夫，努力耕耘除草用土培苗根，即使有灾荒，也必定会有好收成。而且我听说：‘能守信用不会身处人下。’我还没能够做到啊。《诗》说：‘不欺诈不为害，很少不成为准则的。’这是由于守信用的缘故。能够做别人准则的，不会久居人下啊。我难在没能做到这一点，不用楚国担心。”

楚令尹公子围请求使用祭礼的牲畜，只宣读一下在宋国会盟的旧约，把盟约放在牺牲上面就罢了，晋国人答应了。

原文

三月，甲辰，盟。楚公子围设服离卫[①]。叔孙穆子曰：“楚公子美矣，君哉！”郑子皮曰：“二执戈者前[②]矣！”蔡子家曰：“蒲宫[③]有前，不亦可乎？”楚伯州犁曰：“此行也，辞而假之寡君。”郑行人[④]挥曰：“假不反矣！”伯州犁曰：“子姑忧子皙之欲背诞[⑤]也。”子羽曰：“当璧犹在，假而不反，子其无忧乎？”齐国子曰：“吾代二子愍[⑥]矣！”陈公子招曰：“不忧何成？二子乐矣。”卫齐子曰：“苟或知之，虽忧何害？”宋合左师曰：“大国令，小国共，吾知共而已。”晋乐王鲋曰：“《小旻》[⑦]之卒章善矣，吾从之。”

注释

①离卫：陈列侍卫。

②前：在前面。

③蒲宫：宫名，缉蒲为宫。

④行人：官名。

⑤背：背叛。诞：放诞。

⑥慼：担忧，忧虑。

⑦《小旻》：《诗·小雅》中的一篇。

译文

三月二十五日，结盟。楚国公子围身着国君的服饰，两个士兵持戈侍卫。叔孙穆子说："楚国公子的服饰真美啊，看起来像个国君！"郑国子皮说："两个执戈的人走在前面！"蔡国的子家说："蒲宫他先前都可以居住，有持戈侍卫走在前面不也是可以的吗？"楚国的伯州犁说："这次出来的时候，辞行时向国君借来的。"郑国的行人公孙挥说："借了不会归还了！"伯州犁说："您暂且去担心子皙背命作乱的事吧。"子羽说："公子去疾还在，令尹借楚王的服饰而不归还，您难道就没有忧虑吗？"齐国的国子说："我替这二位担心啊！"陈国的公子招说："不忧虑怎么能做事情？这两位倒该高兴呢。"卫国的齐子说："如果有人事先知道，虽然有值得忧虑的事，又有什么妨碍？"宋国的合左师向戌说："大国发命令，小国奉命而行。我知道尽职就是了。"晋国的乐王鲋说："《小旻》的最后一章很好，我照着它去做。"

原文

退会，子羽谓子皮曰："叔孙绞①而婉，宋左师简而礼，乐王鲋字而敬，子与子家持②之，皆保世之主③也。齐、卫、陈大夫其不免乎？国子代人忧，子招乐忧④，齐子虽忧弗害。夫弗及而忧，与可忧而乐，与忧而弗害，皆取忧之道也，忧必及之。《大誓》⑤曰：

‘民之所欲，天必从之。’三大夫兆忧，忧能无至乎？其是之谓矣。”

注释

①绞：确切，适当。

②持：持中，持平。

③保世之主：保持世代爵禄，指其宗族可以长久。

④乐忧：以忧虑为乐。

⑤《大誓》：《泰誓》，《尚书》的一篇。

译文

退出会场，子羽对子皮说：“叔孙的话适当而委婉，向戌的话简要而合于礼仪，乐王鲋的话自爱而恭敬，您和子家的话持平不偏激，都是可以保持几代爵禄的大夫。齐国、卫国、陈国的大夫，恐怕就不会免于祸难吧？国子替别人忧虑，公子招以忧虑为乐，齐子虽然忧虑却不知道危害在哪里。事不关己而忧虑，以忧虑为乐，忧虑而不知危害，这些都会招致忧虑，忧虑一定会降临到他们头上。《大誓》说：‘百姓所要求的，上天必定听从。’三位大夫有忧虑的兆头，忧患能不到来吗？大概说的就是这个吧。”

原文

季武子伐莒，取郓①。莒人告于会。楚告于晋曰：“寻盟未退②，而鲁伐莒，渎齐盟，请戮其使。”

乐桓子相赵文子，欲求货于叔孙而为之请，使请带焉。弗与。梁其跁曰：“货以藩身③，子何爱焉？”叔孙曰：“诸侯之会，卫社稷也。我以货免，鲁必受师④。是祸之也，何卫之为？人之有墙，以蔽恶⑤也。墙之隙坏⑥，谁之咎也？卫而恶之，吾又甚焉。

虽怨季孙，鲁国何罪？叔出季处，有自来矣，吾又谁怨？然鲋也贿，弗与不已。”召使者，裂裳帛而与之，曰：“带其褊⑦矣。”

注释

①郓：春秋鲁地，在山东沂水县北。

②未退：没有结束。

③藩身：保全自身。

④受师：受到诸侯之师的讨伐。

⑤蔽恶：掩饰过错和坏行为。

⑥隙坏：由一个小孔而渐渐至于崩溃。

⑦褊：衣带或衣服狭小。

译文

季武子讨伐莒国，占领了郓地。莒人向盟会报告。楚国对晋国说：“续盟还没结束，鲁国就攻打莒国，亵渎盟约，请杀掉鲁国使者。”

乐桓子辅佐赵文子，想向叔孙穆子索求财物，而为他向赵文子求情。派人向叔孙要一条腰带，叔孙不给。梁其踁说：“财物是用来保护自身的，您为什么要吝惜它呢？”叔孙说：“诸侯的会见，是为了保卫国家。我用财物免除祸患，鲁国就一定会受到讨伐。这是给它带来祸患，哪里是什么保卫它啊？人所以有墙壁，是用来阻挡坏人的。墙壁如果裂缝毁坏，是谁的过错呢？为了保卫它反而让它受害，我的罪过又超过了墙壁。虽然怨恨季孙，但鲁国又有什么罪过呢？叔孙出国由季孙守国，历来就是这样的，我又去埋怨谁呢？然而乐王鲋喜爱财物，不给他，不会完结。”叔孙召见使者，撕下一块裙子的帛给他，说：“带子恐怕太窄了。”

原文

赵孟闻之，曰：“临患不忘国，忠也。思难不越官①，信也。图

国忘死,贞也。谋主三者,义也。有是四者,又可戮乎?"乃请诸楚曰:"鲁虽有罪,其执事不辟难,畏威而敬命[②]矣。子若免之,以劝左右,可也。若子之群吏,处不辟污[③],出不逃难,其何患之有?患之所生,污而不治,难而不守,所由来也。能是二者,又何患焉?不靖其能,其谁从之?鲁叔孙豹可谓能矣,请免之,以靖能者。子会而赦有罪,又赏其贤,诸侯其谁不欣焉望楚而归之,视远如迩?疆埸之邑,一彼一此,何常之有?王伯之令也,引其封疆,而树之官。举之表旗[④],而著之制令。过则有刑,犹不可壹。于是乎虞有三苗[⑤],夏有观、扈,商有姺、邳,周有徐、奄。自无令王[⑥],诸侯逐进[⑦],狎主齐盟[⑧],其又可壹乎?恤大舍小,足以为盟主,又焉用之?封疆之削[⑨],何国蔑有?主齐盟者,谁能辩焉?吴濮有衅,楚之执事,岂其顾盟?莒之疆事,楚勿与知,诸侯无烦,不亦可乎?莒、鲁争郓,为日久矣。苟无大害于其社稷,可无亢也。去烦宥善,莫不竞劝[⑩]。子其图之!"固请诸楚,楚人许之,乃免叔孙。

注释

①越官:越职。

②畏威:畏惧声威。敬命:遵奉命令。

③辟污:躲避烦难之事。

④表旗:边境线上的标志,犹后世的界碑。

⑤三苗:古国名。

⑥令王:贤明的天子。

⑦逐进:争雄。

⑧狎主:交替主持。齐盟:同盟。

⑨封疆:疆界。削:削减。

⑩竞劝:争相劝勉。

译文

赵孟听说这件事,说:“在困难面前,能够先想自己的国家,这是忠心;考虑祸难时不放弃职守,这是诚实;为国家着想而忘掉死亡,这是坚贞;计谋以忠、信、贞三点为出发点,这是道义。有这四点,还可以诛杀吗?”于是向楚国请求说:“鲁国虽然有罪,它的执事不逃避祸难,害怕贵国的威严并恭敬地听命了。您如果赦免他,用来劝勉您的左右,是可以的。如果您的众官吏在国内不躲开劳苦之事,在国外不逃避祸难,还有什么可担忧的?忧患之所以产生,就是对内有劳苦之事而不能治理,对外有祸难而不能坚守,都是由此而来的。能做到这两点,还有什么可担忧的呢?不能安定贤能的人,谁能顺从他呢?鲁国的叔孙豹可以说是贤能的人了,请赦免他,用来安定贤能的人。您参加盟会而宽赦有罪的国家,又嘉奖贤能的人,诸侯有谁不欣然仰望楚国并且归附它,路途再遥远也认为很近呢?边境上的城邑,有时归这国,有时归那国,哪能一定归那国呢?天子霸主的政令,划定疆界并设置官吏,树立标志并写在制度法令上,越过边界就要惩罚,还不能使之固定不变,于是虞舜时代有三苗,夏朝有观民、扈氏,商朝有姚国、邳国,周朝有徐国、奄国。自从没有了英明的天子,诸侯竞相扩展疆域,更换着主持结盟,难道又可以划定不变吗?忧虑大的祸难,舍弃小的过错,足以做盟主,哪里用得着管这些?边疆的削减,哪个国家没有?主持结盟的,谁能理清它?吴国、百濮如果有隙可乘的话,楚国的执事,难道还能顾及盟约吗?莒国边境上的事情,楚国不要过问,诸侯不去烦劳,这样不是很好吗?莒国、鲁国争夺郓地,时间很久了。如果对他们的国家存亡没有大的危害,可以不去庇护。免除烦劳,宽宥善人,没有人不争相为善的。您还是考虑一下吧!”坚决向楚国请求,楚国人答应了,于是释放了叔孙。

原文

令尹享赵孟,赋《大明》[①]之首章,赵孟赋《小宛》[②]之二章,事毕,赵孟谓叔向曰:“令尹自以为王矣,何如?”对曰:“王弱,令尹强,其可哉!虽可,不终[③]。”赵孟曰:“何故?”对曰:“强以克弱而安之,强不义[④]也。不义而强,其毙必速。《诗》[⑤]曰:‘赫赫宗周,

褒姒灭之。'强不义也。令尹为王,必求诸侯。晋少懦矣,诸侯将往。若获诸侯,其虐滋甚,民弗堪也,将何以终?夫以强取,不义而克,必以为道。道⑥以淫虐,弗可久已矣!"

注释

①《大明》:《诗·大雅》中的一篇。

②《小宛》:《诗·小雅》中的一篇。

③不终:不能善终,没有好结果。

④不义:不符合道义,即不合理。

⑤《诗》:指《诗·小雅·正月》。

⑥道:规律。

译文

楚令尹公子围设宴招待赵孟,赋《大明》的首章。赵孟赋《小宛》的第二章。事情完毕后,赵孟对叔向说:"令尹自以为是国王了,怎么样?"叔向回答说:"国王弱小,令尹强大,也许可以成功吧!虽然可以成功,但不能善终。"赵孟说:"为什么?"叔向回答说:"强大的战胜弱小的却心安理得,这是强大的方面不符合道义。不符合道义却很强大,他就必然会迅速灭亡。《诗》说:'声威显赫的宗周,褒姒灭亡了它。'这是因为强大而不符合道义的缘故。令尹做了楚王,必然要求得到诸侯的支持。晋国稍显衰弱了,诸侯将会去亲近他。如果得到诸侯的支持,他的暴虐就会更加厉害,百姓不堪忍受,他怎么能得善终呢?用强力夺得君位,不符合道义却能取胜,必然认为是符合常道的。把荒淫暴虐当作常道,是不可能长久的啊!"

原文

夏，四月，赵孟、叔孙豹、曹大夫入于郑，郑伯兼享之。子皮戒[①]赵孟，礼终，赵孟赋《瓠叶》[②]。子皮遂戒穆叔，且告之。穆叔曰："赵孟欲一献，子其从之！"子皮曰："敢乎？"穆叔曰："夫人之所欲也，又何不敢？"及享，具五献之笾豆[③]于幕下。赵孟辞，私[④]于子产，曰："武请于冢宰[⑤]矣。"乃用一献。赵孟为客，礼终乃宴。穆叔赋《鹊巢》[⑥]。赵孟曰："武不堪也。"又赋《采蘩》[⑦]，曰："小国为蘩，大国省穑而用之，其何实非命？"子皮赋《野有死麕》[⑧]之卒章。赵孟赋《常棣》[⑨]，且曰："吾兄弟比以安，尨也可使无吠。"穆叔、子皮及曹大夫兴拜，举兕爵[⑩]曰："小国赖子，知免于戾矣。"饮酒乐。赵孟出，曰："吾不复此矣。"

注释

①戒：提前告知。

②《瓠叶》：《诗・小雅》中的一篇。

③笾豆：用来放食物的器皿，用竹子制成的叫笾，用木头制成的称豆。

④私：私下。

⑤冢宰：执政之人，这里指子皮。

⑥《鹊巢》：《诗・召南》中的一篇。

⑦《采蘩》：《诗・召南》中的一篇。

⑧《野有死麕》：《诗・召南》中的一篇。

⑨《常棣》：《诗・小雅》中的一篇。

⑩兕：为雌犀牛。兕爵：指用犀牛角制成的酒杯。

译文

夏天四月，赵孟、叔孙豹、曹国大夫到郑国，郑简公设宴同时招待他们。子皮先通知赵孟，告请礼节完毕后，赵孟赋《瓠叶》这首诗。子皮接着通知叔孙豹，并且告诉他赵孟赋诗的情况。叔孙豹说："赵孟说用一献之礼，您还是听从他吧！"子皮说："您敢吗？"叔孙豹说："您想要这样，又有什么不敢？"到了享礼的时候，在东房准备好了五献的礼器。赵孟辞谢，私下里对子产说："我已经向冢宰请求过了。"于是就用了一献。赵孟做主宾。行礼结束后开始宴饮。叔孙豹赋《鹊巢》，赵孟说："我不敢当啊。"叔孙豹又赋《采蘩》，说："小国奉献上菲薄的蘩，大国节省爱惜地使用它，小国怎敢不服从大国的命令？"子皮赋《野有死麕》的末章，赵孟赋《常棣》，同时说："我们兄弟亲密而又安好，可以别让狗叫了。"叔孙豹、子皮及曹国大夫站起来，下拜，举起牛角杯，说："小国依靠您，知道免于罪过了。"酒喝得很高兴，赵孟出来，说："我不会再有这样的欢乐了。"

原文

天王[1]使刘定公劳赵孟于颍，馆于雒汭。刘子曰："美哉禹功，明德远矣！微禹，吾其鱼乎！吾与子弁冕端委[2]，以治民临诸侯，禹之力也。子盍亦远绩[3]禹功，而大庇民乎？"对曰："老夫罪戾是惧，焉能恤远？吾侪偷食[4]，朝不谋夕，何其长也？"刘子归以语王曰："谚所谓老将知而耄[5]及之者，其赵孟之谓乎！为晋正卿，以主诸侯，而侪于隶人；朝不谋夕，弃神人矣。神怒民叛，何以能久？赵孟不复年矣。神怒，不歆[6]其祀；民叛，不即其事。祀事不从，又何以年？"

注释

①天王：指周景王。

②弁冕：头冠，礼帽。端委：礼服。

③绩：通"继"，继承。

④侪：等，辈。偷食：苟且偷安，混饭吃。

⑤耄：糊涂，昏聩。

⑥歆：享受，享用。

译文

周天子派刘定公在颍地慰劳赵孟，让他在洛水边住宿。刘定公说："美好啊，禹的功绩，他美好的德行远扬！没有禹，我们也许要变成鱼了吧！我和您戴上礼帽穿着礼服，来治理百姓，协调诸侯，都是禹的功劳。您为什么不继承禹的功绩而广泛地保护百姓呢？"赵孟回答说："我唯恐犯下罪过，哪里能够考虑到长远呢？我们这些人偷安混饭吃，早晨不计划晚上的事，哪里能作长远的考虑呢？"刘定公回去把情况告诉周天子说："俗话说人老了会更具智慧，而糊涂却也来了，这说的就是赵孟吧！他做晋国的正卿，而主持诸侯的盟会，反而把自己等同于行役之人；早晨不计划晚上的事，这是抛弃神灵和百姓了。神灵发怒，百姓背叛，怎么能够长久存在？赵孟活不过今年了。神灵发怒，不享用他的祭祀；百姓背叛，不从事职事；祭祀和公务不能办理，又怎么能活过得了年呢？"

原文

叔孙归，曾夭御季孙以劳之。旦及日中[①]，不出。曾夭谓曾阜曰："旦及日中，吾知罪矣。鲁以相忍为国[②]也，忍其外，不忍其内，焉用之？"阜曰："数月于外，一旦于是，庸何伤？贾而欲赢，而恶嚣[③]乎？"阜谓叔孙曰："可以出矣。"叔孙指楹[④]曰："虽恶是，其可去乎？"乃出见之。

注释

①旦：早晨。日中：正午。

②相忍为国：为了国家利益而做一定的让步。

③恶：厌恶。嚣：喧嚣，喧闹。

④楹：厅堂前部的柱子。

译文

叔孙豹回国，曾夭为季孙驾车去慰问他。从早晨等到中午叔孙豹也不出来。曾夭对曾阜说："从早晨等到中午，我们已经知道罪过了。鲁国是用相互忍让来治理国家的。在国外忍让，在国内不忍让，怎么用得着这样？"曾阜说："他在国外数月劳累，在这里等一早晨，有什么妨碍？商人想赢利，难道能讨厌喧闹吗？"曾阜对叔孙说："可以出去了。"叔孙指着柱子说："虽然讨厌这个，难道可以去掉吗？"于是就出去见季孙。

原文

郑徐吾犯之妹美，公孙楚聘之矣，公孙黑又使强委禽焉。犯惧，告子产。子产曰："是国无政，非子之患也。唯所欲与[①]。"犯请于二子，请使女择焉。皆许[②]之。子皙盛饰[③]入，布币[④]而出。子南戎服[⑤]入，左右射，超乘[⑥]而出。女自房观之，曰："子皙信美矣，抑子南，夫也。夫夫妇妇，所谓顺[⑦]也。"适子南氏。子皙怒，既而櫜甲以见子南，欲杀之而取其妻。子南知之，执戈逐之，及冲[⑧]，击之以戈。子皙伤而归，告大夫曰："我好见之，不知其有异志也，故伤。"

注释

①唯所欲与：随心所欲，指愿意嫁给谁就嫁给谁。

②许：同意。

③盛饰：装扮华丽。

④布币：陈列币帛。

⑤戎服：军服。亦指着军服。

⑥超乘：跳跃上车。

⑦顺：和顺。

⑧冲：要道。

译文

郑国大夫徐吾犯的妹妹很漂亮，公孙楚已经聘她为妻了，公孙黑又派人强迫送去聘礼。徐吾犯感到非常害怕，告诉子产。子产说："这是国家政事混乱，不是您的祸害。她愿意嫁给谁就嫁给谁。"徐吾犯向二人请求，让姑娘自己从二者中选择。他们都同意了。公孙黑衣着华丽进来，摆上订婚的财礼然后出去。公孙楚身着军服进来，左右开弓，然后一跃登上车子出去。姑娘从房中观看他们，说："子皙的确是很漂亮，然而也许子南是个真正的男子汉吧。丈夫要像丈夫的样子，妻子要像妻子的样子，这就是所说的和顺吧。"于是嫁给了子南家。公孙黑非常生气，不久内衬甲衣去见子南，要杀掉他并夺走他的妻子。子南知道了，拿着戈追逐他，在交通要道追上，用戈击打他。公孙黑受伤回去了，告诉大夫说："我好心好意去见他，不知道他有别的想法，所以受了伤。"

原文

大夫皆谋之。子产曰："直钧，幼贱有罪，罪在楚也。"乃执子南而数之，曰："国之大节有五，女皆奸①之。畏君之威，听其政，尊其贵，事其长，养其亲，五者所以为国也。今君在国，女用兵焉，不畏威也。奸国之纪，不听政也。子皙上大夫，女嬖大夫，而弗下②之，不尊贵也。幼而不忌，不事长也。兵其从兄，不养亲③

也。君曰:'余不女忍杀,宥女以远。'勉,速行乎,无重而罪!"

注释

①奸:触犯。
②下:指谦让。
③养亲:奉养父母。

译文

大夫们都商量这件事。子产说:"双方都有理由,年龄小地位卑贱的有罪,罪在公孙楚方面。"于是把公孙楚抓来,列举他的罪状,说:"国家的大节有五条,你都触犯了。惧怕国君的威严,听从他的政令,尊敬贵人,侍奉长者,奉养亲属,这五条是用来治理国家的。现在国君在国都里,你使用兵器,这是不惧怕威严;触犯国家的法纪,这是不听从政令;公孙黑是上大夫,你是下大夫,却不谦恭卑让,这是不尊敬贵人;年纪小而不敬,这是不侍奉长者;用兵器对付堂兄,这是不奉养尊亲。国君说:'我不忍心杀你,宽恕你让你远走他乡。'尽你的力量快走吧,不要再加重你的罪过!"

原文

五月,庚辰,郑放[1]游楚于吴。将行子南,子产咨于大叔。大叔曰:"吉不能亢[2]身,焉能亢宗?彼国政也,非私难[3]也。子图郑国,利则行之,又何疑焉?周公杀管叔而蔡蔡叔,夫岂不爱?王室故也。吉若获戾,子将行之,何有于诸游?"

秦后子有宠于桓,如二君于景。其母曰:"弗去,惧选[4]。"癸卯,鍼适晋,其车千乘。书曰"秦伯之弟针出奔晋",罪秦伯也。

注释

①放：放逐，流放。

②亢：保护。

③私难：私人的危难。

④惧选：恐怕被放逐。

译文

五月初二日，郑国放逐公孙楚到吴国，准备让他动身，子产向大叔征求意见。大叔说："我游吉不能保护自身，怎么能够保护宗族之人呢？他的事情，属于国家政纪范围，不是一家一人的危难。您为郑国着想，有利就去做，又疑虑什么呢？周公杀掉管叔流放蔡叔，难道周公不喜欢他们？是从王室利益出发的缘故。我如果得罪，您也可以放逐我，为什么把游氏诸人放在心上？"

秦国的后子颇受秦桓公的宠爱，景公时其权宠如同国有二君。他母亲说："不离开，恐怕要放逐你。"五月二十五日，后子到晋国去，他的车子有一千辆。《春秋》记载说"秦伯之弟针出奔晋"，意思是罪过在秦伯。

原文

后子享晋侯，造舟于河，自雍及绛[①]。归取酬币[②]，终事八反[③]。司马侯问焉，曰："子之车，尽于此而已乎？"对曰："此之谓多矣！若能少此，吾何以得见？"女叔齐以告公，且曰："秦公子必归。臣闻君子能知其过，必有令图。令图，天所赞[④]也。"

注释

①雍：雍城，春秋秦都，在今陕西凤翔县南。绛：绛城，春秋晋都，在今山西翼城县东南。

②酬币：酬宾的礼物。

③终事：事情结束。八反：往返八次。

④赞：帮助。

译文

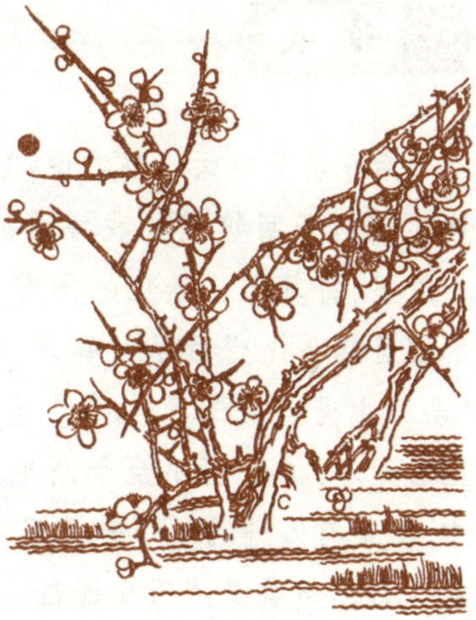

后子设宴招待晋侯，在黄河上排列船只架起浮桥，每隔十里停放一批车子，从雍城一直到绛城。回去取献给宾客的劝酒礼品，到宴会结束一共往返八次。司马侯问他说："您的车辆都在这里了吗？"后子回答说："这已经够多了！如果能比这少点，我怎会逃亡而见到您呢？"女叔齐把这话告诉晋侯，并且说："秦国公子一定会回去。下臣听说君子能够知道自己的过错，一定有好的打算。好的打算，上天一定会相助的。"

原文

后子见赵孟。赵孟曰："吾子其曷①归？"对曰："针惧选于寡君，是以在此，将待嗣君②。"赵孟曰："秦君何如？"对曰："无道③。"赵孟曰："亡乎？"对曰："何为？一世无道，国未艾④也。国于天地，有与立焉。不数世淫，弗能毙也。"赵孟曰："天乎？"对曰："有焉。"赵孟曰："其几何？"对曰："针闻之，国无道而年穀和熟，天赞之也，鲜不五稔⑤。"赵孟视荫曰："朝夕不相及，谁能待五？"后子出而告人曰："赵孟将死矣。主民，玩岁而愒日⑥，其与几何？"

注释

①曷：何时，什么时候。

②嗣君：继位的国君。

③无道：不行正道，做坏事。多指暴君或权贵者的恶行。

④未艾：未尽，未止。

⑤稔：庄稼成熟，也指一年。五稔即五年。

⑥愒日：荒废光阴。

译文

后子去见赵孟。赵孟说："您大约什么时候回国？"后子回答说："我害怕被国君放逐，因此在这里，打算等待继位的国君。"赵孟说："秦国的国君怎么样？"后子回答说："无道。"赵孟说："会灭亡吗？"后子回答说："怎么会灭亡？一代国君无道，国运还不至于断绝。立国于天地之中，必定有人辅助。不是几代人荒淫无道，不可能灭亡。"赵孟说："天命还在他身上吗？"后子回答说："有可能。"赵孟说："大概多久呢？"后子回答说："针听说：国家无道而粮食丰收，是上天在赞助他，至少不低于五年。"赵孟看看日影说："早晨到不了晚上，谁能等待五年？"后子出来，告诉别人说："赵孟将要死了。为民之主，玩忽岁月却又急不可待，他还能活多久？"

原文

郑为游楚乱故，六月，丁巳，郑伯及其大夫盟于公孙段氏。罕虎、公孙侨、公孙段、印段、游吉、驷带私盟于闺门之外，实薰隧。公孙黑强与于盟，使太史书其名，且曰"七子"。子产弗讨。

晋中行穆子败无终及群狄于大原，崇卒[①]也。将战，魏舒曰："彼徒我车，所遇又阨[②]，以什共车，必克。困诸阨，又克。请皆卒，自我始。"乃毁车以为行，五乘为三伍。荀吴之嬖人[③]不肯即卒，斩以徇。为五陈以相离，两于前，伍于后，专为右角，参为左角，偏为前拒，以诱之。翟人笑之。未陈而薄之，大败之。

莒展舆立，而夺群公子秩。公子召去疾于齐。秋，齐公子鉏

纳去疾,展舆奔吴。

叔弓帅师疆郓[4]田,因莒乱也。于是莒务娄、瞀胡及公子灭明以大厖与常仪靡奔齐。

君子曰:"莒展之不立,弃人[5]也夫!人可弃乎?《诗》曰[6]:'无竞维人。'善矣。"

注释

①崇卒:崇尚步兵作战。

②阨:地势狭窄。

③嬖人:身份卑下而受宠爱的人。

④郓:春秋鲁地,在山东沂水北。

⑤弃人:遗弃人才。

⑥出自《诗·周颂·烈文》。

译文

郑国因为游楚之乱的缘故,六月初九日,郑简公和他的大夫在公孙段家里盟誓。罕虎、公孙侨、公孙段、印段、游吉、驷带在郑国都城城门闺门外边私下盟誓,盟地就在薰隧。公孙黑强行参加了盟誓,让太史写上他的名字,而且称为"七子"。子产不愿意参加而被讨伐。

晋国的中行穆子在太原打败了无终和各部狄人,制胜的原因是崇尚了步兵作战。将要交战了,魏舒说:"他们是步兵,我们是车兵,交战处又地势狭窄,用十个步兵共同对付一辆战车,一定能取胜。想把他们困在险要的地方,又能战胜他们,请全部改为步兵,就从我开始。"于是丢开战车改编成步兵的行列,将五乘战车的甲士改成三个伍。荀吴的宠臣不愿编入步兵,魏舒就把他们斩首示众。编成五种军阵以互相依附,两在前面,伍在后面,专为右翼,参为左翼,偏为前锋方阵,用以诱敌。狄人讥笑他们。晋军没等狄军布阵就逼近进攻,大败狄人。

莒国的展舆立为国君,剥夺了公子们的俸禄。公子们从齐国召回去疾。秋天,齐国的公子钼把去疾送回国,展舆逃奔到吴国。

叔弓率领军队划定郓地的疆界,趁莒国发生内乱的缘故。这时莒国的务娄、瞀胡和公子灭明带着大庬和常仪靡逃亡到齐国。

君子说:"莒展不能被立为君,是由于抛弃人才的缘故吧!人才可以抛弃吗?《诗》说:'要想强大,只有依靠人才。'很正确啊!"

原文

晋侯有疾,郑伯使公孙侨如晋聘,且问疾。叔向问焉,曰:"寡君之疾病,卜人曰'实沈、台骀为祟[①]',史莫之知。敢问此何神也?"子产曰:"昔高辛氏有二子,伯曰阏伯,季曰实沈,居于旷林[②],不相能[③]也。日寻干戈[④],以相征讨。后帝不臧[⑤],迁阏伯于商丘,主辰。商人是因,故辰为商星。迁实沈于大夏,主参。唐人是因,以服事夏、商。其季世曰唐叔虞。当武王邑姜,方震大叔,梦帝谓己:'余命而子曰虞,将与之唐,属诸参,而蕃育其子孙。'及生,有文在其手曰'虞',遂以命之。及成王灭唐而封大叔焉,故参为晋星。由是观之,则实沈,参神也。昔金天氏有裔子[⑥]曰昧,为玄冥师,生允格、台骀。台骀能业其官,宣汾、洮,障大泽,以处大原。帝用嘉之,封诸汾川。沈、姒、蓐,黄,实守其祀。今晋主汾[⑦]而灭之矣。"

注释

①实沈:古代神话谓高辛氏的季子名实沈,是参宿之神。台骀:相传上古金天氏少皞的后代昧,生允格、台骀。台骀承袭祖业,为水官之长,为汾水之神。

②旷林:深林。

③相能:彼此亲善和睦。

④干戈:泛指武器,比喻战争。

⑤不臧：不满意。

⑥裔子：后代子孙。

⑦汾：汾水。

译文

晋平公有病，郑简公派子产到晋国聘问，同时问候病情。叔向询问子产说：“寡君的疾病，卜人说是实沈、台骀在作怪，太史没有人知道他们是谁，请问这是什么神呀？”子产说：“从前高辛氏有两个儿子，长子叫阏伯，次子叫实沈，居住在旷林，彼此不能相容，每天干戈相见，互相征讨。帝尧不满意这种情况，把阏伯迁徙到商丘，主祀辰星，商朝人因袭阏伯，所以辰星就成了商星；把实沈迁徙到大夏，主祀参星，唐国人因袭实沈之旧，以归服侍奉夏朝、商朝，它的末代君主叫唐叔虞。当周武王后邑姜身怀大叔的时候，梦见天帝对自己说：‘我给你儿子起名叫虞，准备给他唐国，属于参星，并繁衍养育他的子孙。’等到大叔生下来，手心有文字，即‘虞’字，于是就以‘虞’命名。等到成王灭了唐国，就把大叔封在那里，所以参星是晋国的星宿。由此看来，实沈就是参星之神无疑了。从前金天氏有后代叫做昧，做水官之长，生下允格、台骀。台骀能继承昧的官职，疏通汾水、洮水，堵住大泽，让人们居住在辽阔的平原。颛顼因为这些嘉奖他，把他封在汾川，沈、姒、蓐、黄四国世世代代守着它的祭祀。现在晋国据有汾川而灭掉了这些国家。”

原文

“由是观之，则台骀，汾神也。抑此二者，不及君身。山川之神，则水旱疠疫①之灾，于是乎禜之。日月星辰之神，则雪霜风雨之不时，于是乎禜之。若君身，则亦出入饮食哀乐之事也，山川星辰之神，又何为焉？侨②闻之，君子有四时③：朝以听政，昼以访问，夕以修令，夜以安身④。于是乎节宣其气，勿使有所壅闭湫底⑤，以露其体。兹心不爽，而昏乱百度⑥。今无乃壹之，则生疾

矣。侨又闻之，内官不及同姓，其生不殖。美先尽矣，则相生疾，君子是以恶之。故《志》曰：‘买妾不知其姓，则卜之。’违此二者，古之所慎也。男女辨姓⑦，礼之大司也。今君内实有四姬焉，其无乃是也乎？若由是二者，弗可为也已。四姬有省犹可，无则必生疾矣。”

注释

①疠疫：瘟疫。

②侨：子产名侨，这里是自称。

③四时：四个时段。

④听政：坐朝处理政务。访问：有目的地去探望人并跟他谈话。修令：确定政令。安身：安歇身体。

⑤壅闭：堵塞，阻隔。湫底：积滞不畅。

⑥百度：百事，各种制度。

⑦辨姓：辨别姓氏。

译文

“由此看来，那么台骀就是汾水之神了。然而这两位神灵与君主之病无关。山川的神灵，遇到了水旱瘟疫的灾祸，就向他们祈祷禳灾。日月星辰的神灵，遇到了雪霜风雨不合时而作，就向他们祭祀禳灾。至于国君身上的疾病，那是由于出入、饮食、哀乐这类事情而致，山川、星辰的神灵，又怎么能降病给君主呢？我听说君子把一天分为四段：早晨用来听取政事，白天用来咨询调查，晚上用来建立政令，夜里用来安歇身体。如果这样就能调节血脉精气，不使它阻塞不畅致使身体衰弱，心里昏聩，使百事混乱。现在恐怕是血脉精气专用在一处，就生病了。

我又听说：国君的侍妾不应有同姓，因为她的子孙不昌盛。尽选美女集中在一人身上，就要生病，君子因此讨厌这种情况。所以《志》说：'买侍妾不知道她的姓，就占卜一下。'违反这两条，古人也要持慎重的态度。男女要辨别姓氏，这是礼仪上的大事。现在君主的宫里有四位姬姓侍妾，那也许就是君主生病的原因吧？如果是由于这两条，病就不能治了。四个姬姓女子离开宫廷还可以，否则就必定要生病了。"

原文

叔向曰："善哉！肸未之闻也。此皆然①矣。"

叔向出，行人挥送之。叔向问郑故焉，且问子晳。对曰："其与几何？无礼而好陵人，怙富而卑②其上，弗能久矣。"晋侯闻子产之言，曰："博物③君子也。"重贿之。

注释

①皆然：全都正确。

②怙富：依仗财势。卑：轻视。

③博物：辨识了解各种事物，博物洽闻，通达古今。

译文

叔向说："好啊！我没有听说过。这些情况都是对的。"

叔向出来，行人子羽送他。叔向问郑国的政事，并且问到公孙黑的情况。子羽回答说："他还能活多久呢！没有礼仪，而且喜欢凌驾于他人之上，仗着富有，轻视他的上级，不能长久了。"

晋平公听了子产的话，说："他是一位知识渊博的君子啊。"送给子产丰厚的财物。

原文

晋侯求医于秦，秦伯使医和视之。曰："疾不可为也。是谓近女室[①]，疾如蛊[②]。非鬼非食，惑以丧志[③]。良臣将死，天命不佑。"公曰："女不可近乎？"对曰："节之。先王之乐，所以节百事也，故有五节，迟速本末以相及[④]，中声以降，五降之后，不容弹矣。于是有烦手[⑤]淫声，慆堙心耳，乃忘平和，君子弗听也。物亦如之，至于烦，乃舍也已，无以生疾。君子之近琴瑟，以仪节[⑥]也，非以慆心也。天有六气，降生五味，发为五色，徵为五声，淫生六疾[⑦]。六气曰阴、阳、风、雨、晦、明也，分为四时，序为五节。过则为菑：阴淫寒疾，阳淫热疾，风淫末疾，雨淫腹疾，晦淫惑疾，明淫心疾。女，阳物而晦时，淫则生内热惑蛊之疾。今君不节不时，能无及此乎？"

注释

①近：亲近。女室：女色。

②蛊：传说把许多毒虫放在器皿里，使互相吞食，最后剩下不死的毒虫叫蛊。蛊惑。

③丧志：丧失心志。

④相及：相关联，相牵涉。指相互协调。

⑤烦手：古代指民间音乐（俗乐）的一种复杂的弹奏手法。

⑥仪节：礼法，礼节。

⑦五味：指酸、甜、苦、辣、咸五种味道。五色：青、赤、白、黑、黄五种颜色，古代以此五者为正色。五声：指宫、商、角、徵、羽五音。六疾：六种疾病，寒疾、热疾、末（四肢）疾、腹疾、惑疾、心疾。

译文

晋平公向秦国求医，秦景公派医和去看病。医和说："病不能治了。这叫做亲近女色，得的病好像蛊病。不是因为鬼神，不是因为饮食，而是由于贪恋女色丧失了心志。良臣将要死去，上天不能保佑。"晋平公说："女色不能亲近吗？"医和说："要有节制！先王的音乐，是用来节制百事的，所以有五声的节度，快慢本末互相协调，得到中和之声然后降至无声；五降以后，就不允许再弹了。这时候再弹就变为繁复的手法和靡靡之音，使人心怠耳塞，就会忘记了平正和谐的声音，因此君子是不听的。事情也是这样，一旦超过了一定的限度，就应该舍弃，不要因此生病。君子使用琴瑟是用来节度礼仪的，不是用来使心思懈怠的。天有六种气象，在物则为五种口味，表现为五种颜色，应验为五种声音。过了度就会产生六种疾病。六种气象叫做阴、阳、风、雨、夜、昼。分为四个季，依顺序而有五行的节度，过度就会有灾祸：阴过度就会得寒病，阳过度就会得热病，风过度就会得四肢病，雨过度就会得腹病，夜过度就会得迷惑病，白天过度就会得心病。女人，于性属阳而于时属夜，食色过度就会发生内热蛊惑的疾病。现在君主不加节制不分昼夜，能不到这种地步吗？"

原文

出告赵孟。赵孟曰："谁当良臣？"对曰："主是谓矣！主相晋国，于今八年，晋国无乱，诸侯无阙[①]，可谓良矣。和闻之，国之大臣，荣其宠禄[②]，任其大节[③]，有菑祸兴而无改焉，必受其咎。今君至于淫以生疾，将不能图恤[④]社稷，祸孰大焉！主不能御，吾是以云也。"赵孟曰："何谓蛊？"对曰："淫溺惑乱之所生也。于文，皿[⑤]虫为蛊，穀之飞亦为蛊；在《周易》，女惑男，风落山，谓之'蛊'。皆同物也。"赵孟曰："良医也。"厚其礼而归之。

楚公子围使公子黑肱、伯州犁城犨、栎、郏，郑人惧。子产曰："不害[⑥]。令尹将行大事，而先除二子也。祸不及郑，何患焉？"

注释

①无阙：无过失。
②宠禄：给予宠幸和富贵，指荣宠与禄位。
③大节：关系存亡安危的大事。
④图恤：图谋忧虑。
⑤皿：器皿。
⑥害：妨害，妨碍。

译文

医和出来，告诉赵孟。赵孟说："谁是良臣？"医和回答说："良臣指的就是您了！您主持晋国国政，到现在有八年了，晋国没有发生过动乱，诸侯没有过失，可以说是良了。和听说：国家的大臣，让他享受到宠信和爵禄的光荣，担负国家的大事，有灾祸发生，却不能改变，必然要受灾殃。现在国君贪恋女色不已而得病，将不能图谋忧虑国家的政事，还有比这更大的灾祸吗！您不能禁止，我因此才这样说。"赵孟说："什么叫做蛊？"医和回答说："这是过分沉迷于惑乱所产生的。在文字上，器皿中的毒虫是蛊。稻谷中的飞虫也是蛊。在《周易》里，女人迷惑男人，大风吹落山木叫做'蛊䨓'。这都是同类事物。"赵孟说："好医生啊。"赠给他丰厚的礼物并送他回去。

楚国的公子围派公子黑肱、伯州犁在犨、栎、郏筑城，郑国人害怕。子产说："没有妨碍。令尹将要夺取政权，而先除掉这二位。祸难不会降临郑国，有什么好担忧的？"

原文

冬，楚公子围将聘于郑，伍举为介。未出竟，闻王有疾而还。伍举遂聘。十一月，己酉，公子围至，入问王疾，缢①而弑之。遂杀其二子幕及平夏。右尹子干出奔晋。宫厩尹子皙出奔郑。杀大宰伯州犁于郏。葬王于郏，谓之郏敖。使赴于郑，伍举问应为后之辞②焉。对曰："寡大夫围。"伍举更之曰："共王之子围为长③。"

注释

①缢：缢杀，勒死。
②辞：措辞。
③长：长子。

译文

冬天，楚国公子围将要到郑国聘问，伍举作为围的副使。还没走出国境，听说楚王有病就返回了。伍举前往郑国聘问。十一月初四日，公子围到达郢都，进宫问候楚王的病情，把楚王勒死了，于是就杀死了楚王的两个儿子幕和平夏。右尹官子干逃亡到晋国，宫厩尹子皙逃广到郑国。在郏地杀了太宰伯州犁。把楚王埋葬在郏地，称他叫郏敖。派人到郑国去，伍举问使者关于继承人的措辞。回答说："寡大夫围。"伍举更正他说："共王的儿子围是长子。"

原文

子干奔晋，从车五乘。叔向使与秦公子同食，皆百人之饩[①]。赵文子曰："秦公子富。"叔向曰："底禄[②]以德，德钧以年[③]，年同以尊[④]。公子以国，不闻以富。且夫以千乘去其国，强御[⑤]已甚。《诗》曰[⑥]：'不侮鳏寡，不畏强御。'秦、楚，匹也。"使后子与子干齿[⑦]。辞曰："针惧选，楚公子不获，是以皆来，亦唯命。且臣与羁齿，无乃不可乎？史佚有言曰：'非羁何忌？'"

注释

①饩：给养，俸禄。

②底禄：得到俸禄。

③钧：相同。年：年龄。

④尊：尊卑。

⑤强御：豪强，有权势的人。

⑥出自《诗·大雅·烝民》。

⑦齿：并列。

译文

子干逃亡到晋国，跟随的车子只有五辆。叔向让他和秦国的公子后子食禄相同，都是一百人的口粮。赵文子说："秦公子十分富有。"叔向说："获得俸禄根据德行，德行相同根据年龄，年龄相同根据尊卑。公子的禄位根据国家的大小，没有听说根据富有不富有的。况且带着一千辆车子离开他的国家，是过分强横了。《诗》说：'不欺侮鳏寡之人，不害怕强暴之人。'秦国、楚国，是相对等的国家。"于是就让后子和子干并列，后子辞谢说："针害怕放逐，楚公子不被信任，所以都来到晋国，应当听从命令。但是让臣和羁旅之客并列，恐怕不合适吧？史佚有话说：‘不是羁旅之客，为什么要对他恭敬？’”

原文

楚灵王即位，薳罢为令尹，薳启疆为大宰。郑游吉如楚，葬郏敖，且聘立君。归，谓子产曰：“具行器[1]矣。楚王汰侈[2]而自说其事，必合诸侯。吾往无日矣。”子产曰：“不数年，未能也。”

十二月，晋既烝，赵孟适南阳，将会孟子余。甲辰，朔，烝于温。庚戌，卒。郑伯如晋吊，及雍乃复。

注释

①行器：指国君出行时所用的行装器物。

②汰侈：亦作“汏侈”，骄奢。

译文

楚灵王即位，薳罢做令尹，薳启疆做太宰。郑国的游吉到楚国，参加郏敖的葬礼，同时聘问新君即位。回国后，对子产说：“准备行装吧。楚王骄纵并自我欣赏自己的事情，一定要会合诸侯的。我没有几天就要前往了。”子产说：“如果没有几年时间是做不到的。”

十二月，晋国举行烝祭，赵孟到南阳，会祭先祖孟子余。正月初一日，阴历朔日，在温地祖庙里举行烝祭。初七日，赵孟卒。郑简公到晋国吊唁，到达雍地就折回去了。

评析

鲁昭公元年（公元前541年），这一年晋平公、楚共王、晋国执政赵文子相继去世。

徐吾犯妹不仅美貌,而且是少见的有机会由自己选择配偶的女子,在春秋时期是十分难得的了。她对两位求婚者的评论更是难得地反映了对男性美的看法,即以英武勇力为美,而不是华丽的衣饰和财富。

子产博闻强识的特点由晋平公问疾的典型事例加以展现。子产不仅讲述了作祟的二神的来历,而且阐述了人事与鬼神无关的观点,认为疾病产生与病人的身体素质、生活习惯有密切关系,赢得了晋国人的由衷称赞。

楚灵王篡夺王位并杀死侄子,可以说是预谋已久、肆无忌惮,是他蛮横个性的自然发展,有识之士早已有预言。春秋时期贵族集团内部父子、母子、兄弟、叔侄之间为争夺权力而相互残杀的事情层出不穷,毫无亲情可言。不过如楚灵王做得这样理直气壮、毫不掩饰倒不多见,跟他狂妄自大、暴虐骄奢的一贯做派相吻合。楚灵王在作令尹的时候就野心勃勃,处处以王的身份自居,僭用楚君的仪仗出席外交场合,铲除异己,扶植亲信,终于趁着侄子郏敖病重的机会弑君夺位,开始了他恣意纵横的后半生。

三年经

三年:春,王正月丁未,滕子原卒。

夏,叔弓如滕。

五月,葬滕成公。

秋,小邾子来朝。

八月,大雩。

冬,大雨雹。

北燕伯款出奔齐。

三年传

原文

侯使晏婴请继室于晋[①]……

既成昏[②]，晏子受礼，叔向从之宴，相与语。叔向曰："其何如？"晏子曰："此季世[③]也，吾弗知。其为陈氏[④]矣。公弃其民，而归于陈氏。旧四量：豆、区、釜、钟[⑤]。四升为豆，各自其四[⑥]，以登[⑦]于釜，釜十则钟。陈氏三量皆登一[⑧]焉，钟乃大矣[⑨]。以家量贷，而以公量收之[⑩]。山木如市，弗加于山；鱼盐蜃蛤[⑪]，弗加于海。民三其力[⑫]，二人于公，而衣食其一。公聚朽蠹[⑬]，而三老冻馁[⑭]。国之诸市，屦贱踊[⑮]贵。民人痛疾，而或燠休之[⑯]，其爱之如父母，而归之如流水[⑰]。欲无获民，将焉辟之？箕伯、直柄、虞遂、伯戏，其相胡公、大姬[⑱]，已在齐矣[⑲]！"

叔向曰："然。虽吾公室，今亦季世也。戎马不驾，卿无军行[⑳]；公乘无人，卒列无长。庶民罢敝[㉑]，而公室滋侈。道殣[㉒]相望，而女富益尤[㉓]。民闻公命，如逃寇仇。栾、郤、胥、原、狐、续、庆、伯[㉔]，降在皂隶[㉕]。政在家门，民无所依。君日不悛[㉖]，以乐慆忧[㉗]。公室之卑，其何日之有？《谗鼎之铭》曰：'昧旦丕显，后世犹怠。'况日不悛，其能久乎？"晏子曰："子将若何？"叔向曰："晋之公族尽矣。肸闻之，公室将卑，其宗族枝叶先落，则公从之。之宗十一族，唯羊舌氏在而已。肸又无子，公室无度，幸而得死，岂其获祀。"

注释

① 侯：景公，名杵臼。晏婴：国大夫，字平仲。继室：续娶。

②成昏：订婚。

③季世：末世，末代。

④陈氏：指陈国人夫陈完的后代宗族。

⑤豆、区（ōu）、釜、钟：齐国的四种量器。

⑥各自其四：各用自身的四倍。

⑦登：成，升进。

⑧登一：加一，指由四进位增加为五进位。

⑨钟乃大矣：指钟的增加不止一个，旧量（一釜）。

⑩家量：私家用的量器。公量：侯的量器。

⑪蜃蛤（shèn gé）：蛤蜊，这里指代海产品。

⑫三：分成三份。力：指劳动所得。

⑬聚：聚敛的财物。朽蠹（dù）：腐烂生虫。

⑭三老：泛指老人。馁：饥饿。

⑮踊：假腿。古时受过刖刑的人所穿。

⑯或：有人。燠休（yù xǔ）：安抚病痛的声音。

⑰如流水：像水流动一样自然迅速。

⑱箕伯、直柄、虞遂、伯戏：四人都是陈氏的祖先。胡公：以上四人的后代，陈国开国君主。大姬：周武士的女儿，胡公的妃子。

⑲已在齐矣：指陈氏祖先已在齐受祭了。

⑳公室：诸侯及其政权。军行（háng）：军队。

㉑罢（pí）敝：疲病。

㉒殣（jǐn）：饿死的人。

㉓女：指国君的宠妃。尤：多出。

㉔栾：栾枝。郤：郤缺。胥：胥臣。原：原轸，先轸。狐：狐偃。这五人都是卿。续：续简伯。庆：庆郑。伯：伯宗。这三人都是大夫。

㉕皂隶：官府中的差役。

㉖日：一天又一天。悛（quān）：悔改，改过。

㉗慆（tāo）：隐藏，掩盖。

译文

景公派晏婴请求晋国国君继续娶齐国的女子……

订婚之后,晏婴接受了晋国的宴宾之礼。叔向陪他一起参加宴饮,互相交谈起来。叔向说:“齐国怎么样了?”晏婴回答说:“现在是末代了,我不知道该怎么说。齐国恐怕是陈氏的了。齐国君抛弃他的百姓,使他们归附陈氏。齐国原来有豆、区、釜、钟四种量器。四升为一豆,各自以四进位,一直升到釜,十釜就是一钟。陈氏的豆、区、釜三种量器,都加大了四分之一,钟的容量就更大了。陈氏用私家的大量器借出粮食,而用公家的小量器收回。山上的木材运到市场,价格不比山里高;鱼盐蛤蜊等海产品,价格也不比海边高。百姓把劳动收入分成三份,两份归公家,一份用来维持自己的衣食。国君聚敛的财物已腐烂生虫,老年人们却挨冻受饿。国都的各个市场上,鞋价便宜而假腿昂贵。百姓有了痛苦疾病,有人乘机去安抚。百姓拥戴陈氏如同父母一样,归附陈氏像流水一样。想要陈氏不得到百姓拥戴,哪里能避得开?陈氏远祖箕伯、直柄、虞遂、伯戏,他们随着胡公和大姬,恐怕已经在齐国接受祭祀了。”

叔向说:“是的。就是我们的公室,现在也到了末世了。兵车没有战马和人驾驭,国卿不率齐国军队;国君的战车左右没有好人才,步兵队伍没有好长官。百姓疲病,但宫室更加奢侈。道路上饿死的人随处可见,而宠姬家的财物多得装不下。百姓听到国君的命令,就像逃避仇敌一样。栾、郤、胥、原、狐、续、庆、伯这八个大家族的后人已经沦为低贱的吏役。政事由私家决定,百姓无所依从。国君一天比一天不肯悔改,用行乐来掩盖忧愁。公室的衰微,还能有几天?《谗鼎之铭》说:‘天不亮就起来致力于政绩显赫,子孙后代还是会懒散懈怠。’何况国君一天天不悔改,国家能够长久吗?”晏子说:“您打算怎么办?”叔向说:“晋国的公族全完了。我听说,公室快要衰微时,它的宗族就像树的枝叶一样首先落下来,公室跟着就衰亡了。我的一宗有十一族,只有羊舌氏一支还在。我又没有好儿子,公室没有法度,能够得到善终就是万幸,难道还会指望得到后代的祭祀吗?”

评析

人类既无法和天地抗争,无法同命运抗争,也无法和自己抗争。阴阳盛衰的交替的确是人的意志不可扭转的。

当一个朝代达到鼎盛的时候，也就意味着即将开始走下坡路。“日中则昃。”太阳升到中天之后，就开始向西偏斜。传统等级制度的专制，使它无法靠自身的运转来为自身提供必需的活力。它是一个封闭型的结构，原本积存起来的能量，在自身的运转中不断被销蚀，直至全部能量消耗殆尽，这时就该寿终正寝了。忠臣也好，义士也好，直谏也好，都如杯水车薪，挽救不了颓势。

末世到来时，再聪明、再能干的人都只有眼睁睁看着衰落下去。你可以把一切看得清楚透彻，可以把一切分析得头头是道，但就是没有回天之力，只有做大树倒下时四散逃命的猢狲。在这种时候，麻木迟钝也许比敏感清醒要好得多。麻木了，就不去看，看见了也没有反应；也不去想，脑子心灵完全处在停滞状态，因而也就没有了痛苦。由清醒敏感所带来的痛苦，恐怕是最让人难以承受的，你要思索，要探寻究竟，要仰问苍天，而任何结果都不可能得到。再说，生性清醒敏感的人，即使想要麻木迟钝，也做不到。真的就是“难得糊涂”啊。

改天换地的力量是来自外部。制度本身是个巨大的漩涡，是一个具有无限引力的黑洞，进入它之中的一切都将被无情地吞没。令我们感到惊异的是，一直被人们当作是近代产物的末世感，竟会出现在两千多年前的春秋时代。如果说末世感也具有“现代性”的话，那“现代性”就不应以时间远近来衡量。

十九年经

元年：春，王正月，公即位。

叔孙豹会晋赵武、楚公子围、齐国弱、宋向戌、卫齐恶、陈公子招、蔡公孙归生、郑罕虎、许人、曹人于虢。

三月，取郓。

夏，秦伯之弟鍼出奔晋。

六月丁巳，邾子华卒。

晋荀吴帅师败狄于大卤。

秋，莒去疾自齐入于莒。

莒展舆出奔吴。

叔弓帅师疆郓田。

葬邾悼公。

冬十有一月己酉，楚子麇卒。

公子比出奔晋。

十九年传

原文

楚子[①]之在蔡也，郹阳封人之女奔之[②]，生大子建[③]。及即位，使伍奢为之师[④]，费无极为少师[⑤]，无宠焉，欲谮[⑥]诸王，曰："建可室矣。"王为之聘于秦。无极与逆[⑦]，劝王取之。正月，楚夫人嬴氏至自秦。

楚子为舟师以伐濮[⑧]。费无极言于楚子曰："晋之伯[⑨]也，迩于诸夏；而楚辟陋，故弗能与争。若大城城父[⑩]，而置大子焉，以通北方，王收南方，是得天下也。"王说，从之。故大子建居于城父。

注释

①楚子：指楚平王。

②郹(jué)阳：蔡国地名，在今河南新蔡。封人：管理边境的官员。奔：不按礼而娶，即姘居。

③大子建：太子建，即王子建，楚平王太子。

④伍奢：伍举的儿子，楚国大夫，伍尚、伍员的父亲。

⑤少师:教导和辅佐太子的官。

⑥谮(zèn):诬陷,诬告。

⑦与逆:参加迎亲。

⑧舟师:水军。濮:南方部落,在今湖北石首。

⑨伯:同“霸”。

⑩城:筑城。城父:楚国邑名,在今河南宝丰东四十里。

译文

楚平王在蔡国的时候,蔡国鄤阳边境官员的女儿私奔到他那里,生下太子建。到平王即位时,便派伍奢当太子建的老师,派费无极当少师。费无极得不到宠信,想要诬陷太子,说:“太子建可以娶妻了。”楚平王从秦国为太子建聘得女子。费无极参加了迎亲,却劝说楚平王自己娶这个女子。正月,楚平王的夫人嬴氏从秦国来到了楚国。

楚平王组建了水军队打濮人。费无极对楚平王说:“晋国之所以能够称霸,是因为靠近中原;而楚国偏狭小,所以不能同晋国争雄。如果扩大城父的城墙,把太子安排在那里,以便和北方各国交往,君王会收取南方,这样就可以,取得天下。”楚平王很高兴,听从了无极的话。因此,太子建就住在了城父。

评析

奸佞小人,真的就像耗子屎,掉到汤锅里,把好端端的一锅汤给搞坏了。故事中的费无极,便是这样的耗子屎。伍奢一家被弄得家破人亡,伍员出逃后助吴伐楚,十七年之后差点儿为楚国灭掉。几句谗言,就搅得天翻地覆,国家和百姓不得安宁。

奸佞小人不容小看,他们往往有很大的能量,对此不可低估。他们善于看风向,嗅气味,找弱点,搞伪装,下毒手,借刀杀人,金蝉脱壳。多数时候他们活动的目的是为名为利为权,而也有时候纯粹为了发泄不满和妒忌。他们的内心阴暗得绝对不可透进阳光,散发着腐烂的气息。他们的所作所为也从来是不可告人,在暗地里进行的。

奸佞小人永远不可能消失,就好像上帝在造人的时候就让人带上了人性的弱点一样,上帝他老人家也同时造出了好人和坏人,天使和恶魔。让这两种相对立的东西同时存在，彼此斗争。

小人无处不在，防不胜防。人们都相信光明总会战胜黑暗、人正不怕影子歪。但是，这种说法过于乐观。我们虽然不必悲观到怀疑光明终将战胜黑暗，好人不会永远不幸。但也不能不承认我们有时很难战胜小人，小人得志的时候也很多，况且双方交锋是一个过程，不是好人占上风，就是小人占上风。这是客观现实，也是过往的历史告诉我们的，所有的历史都是由善和恶组成的，没有清一色的善的历史，也没有清一色的恶的历史。

我们虽然无法使奸佞小人从地球上消失，但提防他们总是可以的，一旦发现，与他们斗争总是能做到的，绝对讲不得半点儿客气。

二十年经

二十年：春，王正月。

夏，曹公孙会自鄸出奔宋。

秋，盗杀卫侯之兄縶。

冬，十月，宋华亥、向宁、华定出奔陈。

十有一月辛卯，蔡侯庐卒。

二十年传

原文

郑子产有疾，谓子大叔曰："我死，子必为政。唯有德者能以宽服民，其次莫如猛①。夫火烈，民望而畏之，故鲜死焉；水懦弱，民狎②而玩之，则多死焉，故宽难。"疾数月而卒。

大叔为政，不忍猛而宽。郑国多盗，取人于萑苻之泽[3]。大叔悔之，曰："吾早从夫子，不及此。"兴徒兵[4]以攻萑苻之盗，尽杀之，盗少止。

仲尼曰："善哉！政宽则民慢，慢则纠[5]之以猛；猛则民残，残则施之以宽。宽以济[6]猛，猛以济宽，政是以和。《诗》曰：'民亦劳止，汔可小康；惠此中国，以绥四方[7]。'施之以宽也。'毋从诡随，以谨无良；式遏寇虐，惨不畏明[8]。'纠之以猛也。'柔远能迩，以定我王[9]。'平之以和也。又曰：'不竞不絿，不刚不柔，布政优优，百禄是遒[10]。'和之至也。"

及子产卒，仲尼闻之，出涕[11]曰："古之遗爱[12]也。"

注释

①猛：严厉。

②狎（xiá）：轻视，轻忽。

③取：同"聚"。人：指强盗。萑苻（huán fú）：湖泽的名称。

④徒兵：步兵。

⑤纠：矫正。

⑥济：帮助，调节。

⑦这四句诗出自《诗·大雅·民劳》。汔：也许可以。康：安。中国：指京城。绥：安抚。四方：指四方诸侯国。

⑧这四句诗出自《诗·大雅·民劳》。从：同"纵"，放纵。诡随：狡诈行骗的人。谨：管束。遏：制止，禁止。寇虐：指抢劫行凶的人。惨：曾，乃。明：法度。

⑨这两句诗出自《诗·大雅·民劳》。柔：安抚。能：亲善。

⑩这四句诗出自《诗·商颂·长发》。竞：急。絿：缓。优优：温和宽厚的样子。遒：聚集。

⑪涕：眼泪。

⑫遗爱：流传下来的慈惠的人。

译文

郑国的子产生了病,他对大叔说:“我死了以后,您肯定会执政。只有有德行的人,才能够用宽和的方法来使民众服从,差一等的人不如用严厉的方法。火的特点是猛烈,百姓一看见就害怕,所以很少有人死在火里;水的特点是柔弱,百姓轻视而玩弄它,有很多人便死在水里,因此运用宽和的施政方法很难。”子产病了几个月后就去世了。

子大叔执政,不忍心严厉而用宽和方法施政。郑国的盗贼很多,聚集在叫做萑苻的湖沼里。子大叔很后悔,说:“要是我早听他老人家的话,就不会到这种地步了。”于是,他派步兵去攻打萑苻的盗贼,把他们全部杀了,盗贼才有所收敛。

孔子说:“好啊!施政宽和,百姓就怠慢,百姓怠慢就用严厉措施来纠正;施政严厉,百姓就会受到伤害,百姓受到伤害就用宽和的方法。宽和用来调节严厉,严厉用来调节宽和,政事因此而和谐。《诗·大雅·民劳》中说:‘民众辛苦又勤劳,企盼稍稍得安康;京城之中施仁政,四方诸侯能安抚。’这是施政宽和。‘不能放纵欺诈者,管束心存不良者;制止抢夺残暴者,他们从不惧法度。’这是用严厉的方法来纠正。‘安抚远方和近邻,用此安定我王室。’这是用和睦来安定国家。又说:‘既不急躁也不慢,既不刚猛也不柔,施政温和又宽厚,百种福禄全聚。’这是宽和达到了顶点。”

等到子产去世,孔子得到了消息,流着眼泪说:“他是古代传下来的有仁爱的人。”

评析

凡事都有两面,古人很早就认识到了这一点,并且一直注意并提倡在相反的两个方面之间寻求平衡。按照传统的观点,失去平衡,偏重一方面,忽视另一方面,事情就会出毛病。阴阳调和,刚柔相济,事情就会顺利发展,兴旺发达。

宽大仁慈,并不意味着软弱。它实际上既体现了胸襟和气度,也体现了涵养与明智。宽大为怀,是为了征服人心,使人心服,也是自信心的表现,可以当作笼络人心的“胡萝卜”。

威猛严厉,也不意味着残忍。它所体现的是决心和力度,为的是以强硬手段迫使越轨者和不法之徒循规蹈矩，遵纪守法，平等竞争。

过分的宽大仁慈容易使人误以为软弱，从而得寸进尺，变本加厉；过分的威猛严厉容易导致残暴，从而引起强烈反抗，法纪大乱。所以，宽和与严厉相互补充调节，可以避免走极端造成的不良后果，让人们心服口服地遵纪守法。

二十七年经

二十有七年：春，公如齐。

公至自齐，居于郓。

夏，四月，吴弑其军僚。

楚杀其大夫郤宛。

秋，晋士鞅，宋乐祁梨、卫北宫喜、曹人、邾人、滕人会于户邑。

冬，十月，曹伯午卒。

邾快来奔。公如齐。

公至自齐，居于郓。

二十七年传

原文

吴子欲因楚丧而伐之[①]，使公子掩余、公子烛庸帅师围潜[②]，使延州来季子聘于上国[③]，遂聘于晋，以观诸侯。……吴公子光曰："此时也，弗可失也。"告鱄设诸曰："上国有言曰：'不索。何

获?'我,王嗣[4]也,吾欲求之。事若克,季子虽至,不吾废也。"鲊设诸曰:"王可弑也。母老、子弱[5],是无若我何?"光曰:"我,尔身[6]也。"

夏四月,光伏甲于堀室而享王[7]。王使甲坐于道及其门。门、阶、户、席皆王亲[8]也,夹之以铍[9]。羞者献体改服于门外[10],执羞者坐行[11]而入。执铍者夹承之,及体[12],以相授也。光伪足疾,入于堀室。设诸寘剑于鱼中以进,抽剑刺王,铍交于胸[13],遂弑王。阖庐[14]以其子为卿。

注释

①吴子:吴王僚。因:乘机。楚丧:指楚平王之死。

②公子掩余、公子烛庸:吴王僚的同母兄弟。潜:楚国地名,在今安徽霍山县东北。

③延州来季子:吴公子季札。上国:指中原各国。

④王嗣:王位的继承人。

⑤弱:幼小。

⑥身:自己。

⑦堀室:地下室。享:宴请。

⑧王亲:国君的亲兵。

⑨铍(pí):用刀鞘装的剑。

⑩羞者:进献食品的人。献体:脱光衣服。

⑪坐行:用双膝着地而行。

⑫及体:意思是剑尖挨着了身体。

⑬铍交于胸:剑从两旁交叉刺进胸部。

⑭阖庐:公子光。

译文

吴王僚想乘楚国有丧事的机会去攻打它,他派公子掩余和公子烛庸率军队包围潜邑，又派季札去访问中原各国，接着又去晋国访问，以观察各诸侯的态度……吴国的公子光说："这正是时机，不要错过了。"他告诉鲊设诸说："中原各国说过这样的话：'不去索取，哪里能得到？'我是王位的继承人，我想得到王位。如果事情成功了，季札即使来了，也不能废除我。"鲊设诸说："君王是可以杀掉的。但我母亲老了，儿子还年幼，我该怎么办才好呢？"公子光说："我就是你自己啊。"

夏天四月份，公子光在地下室里埋伏下武士，同时宴请吴王僚，吴王僚派武士坐在道路两旁，一直到大门口。门口、台阶、里门和座席上全是吴王僚的亲兵，都拿着剑在吴王两旁护卫。进献食物的人在门外脱光衣服，改穿别的服装，再跪着膝行进去。拿剑的人在两边用剑夹着献食物的人，剑尖一直挨着献食者的身体，然后把食物递给端的人送上去。公子光假装脚有病，进入地下室。设诸把短剑放进鱼肚子里端了进来，他抽出剑来刺杀吴王僚，两边吴王亲兵的剑同时交叉刺进了鲊设诸的胸中，就这样刺杀了吴王僚。接替的吴王阖庐封鲊设诸的儿子做了卿。

评析

这是一个惊心动魄的故事。由产生弑君念头到刺杀成功，一切都发展得那么快，出人意料，干净利落，如同足球场上的单刀赴会。

在那个时代，弑君是目无王法的弥天大罪，后果自不必说。敢于产生这样的念头，可以说是胆大包天。不过，这在宫廷之中是家常便饭，政变随时都可能发生，什么王法不王法，规矩呀，礼仪呀，等等，全是针对外人和百姓的，宫廷内部的皇亲国戚，全不把它们放在眼里，为了争权夺利，什么都可以做出来。宫廷之外的平民百姓把宫廷内的一切都看得那么神圣和神秘，其实远不是如此。

鲊设诸算是运气好，虽然自己也成了刀下鬼，到底还是让阴谋得逞了，成功了。成功后坐上了王位的人，又会像前任一样，做出对祖先、神明恭敬的样子，板着面孔教训平民百姓，照样征收赋税、派遣劳役。权力的更迭，多数时候对平民百姓没有什么意义，百姓的生存状况多半不会有多大改善，仅仅是宫廷内部一些人因此发达了，一些人因此遭殃了。

不过，有时候宫廷权力的更迭，也可能对历史进程产生影响。比如齐，倘若荆轲刺秦成功了，历史就将改写。鸿门宴上，如果刘邦真被杀了，历史将是另一种样子。

历史中充满了各种偶然因素，很多偶然因素都可能改变历史进程，甚至产生深远影响。可以找到的例证太多了，它们表明，历史发展并非直线式的，也并非每个历史转折都是必然的，可以预料的。

人生也是如此。暗杀政敌本身是一种冒险，一场赌博，其中也充满了偶然性，决定胜负往往在一刹那，在一些小小的细节之上。倘若鲑设诸动作慢一点，公子光将是另一种下场；但他胜了，胜者为王，命运出现了转折，上天把天平倒向了他那一边。

二十八年经

二十有八年：春，王三月，葬曹悼公。

公如晋，次于乾侯。

夏，四月丙戌，郑伯宁卒。

六月，葬郑定公。

秋，七月癸巳，滕子宁卒。

冬，葬滕悼公。

二十八年传

原文

二十八年，春，公如晋，将如乾侯[①]。子家子曰："有求于人，而即其安，人孰矜[②]之？其造于竟。"弗听。使请逆于晋。晋人曰："天祸鲁国，君淹恤[③]在外，君亦不使一个辱在寡人，而即安于甥舅，其亦使逆君？"使公复于竟，而后逆之。

晋祁胜与邬臧通室[④]。祁盈将执之，访于司马叔游。叔游曰："《郑书》有之：'恶直丑正，实蕃有徒。'无道立矣，子惧不免。《诗》[⑤]曰：'民之多辟，无自立辟。'姑已[⑥]，若何？"盈曰："祁氏私有讨，国何有焉？"遂执之。祁胜赂荀跞，荀跞为之言于晋侯。晋侯执祁盈。祁盈之臣曰："钧将皆死，慭使吾君闻胜与臧之死也以为快。"乃杀之。夏六月，晋杀祁盈及杨食我。食我，祁盈之党也，而助乱，故杀之，遂灭祁氏、羊舌氏。

注释

①乾侯：春秋晋邑，在今河北省成安县东南。

②矜：怜悯，同情。

③淹恤：久遭忧患。

④通室：互易妻室。

⑤出自《诗·大雅·板》。

⑥姑已：姑且作罢。

译文

二十八年春天，昭公去晋国，将要去乾侯。子家子说："有求于别人，而又心安理得，有谁会同情您？您还是在边境上等着的好。"昭公不听。派人向晋国请求前来迎接，晋国人说："上天降祸给鲁国，使君主久留在外，君主也不派一个使者屈尊问候寡人，却安安稳稳地住在甥舅之国，难道还要派人到齐国去迎接君主？"让昭公回到鲁国和齐国的边境上然后派人迎接。

晋国的祁胜和邬臧交换妻妾。祁盈准备拘捕他们，向司马叔游询问。叔游说："《郑书》有这样的话：'伤害正直，这种人多得很。'没有道德的人在位，您应该内心害怕不能免于祸患。《诗》说：'民众邪僻，自己不要另立法度。'姑且算了罢，怎么样？"祁盈说："这是祁氏家族内部的讨伐，和国家有什么关系？"于是就拘捕了他们。祁胜贿赂荀跞，荀跞在晋顷公面前替他说话，晋顷公拘捕了祁盈。祁盈的家臣说："同样都是死，姑且让我们的主人听到祁胜和邬臧的死讯时再死也痛快一下。"于是就杀了祁胜和邬臧。夏天六月，晋国杀了祁盈和杨食我。杨食我，是祁盈的同党，并且帮助作乱，所以杀了他。接着祁氏、羊舌氏就被灭掉了。

原文

初，叔向欲娶于申公巫臣氏，其母欲娶其党。叔向曰："吾母多而庶鲜，吾惩舅氏矣。"其母曰："子灵之妻杀三夫、一君、一子，而亡一国、两卿矣，可无惩乎？吾闻之：'甚美必有甚恶。'是郑穆少妃姚子之子，子貉之妹也。子貉早死，无后，而天钟美于是[①]，将必以是大有败也。昔有仍氏生女，黰黑[②]，而甚美，光可以鉴，名曰玄妻。乐正后夔取之，生伯封，实有豕心[③]，贪惏无餍，忿纇无期，谓之封豕。有穷后羿灭之，夔是以不祀。且三代之亡、共子之废，皆是物也，女何以为哉？夫有尤物，足以移人[④]。苟非德

义，则必有祸。”叔向惧，不敢取。平公强使取之，生伯石。

注释

①钟美于是：将美集中在她身上。

②黰黑：头发稠黑。

③豕心：豕贪食，因以比喻贪婪之心。

④移人：使人的精神情态等改变。

译文

起初，叔向想要娶申公巫臣的女儿，他母亲想让他娶她的亲族。叔向说：“我的庶母多而庶生兄弟少，我要把娶舅家的女儿作为鉴戒啊。”他母亲说：“巫臣的妻子杀死三个丈夫、一个国君、一个儿子，并且灭亡一个国家，使两个卿出逃，能不作为鉴戒吗？我听说：‘很漂亮的人一定有很可恶的地方。’她是郑穆公少妃姚子的女儿，子貉的妹妹。子貉死得早，没有后代，而上天把美集中在她身上，一定是要用她来大大地败坏事业啊。从前有仍氏生了个女儿，头发又密又黑，非常漂亮，光泽可以照见人影，名叫玄妻。乐官之长后夔娶了她，生下伯封，其心似猪，贪婪没有满足的时候，愤怒乖戾没有限度，人们叫他封豕。有穷氏的后羿灭了他，夔因此不能获得祭祀。而且夏商周三代的灭亡，太子申生的被废，都是由于贪恋美色。你为什么还要这么做呢？特别漂亮的女子，足够可以改变人的心性，如果不是有德有义的人娶她，就一定会带来祸患。”叔向感到害怕，不敢娶她。晋平公强迫他娶了她，生下杨食我。

原文

伯石始生，子容之母走谒诸姑①，曰：“长叔姒②生男。”姑视之。及堂，闻其声而还，曰：“是豺狼之声也，狼子野心。非是，莫

丧羊舌氏矣。”遂弗视。

秋，晋韩宣子卒，魏献子为政，分祁氏之田以为七县，分羊舌氏之田以为三县。司马弥牟为邬[3]大夫，贾辛为祁[4]大夫，司马乌为平陵[5]大夫，魏戊为梗阳[6]大夫，知徐吾为涂水[7]大夫，韩固为马首[8]大夫，孟丙为盂[9]大夫，乐霄为铜鞮[10]大夫，赵朝为平阳[11]大夫，僚安为杨氏大夫。谓贾辛、司马乌为有力于王室，故举之；谓知徐吾、赵朝、韩固、魏戊，余子之不失职，能守业[12]者也；其四人者，皆受县而后见于魏子，以贤举也。

注释

①姑：婆婆。
②长叔姒：大弟媳妇。
③邬：春秋晋邑，在今山西介休市东北。
④祁：春秋时晋大夫祁奚邑，晋灭祁氏，分为七县，以贾辛为祁大夫。
⑤平陵：春秋晋邑，在今山西文水东二十五里。
⑥梗阳：今山西清源县。
⑦涂水：在山西榆次西南二十里。
⑧马首：在山西新绛西北四十里，俗名马头山。
⑨盂：春秋晋地，今山西阳曲东北八十里有大盂城。
⑩铜鞮：春秋晋邑，故城在今山西沁县西南。
⑪平阳：古尧都，春秋晋羊舌氏邑。在今山西临汾南。
⑫守业：保存祖先留下的基业；守住已有的事业。

译文

杨食我刚生下的时候，子容的母亲跑去告诉婆婆，说：“大弟媳妇生了个男孩。”婆婆去看，到了堂前，听到婴儿的哭声就往回走，说：“这是豺狼的声音。豺狼一样的男子一定有野心。除了这个人，谁会使羊舌氏灭亡呢！”于是不去看视。

秋天，晋国的韩宣子卒，魏献子执政。他把祁氏的土地分为七个县，把羊舌氏的土地分为三个县。司马弥牟做邬邑大夫，贾辛做祁邑大夫，司马乌做平陵大夫，魏戊做梗阳大夫，知徐吾做涂水大夫，韩固做马首大夫，孟丙做盂邑大夫，乐霄做铜鞮大夫，赵朝做平阳大夫，僚安做杨氏大夫。认为贾辛、司马乌对王室有功劳，所以举荐他们；认为知徐吾、赵朝、韩固、魏戊，是庶子中能够不失职守、保持业绩的人；另外四个人，都是先接受县大夫职务然后觐见魏献子的，是因为贤能而被举荐的。

原文

魏子谓成鱄："吾与戊也县，人其以我为党[1]乎？"对曰："何也！戊之为人也，远不忘君，近不偪[2]同；居利思义[3]，在约思纯，有守心而无淫行[4]，虽与之县，不亦可乎！昔武王克商，光有天下，其兄弟之国者十有五人，姬姓之国者四十人，皆举亲也。夫举无他，唯善所在，亲疏一[5]也。《诗》曰：'唯此文王，帝度其心。莫其德音，其德克明。克明克类，克长克君。王此大国，克顺克比。比于文王，其德靡悔。既受帝祉[6]，施于孙子。'心能制义曰'度'，德正应和曰'莫'，照临四方曰'明'，勤施无私曰'类'，教诲不倦曰'长'，赏庆刑威曰'君'，慈和遍服曰'顺'，择善而从之曰'比'，经纬天地曰'文'。九德[7]不愆，作事无悔，故袭天禄[8]，子孙赖之。主之举也，近文德矣，所及其远哉！"

注释

①党：偏袒。

②偪：同"逼"，逼迫。

③居利思义：临财不苟得。

④淫行：过分的行为，不合礼制的行为。

⑤亲疏一：亲近疏远都一视同仁。

⑥出自《诗·大雅·大明》。帝祉：上天或皇帝的福佑。

⑦九德：古谓贤人所具备的九种优良品格。

⑧天禄：天赐的福禄。

译文

魏献子对大夫成鱄说："我给了魏戊一个县去治理，别人会认为我是偏袒吗？"成鱄回答说："怎么会呢？戊的为人，远不忘记国君，近不逼迫同事；处在利益之中能想到道义，身处穷困时保持纯正的节操，只有守持礼法的心而没有违礼的行为。给他一个县去治理，难道不可以吗？从前武王战胜商朝，广有天下，他的兄弟得以封国的十五人，姬姓得以封国的四十人，都是因为血缘被举荐。举荐没有其他的标准，只要是有善的地方，不分亲疏远近的。《诗》说：'啊，文王，上帝审度了他的内心。认定了他的美德名声，使他有明辨是非的德行。能明辨是非善恶，能做师长能为人君。统治这个大国，能使四方顺服亲附。亲附文王，他的德行没有什么可悔恨的。已经承袭上帝的福佑，还要延及到后代子孙。'内心能自规于道义叫做'度'，德行端正万物应和叫做'莫'，光明普照四方叫做'明'，勤于施舍没有私欲叫做'类'，教诲别人不知疲倦叫做'长'，赏善罚恶叫做'君'，慈祥和顺使人皆归服叫做'顺'，选择好的而跟从他叫做'比'，经天纬地叫做'文'。这九种德行没有阙失，做事就没有悔恨，所以能承袭上天的福禄，子子孙孙都依靠它。您的举荐，已经接近文德了，影响将是很深远的吧！"

原文

贾辛将适祁县，见于魏子。魏子曰："辛来！昔叔向适郑，鬷蔑恶，欲观叔向，从使之收器者[①]，而往，立于堂下，一言而善。叔向将饮酒，闻之，曰：'必鬷明也！'下，执其手以上，曰：'昔贾大夫恶，娶妻而美，三年不言不笑，御以如皋，射雉[②]，获之，其妻始笑

而言。贾大夫曰：才之不可以已。我不能射，女遂不言不笑夫！今子少不飏[3]，子若无言，吾几失子矣。言之不可以已也如是！'遂如故知。今女有力于王室[4]，吾是以举女。行[5]乎！敬之哉！毋堕乃力！"

注释

①收器者：收拾器皿的人。
②雉：野鸡。
③飏：通"扬"，指外表俊朗。
④有力：有功劳。王室：朝廷。
⑤行：行动，出发。

译文

贾辛将要到祁县去任职，去见魏献子。魏献子说："你过来！从前叔向到郑国去，鬷蔑长相丑陋，想要见见叔向，就跟着收拾器皿的人前去，站在堂下，说了一句话，这句话说得很好。叔向将要喝酒，听到了他的话，说：'一定是鬷蔑！'走下堂来，拉着他的手走上堂去，说：'从前贾国的一位大夫长得丑，他的妻子却很漂亮，三年不说话也不笑。为她驾车到如皋，射野鸡，射中了，她才露出笑脸，也说话了。贾国大夫说：才能是不能没有的。我要是不能射箭，你就不说也不笑了吧！现在您的外貌不太好看，您如果不说话，我差点儿没能认识到您的才能了。言辞是不可以忽略的啊！'于是他们两人如同老朋友一样。现在您对王室有功，我因此举荐您。快出发吧，慎重啊！不要损毁了你的功劳！"

原文

仲尼闻魏子之举[1]也，以为义，曰："近不失亲[2]，远[3]不失举，可谓义矣。"又闻其命贾辛也，以为忠，"《诗》[4]曰：'永言配命，自求多福。'忠也。魏子之举也义，其命也忠，其长有后于晋国乎！"

冬，梗阳人有狱，魏戊不能断，以狱上。其大宗赂以女乐[5]，

魏子将受之。魏戊谓阎没、女宽曰:“主以不贿闻于诸侯,若受梗阳人,贿莫甚焉。吾子必谏!”皆许诺。退朝,待于庭。馈入,召之。比置,三叹。既食,使坐。魏子曰:“吾闻诸伯叔,谚曰:‘唯食忘忧[⑥]。’吾子置食之间三叹,何也?”同辞而对曰:“或赐二小人酒,不夕食。馈[⑦]之始至,恐其不足,是以叹。中置,自咎[⑧]曰:‘岂将军食之而有不足?’是以再叹。及馈之毕,愿以小人之腹为君子之心,属厌而已。”献子辞梗阳人。

注释

①举:举荐人才。

②近:亲近。失:指避讳。亲:亲人,亲族。

③远:疏远。

④指《诗·大雅·文王》。

⑤女乐:歌舞伎。

⑥忘忧:忘却忧愁。

⑦馈:食物。

⑧自咎:自责,归罪于己。

译文

孔子听到魏献子举荐人才的事,认为合乎道义,说:“举荐关系近者不避讳亲族,关系疏远者也不遗失,可以说是符合道义了。”又听说他命令贾辛的话,认为是忠诚,“《诗》说:‘长久修德配合天命,自己求取多种福禄。’这是忠诚。魏子的举荐符合道义,他的命令体现了忠诚,恐怕他的后代会在晋国长久享有禄位吧!”

冬天,梗阳有人争讼,魏戊不能判决,把案件上呈给魏献子。参与诉讼一方的大宗把女乐送给魏献子,魏献子准备接受下来。魏戊对阎没、女宽说:“家主以不收受贿赂闻名于诸侯。如果接受了梗阳人的女乐,贿赂就没有比这更大的了。您二位一定要劝谏!"他们两人都答应了,退朝以后,等在庭院里。送饭菜进来了,魏献子叫他们吃饭。等到摆好了饭菜,两人三次叹息。吃完饭后,让他们坐下。魏献子说:"我听我伯父叔父说过,俗话讲:'只有吃饭的时候能忘记忧虑。'您二位在摆好饭菜的时候三次叹息,为什么呢?"两人异口同声地回答说:"有人赐酒给我们两人,我们昨天就没有吃饭。饭菜刚送到,担心不够吃,因此叹息。饭菜上了一半的时候,我们责备自己说:'难道将军会让我们吃饭不够吃吗?'因此再次叹息。等到饭菜上完,愿意君子的内心如同小人的肚子,恰好饱足就可以了。"魏献子便谢绝了梗阳人的贿赂。

评析

鲁昭公二十八年(公元前514年),晋国的祁氏和羊舌氏被灭族,春秋时期各国内部政治斗争之激烈可见一斑。

晋国公室衰微,君主腐朽,六卿韩、赵、中行、魏、范、知势力强大。随着祁氏、羊舌氏这两个大夫强族被灭,晋室更加弱小,权力不可避免地集中到新贵族手中。《左传》对瓜分祁氏、羊舌氏田邑的魏献子持赞美和肯定的态度,反映了作者进步的历史倾向。但作者把羊舌氏的灭亡归结到女人祸水,有失公允。

二十九年经

二十有九年:春,公至自乾侯,居于郓。齐侯使高张来唁公。

公如晋,次子乾侯。

夏,四月庚子,叔诣卒。

秋,七月。

冬,十月,郓溃。

二十九年传

原文

二十九年，春，公至自乾侯，处于郓。齐侯使高张来唁公，称主君。子家子曰：“齐卑君矣，君祇辱焉。”公如乾侯。

三月己卯，京师杀召伯盈、尹氏固及原伯鲁之子。尹固之复也，有妇人遇之周郊，尤之[①]，曰：“处则劝人为祸，行则数日而反，是夫也，其过三岁乎？”

夏五月庚寅，王子赵车入于鄻以叛，阴不佞败之。

平子每岁贾马[②]，具从者之衣屦，而归之于乾侯。公执归马者，卖之，乃不归马。

卫侯来献其乘马，曰启服，堑[③]而死。公将为之椟[④]。子家子曰：“从者病矣，请以食之。”乃以帏[⑤]裹之。

注释

①尤之：责备他。

②贾马：买马。

③堑：护城河，壕沟。这里是掉进沟里的意思。

④椟：柜子，匣子。这里指棺材。

⑤帏：帷幕。

译文

二十九年春天，昭公从乾侯回国，住在郓地。齐侯派高张来慰问，称昭公为主君。子家子说："齐国轻视君主了，君主得到的只是屈辱。"昭公又去乾侯。

三月十三日，京城里杀死了召伯盈、尹氏固和原伯鲁的儿子。尹固从逃亡楚国的路上返回来的时候，有个女人在成周郊外碰上了他，责备他说："住在国内就鼓励别人作恶取祸，出逃时没有几天就返回了，这个人哪，三年也活不到，这是一定的。"

夏天五月二十五日，王子赵车进入鄻地据以叛变，阴不佞打败了他。

季平子每年买马，备办好昭公随从人员的衣服鞋子，送到乾侯那里。昭公拘留了送马的人，把马卖掉，于是季平子就不再送马了。

卫侯前来把自己驾车的马献给昭公，这匹马名叫启服，掉进壕沟里死了。昭公准备给马做个棺材，子家子说："随从人员很疲惫了，请给他们吃了吧。"于是就用帷幕裹着把它埋了。

原文

公赐公衍羔裘[①]，使献龙辅[②]于齐侯，遂入羔裘。齐侯喜，与之阳穀[③]。

公衍、公为之生也，其母偕出。公衍先生。公为之母曰："相与偕出，请相与偕告。"三日，公为生。其母先以告，公为为兄。公私喜于阳穀，而思于鲁，曰："务人为此祸也。且后生而为兄，其诬[④]也久矣。"乃黜[⑤]之，而以公衍为大子。

注释

①羔裘：用紫羔制的皮衣。古时为诸侯、卿、大夫的朝服。

②龙辅：龙纹美玉。

③阳穀：春秋齐邑，今山东阳谷东北。

④诬：欺罔。

⑤黜：罢黜，废黜。

译文

昭公赐给公衍羔羊皮衣，派他进献有龙纹的美玉给齐景公，他乘机把羔羊皮衣也一起进献了。齐侯很高兴，把阳穀赐给了他。

公衍、公为出生之前，他们的母亲一同出去住在产房里。公衍先出生。公为的母亲说：“我们一道出来，请一道去报喜吧。”三天后，公为出生。他的母亲先去报告，公为就成了哥哥。昭公对得到阳穀心里高兴，却又想起鲁国的事，说：“是公为惹出的这场祸事，况且他出生在后反而成为哥哥，欺罔已经很久了。”于是废了公为，立公衍为太子。

原文

秋，龙见于绛郊①。魏献子问于蔡墨曰：“吾闻之，虫莫知②于龙，以其不生得③也，谓之知，信乎？”对曰：“人实不知，非龙实知。古者畜龙，故国有豢龙氏，有御龙氏④。”献子曰：“是二氏者，吾亦闻之，而知其故，是何谓也？”对曰：“昔有飂叔安，有裔子曰董父，实甚好龙，能求其耆欲以饮食之，龙多归之，乃扰畜⑤龙，以服事⑥帝舜。帝赐之姓曰董，氏曰豢龙，封诸鬷川，鬷夷氏其后也。故帝舜氏世有畜龙。及有夏孔甲，扰于有帝，帝赐之乘龙⑦，河、汉各二，各有雌雄。孔甲不能食⑧，而未获豢龙氏。有陶唐氏既衰，

其后有刘累，学扰龙于豢龙氏，以事孔甲，能饮食之。夏后嘉之，赐氏曰御龙，以更豕韦之后。龙一雌死，潜醢[9]以食夏后。夏后飨之，既而使求之。惧而迁于鲁县，范氏其后也。"

注释

①龙：古代传说中一种有鳞有须能兴云作雨的神异动物。见：出现。绛：春秋晋都，在今山西翼城县东南。

②知：聪明。

③生得：生获，活捉。

④豢龙氏、御龙氏：都为古代氏族名。

⑤扰畜：驯服，驯养。

⑥服事：五服之内所封诸侯定期朝贡，各依服数以事天子。犹服侍。

⑦乘龙：四条龙。

⑧食：饲养，喂养。

⑨潜：私下，偷偷地。醢：肉酱，指将死了的龙做成肉酱。

译文

秋天，绛地郊外出现了龙。魏献子向蔡墨请教说："我听说过，虫类没有比龙更聪明的了，因为它不能被活捉。说它聪明，一定是这样的吗？"蔡墨回答说："这是因为人实在是不聪明，不是因为龙很聪明。古时候人可以养龙。所以有豢龙氏、御龙氏之国。"魏献子说："这两个氏族，我也听说过，但不明白它们的来历。这说的是什么呢？"蔡墨回答说："过去飂国国君叔安，有个后代子孙叫董父，很爱好龙，能够了解龙的嗜好欲望而饲养它们，很多龙都到了他那里，于是就驯服喂养龙，用来侍奉帝舜。帝舜赐给他姓董，氏叫做豢龙，把他封在鬷川，鬷夷氏就是他的后代。所以帝舜之世历代有人养龙。到了夏代的孔甲，顺服于天帝，天帝赐给他四条龙，黄河、汉水各两条，各有一雌一雄。孔甲不能饲养龙，却又没有找到豢龙氏。陶唐氏已经衰败，后来有个刘累，向豢龙氏学习驯养龙，以此侍奉孔甲，能够给龙提供饮食。孔甲嘉奖他，赐给他氏叫御龙，以代替豕韦氏的后代。一条雌龙死了，刘累悄悄地剁成肉酱奉给孔甲吃。孔甲吃了，不久又让刘累再找来吃。刘累心里害怕而迁移到鲁县，范氏就是刘累的后代。”

原文

献子曰：“今何故无之?”对曰：“夫物，物有其官，官修其方，朝夕思之。一日失职，则死及之，失官不食①。官宿其业，其物乃至。若泯弃②之，物乃坻伏，郁湮③不育。故有五行之官，是为五官，实列受氏姓，封为上公④，祀为贵神。社稷五祀，是尊是奉。木正曰句芒⑤，火正曰祝融⑥，金正曰蓐收⑦，水正曰玄冥⑧，土正曰后土⑨。龙，水物也，水官弃矣，故龙不生得。不然，《周易》有之，在‘乾䷀’之‘姤䷫’曰‘潜龙勿用’；其‘夬人䷌’曰‘见龙在田’；其‘大有䷍’曰‘飞龙在天’；其‘夬䷪’曰‘亢龙有悔’；其‘坤’曰‘见群龙无首，吉’；‘坤’之‘剥䷖’曰‘龙战于野’⑩。若不朝夕见，谁能物之?”

注释

①不食：指不能享有俸禄。

②泯弃：灭绝废弃，泯灭抛弃。

③郁湮：滞塞不通，抑郁不畅。

④上公：周制，三公(太师、太傅、太保)八命，出封时，加一命，称为上公。

⑤正：正职者，指官。句芒：古代传说中的主木之官，又为木神名。

⑥祝融：神名，帝喾时的火官，后尊为火神。

⑦蓐收：古代传说中的西方神名，司秋。

⑧玄冥：古代传说中的西方神名，司冬。

⑨后土：管理土地的君主。

⑩《周易》六十四卦，每卦六爻，从下往上数分别称作初爻、二爻、三爻、四

爻、五爻和上爻，爻分阴爻和阳爻两种，阴爻称作六，阳爻称作九。乾卦䷀六爻都是阳爻，卜卦时乾卦的初九爻变成阴爻后，乾卦䷀就变成了姤卦䷫。发生变化的爻是变爻，卜卦时要以这一爻的爻辞为准。乾卦初九爻的爻辞是“潜龙勿用”。同理，乾卦九二爻变成阴爻后，乾卦䷀就变成了同人卦䷌，乾卦九二爻爻辞是“见龙在田”。乾卦九五爻变成阴爻后，乾卦䷀就变成了大有卦䷍，乾卦九五爻爻辞是“飞龙在天”。乾卦上九爻变成阴爻后，乾卦䷀就变成了夬卦䷪，乾卦上九爻爻辞是“亢龙有悔”。乾卦六爻都变成阴爻后，乾卦䷀就变成了坤卦䷁，这时卜卦要用乾卦用九爻的爻辞，爻辞是“见群龙无首，吉”。坤卦六爻都是阴爻，坤卦上六爻变成阳爻后，坤卦䷁就变成了剥卦䷖，坤卦上六爻爻辞是“龙战于野”。

译文

魏献子说：“现在龙为什么不出现了？”蔡墨回答说：“凡是事物，都有管理它的官员，官员建立他的管理方法，早晚都考虑本职之事。一旦失职，那么死亡跟着就到来了。丢掉了官就不能享有俸禄。官员长久地从事一方面的工作，事物才会到来。如果丢弃它们不管，事物就泯灭潜伏不出，滞塞而不能生长。所以有掌握五行的官员，这就是五官。历代承袭氏姓享有上公的封爵，作为尊贵的神享有祭祀。土地神、五谷神以及五行之神皆受祭祀，被人们尊奉。木官之长叫句芒，火官之长叫祝融，金官之长叫蓐收，水官之长叫玄冥，土官之长叫后土。龙，是水中的生物，水官被废弃了，所以龙不能被人活捉。如果不是这样，《周易》有这样的说法，乾卦初九爻的爻辞是‘深潜的龙不被使用’；乾卦九二爻的爻辞是‘活现的龙在田地里’；乾卦九五爻的爻辞是‘飞舞的龙在天上’；乾卦上九爻的爻辞是‘伸直身子的龙有所悔恨’；乾卦用九爻的爻辞是‘看见群龙没有首领，吉祥’；坤卦上六爻爻辞是‘龙在野外交战’。如果不是早晚都见到，谁能描绘它的状态呢？”

原文

献子曰："社稷五祀[①]，谁氏之五官[②]也？"对曰："少皞氏有四叔，曰重、曰该、曰修、曰熙，实能金、木及水。使重为句芒，该为蓐收，修及熙为玄冥，世不失职，遂济穷桑[③]，此其三祀也。颛顼氏有子曰犁，为祝融；共工氏有子曰句龙，为后土，此其二祀也。后土为社；稷，田正[④]也。有烈山氏之子曰柱，为稷，自夏以上祀之。周弃亦为稷，自商以来祀之。"

注释

①五祀：古代祭祀的五种神祇，即五行之神。

②氏之：给予称号。五官：五行之官，古代传说中的五神。

③穷桑：传说中古帝少皞氏所居处。

④田正：古代田官之长。

译文

魏献子说："土地神五谷神及五行神的祭祀，是哪一代帝王的五官呢？"蔡墨回答说："少皞氏有四个叔父，一个叫重，一个叫该，一个叫修，一个叫熙，能够管理金、木和水。派重做句芒，该做蓐收，修和熙做玄冥，世世代代不失去职守，帮助成就了少皞氏在穷桑的帝业，这是其中的三种祭祀。颛顼氏有个儿子叫做犁，做祝融；共工氏有个儿子叫做句龙，做后土，这是其中的两种祭祀。后土做了土地神；五谷神，是管理田土的官员之长。有烈山氏的儿子叫做柱，做了谷神，夏代以前的人祭祀他。周朝的弃也做过五谷神，商代以来祭祀的是他。"

原文

冬，晋赵鞅、荀寅帅师城汝滨①，遂赋晋国一鼓②铁，以铸刑鼎，著范宣子所为刑书焉。仲尼曰："晋其亡乎！失其度矣。夫晋国将守唐叔之所受法度，以经纬③其民，卿大夫以序守之，民是以能尊其贵④，贵是以能守其业。贵贱不愆，所谓度也。文公是以作执秩⑤之官，为被庐之法，以为盟主。今弃是度⑥也，而为刑鼎，民在鼎矣，何以尊贵？贵何业之守？贵贱无序，何以为国？且夫宣子之刑，夷之搜⑦也，晋国之乱制也，若之何以为法？"蔡史墨曰："范氏、中行氏其亡乎！中行寅为下卿，而干上令，擅⑧作刑器，以为国法，是法奸⑨也。又加范氏焉，易之，亡也。其及赵氏，赵孟与焉。然不得已，若德，可以免。"

注释

①汝：汝水。滨：水边，岸边。

②一鼓：古以三十斤为一钧，四钧为一石，四石为一鼓，合四百八十斤。

③经纬：治理管理国家。

④贵：尊贵的人。

⑤执秩：主管爵秩的官名。

⑥是度：这个法度。

⑦夷之搜：在夷地行阅兵礼。

⑧擅：擅自。

⑨法奸：效法邪恶、奸邪。

译文

冬天，晋国的赵鞅、荀寅率领军队在汝水岸边筑城，于是就向晋国老百姓征收了一鼓铁,用来铸造刑鼎,鼎上铸着范宣子所制定的刑书。孔子说:"晋国恐怕要亡国了吧!失掉他们国家的法度了。晋国遵守唐叔传下来的法度,来治理百姓;卿大夫根据自己的位次来遵守它,百姓因此能尊敬尊贵者,尊贵者因此能守住自己的家业。贵贱的等级不能错乱,这就是所说的法度。文公因此设置执掌官职位次的官员,在被庐制定法律,因此成为盟主。现在废弃这个法度而铸造刑鼎,百姓留意鼎上的条文就行了,还凭什么来尊重尊贵者?尊贵者还有什么家业可以守呢?贵贱没有次序,用什么治理国家呢?况且范宣子的刑书,是在夷地行阅兵礼时产生的,是晋国的昏乱的制度,为什么把它作为法律呢?"蔡史墨说:"范氏、中行氏很可能要灭亡了吗?中行寅身为下卿却违反上面的命令,擅自铸造刑鼎,以此作为国家的法律,这是效法邪恶呀。又加上庐之法被范氏改变,就要灭亡了。或许还会涉及赵氏,因为赵孟参与铸刑鼎之事;然而赵孟是出于不得已,如果修德,可以免去灾。"

评析

鲁昭公二十九年(公元前513年),晋国赵鞅铸刑鼎,这是继郑国子产铸刑书之后,春秋时期的又一大事。

晋国赵鞅把前任执政范宣子所编的刑书正式铸于鼎上,公之于众,史称"铸刑鼎",是继郑国子产之后中国历史上第二次公布成文法的活动,在法制史上具有重要的意义,反映出社会经济关系的变化。公布成文法在一定程度上限制了旧贵族的特权,代表了新兴的地主阶级的利益。与子产铸刑书一样,此举也遭到了知名人士的反对,这次是孔子发表了激烈的批评意见。

定公(元年～十五年)

元年经

元年:春,王。

三月,晋人执宋仲几于京师。

夏,六月癸亥,公之丧至自乾侯。

戊辰,公即位。

秋,七月癸巳,葬我君昭公。

九月,大雩。

立炀宫。

冬,十月,陨霜杀菽。

元年传

原文

元年,春,王正月,辛巳,晋魏舒合诸侯之大夫于狄泉①,将以城成周。魏子莅政②。卫彪傒曰:"将建天子,而易位以令③,非义

也。大事奸义,必有大咎,晋不失诸侯,魏子其不免乎?"是行也,魏献子属役于韩简子及原寿过,而田于大陆,焚[4]焉。还,卒于宁[5]。范献子去其柏椁[6],以其未复命而田也。

注释

①狄泉:在今河南洛阳,一作翟泉。

②莅政:临朝治理政事。这里指魏舒主持这件事。

③令:发号施令。

④焚:指放火烧荒。

⑤宁:春秋晋邑,在今河南获嘉县。

⑥柏椁:柏木做的外棺。

译文

元年春季,周历正月初七日,晋国的魏舒在狄泉会合诸侯的大夫,准备增筑成周城墙。魏舒主持这件事,卫国的彪傒说:"打算为天子筑城,而超越自己的地位来发号施令,这是不合于道义的。重大的事情违背道义,必然有大灾祸。晋国要不失去诸侯,魏子恐怕也不能躲过这场灾难吧?"这样一来,魏舒把事情交给韩简子和原寿过,自己跑到大陆泽去打猎,放火烧荒,回来,死在宁地。范献子撤除了安装魏舒尸体的柏木外棺,这是由于魏舒还没有复命就去打猎的缘故。

原文

孟懿子会城成周。庚寅,栽[1]。宋仲几不受功,曰:"滕、薛、郳,吾役[2]也。"薛宰[3]曰:"宋为无道,绝我小国于周,以我适楚,故我常从宋。晋文公为践土[4]之盟,曰:'凡我同盟,各复旧职。'若从践土,若从宋,亦唯命。"仲几曰:"践土固然。"薛宰曰:"薛之

皇祖奚仲，居薛，以为夏车正[5]。奚仲迁于邳[6]，仲虺居薛，以为汤左相。若复旧职，将承王官[7]，何故以役诸侯？”仲几曰：“三代各异物，薛焉得有旧？为宋役，亦其职也。”士弥牟曰：“晋之从政者新，子姑[8]受功。归，吾视诸故府[9]。”仲几曰：“纵子忘之，山川鬼神其忘诸乎？”士伯怒，谓韩简子曰：“薛征于人，宋征于鬼，宋罪大矣。且已无辞而抑我以神，诬我也。启宠纳侮，其此之谓矣。必以仲几为戮。”乃执仲几以归。三月，归诸京师。

注释

①栽：种植，指夯土动工。

②役：劳役，服役。

③薛宰：薛国宰臣。

④践土：古地名。春秋属郑，在今河南原阳西南。公元前632年，晋文公会盟诸侯于此。

⑤车正：古代职掌车服诸事的官。

⑥邳：在山东滕州南，即古邳邑。

⑦王官：天子授予的官位。

⑧姑：姑且。

⑨故府：旧府库，这里指档案。

译文

孟懿子参加修筑成周城墙，十六日，开始夯土。宋国的仲几不接受，说：“滕国、薛国、郳国，是为我们服役的。”薛国的宰臣说：“宋国无道，让我们小国和周朝断绝关系，带着我国侍奉楚国，所以我国常常服从宋国。晋文公主持了践土结盟，说：‘凡是我国的同盟，各自恢复原来的职位。’或者服从践土的盟约，或者服从宋国，都唯命是听。”仲几说：“践土的盟约本来就是让你们为宋国服役的。”薛国的宰臣说：“薛国的始祖奚仲住在薛地，做了夏朝的车正。奚仲迁居到邳地，仲虺住在薛地，做了汤的左相。如果恢复原来的职位，将会接受天子的官位，为什么要为诸侯服役？"仲几说："三代的情事各不相同，薛国哪里能按旧章程办事？为宋国服役，也是你们的职责。"士弥牟说："晋国的执政者是新人，您姑且接受工程任务，我去查看一下旧档案。"仲几说："即使您忘了，山川的鬼神难道会忘记这些吗？"士弥牟发怒，对韩简子说："薛国用人作证明，宋国用鬼神作证明，宋国的罪过大了，而且他自己无话可说，而用鬼神来向我们施加压力，这是欺骗我们。给予宠信反而招来侮辱，说的就是这种情况了，一定要惩罚仲几。"于是就抓了仲几回国。三月，他被送到京师。

原文

城三旬而毕，乃归诸侯之戍。

齐高张后，不从诸侯。晋女叔宽曰："周苌弘、齐高张，皆将不免。苌叔违天[①]，高子违人[②]。天之所坏，不可支[③]也；众之所为，不可奸也。"

夏，叔孙成子逆公之丧于乾侯[④]。季孙曰："子家子亟言[⑤]于我，未尝不中吾志也。吾欲与之从政，子必止之，且听命焉。"子家子不见叔孙，易几而哭。

叔孙请见子家子，子家子辞曰："羁未得见，而从君以出。君不命[⑥]而薨，羁不敢见。"叔孙使告之曰："公衍、公为实使群臣不得事君。若公子宋主社稷，则群臣之愿也。凡从君出而可以入者，将唯子是听。子家氏未有后，季孙愿与子从政。此皆季孙之愿也，使不敢以告。"对曰："若立君，则有卿士大夫与守龟在，羁弗敢知。若从君者，则貌[⑦]而出者，入可也；寇[⑧]而出者，行可也。若羁也，则君知其出也，而未知其入也，羁将逃也。"

丧及坏隤，公子宋先入，从公者皆自坏隤反。

注释

①违天：违背天意。

②违人：违背人意。

③支：帮助，保护。

④乾侯：春秋晋邑，在今河北成安东南。

⑤亟言：多次谈话。

⑥不命：没有留下遗命。

⑦貌：表面上。

⑧寇：结仇。

译文

增筑城墙的工程三十天完工，然后让诸侯的戍卒回国了。

齐国的高张迟到，没有赶上诸侯，晋国的女叔宽说："周朝的苌弘、齐国的高张都将要不免于祸患。苌弘违背上天，高子违背人意，上天要毁坏谁，谁也不能保护他。大众所要做的事，谁也不能违抗他。"

夏季，叔孙成子到乾侯迎接昭公的灵柩。季孙说："子家子多次和我谈话，没有一次不合我的心意。我想要让他参与政事，您一定要留下他，并且听取他的意见。"子家子不肯会见叔孙，改变了原定的哭丧时间。

叔孙请求进见子家子，子家子辞谢说："羁没有见到您，就跟着国君出国了。国君没有命令就死了，羁不敢见到您。"叔孙派人告诉他说："公衍、公为确实不让臣下侍奉国君，如果公子宋主持国家，那是臣下们的愿望，凡是跟随国君出国的谁可以回国，都将由您的命令决定。子家氏没有继承人，季孙愿意让您参与政事，这都是季孙的愿望，他不敢前来奉告。"子家子说："如果立国君，那么有卿士、大夫和守龟在那里，羁不敢参与。如果跟随国君的人，那么表面上跟着出国的，可以回去，和季氏结了仇而出国的，可以走开。至于羁，那么是国君只知道我出国却不知道我回去，羁准备逃走。"

昭公灵柩到达坏隤，公子宋先进入国内，跟随昭公的人都从坏隤逃亡了。

原文

六月,癸亥,公之丧至自乾侯。戊辰,公即位。季孙使役如阚公氏,将沟[1]焉。荣驾鹅曰:"生不能事,死又离之,以自旌[2]也。纵子忍之,后必或耻之[3]。"乃止。季孙问于荣驾鹅曰:"吾欲为君谥,使子孙知之。"对曰:"生弗能事,死又恶之,以自信也。将焉用之?"乃止。

秋,七月,癸巳,葬昭公于墓道[4]南。孔子之为司寇也,沟而合诸墓。

昭公出故,季平子祷[5]于炀公。九月,立炀宫。

周巩简公弃其子弟,而好用远人[6]。

注释

①沟:挖沟。

②自旌:自己表明。

③耻之:以之为耻。

④墓道:墓前或墓室前的甬道。

⑤祷:祷告。

⑥远人:远方的人,关系疏远的人。这里指外族人或外国人。

译文

六月二十一日,昭公的灵柩从乾侯到达。二十六日,定公即位。季孙派遣劳役去到阚公氏那里,准备在那里挖沟,荣驾鹅说:"国君活着不能侍奉,死了又把他的坟墓和祖茔隔离,用这个来表明自己的过失吗?即使您忍心这样干,后来一定会有人以此为羞耻。"于是就停了下来。季孙问荣驾鹅说:“我要为国君制定谥号,让子子孙孙都知道。”荣驾鹅说:“活着不能侍奉,死了又给予恶谥,用这个来自我表白吗?哪里用得着这个?”于是就停下来了。

秋七月二十二日,在墓道南边安葬昭公。孔子做司寇的时候,在昭公坟墓外挖沟使它和先公的坟墓同在一个范围内。

因为昭公出国的缘故,季平子向炀公祈祷。九月,建立炀公庙。

周朝的巩简公丢开他的子弟,而喜欢任用疏远的异族客卿。

评析

鲁定公元年(公元前509年),由于与三桓的矛盾而出奔的鲁昭公病逝后终于归葬鲁国。

王子朝篡位作乱,据有王城,周敬王退到狄泉。晋国是当时的霸主,又致力于平定王室之乱,所以敬王让晋国主持修筑成周。但是宋仲几不接受工程任务,被晋国拘捕。

季平子想立昭公弟定公,就向炀公祷告,因为炀公继承了其兄的国君之位。季氏此举表明鲁国君位有“兄终弟及”的前例可循。

四年经

四年:春,王二月癸巳,陈侯吴卒。

三月,公会刘子、晋侯、宋公、蔡侯、卫侯、陈子、郑伯、许男、曹伯、莒子、邾子、顿子、胡子、滕子、薛伯、杞伯、小邾子、齐国夏于召陵,侵楚。

夏,四月庚辰,蔡公孙姓帅师灭沈,以沈子嘉归,杀之。

五月,公及诸侯盟于皋鼬。

杞伯成卒于会。

六月,葬陈惠公。

许迁于容城。

秋,七月,公至自会。

刘卷卒。

葬杞悼公。

楚人围蔡。

晋士鞅、卫孔圉帅师伐鲜虞。

葬刘文公。

冬，十有一月庚午，蔡侯以吴子及楚人战于柏举，楚师败绩。

楚囊瓦出奔郑。

庚辰，吴入郢。

四年传

原文

四年，春，三月，刘文公合诸侯于召陵，谋伐楚也。

晋荀寅求货于蔡侯，弗得。言于范献子曰："国家方[①]危，诸侯方贰，将以袭敌，不亦难乎！水潦[②]方降，疾疟方起，中山[③]不服，弃盟取怨[④]，无损于楚，而失中山，不如辞蔡侯。吾自方城以来，楚未可以得志，只取勤[⑤]焉。"乃辞蔡侯。

晋人假羽旄[⑥]于郑，郑人与之。明日，或旆以会。晋于是乎失诸侯。

注释

①方：正在，正处于。

②水潦：大雨，雨水。指水灾。

③中山：中山国，春秋末年鲜虞人所建，在今河北省定州、唐县一带。

④弃盟：背弃盟约。取怨：招来怨恨。

⑤取勤：白费力气。

⑥羽旄：用羽毛装饰旌旗。

译文

四年春三月，为了策划如何攻打楚国，刘文公在召陵会合诸侯。

晋国的荀寅向蔡侯求取财货，没有得到，就对范献子说："国家正在危急，诸侯怀有二心，打算在这种情况下袭击敌人，不也是很困难吗！大雨正在下着，疟疾正在流行，中山不臣服，抛弃盟约而招来怨恨，对楚国没有什么损害，反而失去了中山，不如辞谢蔡侯。我们自从方城那次战役以后，到现在还不见得能在楚国得志，出兵只是白费力气。"所以就辞谢了蔡侯。

晋国人向郑国借用装饰旌旗的羽毛，郑国人给了他们。第二天，把羽毛装饰在旗杆顶上去参加朝会，晋国因此而失掉了诸侯的拥护。

原文

将会，卫子行敬子言于灵公，曰："会同难，啧有烦言[①]，莫之治也。其使祝佗从。"公曰："善。"乃使子鱼。子鱼辞曰："臣展四体[②]，以率旧职，犹惧不给[③]，而烦刑书[④]。若又共二[⑤]，徼大罪也。且夫祝，社稷之常隶[⑥]也。社稷不动，祝不出竟，官之制也。君以军行，祓社衅鼓[⑦]，祝奉以从，于是乎出竟。若嘉好之事，君行师从，卿行旅[⑧]从，臣无事焉。"公曰："行也！"

注释

①啧有烦言：谓互相责备，争论不一。

②展四体:展开整个身躯,指竭尽全力工作。
③不给:不暇,来不及。
④烦刑书:劳烦刑法,指获罪。
⑤共二:同时做两件事,指担任两种职务。
⑥常隶:指职位低微的吏役。
⑦袚社:祷告于社。衅鼓:古代战争时,杀人或杀牲以血涂鼓行祭。
⑧旅:一旅人马。

译文

将要举行会见,卫国的子行敬子对卫灵公说:"朝会难得达到预期的目的,有分歧又争论不休,就不好办了。是不是让祝佗跟随与会?"卫灵公说:"好。"就派祝佗跟着去了。祝佗辞谢,说:"下臣竭力从事工作,继承先人的职位,尚且恐怕完不成任务而得到罪过,如果又从事第二种职务,就会获得大错了。况且太祝这职务,是土地神和五谷神经常使唤的小臣。土地神和五谷神不出动,神灵不出动,太祝不出国境,这是规定的制度。君王率领军队出征,祭祀神庙杀牲衅鼓,太祝这才走出国境。假如真是朝会一类的好事,国君出去有一师人马跟随,卿出去有一旅人马跟随,下臣是没有事情的。"卫灵公说:"你要去!"

原文

及皋鼬[①],将长蔡于卫。卫侯使祝佗私于苌弘曰:"闻诸道路[②],不知信否。若闻蔡将先卫,信乎?"苌弘曰:"信。蔡叔,康叔之兄也,先卫,不亦可乎?"子鱼曰:"以先王观之,则尚德[③]也。昔武王克商,成王定之,选建明德,以藩屏周。故周公相王室,以尹[④]天下,于周为睦[⑤]。分鲁公以大路、大旂,夏后氏之璜[⑥],封父之繁弱[⑦],殷民六族,条氏、徐氏、萧氏、索氏、长勺氏、尾勺氏,使帅其宗氏,辑其分族,将其类丑,以法则周公,用即命于周。是使

之职事于鲁，以昭周公之明德。分之土田陪敦，祝、宗、卜、史，备物、典策，官司、彝器；因[8]商奄之民，命以《伯禽》而封于少皞之虚。分康叔以大路、少帛、綪茷、旃旌、大吕，殷民七族，陶氏、施氏、繁氏、锜氏、樊氏、饥氏、终葵氏；封畛土略，自武父以南，及圃田之北竟，取于有阎之土，以共王职。取于相土之东都，以会王之东搜。聃季授土[9]，陶叔授民，命以《康诰》，而封于殷虚[10]，皆启以商政，疆以周索。分唐叔以大路、密须之鼓、阙巩、沽洗，怀姓九宗，职官五正。命以《唐诰》，而封于夏虚，启以夏政，疆以戎索。”

注释

①皋鼬：春秋郑邑，在河南临颍县南。

②闻诸道路：在路上听说。

③尚德：尊重德行。

④尹：治理。

⑤睦：和睦。

⑥璜：美玉名，璜玉为半璧形。

⑦繁弱：良弓名。

⑧因：安抚。

⑨授土：帝王以五色土为太社，分封诸侯时，各授以他们相应的某方某色土，如东方青土，南方赤土等，使归以立社。这里指接受土地。

⑩殷虚：殷墟，商代后期都城的遗址。

译文

到达皋鼬，打算把蔡国安排在卫国前面歃血。卫灵公派祝佗私下对苌弘说：“在道路上听到，不知是否确实，听说把蔡国安排在卫国之前歃血，确实吗？”苌弘说：“确实。蔡叔，是康叔的哥哥，把位次排在卫国之前，不也是可以的吗？”祝佗说：“用先王的标准来看，是尊重德行。从前武王战胜商朝，成王平定天下，选择有明德的人分封，把他们作为保卫周朝的藩篱屏障。所以周公辅佐王室，

以治理天下，诸侯也和周朝和睦相处。分赐给鲁公大路、大旗、夏后氏的璜玉，封父的良弓，还有殷朝的六个家族，条氏、徐氏、萧氏、索氏、长勺氏、尾勺氏，让他们率领本宗各氏族，集合其余的小宗族，统治六族的奴隶，来服从周公的法制，由此归附周朝听取命令。这是让他在鲁国执行职务，以宣扬周公的明德。分赐给鲁国的附庸小国，太祝、宗人、太卜、太史，服用器物、典籍简册、百官、彝器；抚商奄的百姓，用《伯禽》来告诫他们，而封在少皞的故城。分赐给康叔大路、少帛、绩茷、旃旌、大吕，还有殷朝的七个家族，陶氏、施氏、繁氏、锜氏、樊氏、饥氏、终葵氏，封疆边界，从武父以南到达圃田北界，从有阎氏那里取得了土地，以执行王室任命的职务。取得了相土的东都，以协助天子在东方巡视。聃季授予土地，陶叔授予百姓，用《康诰》来告诫他，而封在殷朝的故城。鲁公和康叔都沿用商朝的政事，而按照周朝的制度来划定疆土。分赐给唐叔大路、密须的鼓、阙巩的甲、沽洗，还有怀姓的九个宗族，五正的职官，用《唐诰》来告诫他，而封在夏朝的故城。唐叔沿用夏朝的政事，用戎人的制度来划定疆土。”

原文

“三者皆叔也，而有令德[①]，故昭之以分物。不然，文、武、成、康之伯犹多，而不获是分也，唯不尚年[②]也。管、蔡启商，惎间王室，王于是乎杀管叔而蔡蔡叔，以车七乘，徒七十人。其子蔡仲，改行帅德[③]，周公举之，以为己卿士，见诸王，而命之以蔡。其命书云：‘王曰：胡！无若尔考之违王命也。’若之何其使蔡先卫也？武王之母弟八人，周公为太宰，康叔为司寇，聃季为司空，五叔无官，岂尚年哉？曹，文之昭也；晋，武之穆也。曹为伯甸，非尚年也。今将尚之，是反先王也。晋文公为践土之盟，卫成公不在，夷叔，其母弟也，犹先[④]蔡。其载书云：‘王若曰：晋重、鲁申、卫武、蔡甲午、郑捷、齐潘、宋王臣、莒期。’藏在周府，可覆视[⑤]也。吾子欲复文、武之略，而不正其德，将如之何？”苌弘说，告刘子，与范献子谋之，乃长卫侯于盟。

注释

①令德:美好的德行。令:美好。

②尚年:崇尚年龄。

③改行帅德:改变不良行为,诚心向善。

④先:先于,在之前。

⑤覆视:查核,察看。

译文

“这三个人都是天子的兄弟而有美好的德行,所以用赏赐东西来为他们宣扬德行。不这样做,文王、武王、成王、康王的兄长还很多,而没有得到这些分赐,就因为不是崇尚年龄。管叔、蔡叔引诱商人,策划侵犯王室。管叔因为这个原因被天子杀害,蔡叔也因此被放逐,给了蔡叔七辆车子,七十个奴隶。蔡叔的儿子蔡仲改恶从善,周公举荐他,作为自己的卿士。让他拜见天子,天子命令他做了蔡侯。任命书说:‘天子说:胡!不要像你父亲那样违背天子的命令。’怎么能允许蔡国在卫国之前歃血呢?武王的同母兄弟八个人,周公做太宰,康叔做司寇,聃季做司空,五个叔父没有官职,难道是崇尚年龄吗?曹国,是文王的后代。晋国,这是武王的后代。曹国以伯爵作为甸服,并不是由于尊崇年龄。现在要尊崇它,这就是违反先王的遗制。晋文公召集践土的盟会,卫成公不在场,夷叔,是他的同母兄弟,尚且列在蔡国之前。盟书说:‘天子说:晋国的重、鲁国的申、卫国的武、蔡国的甲午、郑国的捷、齐国的潘、宋国的王臣、莒国的期。’藏在成周的府库里,这是可以查看的。您想要恢复文王、武王的法度,而不端正自己的德行,您准备怎么处理?”苌弘很高兴,告诉了刘子,和范献子商量这件事,就在结盟时让卫侯在蔡侯之前歃血。

原文

反自召陵，郑子大叔未至[1]而卒。晋赵简子为之临，甚哀，曰："黄父之会，夫子[2]语我九言，曰：'无始乱，无怙富[3]，无恃宠[4]，无违同[5]，无敖礼[6]，无骄能[7]，无复怒[8]，无谋非德[9]，无犯非义[10]。'"

沈人不会于召陵，晋人使蔡伐之。夏，蔡灭沈[11]。

秋，楚为沈故，围蔡。伍员为吴行人[12]以谋楚。

楚之杀郤宛也，伯氏之族出。伯州犁之孙嚭为吴大宰以谋楚。楚自昭王即位，无岁不有吴师，蔡侯因之，以其子乾与其大夫之子为质于吴。

注释

①未至：没有到。

②夫子：旧时对学者的尊称。

③怙富：依仗财势。

④恃宠：依仗宠爱。

⑤违同：违背共同的意愿。

⑥敖礼：傲视有礼的人。

⑦骄能：因有才能而骄傲。

⑧复怒：同一事情再次发怒。

⑨非德：不合道德，违背道德。

⑩非义：不义，不合乎道义。

⑪沈：国名，姬姓，子爵，春秋时灭于秦，今安徽阜阳西北一百二十里有沈丘集。

⑫行人：外交官。

译文

从召陵回国,郑国的子大叔没有回到国内就死了。晋国的赵简子吊丧号哭,很悲哀,说:"黄父那次会见,他老人家对我说了九句话,说:'不要发动祸乱,不要凭借富有,不要仗恃宠信,不要违背共同的意愿,不要傲视有礼的人,不要自负有才能,不要为同一事情再次发怒,不要谋划不合道德的事,不要触犯不合正义的事。'"

沈国人不参加在召陵的会见,晋国人让蔡国人进攻沈国。夏季,沈国被蔡国灭掉了。

秋季,楚国由于沈国被灭亡的缘故,包围了蔡国。伍员作为吴国的外交官,策划对付楚国。

当楚国杀死郤宛的时候,伯氏的族人逃往国外。伯州犁的孙子伯嚭担任了吴国的宰相,也在策划对付楚国。楚国自从昭王即位以后,没有一年不和吴国交战,蔡昭侯想凭借吴国,把他的儿子乾和一个大夫的儿子放在吴国作为人质。

原文

冬,蔡侯、吴子、唐侯伐楚。舍舟于淮汭①,自豫章与楚夹汉。左司马戌谓子常曰:"子沿汉而与之上下,我悉方城外以毁其舟,还塞大隧、直辕、冥阨。子济汉而伐之,我自后击之,必大败之。"既谋而行。武城黑②谓子常曰:"吴用木也,我用革也,不可久也,不如速战。"史皇谓子常:"楚人恶而好司马。若司马毁吴舟于淮,塞城口③而入,是独克吴也。子必速战!不然,不免。"乃济汉而陈,自小别至于大别④。三战,子常知不可,欲奔。史皇曰:"安求其事,难而逃之,将何所入?子必死之,初罪必尽说⑤。"

注释

①淮汭:淮河的弯道,指淮河边。

②武城黑:武城为地名,在今河南南阳。黑为人名。

③城口：指三隧道。

④小别：小别山。大别：大别山。都在今湖北境内。

⑤说：通“脱”，免除。

译文

冬季，蔡昭侯、吴王阖庐、唐成公联合发兵进攻楚国。他们把船停在淮河边上，从豫章进发，和楚军隔着汉水对峙。楚国司马沈尹戌对子常说：“您沿着汉水和他们上下周旋，我带领方城山之外的全部人马来毁掉他们的船只，回来时再堵塞大隧、直辕、冥阨。这时，您渡过汉水而进攻，我从后面夹击，必定把他们打得大败。”商量完了就出发。楚国武城黑对子常说：“吴国人用木头制的战车，我们用皮革蒙的战车，天雨不能持久，不如速战速决。”史皇对子常说：“楚国人讨厌您而喜欢司马。如沈司马在淮河边上毁掉了吴国的船，堵塞了城口而回来，这是他一个人战胜了吴军。您一定要速战速决！如果不这样，就不能免去一死。”于是就渡过汉水摆开阵势。从小别山直到大别山。打了三仗，子常知道不行，想逃走。史皇说：“国泰民安，您争着当权；国家有了祸难就逃避，你打算到哪里去？您一定要拼命打这一仗，以前的罪过必然可以全部免除。”

原文

十一月，庚午，二师陈于柏举。阖庐之弟夫概王晨请于阖庐曰：“楚瓦①不仁，其臣莫有死志。先伐之，其卒必奔。而后大师继之，必克。”弗许。夫概王曰：“所谓‘臣义而行，不待命’者，其此之谓也。今日我死，楚可入也。”以其属五千先击子常之卒，子常之卒奔，楚师乱，吴师大败之。子常奔郑。史皇以其乘广死。吴从楚师及清发②，将击之，夫概王曰：“困兽犹斗，况人乎？若知不免，而致死，必败我。若使先济者知免，后者慕之，蔑有斗心矣。半济而后可击也。”从之，又败之。楚人为食，吴人及之，奔，

食而从之，败诸雍澨③。五战，及郢。

注释

①瓦：子常。

②清发：水名。

③雍澨：在今湖北京山县。

译文

十一月十八日，吴、楚两军在柏举摆开阵势。吴王阖庐的兄弟夫概王早晨请求阖庐说："楚国的令尹子常不仁，他的部下没有死战的决心。我们抢先进攻，他们的士兵必定奔逃，然后大部队跟上去，必然得胜。"阖庐不答应。夫概王说："所谓'臣下合于道义就去做，不必等待命令'，说的就是这个吧。今天我拼命作战，楚国就可以攻进去了。"于是，夫概王带着他的部下五千人，抢先攻打子常的队伍，子常的士兵奔逃，楚军乱了阵脚，吴军大败楚军。子常逃亡到郑国。史皇带着子常的兵车战死。吴军追赶楚军，到达清发，准备发动攻击。夫概王说："被困的野兽还要争斗，何况人呢？如果明知不免要死却还要同我们拼命，必然会打败我们。如果让先渡过河的楚军感到可以逃脱，后边的人羡慕他们，楚军就没有斗志了。渡过一半才可以攻击。"吴王听了他的话，又一次将楚军打败。楚军做饭，吴军又赶到了，楚军奔逃。吴军吃完楚军做的饭，又继续追击，在雍澨打败了楚军。经过五次战斗，吴军到达楚国的郢都。

原文

己卯，楚子取其妹季芈、畀我以出，涉睢。针尹固与王同舟，王使执燧①象以奔吴师。

庚辰，吴入郢，以班处[②]宫。子山处令尹之宫，夫概王欲攻之，惧而去之，夫概王入之。

左司马戌及息而还，败吴师于雍澨，伤。初，司马臣阖庐，故耻为禽焉。谓其臣曰："谁能免吾首？"吴句卑曰："臣贱，可乎？"司马曰："我实失子[③]，可哉！"三战皆伤，曰："吾不可用也已。"句卑布裳，刭[④]而裹之，藏其身，而以其首免。

注释

①燧：火燧，指将火系在象的尾巴上。

②班：班次，次序。处：分处，住在。

③失子：不知道不记得你，指不重视你。

④刭：用刀割头。

译文

十一月二十八日，楚王带了他妹妹季芈、畀我逃出郢都，徒步渡过睢水。针尹固和楚王同船，楚昭王让针尹固迫使尾巴上点火的大象冲入吴军。

二十九日，吴军进入郢都，按照上下次序分别住在楚国宫室里。吴王阖庐的儿子子山住进了令尹府，夫概王想要攻打他，子山害怕，离开了，夫概王就住进了令尹府。

左司马沈尹戌到达息地就往回退兵，在雍澨打败吴军，负了伤。当初，左司马曾经做过阖庐的臣下，所以把被吴军俘虏看成羞耻，对他的部下说："谁能够不让吴国人得到我的脑袋？"吴句卑说："下臣卑贱，能够担当这任务吗？"司马说："我过去竟然没重视您，您行啊！"司马三次战斗都负了伤，说："我不行了。"句卑展开裙子，割下沈司马的脑袋包裹起来，藏好尸体，便带着沈尹戌的头逃走了。

原文

楚子涉睢，济江，入于云中①。王寝，盗攻之，以戈击王，王孙由于以背受之，中肩。王奔郧。钟建负季芈以从。由于徐苏②而从。郧公辛之弟怀将弑王，曰："平王杀吾父，我杀其子，不亦可乎？"辛曰："君讨臣，谁敢雠之？君命，天也。若死天命，将谁雠？《诗》曰：'柔亦不茹③，刚亦不吐。不侮矜④寡，不畏强御，'唯仁者能之。违强陵弱⑤，非勇也；乘人之约⑥，非仁也；灭宗废祀，非孝也；动无令名，非知也。必犯是，余将杀女。"斗辛与其弟巢以王奔随。

注释

①云中：云梦泽，楚国的大泽。

②徐：缓慢。苏：苏醒。

③出自《诗·大雅·烝民》。茹：吞。

④矜：鳏，老而无妻的人。

⑤违强陵弱：欺善怕恶。

⑥约：危难。

译文

楚昭王渡过睢水，渡过长江，进入云梦泽。楚昭王在睡觉，强盗袭击了他，用戈刺击他，王孙由于用背去挡，击中了肩膀。楚昭王逃到郧地，钟建背着季芈跟随着。王孙由于慢慢苏醒过来以后，也跟上去。郧公辛的弟弟怀准备杀死楚昭王，说："平王杀了我父亲，他的儿子被我杀了，不也是可以的

吗?”辛说:“国君讨伐臣下,谁敢仇恨他?国君的命令,是上天的意志。如果死于天意,您打算仇恨谁?《诗》说:‘软的不吞下,硬的不吐掉。不欺鳏寡,不畏强暴,’这只有仁爱的人才能做到。逃避强大,欺凌弱小,这不是勇;乘人之危,这不是仁;灭亡宗教,废弃祭祀,这不是孝;举动没有正当的名义,这不是聪明。你要是一定这样做,我就先杀死你。”斗辛就和他的弟弟巢护卫着楚昭王逃亡到随国。

原文

吴人从之,谓随人曰:“周之子孙在汉川者,楚实尽之。天诱其衷[①],致罚于楚,而君又窜[②]之,周室何罪?君若顾报周室,施[③]及寡人,以奖天衷,君之惠也。汉阳之田,君实有之。”楚子在公宫之北,吴人在其南。子期似王,逃王,而己为王,曰:“以我与之,王必免。”随人卜与之,不吉,乃辞吴曰:“以随之辟小,而密迩[④]于楚,楚实存之。世有盟誓,至于今未改。若难而弃之,何以事君?执事之患,不唯一人。若鸠[⑤]楚竟,敢不听命?”吴人乃退。鑢金初宦于子期氏,实与随人要言[⑥]。王使见,辞曰:“不敢以约为利。”王割子期之心,以与随人盟。

注释

①诱:诱导。衷:中心。

②窜:隐匿,藏匿。

③施:延及,波及。

④密迩:接近。

⑤鸠:安抚。

⑥要言:约言,约定。

译文

吴国人追赶楚昭王，吴王派人对随国国君说："周朝的子孙中被封在汉水一带的，全部都被楚国灭掉了。上天的意志，降罚于楚国，而您又把楚君藏匿起来。周室有什么罪？您如果报答周室的恩惠，波及于寡人，来完成天意，这是您的恩惠，汉水北边的土地，您就可以享有。"楚王住在随国宫殿的北面，吴军在随国宫殿的南面。子期长得像楚昭王，他逃到楚昭王那里，穿上楚昭王的服饰，说："把我交给吴军，君王一定可以免祸。"随国人为交出子期占卜吉凶，不吉利，就辞谢吴国说："以随国的偏僻狭小而紧挨着楚国，楚国确实保存了我们。随、楚世世代代都有盟誓，到今天没有改变。如果有了危难而抛弃了他们，又怎么能侍奉君王？执事所担心的并不在于昭王这一个人，如果对楚国境内加以安抚，我国哪敢不听您的命令？"吴军就撤退了。鑢金当初在子期氏那里做家臣，曾经和随国人有过约定不把楚昭王交给吴国人。楚昭王让他进见，他辞谢，说："我们不敢因为君王处于困难而谋求私利。"楚昭王割破子期的胸口取血和随国人盟誓。

原文

初，伍员与申包胥[1]友。其亡也，谓申包胥曰："我必复[2]楚国。"申包胥曰："勉之！子能复之，我必能兴之。"及昭王在随[3]，申包胥如秦乞师，曰："吴为封豕[4]、长蛇，以荐食[5]上国，虐始于楚。寡君失守社稷，越[6]在草莽，使下臣告急，曰：'夷德无厌[7]，若邻[8]于君，疆埸之患也。逮[9]吴之未定，君其取分焉。若楚之遂亡，君之土也。若以君灵抚之，世以事君。'"秦伯使辞焉，曰："寡人闻命矣。子姑就馆，将图而告。"对曰："寡君越在草莽，未获所伏[10]，下臣何敢即安[11]？"立依于庭墙而哭，日夜不绝声，勺饮不入口七日。秦哀公为之赋《无衣》[12]，九顿首而坐。秦师乃出。

注释

①申包胥：楚国大夫，包胥是字，申是他的食邑。

②复：同“覆”，颠覆。

③昭王：楚平王的儿子，名壬。随：诸侯国名。

④封：大。豕：野猪。

⑤荐：多次。食：侵食。

⑥越：流亡。

⑦夷：指吴国。德：这里指贪心。厌：满足。

⑧邻：接邻。

⑨逮：等到，趁着。

⑩所伏：藏身之地，安身之处。

⑪即安：就枕，休息。这里指“就馆”。

⑫《无衣》：《诗·秦风》中的篇名。

译文

当初，伍员和申包胥是朋友。伍员逃亡的时候，对申包胥说：“我一定要颠覆楚国。”申包胥说：“尽力干吧！您能颠覆楚国，我一定能复兴楚国。”等到楚昭王在随国避难，申包胥就到秦国去请求出兵，说：“吴国就是大猪、长蛇，一再吞食中原国家，为害从楚国开始。寡君失守国家，远在杂草丛林之中，使下臣报告急难，说：‘夷人的本性是贪得无厌，如果吴国成为君王的邻国，这是边境的祸患。趁着吴国没有安定下来，君王可仰仗君王的威福派兵镇抚楚国，楚国将世世代代侍奉君王。’”秦哀公辞谢申包胥，说：“我知道您的意见了。您姑且到宾馆休息，我们要商量一下再答复您。”申包胥回答说：“寡君逃亡到杂草丛林之中，还没有得到安身的地方，下臣怎么敢去休息呢？”申包胥靠着院墙站着号啕大哭，日夜哭声不断，七天不喝一口水。秦哀公大为感动，赋了《无衣》这首诗。申包胥叩头九次，然后坐下。秦军于是出动。

评析

鲁定公四年(公元前506年),吴国攻入楚国都城郢,楚国一度灭亡。

我们在这里见到了另一种游说方式:动作表演。在言辞游说不起作用的时候,就用动作来表演,并且坚持不懈,终于感动了"上帝",成功地达到了自己的目的。我们不得不佩服申包胥的表演功夫,竟然可以哭上七天七夜,连水都没有喝一口。这个说法虽然让人怀疑有添油加醋的夸张成分,但申包胥的这种精神,也够让人感动的了。

这种做法,也可以叫做不择手段达到目的。申包胥对秦哀公说的那番话,本来就是假托楚昭王的名义编造出来的,算得上是"瞒天过海"。他在秦庭的痛哭,说不定也是灵机一动想出来的,叫做"随机应变"吧。以一国之大夫的身份,顾不得什么脸面啦,体统啦,身份啦,大胆放肆而又坚持不懈地在外国政府的官府中大哭特哭、滴水不沾,是不是也有点"苦肉计"的味道?

目的很简单:击败吴国,保住楚国,即"借刀杀人"。身为一个臣子,并未受国君之托,敢于如此胆大包天地擅自行动,确实表现了为臣的忠诚不移的美德,也可以说体现了"爱国主义"精神吧。哪个国君有了这样的臣子,都是一种幸福,何愁成不了大事!

可惜的是,这种表里如一、当面背后一个样儿的赤胆忠心的臣子太少了——不是没有,而是太少。

十年经

十年:春,王三月,及齐平。

夏,公会齐侯于夹谷。公至自夹谷。

晋赵鞅帅师围卫。

齐人来归郓、讙、龟阴田。

叔孙州仇、仲孙何忌帅师围郈。

秋，叔孙州仇、仲孙何忌帅师围郈。

宋乐大心出奔曹。

宋公子地出奔陈。

冬，齐侯、卫侯、郑游速会于安甫。

叔孙州仇如齐。

宋公之弟辰暨仲佗、石弜出奔陈。

十年传

原文

十年，春，及齐平。

夏，公会齐侯于祝其[①]，实夹谷。孔丘相[②]，犁弥言于齐侯曰："孔丘知礼而无勇，若使莱[③]人以兵劫鲁侯，必得志焉。"齐侯从之。孔丘以公退，曰："士兵之[④]！两君合好，而裔夷[⑤]之俘以兵乱之，非齐君所以命诸侯也。裔不谋夏，夷不乱华，俘不干盟，兵不偪好[⑥]，于神为不祥，于德为愆[⑦]义，于人为失礼，君必不然。"齐侯闻之，遽[⑧]辟之。

注释

①公：指鲁定公。齐侯：指齐景公。祝其：夹谷，地名，在今山东莱芜夹谷峪。

②相：担任傧相，替主人接引宾客和赞礼的人。

③莱：周国名，姜姓，子爵，今山东黄县东南有莱子城，即莱国。

④士兵之：命令士兵们拿起武器冲上去。

⑤裔夷：华夏地域以外边远的夷人。

⑥偪：同"逼"。偪好：逼迫友好。

⑦愆：伤害。

⑧遽：迅速，紧急。

译文

十年春季，鲁国和齐国讲和。

夏季，鲁定公在祝其会见齐景公，祝其也就是夹谷。孔丘相礼。犁弥对齐景公说："孙丘懂得礼而缺乏勇，如果派莱地人用武力劫持鲁侯，一定可以如愿以偿。"齐景公听从了。孔丘领着定公退出，说："士兵拿起武器攻上去！两国的国君会见友好，而边远的东夷俘虏用武力来捣乱。边远不能图谋中原，东夷不能搅乱华人，俘虏不能侵犯盟会，武力不能逼迫友好，这些对于神明来说是大不吉祥的，对于德行来说是丧失道义的，对于人们来说是丢弃礼仪的，君王一定不会这样做。"齐景公听了以后，很快就让莱地人避开。

原文

将盟，齐人加于载书[1]曰："齐师出竟[2]，而不以甲车三百乘从我者，有如此盟！"孔丘使兹无还揖对[3]，曰："而不反我汶阳之田，吾以共命[4]者，亦如之。"

齐侯将享公，孔丘谓梁丘据曰："齐、鲁之故[5]，吾子何不闻焉？事既成矣，而又享之，是勤执事也。且牺、象不出门，嘉乐[6]不野合。飨而既具，是弃礼也；若其不具，用秕稗[7]也。用秕稗，君辱；弃礼，名恶。子盍图之？夫享，所以昭[8]德也。不昭，不如其已也。"乃不果[9]享。

齐人来归郓、讙、龟阴[10]之田。

晋赵鞅围卫，报夷仪[11]也。

注释

①载书:盟约。

②出竟:指出境作战。竟:同“境”。

③揖对:作揖回答。

④共命:供给齐国之命。共:同“供”。

⑤故:从前的典章制度。

⑥牺:牺尊。象:象尊。牺尊与象尊都是古时的酒器,外形像兽形。不出门:不出宫门,意为只在朝会和庙堂使用。嘉乐:指钟、磬等乐器。

⑦秕:不饱满的谷物。稗:像禾的杂草。

⑧昭:发扬光大。

⑨果:实现。

⑩郓、讙、龟阴:都是鲁国的邑名,在汶水的北岸。

⑪夷仪:在河北省邢台县西。

译文

将要盟誓,齐国人在盟书上加上一句话说:“如果齐军出境,而鲁国不派三百辆甲车跟随他们的话,有盟誓为证!”孔丘让兹无还作揖回答说:“你们不归还我们汶阳的土田,让我们用来供应齐国的需要,也有盟誓为证!”

齐景公准备设享礼招待定公。孔丘对梁丘据说:“齐国、鲁国旧有的典礼,您为什么没有听说过呢?事情已经成功了,而又设享礼,这是徒然烦劳执事。而且牺尊、象尊不出国门,钟磬不在野外合奏。设享礼而全部具备这些东西,这是不合礼法。如果不具备这些,那就像秕子稗子一样轻微而不郑重。像秕子稗子一样,这是君王的耻辱;不合礼法,就名声不好,您怎么能不考虑一下呢?享礼,是用来宣扬德行的。不能宣扬,还不如不用它。”于是终于没有设享礼。

齐国人前来归还郓地、讙地、龟阴的土田。

晋国的赵鞅包围卫国,这是为了报复夷仪那次战役。

原文

初，卫侯伐邯郸午于寒氏[①]，城其西北而守之，宵熸[②]。及晋围卫，午以徒七十人门于卫西门，杀人于门中，曰："请报寒氏之役。"涉佗曰："夫子则勇[③]矣，然我往，必不敢启门[④]。"亦以徒七十人，旦门焉，步左右，皆至而立，如植[⑤]。日中不启门，乃退。反役，晋人讨卫之叛故，曰："由涉佗、成何。"于是执涉佗以求成于卫。卫人不许。晋人遂杀涉佗，成何奔燕。君子曰："此之谓弃礼，必不钧。《诗》曰：'人而无礼，胡不遄死[⑥]？'涉佗亦遄矣哉！"

注释

①寒氏：在今河北省邯郸县西，也称五氏。

②宵熸：军队夜间溃散。

③勇：勇敢。

④启门：开启城门。

⑤如植：像树一样不动地方。

⑥出自《诗·鄘风·相鼠》。遄死：快点死。

译文

当初，卫侯在寒氏进攻邯郸午，攻破城西北角而派兵据守，邯郸午与众兵士趁黑夜溃散。等到晋国包围卫国，邯郸午带了七十个徒兵进攻卫国西门，在城门里杀了人，说："用这来报复寒氏那次战役。"涉佗说："这个人算得是勇敢了，然而我去，他们一定不敢开门。"也带领士兵七十人，早晨攻打城门，走向城门左右两边，全部站定，像树木一样不动。到中午不开城门，这才退回去。退兵以后，晋国人责问卫国背叛的原因，卫国人说："由于涉佗、成何。"晋国人因此逮捕了涉佗，以此向卫国要求讲和。卫国人不答应，晋国人就杀了涉佗。成何逃亡到燕国。君子说："这叫做不讲礼法，两个人的罪过必然轻重不同。《诗》说：'做人而没有礼，为什么不快点死？'涉佗死得也算很快了！"

原文

初，叔孙成子欲立武叔，公若藐固谏曰："不可。"成子立之而卒。公南使贼射之，不能杀[1]。公南为马正，使公若为郈[2]宰。武叔既定[3]，使郈马正侯犯杀公若，弗能。其圉人曰："吾以剑过朝，公若必曰：'谁之剑也？'吾称子以告，必观之。吾伪固而授之末[4]，则可杀也。"使如之[5]。公若曰："尔欲吴王我乎？"遂杀公若。侯犯以郈叛，武叔懿子围郈，弗克。

注释

①不能杀：没有杀成。

②郈：春秋鲁邑，在今山东东平南四十里。

③既定：已经确定，大局已定。

④伪：假装。授之末：将剑尖的那头给他。

⑤如之：照这样去做。

译文

当初，叔孙成子想要立武叔做继承人，公若藐坚决劝谏说："不行。"成子还是立了武叔然后死去。公南派坏人用箭暗射公若，没有成功。公南做马正，就让公若做郈地宰臣。武叔在大局已定之后，派郈地的马正侯犯谋杀公若，没有能办到。侯犯的管马人说："我拿着剑经过大

堂，公若一定会问这剑是谁的，我告诉他是您的，公若一定要细看这剑。我假装不懂礼节而把剑尖递给他，就可以把他杀死了。”侯犯就派他照办。公若说：“你要把我当吴王吗？”管马人就杀死了公若。侯犯带领郈地人叛变，武叔包围郈地，没有攻下。

原文

秋，二子及齐师复围郈，弗克。叔孙谓郈工师[①]驷赤曰：“郈非唯叔孙氏之忧，社稷之患也，将若之何？”对曰：“臣之业，在《扬水》卒章[②]之四言矣。”叔孙稽首。驷赤谓侯犯曰：“居齐、鲁之际而无事，必不可矣。子盍求事于齐以临民[③]？不然，将叛。”侯犯从之。齐使至，驷赤与郈人为之宣言于郈中，曰：“侯犯将以郈易[④]于齐，齐人将迁郈民。”众凶惧[⑤]。驷赤谓侯犯曰：“众言异矣。子不如易于齐，与其死也，犹是郈也，而得纾焉，何必此？齐人欲以此逼鲁，必倍与子地。且盍多舍甲[⑥]于子之门，以备不虞？”侯犯曰：“诺。”乃多舍甲焉。侯犯请易于齐，齐有司观郈。将至，驷赤使周走呼曰：“齐师至矣！”郈人大骇[⑦]，介[⑧]侯犯之门甲，以围侯犯。驷赤将射之，侯犯止之，曰：“谋免我。”侯犯请行，许之。驷赤先如宿，侯犯殿。每出一门，郈人闭之。及郭门，止之曰：“子以叔孙氏之甲出，有司若诛之，群臣惧死。”驷赤曰：“叔孙氏之甲有物[⑨]，吾未敢以出。”犯谓驷赤曰：“子止而与之数。”驷赤止而纳鲁人。侯犯奔齐，齐人乃至郈。

注释

①工师：古官名。上受司空领导，下为百工之长。专掌营建工程和管教百工等事。

②卒章：诗、词、文章结尾的段落。

③临民：治民。

④易：交换。

⑤凶惧：恐惧，惊扰不安。

⑥甲：皮甲。

⑦大骇：惊骇，震动。

⑧介：穿上。

⑨有物：有记号，有标记。

译文

秋季，武叔、公南两个人和齐军两次包围郈地，也没有攻下。武叔对郈地匠官驷赤说："郈地不仅是叔孙氏的忧虑，而且是国家的祸患，将要怎么办？"驷赤说："下臣的事情在《扬水》这首诗最后一章的四个字上了。"叔孙向他叩头。驷赤就对侯犯说："处在齐国、鲁国之间而不侍奉哪一国，必定是行不通的。您何不请求侍奉齐国以统治百姓？不这样做，他们恐怕将会叛变的。"侯犯听从了他的话。齐国的使者来到，驷赤和郈地人在郈地散布谣言说："侯犯准备把郈地和齐国交换，齐国人准备迁走郈地的百姓。"大家吵吵嚷嚷很担心。驷赤对侯犯说："大家的意见和您不一样，与其死，不如把郈地和齐国人交换。您所得到的等于这块郈地，而且可以缓和祸患，为什么非死抱着这里不放？齐国人想借此逼迫鲁国，必然加倍给您土地。而且为什么不多准备一些皮甲，放在门里以防意外？"侯犯说："对。"于是就多准备些皮甲放在门里。侯犯请求在齐国换一块土地，齐国的官员要求视察郈地。将要到达，驷赤派人遍绕全城喊着说："齐国的军队到了！"郈地人十分恐惧，穿上侯犯准备的皮甲来包围侯犯。驷赤要射这些人，侯犯阻止他，说："想办法让我免除祸难。"侯犯请求出走，大家答应了。驷赤先去宿地，侯犯走在最后，每出一道门，郈地人就关上这道门。到了外城门，大家拦住侯犯说："您带着叔孙氏的皮甲出去，官员们如果因此而要治罪，臣下们害怕被杀。"驷赤说："叔孙氏的皮甲有标记，我没有敢带出去。"侯犯对驷赤说："您留下来向他们点交。"驷赤留下，而接纳了鲁国人。侯犯逃亡到齐国。齐国人就把郈地送还给鲁国。

原文

宋公子地嬖蘧富猎，十一分其室①，而以其五与之。公子地有白马四，公嬖向魋，魋欲之。公取而朱其尾、鬣以与之。地怒，使其徒扶魋而夺之。魋惧，将走，公闭门而泣之，目尽肿②。母弟辰曰："子分室以与猎也，而独卑魋，亦有颇③焉。子为君礼，不过出竟，君必止子。"公子地出奔陈，公弗止。辰为之请，弗听。辰曰："是我迋④吾兄也。吾以国人出，君谁与处⑤？"冬，母弟辰暨仲佗、石彄出奔陈。

注释

①室：指财产。

②目尽肿：眼睛都哭肿了。

③颇：偏颇，不公平。

④迋：欺骗。

⑤谁与处：与谁相处。

译文

宋国的公子地宠信蘧富猎，把家产分成十一份，给了蘧富猎五份。公子地有四匹白马。宋景公宠信向魋，向魋想要这四匹马。宋景公把马牵来，在马尾、马鬣上涂上红颜色给向魋。公子地生气，派手下人打了向魋一顿并且夺回马匹。向魋害怕，准备逃走，宋景公关上门对向魋哭泣，眼睛都肿了。宋景公的同母兄弟辰对公子地说："您把家产分给猎，而唯独看不起魋，这也是不公平的。您平日对国君有礼，至多不过出国，国君必然留您。"公子地逃亡陈国，宋景公没有挽留他。公子辰为他请求，宋景公不听他的话。公子辰说："这是我欺骗了我哥哥。我领着国内的人们出国，国君和谁去处在一起？"冬季，宋景公同母兄弟辰和仲佗、石彄逃亡到陈国。

原文

武叔聘于齐。齐侯享之，曰："子叔孙！若使郈在君之他竟，寡人何知焉？属与敝邑际①，故敢助君忧②之。"对曰："非寡君之望也。所以事君，封疆社稷是以，敢以家隶勤君之执事③？夫不令之臣，天下之所恶也，君岂以为寡君赐？"

注释

①际：交际，交界。

②忧：忧愁，忧虑。

③家隶：家臣。勤：劳烦，劳驾。执事：侍从左右供使唤的人。

译文

武叔到齐国聘问，齐景公设享礼招待他，说："子叔孙！如果郈地在君王其他的边境上，寡人知道什么呢？这里刚好和敝邑交界，所以敢帮助您分忧。"武叔回答说："这不是寡君的愿望。我们所以侍奉君王，是为了国家疆土的安全，怎么敢为了家臣而劳驾君王的执事？不好的臣下，是天下所共同讨厌的，君王难道用这来作为对寡君的赏赐？"

评析

鲁定公十年(公元前500年),齐鲁夹谷会盟,孔子在会上据理力争,迫使齐国退回侵占鲁国的土地。

犁弥以为孔子"知礼而无勇",实在是大大的看错了人。孔子何许人也?大成至圣先师,岂会像蓬蒿之辈所估量的!可惜那时的人都瞎了眼,有眼不识泰山,竟然轻贱、冷遇咱们的圣人。如果不是这样,孔夫子在春秋末年的日子要好过的多。尽管他的日子也不算差,能够经常有肉吃,多亏他在学园中找到了自己的位置。

孔子的人格和思想的光辉,是人们后来逐渐认识到的,他不仅提出了仁、义、礼、智、信的学说,而且自己躬行实践,为子子孙孙树立了典范。这个故事中,孔子大义凛然,与妄自尊大、恃强凌弱的齐国军臣针锋相对,的确让我们肃然起敬,油然而生景仰之情。

俗话说,兵来将挡,水来土掩。孔夫子一介书生,手无缚鸡之力,竟然以言辞喝退夷人,他凭的是什么?凭的是君子心中的浩然正气,是心中对道义的坚定信念。能够如此,死又有什么可怕?即使做了刀下鬼,精神也依然如苍松翠柏,万古长青。正如他老人家所说:"岁寒,然后知松柏之后凋也。"这不,他在危难之际掩护鲁侯,喝退众夷兵,不是为他自己的言论作了最好的注解吗?

至于动武之外的雕虫小技,就是不在圣人的话下,只需凭三寸不烂之舌,便可一锤定音,使对手低头称服,不敢再有所造次。

十四年经

十有四年:春,卫公叔戌来奔。卫赵阳出奔宋。

二月辛巳,楚公子结、陈公孙佗人帅师灭顿,以顿子牂归。

夏,卫北宫结来奔。

五月,於越败吴于槜李。

吴子光卒。

公会齐侯、卫侯于牵。

公至自会。

秋，齐侯、宋公会于洮。

天王使石尚来归脤。

卫世子蒯聩出奔宋。卫公孟彄出奔郑。

宋公之弟辰自萧来奔。

大蒐于比蒲。

邾子来会公。

城莒父及霄。

十四年传

原文

十四年，春，卫侯逐公叔戍与其党，故赵阳奔宋，戍来奔。

梁婴父恶董安于，谓知文子曰："不杀安于，使终为政于赵氏，赵氏必得晋国，盍以其先发难[1]也。讨于赵氏?"文子使告于赵孟曰："范、中行氏虽信为乱，安于则发之，是安于与谋乱也。晋国有命，始祸者[2]死。二子既伏其罪矣，敢以告。"赵孟患之。安于曰："我死而晋国宁，赵氏定，将焉用生？人谁不死，吾死莫[3]矣。"乃缢而死。赵孟尸诸市[4]，而告于知氏曰："主命戮罪人安于，既伏其罪矣，敢以告。"知伯从赵孟盟，而后赵氏定，祀安于于庙。

顿[5]子牂欲事晋，背楚而绝[6]陈好。二月，楚灭顿。

注释

①发难：反抗或叛乱。

②始祸者：最开始发动祸乱的人。

③莫：晚。

④尸：暴尸。市：街市。

⑤顿：周国名，姬姓，子爵，春秋时灭于楚，即今河南项城北之南顿故城。

⑥背：背叛。绝：断绝。

译文

十四年春季，卫灵公驱逐公叔戌和他的党羽，所以赵阳逃亡宋国，戌逃亡来到鲁国。

梁婴父讨厌董安于，对知文子说："不杀安于，让他始终在赵氏那里主持一切，赵氏一定能得到晋国，为什么不借口他先发动祸难而去责备赵氏？"知文子派人告诉赵鞅说："范氏、中行氏虽然确实发动了叛乱，但这是安于挑起的，是安于谋划作乱。晋国有法令，开始发动祸乱的人处死。范氏、中行氏已经服罪了，谨此奉告。"赵孟担心这件事。董安于说："我死了而晋国安宁，赵氏安定，哪里用得着活下去？人有谁不死？我死得晚了。"于是就上吊死了。赵鞅把他暴尸在市上而告诉知氏说："您命令诛戮罪人安于，他已经认罪了。谨此奉告。"知伯和赵鞅结盟，然后赵氏得以安定。赵氏把安于陪祀在宗庙里。

顿子牂想要侍奉晋国，背叛楚国而断绝和陈国的友好。二月，楚国灭亡了顿国。

原文

夏，卫北宫结来奔，公叔戍之故也。

吴伐越，越子勾践御之，陈①于槜李。勾践患吴之整②也，使死士③再禽焉，不动。使罪人三行④，属剑于颈，而辞曰："二君有治⑤，臣奸旗鼓⑥，不敏于君之行前，不敢逃刑，敢归死。"遂自刭也。师属之目⑦，越子因而伐之，大败之。灵姑浮以戈击阖庐，阖庐伤将指⑧，取其一屦⑨。还，卒于陉，去槜李七里。夫差使人立于庭，苟出入，必谓己曰："夫差，而忘越王之杀而父乎？"则对曰："唯⑩。不敢忘！"三年，乃报越。

注释

①陈：通"阵"。

②整：整齐严肃。

③死士：敢死之士，指敢死队。

④三行：三排。

⑤有治：有战事，出兵交战。

⑥旗鼓：号令，军令。

⑦属之目：注视，注意看着。

⑧将指：大脚趾。

⑨屦：麻做成的鞋。

⑩唯：诺，是。

译文

夏季，卫国的北宫结逃亡到鲁国来，这是由于公叔戍的缘故。

吴国进攻越国，越王勾践抵御吴军，在槜李摆开阵势。勾践担心吴军军阵严整，派敢死队再次冲锋擒捉吴军，吴军阵势不动。勾践把罪犯排成三排，把剑架在脖子上而致辞说："两国国君出兵交战，下臣触犯军令，在君王的队列之前

显示出无能，不敢逃避刑罚，谨自首而死。"于是都自杀了。吴军都注意地看着，越王乘机下令进攻，战胜了吴军。灵姑浮用戈击刺吴王阖庐，阖庐的脚趾受伤，灵姑浮得到吴王的一只鞋。阖庐退兵，死在陉地，距离槜李七里地。夫差派人站在院子里，只要自己一进出，都一定要对自己说："夫差，你忘记越王杀了你的父亲吗？"夫差自己就回答说："是。不敢忘记！"到第三年就向越国报了仇。

原文

晋人围朝歌[①]，公会齐侯、卫侯[②]于脾、上梁之间，谋救范、中行氏。析成鲋、小王桃甲率狄师以袭晋，战于绛[③]中，不克而还。士鲋奔周，小王桃甲入于朝歌。秋，齐侯、宋公会于洮[④]，范氏故也。

卫侯为夫人南子召宋朝。会于洮，太子蒯聩献盂[⑤]于齐，过宋野。野人歌之曰："既定尔娄猪，盍归吾艾豭[⑥]？"太子羞之，谓戏阳速曰："从我而朝少君，少君见我，我顾，乃杀之。"速曰："诺。"乃朝夫人。夫人见太子，太子三顾，速不进。夫人见其色[⑦]，啼而走，曰："蒯聩将杀余。"公执其手以登台。太子奔宋，尽逐其党。故公孟彄出奔郑，自郑奔齐。

注释

①朝歌：古地名，位于河南省北部的淇县。商朝武乙、帝乙、帝辛三代殷王在此建都，改称朝歌。

②公：鲁定公。齐侯：齐景公。卫侯：卫灵公。

③绛：春秋晋都，在今山西翼城东南十五里。

④洮：春秋曹地，在今山东濮县。

⑤盂：春秋卫地，今河北省濮阳县东南有敛盂聚。

⑥娄猪：母猪。一说谓娄猪为求牡之猪。艾豭：老公猪。

⑦色：脸色。

译文

晋国人包围朝歌，鲁定公在脾地和上梁之间会见齐景公、卫灵公，谋划救援范氏、中行氏。析成鲋、小王桃甲率领狄军袭击晋国，在绛地作战，没有攻下而回来。析成鲋逃亡到成周，小王桃甲进入朝歌。秋季，齐景公、宋景公在洮地会见，这是为了营救范氏的缘故。

卫灵公为了夫人南子召见宋朝。在洮地会见。太子蒯聩把盂地献给齐国，路过宋国野外。野外的人唱歌说："已经满足了你们的母猪，为什么不归还我们那漂亮的公猪？"太子感到羞耻，对戏阳速说："跟着我去朝见夫人，夫人接见我，我用眼睛看你，你就杀死她。"戏阳速说："是。"于是就去朝见夫人。夫人接见太子，太子三次用眼睛示意，戏阳速不肯向前。夫人看到了太子的脸色，号哭着逃走，说："蒯聩将要杀死我。"卫灵公拉着她的手登上高台。太子逃亡到宋国，卫灵公把太子的党羽都赶走。所以公孟彄逃亡到郑国，又从郑国逃亡到齐国。

原文

太子告人曰："戏阳速祸[1]余。"戏阳速告人曰："太子则祸余。太子无道，使余杀其母。余不许，将戕于余；若杀夫人，将以余说[2]。余是故许而弗为，以纾余死。谚曰：'民保于信。'吾以信义也。"

冬十二月，晋人败范、中行氏之师于潞[3]，获籍秦、高强。又败郑师及范氏之师于百泉。

注释

①祸：害，陷害。

②说：通“脱”，脱罪。

③潞：古潞子国，故城在今山西潞城县。

译文

太子告诉别人说：“戏阳速故意害我。”戏阳速告诉别人说：“太子才是嫁祸于我哩。太子不讲道义，派我杀死他的母亲。我不答应，就来杀了我；如果我杀了夫人，他就会把罪过推到我的身上以解脱自己。我所以答应而不干，以此暂免一死。俗话说：‘百姓用信用来保全自己。’我是用道义来作为信用的。”

冬十二月，晋国人在潞地打败范氏、中行氏的军队，俘虏了籍秦、高强。又在百泉打败了郑国和范氏的军队。

评析

鲁定公十四年（公元前496年），越败吴于槜李，吴越争霸拉开序幕，越国登上了历史舞台。

吴国与楚国在江淮流域争霸的同时，与越国也不断发生战事。槜李之战中，越君勾践用罪人临阵自杀的做法扰乱吴军注意力，趁乱取胜，还伤了阖闾。

哀公(元年~二十七年)

元年经

元年:春,王正月,公即位。
楚子、陈侯、随侯、许男围蔡。
鼷鼠食郊牛。改卜牛。
夏,四月辛巳,郊。
秋,齐侯、卫侯伐晋。
冬,仲孙何忌帅师伐邾。

元年传

原文

元年春,楚子围蔡,报柏举[①]也。里而栽[②],广丈,高倍[③]。夫屯昼夜九日,如子西之素。蔡人男女以辨[④],使疆于江、汝[⑤]之间而还。蔡于是乎请迁于吴。

注释

①柏举：春秋时吴子败楚师于柏举，遂入郢。

②里：指距城一里。栽：构筑堡垒。

③广丈：宽一丈。高倍：高度比平常加倍。

④辨：分辨，这里指男女分开。

⑤江：长江。汝：汝水。

译文

元年春季，楚昭王领兵包围蔡国国都，这是为了报复柏举那次战役。离城一里的地方构筑堡垒，垒墙的厚度为一丈，高度比厚度增多一倍。士卒在壁垒前屯驻九昼夜直到壁垒建成，时间和子西预定的一样。蔡国人男女分开出城投降。楚昭王让蔡国迁移到长江、汝水之间就回去了。蔡国因此向吴国请求迁移到吴国去。

原文

吴王夫差败越于夫椒[①]，报槜李[②]也。遂入越。越子以甲楯五千保于会稽[③]，使大夫种因吴大宰嚭[④]以行成。吴子将许之。伍员曰："不可。臣闻之：'树德莫如滋，去疾莫如尽[⑤]。'昔有过浇杀斟灌以伐斟鄩[⑥]，灭夏后相[⑦]。后缗方娠[⑧]，逃出自窦[⑨]，归于有仍[⑩]，生少康焉。为仍牧正[⑪]，惎浇能戒[⑫]之。浇使椒求之，逃奔有虞[⑬]，为之庖正[⑭]，以除其害。虞思于是妻之以二姚，而邑诸纶[⑮]。有田一成，有众一旅[⑯]。能布其德，而兆其谋，以收夏众，抚其官职。使女艾谍浇，使季杼诱豷，遂灭过、戈，复禹之绩。祀夏配天，不失旧物[⑰]。今吴不如过，而越大于少康，或将丰之，不亦

难乎！勾践能亲而务施，施不失人，亲不弃劳。与我同壤[18]，而世为仇雠。于是乎克而弗取，将又存之，违天而长寇雠，后虽悔之，不可食[19]已。姬之衰也，日可俟也。介在蛮夷，而长寇雠，以是求伯，必不行矣。"弗听。退而告人曰："越十年生聚，而十年教训，二十年之外，吴其为沼乎！"[20]三月，越及吴平。吴入越，不书，吴不告庆，越不告败也。

夏，四月，齐侯、卫侯救邯郸，围五鹿。

注释

①夫差：吴王阖庐的儿子。越：诸侯国名，姓姒，国都在会稽，即今浙江绍兴。夫椒：越国地名，在今浙江绍兴北。

②槜李：越国地名，在今浙江绍兴北。吴王阖庐在这里被越国打败，受伤而死。

③越子：越国国君勾践。楯：同"盾"。甲楯：指全副武装的士兵。会稽：山名，在今浙江绍兴东南十二里。

④种：文种，越国的大夫，楚国人。嚭：伯嚭，伯州犁的孙子，吴国的太宰，楚国人。

⑤滋：长，多。尽：彻底。

⑥有过：古代的国名，在今山东掖县北。浇：有过国的国君。斟灌、斟鄩：夏的同姓诸侯。

⑦夏后相：夏朝的国君，夏朝第五代君主。

⑧娠：怀孕。

⑨窦：洞，孔。

⑩有仍：后缗的娘家，古代诸侯国名，在今山东济宁。

⑪牧正：管理畜牧的官。

⑫惎：忌恨。戒：提防。

⑬有虞：古代诸侯国名，姚姓，在今山西永济。

⑭庖正：管理膳食的官。

⑮二姚：指有虞国君虞思的两个女儿，虞是姚姓国，所以称二姚。邑诸纶：

把纶邑封给他。纶在今河南虞城东南。

⑯成:十平方里为一成。旅:五百人为一旅。

⑰旧物:指夏代原来的典章制度。

⑱同壤:同处一方,国土相连。

⑲食:消除。

⑳生聚:养育人民和积聚财富。教训:教育和训练。外:后。为沼:变为湖沼,意思是国家灭亡。

译文

吴王夫差在夫椒打败越军,报了在槜李之役失败之仇,接着就乘势进入越国。越王带着披甲持盾的士兵五千人退守在会稽山,派大夫文种通过吴国太宰嚭向吴国求和。吴王打算答应。伍员说:"不能答应。下臣听说:'建树德行最好不断培植,除去毒害最好扫除干净。'从前有过国的国君浇杀了斟灌而攻打斟鄩,灭了夏后相,后缗经缗正怀着孕,从城墙的小洞里逃出去,回到娘家有仍国,生了少康。少康后来在有仍做了管理畜牧的牧正,对浇满怀仇恨而能警惕戒备。浇派椒寻找少康。少康逃奔到有虞国,做了那里掌管庖厨的庖正官,才逃避了浇的杀害。有虞氏的首领虞思因此把两个女儿嫁给了他,封他在纶邑,拥有方圆十里的土地,有五百人的兵力,能广施恩德,并开始实施复国计划。他收集夏朝的余部,安抚他的官员,派遣女艾到浇那里去做间谍,派季杼去引诱浇的弟弟豷。这样就灭亡了过国、戈国,复兴了禹的事业。少康奉祀夏朝的祖先同时祭祀天帝,不丧失以往的典制。现在吴国不如过国,而越国大于少康,上天也许将会使越国壮大,如果允许媾和,不也很难了吗!勾践能亲近别人而致力于施舍,对应该施舍的人就加以施舍,对有功劳的人从不抛弃而加以亲近。越国和我国土地相连,而且又世世代代是仇敌。在这种情况下如果我们战胜越国而不吞并它,打算又让它存在下去,这是违背上天而去助长了仇敌,以后即使懊悔,也吃不消。姬姓的衰微,很快就到了。我国介于蛮夷之间,而助长仇敌,用此来求取霸业,必然是行不通的。”吴王夫差不听。伍员退下去告诉别人说：“越国用十年时间繁衍积聚，用十年时间教育训练，二十年以后，吴国的宫殿恐怕要成为池沼了。”三月，越国和吴国讲和。吴军进入越国，《春秋》不加记载，这是由于吴国没有报告胜利，越国没有报告失败。

夏季四月，齐景公、卫灵公救援邯郸，包围了玉鹿。

原文

吴之入楚也，使召陈怀公。怀公朝国人而问焉，曰：“欲与楚者右，欲与吴者左①。陈人从田，无田从党②。”逢滑当公而进，曰：“臣闻国之兴也以福，其亡也以祸。今吴未有福，楚未有祸，楚未可弃，吴未可从。而晋，盟主也，若以晋辞吴，若何？”公曰：“国胜君亡，非祸而何？”对曰：“国之有是多矣，何必不复？小国犹复，况大国乎？臣闻，国之兴也，视民如伤③，是其福也；其亡也，以民为土芥④，是其祸也。楚虽无德，亦不艾杀⑤其民。吴日敝于兵，暴骨如莽，而未见德焉。天其或者正训楚也，祸之适吴，其何日之有？”陈侯从之。及夫差克越，乃修先君之怨。秋，八月，吴侵陈，修旧怨也。

注释

①左：站在左边。

②陈人从田，无田从党：陈国人有土地的，根据土地的所在而分立左右，没有土地的和亲族站在一起。

③视民如伤：形容帝王、官吏极其顾恤民众疾苦。

④土芥：泥土和杂草，比喻卑贱的东西。

⑤艾杀：斩割，芟除。

译文

吴军进入楚国的时候，派人召见陈怀公。怀公向国内的人们征求意见，说："想要亲附楚国的站到右边。想要亲附吴国的站到左边。陈国人有土地的，根据土地的所在而分立左右，没有土地的和亲族站在一起。"逢滑正对着怀公走上前去，说："下臣听说，国家兴起由于福德，它的灭亡是因为祸殃，现在吴国还没有福德，楚国还没有祸殃，楚国还不能抛弃，吴国还不能跟从。晋国是盟主，如果用晋国作为借口而辞谢吴国，你看怎么样？"怀公说："国家被别国战胜，国君逃亡，这不是祸殃是什么？"逢滑回答说："国家有这种情况的太多了，为什么一定不能恢复？小国尚且能恢复，更何况大国呢？我听说国家兴起时，对待百

姓如同受伤者唯恐他们受到惊动，这就是它的福德；国家灭亡时，把百姓作为泥土草芥，这就是它的祸殃。楚国虽无德行，也没有杀害它的百姓。吴国整日疲于用兵，尸骨暴露多得像杂草，也没有见到什么德行。上天恐怕正是在给楚国一次教训，吴国招致祸殃，也不会太久了？"陈怀公听从了。等到夫差攻下越国，吴国就重新清算先君时代结下的怨恨。秋季八月，吴国侵袭陈国，这是为了重新清算过去的怨恨。

原文

齐侯、卫侯会于乾侯，救范氏也。师及齐师、卫孔圉、鲜虞人伐晋，取棘蒲。

吴师在陈，楚大夫皆惧，曰："阖庐惟能用其民，以败我于柏举。今闻其嗣又甚焉，将若之何？"子西曰："二三子恤不相睦①，无患吴矣。昔阖庐食不二味，居不重席，室不崇坛②，器不彤镂③，宫室不观④，舟车不饰，衣服财用，择不取费。在国，天有灾疠，亲巡孤寡而共其乏困。在军，孰食者分，而后敢食，其所尝者，卒

乘[⑤]与焉。勤恤其民，而与之劳逸，是以民不罢劳，死知不旷[⑥]。吾先大夫子常易之，所以败我也。今闻夫差，次有台榭陂[⑦]池焉，宿有妃嫱嫔御[⑧]焉。一日之行，所欲必成，玩好必从。珍异是聚，观[⑨]乐是务。视民如仇，而用之日新。夫先自败也已，安能败我?"

冬，十一月，晋赵鞅伐朝歌。

注释

①恤：忧虑。睦：和睦。

②崇坛：高坛。

③彤：赤红色。镂：镂刻。

④不观：不加装饰。

⑤卒乘：步卒车乘，指士兵。

⑥旷：抛弃，白白的。

⑦次：住宿。榭：台上的屋宇。陂：蓄水池。

⑧妃嫱嫔御：侍寝的姬妾。

⑨观：游玩，游览。

译文

齐景公、卫灵公在乾侯会见，这是为了救援范氏。鲁军和齐军、卫国的孔圉、鲜虞人进攻晋国，占取了棘蒲。

吴军驻在陈国，楚国的大夫们都感到害怕，说："吴王阖庐善于使用他的百姓作战，在柏举把我们打败了。现在听说他的继承人比他还要厉害，我们将怎么办?"子西说："你们只应当忧虑自己不互相和睦，不用害怕吴国的侵袭。从前阖庐每次吃饭没有两种味道，坐卧不用两层席子，房子不造在高坛上，器用不加红漆和雕刻，宫室之中不造亭台楼阁，车船不做装饰，衣服和用具取其实用而不尚华丽。在国内，上天降下天灾瘟疫，就亲自巡视，安抚孤寡和资助贫困的人。在军队中，煮熟的食物必须等士兵都得到了，自己才食用，他吃的山珍海味，士兵们都有一份。吴王阖庐勤勤恳恳地体恤百姓而与他们同甘共苦,因此百姓不疲劳,死了也知道不是白白死去。我们的先大夫子常却反其道而行之,所以吴国就打败了我国。现在听说夫差住宿有楼台池沼,睡觉有嫔妃宫女陪伴,即使是为期一天的出行,想要的东西一定要到手,玩赏爱好的东西,一定要随身带走,只奔忙聚集珍奇异物,把百姓看得如同仇人,没完没了驱使他们。这样做只不过是先自取失败而已,怎么能打败我国呢?"

冬季十一月,晋国的赵鞅进攻朝歌。

评析

鲁哀公元年(公元前 494 年),吴国打败越国,但吴王夫差没有趁势灭掉越国,给了越国以喘息之机,为其后勾践复国灭吴埋下了伏笔。

读了这个故事,很让我们疑心,这是否是后来添加上去的,因为伍子胥真的是料事如神,越王勾践卧薪尝胆,十年生聚,十年教训,竟然就在二十年后灭掉了吴国,应了伍子胥的预言。当然,这个故事没有造假,不是假冒伪劣产品,而是真实的历史事实。

这样我们的确要佩服伍子胥的眼光和头脑了。他是清醒的政治家、军事家,具有理性的精神和现实主义态度。他识破了越国在兵临城下之时媾和来保存实力的意图,援引历史教训来告诉吴王夫差,却未被采纳。

这又一次告诉我们:历史的经验值得注意!历史发展虽然不是重复循环的,但常常有惊人的相似之处,不认真总结经验,吸取教训,确实要栽大跟头。夏朝第六代君主少康的"少康中兴",就是一面镜子。国家虽然亡了,但留下了复仇的种子,为日后的复兴提供了火种。星星之光,可以燎原。少康就真的从小到大,由弱到强,灭掉仇敌,光复了祖先的业绩。

教训之二,是对陷入困境的"穷寇",要穷追猛打,直至彻底消灭,不留任何祸根,不给敌手有任何东山再起的希望,也就是要灭掉"种子"。还是毛主席英明,他老人家早就写过:"宜将剩勇追穷寇,不可沽名学霸王。"鲁迅先生也极力倡导痛打“落水狗”的精神，即使狗儿落入水中做出哀求的可怜状，也要痛打之，否则，它一旦爬上岸来，又会咬人的。古人也总结过不能纵虎归山，要不然会贻害无穷。从这个方面来说，吴王夫差放过越王勾践，实在是养虎遗患，玩火自焚。

教训之三，从越王勾践的角度说，在明知对手强大时，及时的表示屈服，要求媾和，以便保存实力，另图东山再起，卷土重来，是迫不得已最好的选择。识时务者为俊杰。勾践不愧为识时务者，在即将亡国灭种的关键时刻，甘拜下风，屈居人下，以屈求伸，保住了复仇的种子。留得青山在，不怕没柴烧。

教训之四，要有坚韧不拔地坚持下去的毅力，事业终将成功。君子报仇，十年不晚。勾践大概是牢记住了这一点，并且再退一步，加上十年，用两倍的时间来为复仇作准备。这个过程也够漫长的，其中的屈辱辛酸，非局外人所能体验。以国君的身份卧薪尝胆，这要有超出常人的毅力。在长期的艰难困苦之中，人的精神随时都会有崩溃的可能，随时都可能因挫折而彻底的放弃希望和努力。但是勾践坚持下来了。因此我们也要敬佩勾践，佩服他坚韧不拔地向目标挺进的毅力。

三年经

三年：春，齐国夏、卫石曼姑帅师围戚。

夏，四月甲午，地震。

五月辛卯，桓宫、僖宫灾。

季孙斯、叔孙州仇帅师城启阳。

宋乐髡帅师伐曹。

秋，七月丙子，季孙斯卒。

蔡人放其大夫公孙措于吴。

冬，十月癸卯，秦伯卒。

叔孙州仇、仲孙何忌帅师围邾。

三年传

原文

三年，春，齐、卫围戚，求援①于中山。

夏，五月，辛卯，司铎②火。火逾公宫，桓、僖③灾。救火者皆曰顾府④。南宫敬叔至，命周人出御书⑤，俟于宫，曰："庀⑥女，而不在，死。"子服景伯至，命宰人出礼书⑦，以待命。命不共，有常刑。校人乘马，巾车脂辖，百官官备，府库慎守，官人肃给⑧。济濡帷幕，郁攸⑨从之。蒙葺⑩公屋，自大庙始，外内以悛。助所不给。有不用命，则有常刑，无赦。公父文伯至，命校人驾乘车。季桓子至，御公立于象魏⑪之外，命救火者，伤人则止，财可为也。命藏象魏，曰："旧章不可亡⑫也。"富父槐至，曰："无备而官办者，犹拾沈也。"于是乎去表之槁⑬，道还公宫。

注释

①求援：寻求援助。

②司铎：谓掌管文教。相传古代宣布教化的人必摇木铎以聚众，故称。

③桓：桓公庙。僖：僖公庙。

④顾府：照看府库。

⑤御书：进呈于帝王的书，称帝王的书为御书。

⑥庀：具备、治理。

⑦宰人：周代冢宰的属官，泛指官员。礼书：古代记礼法之书。《周礼》《仪

礼》等著述均属之。

⑧校人：马官之长。脂辖：脂车，多谓准备驾车远行。府库：收藏文书财物和兵器的地方。慎守：谨慎地保住。肃给：敬谨供给，引申为奉公尽职。

⑨济濡：沾湿，使透湿。郁攸：火气，火焰。

⑩蒙葺：覆盖。

⑪象魏：古代天子、诸侯宫门外的一对高大建筑，为悬示教令的地方。

⑫亡：丢失。

⑬槁：枯木。

译文

三年春季，齐国、卫国包围戚地，戚地人向中山请求救援。

夏季五月二十八日，鲁国司铎官署发生火灾。火势越过公宫，桓公庙、僖公庙都被烧毁。救火的人都说："照看府库。"南宫敬叔来到，命令周人官拿出国君的典籍，让他在宫里等着。说："交给你了。如有损失，就处死你。"子服景伯来到，命令宰人拿出礼书，让他等候命令。如果不能尽职，就要按规定处罚。校人官驾上马，巾车官在车轴上涂上油脂，百官坚守自己的岗位，府库加强戒备，官人认真执行供应宾客所需求的东西，用透湿的帷幕覆盖火场附近的建筑物，然后又用浸湿的东西把公屋覆盖起来，从太庙开始，由外到内挨着来。帮助力量不足的地方。有不卖力气的，就按规定处罚，不予赦免。公父文伯来到，命令校人官为公车套上马。季桓子来到，为哀公驾车站在象魏外边，命令救火的人受伤就停下来，因为财物是可以生产出来的。又命令把文献收藏起来，说："旧的典章不能丢失。"富父槐来到，说："没有准备而叫百官仓促办事，就好像拾起地上的汤水一样办不到。"因此就搬掉火势前面的枯木，在公宫四周开辟火巷隔火。

原文

孔子在陈，闻火，曰："其桓、僖乎！"

刘氏、范氏世为婚姻[①]，苌弘事刘文公，故周与范氏。赵鞅以为讨。六月，癸卯，周人杀苌弘。

秋，季孙有疾，命正常曰："无死！南孺子之子，男也，则以告而立之；女也，则肥也可。"季孙卒，康子即位。既葬，康子在朝。南氏生男，正常载以如朝，告曰："夫子有遗言[②]，命其圉臣曰：'南氏生男，则以告于君与大夫而立之。'今生矣，男也，敢告。"遂奔卫。康子请退。公使共刘视之，则或杀之矣。乃讨之。召正常，正常不反。

冬，十月，晋赵鞅围朝歌，师于其南。荀寅伐其郛[③]，使其徒自北门入，己犯师而出。癸丑，奔邯郸。十一月，赵鞅杀士皋夷，恶范氏也。

注释

①世为婚姻：世代通婚。

②遗言：临终的话。

③郛：古代指城圈外围的大城。

译文

孔子正在陈国，听到发生火灾，说："恐怕是桓公庙、僖公庙吧！"

刘氏、范氏世世代代互通婚姻，苌弘侍奉刘文公，所以周朝亲近范氏。赵鞅因此而讨伐周朝人。六月十一日，苌弘被周朝人杀死了。

秋季，季孙有病，命令宠臣正常说："不要因为我死！如果南孺子生下的孩子是男孩，就把我的话报告国君、大夫而立这个孩子为继承人；如果是个女孩，那么立我的儿子肥就可以了。"季孙死了，康子（肥）即位。安葬刚刚结束，康子正在朝廷上，南孺子生了个男孩，正常用车把男孩载着送到朝廷上，报告说："那个人有遗言，命令我说：'南氏生了男孩，就报告国君和大夫而立他为继承人。'现在继承人生下来了，是个男孩，谨此报告。"于是就逃亡到卫国去。康子请求退位，哀公派大夫公刘去察看那个孩子，婴儿已经被人杀死了。于是就讨伐杀人凶手。召见正常，正常不回来。

冬季十月，晋国的赵鞅包围朝歌，军队在朝歌南边驻扎。荀寅攻打朝歌外城的赵鞅的部队，让他的城外的部下从北门救援进来，接应自己突围而出。二十三日，荀寅逃亡到邯郸。十一月，赵鞅因为讨厌范氏，就杀死了士皋夷。

评析

鲁哀公三年(公元前492年)，鲁国祭祀桓公和僖公的祖庙失火，桓公是当政的"三桓"的祖先，僖公在位期间，"三桓"取得了鲁国上卿的地位，是"三桓"的恩人。按照周礼规定，天子七庙，诸侯五庙，亲尽则毁。桓公庙和僖公庙在哀公时应予以毁弃，但由于其与"三桓"的关系，才被保留，孔子对此颇有微词。从这件事也可见当时公室与私家斗争的激烈。

苌弘是春秋时期的著名学者和政治家，担任刘文公属下大夫，因为在晋卿权力之争中帮助刘氏姻亲范氏而被杀。苌弘颇具学识，司马迁《史记·天官书》把他作为天文学家记叙。他忠于职守，却成为周王讨好晋国的牺牲品。关于苌弘之死，传说中赋予了瑰丽神奇的色彩，即"苌弘化碧"，源出《庄子·外物》："苌弘死于蜀藏其血，三年而化为碧。"这可以看作人们对这位忠臣的不幸结局的哀怜。而苌弘迁于蜀，客观上却带来了蜀地天文学研究的兴盛，对扬雄等人影响很大，也算是泽及一方、流芳甚远了。

六年经

六年：春，城邾瑕。

晋赵鞅帅师伐鲜虞。

吴伐陈。

夏，齐国夏及高张来奔。

叔还会吴于柤。

秋，七月庚寅，楚子轸卒。

齐阳生入于齐。

齐陈乞弑其君荼。

冬，仲孙何忌帅师伐邾。

宋向巢帅师伐曹。

六年传

原文

六年，春，晋伐鲜虞，治[1]范氏之乱也。

吴伐陈，复修旧怨也。楚子曰："吾先君与陈有盟，不可以不救。"乃救陈，师于城父[2]。

齐陈乞为事高、国者，每朝必骖乘[3]焉。所从必言诸大夫，

曰:"彼皆偃蹇④,将弃子之命。皆曰:'高、国得君,必逼我,盍去诸?'固将谋子,子早图之。图之,莫如⑤尽灭之。需⑥,事之下⑦也。"及朝,则曰:"彼虎狼⑧也,见我在子之侧,杀我无日⑨矣。请就之位。"又谓诸大夫曰:"二子者祸矣!恃得君而欲谋二三子,曰:'国之多难,贵宠⑩之由,尽去之而后君定。'既成谋矣,盍及其未作也,先诸?作而后悔,亦无及也。"大夫从之。

注释

①治:惩治,惩罚。

②城父:春秋陈夷邑,在今安徽亳县东南。

③骖乘:乘坐同一辆车。

④偃蹇:骄横,傲慢。

⑤莫如:不如。

⑥需:等待。

⑦事之下:事情的下策。

⑧虎狼:比喻穷凶极恶的人。

⑨无日:不日,不久。

⑩贵宠:指得宠的权贵。

译文

六年春季,晋国进攻鲜虞,这是为惩治鲜虞帮助范氏作乱。

吴国攻打陈国,这是为了报复旧怨。楚昭王说:"我们先君和陈国有过盟约,不能不去救援。"于是就救援陈国,驻军在城父。

齐国的陈乞伪装出侍奉高氏、国氏的样子,每逢上朝,一定和他们

同坐一辆车。每次跟从一定要说到大夫们，说："他们都很骄傲，打算抛弃您的命令。他们都说：'高氏、国氏受到国君的宠信，必然要逼迫我们，为什么不除去他们？'本来想要打您的主意，您要早点考虑对策！最好是全部灭亡他们。犹豫等待是下策。"到了朝廷上，就说："他们都是虎狼，见到我在您的旁边，很快就要杀死我了，请让我靠到他们那边去。"到了大夫们那里，又对大夫们说："这两位要出事了！仗着得到国君的宠信而要打您几位的主意，说：'国家的患难多，这是由贵臣和宠臣造成的，全部去掉他们然后国君才能安定。'现在已经定下计划了，为什么不乘他们没有发动而抢在他们前头先下手呢？等他们动手了再后悔，也来不及了。"大夫们听从了。

原文

夏，六月，戊辰，陈乞、鲍牧及诸大夫，以甲入于公宫。昭子闻之，与惠子乘如公，战于庄，败。国人追之，国夏奔莒，遂及高张、晏圉、弦施来奔。

秋，七月，楚子在城父，将救陈，卜战①不吉，卜退②不吉。王曰："然则死也。再败楚师，不如死。弃盟逃仇③，亦不如死。死一也，其死仇④乎！"命公子申为王，不可；则命公子结，亦不可；则命公子启，五辞⑤而后许。将战，王有疾。庚寅，昭王攻大冥⑥，卒于城父。子闾退，曰："君王舍其子而让群臣，敢忘君乎？从君之命，顺⑦也。立君之子，亦顺也。二顺不可失也。"与子西、子期谋，潜师闭涂⑧，逆越女之子章，立之而后还。

注释

①卜战：占卜战争的吉凶。

②卜退：占卜退兵的吉凶。

③弃：背弃。逃：逃避。

④死仇：死于仇敌之手。

⑤五辞：辞谢五次。

⑥大冥：古书中北方泽名。

⑦顺：顺乎情理。

⑧潜师：秘密出兵或转移部队。闭涂：封锁道路。

译文

夏季，六月二十三日，陈乞、鲍牧和大夫们率领甲士进入公宫。高张听说了，和国夏坐车到齐侯那里去。在庄街作战，国夏被打败。国内的人们追赶他们，国夏逃亡到莒国，就和高张、晏圉一起逃亡到我国。

秋季七月，楚昭王驻在城父，准备救援陈国。占卜战争的吉凶，不吉利。占卜退兵的吉凶，不吉利。楚昭王说："那么只有死了。如果再次让楚军失败，不如死。抛弃盟约逃避仇敌，也不如死去。同是一死，还是死在仇敌手里吧！"命令公子申继承王位，公子申不同意；就命令公子结，公子结也不同意；又命令公子启，公子启辞谢五次后同意。将要作战，楚昭王得了病。十六日，楚昭王进攻大冥，死在城父。子闾退兵说："君王舍弃他的儿子而让位给兄长，臣下们怎么敢忘记君王呢？服从君王的命令，这是顺乎情理的。立君王的儿子，也是顺乎情理的。两种顺乎情理都不能丢掉。"和子西、子期商量，秘密转移军队，封锁有关的道路，迎接越国越王勾践的女儿所生的儿子章，立他做国君，然后退兵回国。

原文

是岁也，有云如众赤鸟[①]，夹日以飞[②]，三日。楚子使问诸周太史。周太史曰："其当王身乎！若禜之，可移于令尹、司马。"王曰："除腹心之疾[③]，而寘诸股肱，何益？不穀不有大过，天其夭[④]诸？有罪受罚，又焉移之？"遂弗禜。

初,昭王有疾。卜曰:"河为祟[5]。"王弗祭。大夫请祭诸郊,王曰:"三代命祀,祭不越望[6]。江、汉、睢、章,楚之望也。祸福之至,不是过也。不穀虽不德,河非所获罪也。"遂弗祭。

注释

①赤鸟:红色的大鸟。

②夹日以飞:夹在太阳两侧飞翔。

③腹心之疾:生于要害部位的疾病,比喻严重的祸患。

④夭:夭折。

⑤河:黄河。祟:作怪。

⑥越望:超越本国的山川。

译文

这一年,有云彩好像一群红色的鸟,夹在太阳两边飞翔了三天。楚昭王派人询问成周的太史。成周的太史说:"恐怕要应在君王的身体上吧!如果禳祭,可以移到令尹、司马官身上。"楚昭王说:"把心腹的疾病去掉,而放在大腿胳臂上,这有什么好处?我没有犯重大的过错,上天能让我夭折吗?有罪受到处罚,又能移到哪里去呢?"于是就不去禳祭。

当初,楚昭王有病,占卜的人说:"黄河之神在作怪。"楚昭王不去祭祀。大夫们请求在郊外祭祀。楚昭王说:"三代时规定的祭祀制度,祭祀不超越本国的山川。长江、汉水、睢水、漳水,是楚国的大川。祸福的来到,不会超过这些地方。我即使没有德行,也不会得罪黄河之神。"于是就不去祭祀。

原文

孔子曰:“楚昭王知大道[1]矣。其不失国也,宜哉!《夏书》曰:‘惟彼陶唐[2],帅彼天常[3]。有此冀方[4],今失其行。乱其纪纲[5],乃灭而亡。’又曰:‘允出兹在兹’,由己率常可矣。”

八月,齐邴意兹来奔。

陈僖子使召公子阳生。阳生驾而见南郭且于,曰:“尝献马于季孙,不入于上乘,故又献此,请与子乘之。”出莱门而告之故。阚止知之[6],先待诸外。公子曰:“事未可知,反与壬也处。”戒之,遂行。逮夜[7]至于齐,国人知之。僖子使子士之母养之,与馈者皆入。

注释

①知大道:理解大道义。

②陶唐:古帝名,即唐尧。帝喾之子,姓伊祁,名放勋。初封于陶,后徙于唐。为古代传说中的圣主。

③天常:天的常道。常指纲常伦理。

④冀方:古泛指中原地区。

⑤纪纲:网罟的纲绳。引申为纲领。

⑥知之:知道这件事。

⑦逮夜:等到了晚上。

译文

孔子说:“楚昭王理解大道义了。他不丢掉国家,就是相宜的了!《夏书》说:‘那位古代的君王陶唐,遵循天道纲常,拥有这片中原的国土。现在失去了他的踪迹,扰乱了他的纲纪,就因此而灭亡。’又说:‘付出了什么,就会收获什么。’由自己来遵从天道,这就可以了。”

八月，齐国的邴意兹逃亡到鲁国来。

陈僖子派人召见公子阳生。阳生套上车去见南郭且于，说："我曾经献马给季孙，但没有能列入他的上等乘马之中，所以又奉献这几匹，请和您一起坐上车试试。"出了莱门然后把原因告诉南郭且于。公子阳生的家臣阚止知道了这件事，先在城外等着。公子阳生说："事情是好是坏还不能知道，回去和我的儿子壬在一起。"告诫了阚止，就动身了。等到夜里，到达齐国，国内的人们就知道他到了。陈僖子让子士的母亲照料阳生，又让阳生跟着送食物的人一起进入公宫。

原文

冬，十月，丁卯，立之。将盟，鲍子醉[1]而往。其臣差车鲍点，曰："此谁之命也？"陈子曰："受命于鲍子。"遂诬[2]鲍子曰："子之命也。"鲍子曰："女忘君之为孺子牛而折其齿乎[3]？而背之也！"悼公稽首，曰："吾子奉义而行者也。若我可，不必亡一大夫；若我不可，不必亡一公子。义则进，否则退，敢不唯子是从？废兴[4]无以乱，则所愿也。"鲍子曰："谁非君之子？"乃受盟。使胡姬以安孺子如赖，去鬻姒，杀王甲，拘江说，囚王豹于句窦之丘。

公使朱毛告于陈子，曰："微子则不及此。然君异于器[5]，不可以二。器二不匮[6]，君二多难[7]。敢布诸大夫。"僖子不对而泣，曰："君举不信群臣乎？以齐国之困，困又有忧。少君不可以访，是以求长君，庶亦能容群臣乎！不然，夫孺子何罪？"毛复命，公悔之。毛曰："君大访于陈子，而图其小[8]，可也。"使毛迁孺子于骀，不至，杀诸野幕之下，葬诸殳冒淳。

注释

①醉:喝醉酒。

②诬:诬赖,诬陷。

③孺子牛:儿童游戏时牵着走的由大人扮成的牛。折其齿:折断自己的牙齿。

④废兴:盛衰,兴亡。指官吏的晋升和黜退。

⑤器:器物。

⑥匮:少,匮乏。

⑦难:灾难,祸患。

⑧图其小:谋划决定小的事情。

译文

冬季十月二十四日,立阳生为国君。将要盟誓,鲍子喝醉了前去。他管车的家臣鲍点说:"这是奉谁的命令?"陈僖子说:"接受鲍子的命令。"于是就诬赖鲍子说:"这是您的命令。"鲍子说:"您忘记先君为荼做牛而折掉牙齿吗?现在又要违背先君吗?"齐悼公叩头,说:"您是按照道义办事情的。如果我可以做国君,不必杀死一位大夫;如果我不可以做国君,也不必杀死一个公子。合于道义就前进,不合就后退,怎么敢不听从您?废黜或兴立都不要因此发生动乱,这就是我的愿望。"鲍子说:"你们有谁不是先君的儿子呢?"于是就接受了盟约。悼公让胡姬带着安孺去到赖地,把鬻姒送到别处,杀死王甲,拘捕江说,把王豹囚禁在句窦之丘。

齐悼公派朱毛告诉陈僖子,说:"没有您我不能到这一步。然而国君和器物不一样,不能有两个。有两件器物就不愁缺少,有两个国君祸难就多了,谨敢向您陈述。"陈僖子不回答而哭泣,说:"国君不相信他的臣下们吗?齐国贫困,贫困而又有忧患，不能请示年幼的国君，因此才找来年长的，大约还能够对臣下们加以容忍吧！不这样，荼有什么罪过？”朱毛向悼公复命，悼公后悔失言。朱毛说：“您大事征求陈子的意见，小事情自己拿主意就行了。”悼公派朱毛把荼迁移到骀地。没有到达，便把他杀死在野外的帐篷里，葬在殳冒淳。

评析

鲁哀公六年（公元前489年），齐国田氏逼走国夏和高张二人，为夺权进一步扫清了障碍。楚昭王病逝。

楚昭王也是《左传》精心刻画的一位贤君，孔子对他功绩的评价十分恰当：“楚昭王知大道矣。其不失国，宜哉！”楚昭王生于忧患，年幼即位之时正逢国家风雨飘摇之际，他接受郢亡的沉痛教训，重用子西、子期、子闾等人，改革政治，与民休息，发展生产，使楚国得以迅速复苏，重新步入争霸强国行列，为楚国成为战国“七雄”之一奠定了基础。通过《左传》中有关楚昭王典型事例如出征、病重、立嗣等的记叙，我们看到了一位个人魅力鲜明的君主形象，他深谙内外形势，行事认真谨慎，不迷信鬼神，处处以国家前途命运为重，在待人处世时注重细节，体恤臣下，赢得臣民将士的忠心拥戴。楚国重新强盛，楚昭王功莫大焉。

十六年经

十有六年：春，王正月己卯，卫世子蒯聩自戚入于卫。

卫侯辄奔宋。

二月，卫子还成出奔宋。

夏，四月己丑，孔丘卒。

十六年传

原文

楚太子建之遇谗也，自城父奔宋；又辟华氏之乱[1]于郑。郑人甚善之。又适晋，与晋人谋袭郑，乃求复焉。郑人复之如初。晋人使谍于子木[2]，请行而期[3]焉。子木暴虐于其私邑，邑人诉之。郑人省[4]之，得晋谍焉，遂杀子木。其子曰胜，在吴。子西欲召之，叶公[5]曰："吾闻胜也，诈而乱，无乃害乎？"子西曰："吾闻胜也，信而勇，不为不利。舍诸边竟，使卫藩焉[6]。"叶公曰："周[7]仁之谓信，率[8]义之谓勇。吾闻胜也好复言[9]，而求死士，殆有私乎[10]？复言，非信也；期死[11]，非勇也。子必悔之！"弗从，召之，使处吴竟，为白公。请伐郑，子西曰："楚未节[12]也。不然，吾不忘也。"他日又请，许之。未起师，晋人伐郑。楚救之，与之盟。胜怒，曰："郑人在此，仇不远矣。"

胜自厉[13]剑，子期之子平见之，曰："王孙[14]何自厉也？"曰："胜以直闻，不告女，庸[15]为直乎？将以杀尔父。"平以告子西。子西曰："胜如卵，余翼而长之。楚国，第[16]我死，令尹、司马，非胜而谁？"胜闻之，曰："令尹之狂也！得死[17]，乃非我。"子西不悛[18]。胜谓石乞[19]曰："王与二卿士[20]，皆五百人当之。则可矣。"乞曰："不可得也。"曰："市南有熊宜僚者，若得之，可以当五百人矣！"乃从白公[21]而见之。与之言，说。告之故，辞。承之以剑，不动。胜曰："不为利谄[22]，不为威惕[23]，不泄人言以求媚者。"去之。

吴人伐慎，白公败之。请以战备献，许之，遂作乱。秋，七

月，杀子西、子期于朝，而劫惠王。子西以袂掩面而死。子期曰："昔者吾以力事君，不可以弗终。"抉豫章以杀人而后死。石乞曰："焚库弑王。不然，不济。"白公曰："不可。杀王不祥，焚库无聚，将何以守矣？"乞曰："有楚国而治其民，以敬事神，可以得祥，且有聚矣，何患？"弗从。

注释

①华氏之乱：指宋国华定、华亥等杀宋群公子，劫持宋元公一事。

②谍：侦探，间谍。子木：太子的字。

③期：约定。指约定袭击郑国的日期。

④省：察看。

⑤叶公：沈诸梁，字子高，楚国的大夫。

⑥卫：保卫。藩：篱笆，这里指边境。

⑦周：符合。

⑧率：遵循。

⑨复言：实践诺言。

⑩殆：恐怕，大概。私：私心。

⑪期死：必死，意思是不怕死。

⑫节：法则。未节：没有走上正轨。

⑬厉：同"砺"，磨砺。

⑭王孙：楚平王之孙。

⑮庸：岂，难道。

⑯第：如果。

⑰得死：得到好死，得到善终。

⑱悛：发觉，觉悟。

⑲石乞：白公的党徒。

⑳二卿士：指令尹子西和司马子期。

㉑从白公：让白公跟着。

㉒谄：动心。

㉓惕：惧怕。

译文

楚国太子建遭到诬陷时，从城父逃到了宋国，又去郑国躲避宋国华氏之乱。郑国人待他很好。后来他又去了晋国，与晋国人谋划袭击郑国，为此他请求回郑国去。郑国人让他回来，仍像当初一样待他。晋国人派间谍去了太子建那里，间谍请求回国时与他约定了袭击郑国的日期。太子建在他的封邑里很暴虐，封邑的人告发了他。郑国人来查问，抓住了晋国间谍，于是就杀了太子建。太子建的儿子名叫胜，住在吴国。子西想召他回国，叶公说："我听说胜这个人狡诈而又好作乱，叫他回来恐怕有害吧？"子西说："我听说胜这个人诚信而勇敢，不做对别人不利的事。把他安排到边境上去，让他保卫边疆。"叶公说："符合仁义叫做诚信，遵循道义叫做勇敢。我听说胜这个人喜欢诺言，并且寻求不怕死的兵士，大概是有野心吧？实践诺言并不是诚信；期望去死并不是勇敢。您一定会后悔的！"子西不听，把胜召了回来，让他住在靠近吴国边境的地方，称为白公。胜请求讨伐郑国，子西说："楚国的政事还没有走上正轨。如果不是这样，我不会忘记这事。"过了些日子，胜又请求伐郑，子西同意了。还没有出兵，晋国人就去攻打郑国。楚国去挽救郑国，并和郑国结盟。胜大怒，说："郑人就在这里，仇人离我不远了。"

胜亲自磨剑，子朝的儿子平看见了，说："王孙为什么亲自磨剑？"胜说："我胜以爽直而闻名，不告诉你怎么能算得上是爽直呢？我要用这剑来杀你父亲。"平把这话告诉了子西。子西说："胜像蛋一样，我用翼护着他长大。在楚国，如果我死了，任令尹、司马的人，不是胜还会是谁呢？"胜听到了子西的话，说："令尹太狂妄了！他要得到好死我就不是我。"子西仍没有察觉。胜对石乞说："楚王和两个卿士，用五百人对付，就可以了。"石乞说："这五百人是找不到的。"又说："市场南面有个叫熊宜僚的人，如果得到他，可以抵得上五百人！"胜跟着石乞去见熊宜僚，同他谈的很高兴。胜把来意告诉熊宜僚，熊宜僚拒绝了。胜把剑放到他的脖子上，他一动不动。胜说："这人不为利禄所动，不为威胁而惧怕，不以泄露别人的话去讨好别人。"说完就离开了。

吴国人攻打楚国慎邑，胜把吴国人打败了。他请求把武器装备送到郢都献纳，楚王同意了，于是胜趁机叛乱，秋天七月，胜在朝廷上杀了子西和子朝，并劫持了楚惠王。子西用衣袖遮着脸死去。子朝说："从前我凭勇力侍奉国君，不能有始无终。”他拔起一棵樟树，用他杀死敌人后死去。石乞说：“烧毁仓库，杀掉惠王。不这样就不能成功。”胜说：“不行。杀掉惠王不吉利，烧毁仓库没有了物资，拿什么来防守呢？”胜没有听从。

原文

叶公在蔡，方城之外皆曰：“可以入矣。”子高曰：“吾闻之，以险徼幸者[①]，其求无餍[②]，偏重必离[③]。”闻其杀齐管修[④]也，而后入。

白公欲以子闾[⑤]为王，子闾不可，遂劫以兵。子闾曰：“王孙若安靖楚国，匡正王室，而后庇焉，启之原也，敢不听从？若将专利，以倾王王室，不顾楚国，有死不能。”遂杀之，而以王如高府[⑥]。石乞尹门[⑦]。圉公阳穴宫[⑧]，负王以如昭夫人[⑨]之宫。

叶公亦至，及北门，或遇之，曰：“君胡不胄[⑩]？国人望君，如望慈父母焉。盗贼之矢若伤君，是绝民望也，若之何不胄？”乃胄而进。又遇一人，曰：“君胡胄？国人望君，如望岁[⑪]焉，日日以几[⑫]。若见君面，是得艾[⑬]也。民知不死，其亦夫有奋心，犹将旌君以徇于国[⑭]，而反掩面以绝民望，不亦甚乎！”乃免胄而进。遇箴尹固[⑮]帅其属将与白公。子高曰：“微二子者，楚不国矣。弃德从贼，其可保乎？”乃从叶公。使与国人以攻白公，白公奔山而缢，其徒微之。生拘石乞而问白公之死焉。对曰：“余知其死所，而长者使余勿言。”曰：“不言，将烹！”乞曰：“此事克则为卿，不克则烹，固其所也，何害？”乃烹石乞。王孙燕奔頯黄氏。

沈诸梁兼二事。国宁，乃时宁为令尹，使宽为司马，而老于叶。

注释

①徼幸：侥幸。以险徼幸：靠冒险而侥幸成功。
②餍(yàn)：同“厌”，满足。
③偏重：不公平。离：离心。
④管修：楚国的贤大夫，管仲的七世孙。
⑤子闾：名启，楚平王的儿子。
⑥高府：楚国的别府，即正宫以外的宫室。
⑦尹门：守门，看门。
⑧圉公阳：楚国的大夫。穴：打洞。
⑨昭夫人：楚昭王的妻子，惠王的母亲。
⑩胄：头盔，这里的意思是戴上头盔。
⑪望岁：盼望收成。
⑫几：同“冀”，企盼。以几：盼望你来。
⑬艾：安心。
⑭旌：表扬，宣扬。徇：遍告，通告。
⑮箴尹固：楚国的大臣。

译文

叶公住在蔡地，方城以外的人都说：“可以进兵国都了。”叶公说：“我听说，靠冒险而侥幸成功的人，他的贪求不会满足，做事不公平必定会使百姓离心。”听说胜杀了齐国的管修的消息，叶公才进入郢都。

白公胜想把子闾立为楚王，子闾不答应，胜就用武力威逼他。子闾说：“王孙如果能安定楚国，扶正王室，然后庇护百姓，这就是我的愿望，怎么敢不服从呢？如果只顾私利而使王室倾覆，不顾楚国，那么我宁死也不服从。”于是胜杀死了闾，带着惠王去了高府。石乞看守大门。圉公阳在宫墙上挖了一个洞，背着惠王到了昭夫人宫中。

叶公也到了，走到北门，有人遇上他，说："您为什么不戴上头盔？国人都盼望着您，就像盼望慈父慈母一样。如果叛贼的箭伤了您，就不怕百姓绝望了，为什么不戴上头盔呢？"于是叶公戴上头盔前行。他又碰上一个人，说："您为什么戴了头盔？国人盼望您就像盼望一年的收成，天天都盼望您来。如能见到您的面，就会安心了。百姓知道还有生的希望，就会有奋战的决心，还要宣扬您的功绩，并通告全城，但您却把脸遮上让百姓绝望，不是太过分了吗？"于是叶公脱掉了头盔往前走。他遇上箴尹固率领着部下，准备去帮助胜。叶公说："如果没有子西和子朝二位，楚国就不成为国家了。背弃有德行的人去跟随叛贼，难道可以保身吗？"箴尹固便跟随了叶公。叶公派他和都城的人去攻打胜，胜逃到了山上吊死了，他的部下把尸体藏了起来，叶公活捉了石乞，向他追问胜的尸体下落。石乞回答说："我知道藏他尸体的地方，但胜叫我别说出来。"叶公说："不说就煮烹你！"石乞说："这种事成功了就做卿，不成功就被烹，这本来是应有的结果，有什么关系？"于是叶公就烹了石乞。王孙燕逃到了頯黄氏。

叶公兼任令尹和司马两个职务。国家安宁之后，他就让宁当令尹，让宽当司马，自己便在叶地养老。

评析

我们在这里目睹了一场宫廷叛乱从开始到平息的全过程，多少也了解了一些王公贵族们纷争和彼此残杀的内幕。白公胜的叛乱原因很简单，不过是由于复仇的要求未被答应，于是便闹得国无安宁，自己最后也是上吊自杀了。

谁代表着正义、道义？恐怕从局外人的角度来看，谁也不代表。一个人拥有道义仁德，野心家、阴谋家同样可以具有这样的特点。这话算说到了点子上。比如石乞，宁死不说出主子的尸首下落，算得上是诚信和勇敢了吧？而他正是这场叛乱的罪魁祸首之一。白公胜也够得上直率坦诚，敢于公开张扬他的企图，他却是叛乱的始作俑者。

这确实让我们好好地反思忠孝、仁义、诚信、勇敢、无畏一类经常受人称赞的品德。从白公胜的叛乱看，这些品德本身应当是中性的，并不表明一个人是好是坏，是天使还是恶魔。具备这些品德是一回事，用他们来做什么又是一回事。大致上说，具备当然比不具备要好；但是具备这些品质，可以成为好人，做好事;也可以成为坏人,做坏事。好人为了追求理想,坚持道义,做人表率,为百姓谋利益,言出必行,心怀宽广,勇于献身,慷慨赴死,用诚信、勇敢来成就自己的事业和理想。坏人为了达到不可告人的目的,谋一己私利,也会履行诺言,不怕去死,甚至也会慷慨从容地死。

二十年传

原文

二十年,春,齐人来征会[①]。夏,会于廪丘[②]。为郑故,谋伐晋。郑人辞诸侯。秋,师还。

吴公子庆忌骤谏[③]吴子曰:"不改,必亡[④]。"弗听。出居于艾[⑤],遂适楚。闻越将伐吴,冬,请归平越,遂归。欲除不忠者[⑥]以说于越,吴人杀之。

注释

①征会:征召会见。

②廪丘:春秋齐邑,在今山东范县东南。

③骤谏:屡次劝谏。

④改:修改政令。亡:亡国。

⑤艾:春秋吴邑,在今江西修水县西。

⑥不忠者:指不忠于吴国的大臣。

译文

二十年春季，齐国人来到鲁国征召会见。夏季，在廪丘会见，为了郑国的缘故，计划攻打晋国。郑国人向诸侯辞谢。秋季，军队回国。

吴国的公子庆忌屡次劝谏吴王说："如果不改变政令，一定会亡国。"吴王不听，庆忌就离开国都而住在艾地，又乘机前往楚国。庆忌听说越国打算进攻吴国，冬季，请求回国和越国讲和，想要除掉不忠于吴国的大臣来取悦越国。吴国人杀死了庆忌。

原文

十一月，越围吴，赵孟降于丧食。楚隆曰："三年之丧，亲昵之极也。主又降之，无乃有故乎！"赵孟曰："黄池之役，先主与吴王有质[①]，曰：'好恶同之。'今越围吴，嗣子不废旧业而敌之[②]，非晋之所能及也，吾是以为降。"楚隆曰："若使吴王知之，若何？"赵孟曰："可乎？"隆曰："请尝[③]之。"乃往。先造[④]于越军，曰："吴犯间[⑤]上国多矣，闻君亲讨焉，诸夏之人莫不欣喜，唯恐君志之不从，请入视之。"许之。告于吴王曰："寡君之老无恤，使陪臣隆敢展谢其不共。黄池之役，君之先臣志父得承齐盟[⑥]，曰：'好恶同之。'今君在难，无恤不敢惮劳，非晋国之所能及也，使陪臣敢展布之。"王拜稽首曰："寡人不佞，不能事越，以为大夫忧，拜命之辱。"与之一箪[⑦]珠，使问赵孟，曰："勾践将生忧寡人，寡人死之不得矣。"王曰："溺人[⑧]必笑。吾将有问也：史黯何以得为君子？"对曰："黯也，进不见恶，退无谤言。"王曰："宜哉！"

注释

①有质：有过约定。

②敌之：与越为敌。

③尝：尝试。

④造：到。

⑤间：干预。

⑥齐盟：同盟。

⑦箪：竹子做的圆形容器。

⑧溺人：溺水的人。

译文

十一月，吴国被越国军队包围，赵孟的饮食比居丧的饮食还要降等。楚隆说："三年的丧礼，是表示亲人关系的顶点，现在您又降等，恐怕另有缘故吧！"赵孟说："黄池那一次盟会，先主和吴王有过盟誓，说：'同好共恶。'现在越国包围吴国，我想不废弃过去的誓言而帮助吴国，

但这又不是晋国的力量所能达到的，我因此只能用饮食降等来表示心意。"楚隆说："如果让吴王知道，怎么样？"赵孟说："行吗？"楚隆说："请试一试。"于是就前去，先到越军那里，说："吴国冒犯中原国家的事情已经有很多了，听说君王亲自讨伐它，中原各国的人们莫不欢欣鼓舞，唯恐君王的意愿不能实现，请让我进入吴国去察看他们。"越王答应了。楚隆告诉吴王说："寡君的老臣无恤派我前来，谨为他不能供奉而告罪。黄池那一次结盟，君王的先臣志父得以参加盟会，盟誓说：'喜好和厌恶都相同。'现在君王处在危难之中，无恤不敢害怕辛劳，但又不是晋国的力量所能达到的，谨派我向君王报告。"吴王下拜叩头说："寡人没有才能，不能侍奉越国，因而让大夫忧虑，谨拜谢大夫蒙受屈辱的命令。"给了楚

隆一小竹箱珍珠，让他送给赵孟，说："勾践打算让我活着不好过，我是不得好死了。"又说："快淹死的人必然是由于不懂水性，笑着被淹死的。我还要问你：史黯为什么能成为君子？"楚隆回答说："史黯这个人做官没有人不欢迎他，不做官也没有人毁谤他。"吴王说："真是说得恰当啊！"

评析

鲁哀公二十年(公元前475年)，越国包围了吴国都城，吴国亡国之期不远。

吴越争霸是春秋争霸的尾声。前期是吴强越弱，但后期吴王夫差穷兵黩武，一心北上中原与晋国争夺霸主地位，而越王勾践卧薪尝胆，休养生息，乘着吴军精锐尽出、国内空虚之际大败吴国。越国围吴，吴国已到了强弩之末，覆败在即。

二十七年传

原文

二十七年，春，越子使舌庸来聘[1]，且言邾田，封[2]于骀上。

二月，盟于平阳。三子皆从。康子病之，言及子赣[3]，曰："若在此，吾不及此夫！"武伯曰："然。何不召？"曰："固将召之。"文子曰："他日请念。"

夏，四月，己亥，季康子卒。公吊焉，降礼。

注释

①聘:聘问,访问。

②封:疆界,此处用作动词,以……作为疆界。

③子赣:子贡,孔子弟子之一。

译文

二十七年春季,越王派舌庸来鲁国聘问,并且商谈邾国土地的事,协议以骀上作为鲁、邾两国的边界。

二月,在平阳结盟,季康子等三位都跟随前去。季康子忧虑这件事,谈到子赣说:“如果他在这里,我不会落到这样的地步!”孟武伯说:“对。为什么不召请他前来?”季康子说:“本来是要召请他的。”叔孙文子说:“今后请仍然记着他。”

夏季四月二十五日,季康子去世了。哀公前去吊丧,礼节降了等级。

原文

晋荀瑶帅师伐郑,次于桐丘。郑驷弘请救于齐。齐师将兴,陈成子属孤子①,三日朝。设乘车两马,系五色焉。召颜涿聚之子晋,曰:“隰之役,而父死焉。以国之多难,未女②恤③也。今君命女以是邑也,服车而朝,毋废前劳。”乃救郑。及留舒,违④穀七里,穀人不知。及濮,雨,不涉。子思曰:“大国在敝邑之宇下,是以告急。今师不行,恐无及也。”成子衣制杖戈,立于阪⑤上,马不出者,助之鞭之。知伯闻之,乃还,曰:“我卜伐郑,不卜敌齐。”使

谓成子曰："大夫陈子，陈之自出，陈之不祀，郑之罪也，故寡君使瑶察陈衷焉，谓大夫其恤陈乎？若利本之颠，瑶何有焉？"成子怒曰："多陵人者皆不在，知伯其能久乎？"

注释

①孤子：孤儿。

②女：通"汝"，你，你们。

③恤：抚恤。

④违：离开。

⑤阪：山坡。

译文

晋国的知伯领兵进攻郑国，驻扎在桐丘，郑国的驷弘到齐国请求救援，齐军准备出发。陈成子集合为国战死者的儿子在三天内朝见国君。设置了一辆车两匹马，把册书放在五个口袋里。召见颜涿聚的儿子晋，说："隰地那一役，你的父亲死在那里。因为国家多难，没有能抚恤你。现在国君命令把这个城邑给你，穿着朝服驾着车子去朝见，不要废弃你父亲的辛劳。"所以就出兵救援郑国。到达留舒，离开穀地七里，穀地人竟没有发觉。到达濮地，天下雨，军队不肯渡河。子思说："大国的人马就在敝邑的屋檐底下，因此告急。现在军队不走，也许要来不及了。"陈成子披着雨衣拄着戈，站在山坡上，有不肯出来的马，就帮助鞭打它。知伯听说，就收兵回去，说："我占卜过进攻郑国，没有占卜和齐国作战。"派人对陈成子说："大夫陈子，您这一族是从陈国分支出来的。陈国断绝祭祀是郑国的罪过，所以寡君派我来调查陈国被灭亡的内情。还要询问您是否为陈国忧虑。如果您对树干的倒覆认为有利，那和我有什么关系?”陈成子发怒说:“经常欺压别人的人，都没有好结果，知伯难道能够活久吗?”

原文

中行文子告成子。曰:“有自晋师告寅者，将为轻车千乘，以厌[①]齐师之门，则可尽也。”成子曰:“寡君命恒曰:‘无及寡，无畏众。’虽过千乘，敢辟之乎?将以子之命告寡君。”文子曰:“吾乃今知所以亡。君子之谋也，始、衷、终皆举之，而后入焉。今我三不知而入之，不亦难乎?”

注释

①厌:通“压”。

译文

中行文子告诉陈成子说:“有一个从晋军中来告诉我的人说，晋军准备出动轻车一千辆，追击齐军的营门，就可以全部歼灭齐军。”陈成子说:“寡君命令我说:‘不要追赶零星的士卒，不要害怕大批的敌人。’敌军即使超过一千辆战车，怎么敢避开他们呢?我将要把您的话报告寡君。”中行文子说:“我到今天才知道自己为什么逃亡在外了。君子谋划一件事，对开始、发展、结果都要考虑到，然后向上报告。现在我对这三方面都不知道，就向上报告，不也是很难了吗?”

原文

公患三桓之侈[1]也，欲以诸侯去之。三桓亦患公之妄也，故君臣多间[2]。公游于陵阪，遇孟武伯于孟氏之衢，曰："请有问于子，余及死乎？"对曰："臣无由知之。"三问，卒辞不对。公欲以越伐鲁，而去三桓。秋，八月，甲戌，公如公孙有陉氏，因孙[3]于邾，乃遂如越。国人施[4]公孙有山氏。

注释

①侈：张大，引申为威胁。

②间：嫌隙。

③孙：通"逊"，避让。

④施：拘捕。

译文

哀公担忧季孙、叔孙、孟孙三族的威胁，想要利用诸侯除掉他们。三族也担忧哀公的狂妄昏乱，所以君臣之间嫌隙很多。哀公在陵阪游玩，在孟氏之衢碰上孟武伯，说："请问您：我能有好下场吗？"孟武伯回答说："我没法知道。"问了三次，始终辞谢不回答。哀公想要利用越国攻打鲁国而除掉三族。秋季八月初一日，哀公到了公孙有陉氏那里，由此又避居于邾国，后来就乘机去了越国。郡城里的人们拘捕了公孙有山氏。